알파에서 오메가까지

김원익의
그리스 신화

신과 인간

1

알파에서 오메가까지

김원익의 그리스 신화 —— 신과 인간 **1**

초판 1쇄 인쇄   2022년 9월 30일
초판 1쇄 발행   2022년 10월 7일

–

지은이   김원익
펴낸이   이방원
편 집   송원빈 · 김명희 · 안효희 · 정조연 · 정우경 · 박은창
디자인   양혜진 · 손경화 · 박혜옥   **마케팅**   최성수 · 김 준 · 조성규

–

펴낸곳   세창출판사
　　　　신고번호 제1990-000013호   **주소** 03736 서울시 서대문구 경기대로 58 경기빌딩 602호
　　　　전화 02-723-8660   **팩스** 02-720-4579   **이메일** edit@sechangpub.co.kr   **홈페이지** http://www.sechangpub.co.kr
　　　　블로그 blog.naver.com/scpc1992   **페이스북** fb.me/Sechangofficial   **인스타그램** @sechang_official

–

ISBN   979-11-6684-118-7 04210
　　　　979-11-6684-117-0 (세트)

ⓒ 김원익, 2022

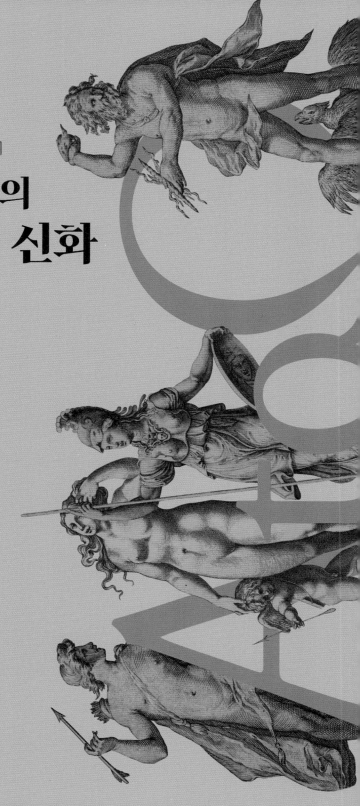

알파에서 오메가까지

김원익의
그리스 신화

김원익 지음

신과 인간 **1**

세창출판사

프롤로그

고대 그리스 문화의 가장 중요한 특징 중 하나는 인본주의였다. 고대 그리스 철학자 프로타고라스Protagoras의 유명한 말처럼 고대 그리스인들에게 "인간은 만물의 척도"였다. 얼마나 인간을 중시했으면 신들에게 인간의 모습을 투영했겠는가. 그리스 신화의 신들은 인간을 빼닮았다. 그들은 인간처럼 질투하고 싸우며 도둑질하고 한눈도 팔았다.

고대 그리스의 철학자 크세노파네스Xenophanes는 그런 신의 모습에 경악했다. 그는 "인간들에게나 일어날 수 있는 수치스럽고 치욕스러운 일들을 신들에게 뒤집어씌웠다"며 호메로스Homeros와 헤시오도스Hesiodos를 신랄하게 비판했다. 하지만 두 시인은 사실 그리스 신들을 통해 인간의 모습을 보여 주려고 했던 것이 아닐까?

세계적인 신화학자 조지프 캠벨J. Campbell은 신화를 햇병아리의 행동으로 설명했다. 알에서 갓 깨어난 햇병아리에게 매의 모형을 보여 주자 금세 은신처를 찾아 몸을 숨겼다. 하지만 참새의 모형을 보여 주자 미동도 하지 않았다. 캠벨에 의하면 알에서 갓 깨어나 어미 닭에게서 아무것도 배운 적이 없는 햇병아리가 매의 모형에 보인 반응은 햇병아리가 지닌 '집단 무의식'의 소산이다. 신화는 바로 인류의 '집단 무의식'이다.

인간은 선천적으로 신화에 익숙해 있다. 나중에 배워서 습득한 것이 아니라, 이미 DNA 속에 신화에 친밀한 유전인자를 갖고 태어난다. 왜 루벤스P. P. Rubens를 비롯한 수많은 화가가 신화를 소재로 그림을 즐겨 그렸을까? 왜 프로이트S. Freud를 비롯한 유명한 심리학자들이 신화 속 이야기로 인간 심리를 설명했을까? 왜 괴테J. W. von Goethe를 비롯한 내로라하는 작가들이 신화를 소재로 한 작품을 즐겨 썼을까? 그 이유는 바로 신화가 인간의 마음의 고향이기 때문이다.

Peter Paul Rubens,
〈제우스에게 간청하는
에로스〉, 1611~1615
'에로스와 프시케' 이야기에서
에로스가 제우스에게 인간인
프시케와 결혼하게 해 달라고
간청하는 장면이다.

신화는 수천 년 동안 전해 내려오면서 다른 이야기들과의 생존경쟁에서 살아남은 이야기로, 이 세상 모든 이야기의 모델이자 원형이다. 그래서 신화는 고대인의 이야기일 뿐 아니라 바로 지금 여기를 살아가고 있는 우리의 이야기다. 캠벨도 이렇게 말한다.

> "신화는 나에게 절망의 위기 혹은 기쁨의 순간에, 실패 혹은 성공의 순간에 내가 어떻게 행동해야 할 것인가를 가르쳐 줍니다. 신화는 내가 지금 어디에 있는가를 가르쳐 줍니다."

필자가 신화에 푹 빠져 산 지 벌써 20여 년의 세월이 흘렀다. 필자는 그동안 그리스 신화와 관련된 10여 권의 책을 펴냈지만 정작 그리스 신화를 처음부터 끝까지 정리한 책은 쓰지 않았다. 급히 쓸 생각도 없었다. 언젠가 공부의 내공이 쌓이면 자연스럽게 나올 것으로 생각했기 때문이다. 이 책은 바로 '신화는 결국 우리 인간의 이야기'라는 관점에서 그동안 필자가 쓴 책들을 기반으로 그리스 신화를 태초부터 로마의 건국 신화까지 총정리한 것이다. 필자가 지금까지 출간한 그리스 신화 관련 저서와 번역서를 연도순으로 정리하면 다음과 같다.

『신통기』(2003), 『그리스 로마 신화와 서양 문화』(공저, 2004), 『아르고호의 모험』(2005), 『일리아스』(2007), 『오디세이아』(2007), 『신화, 세상에 답하다』(2009), 『사랑의 기술』(2010), 『신화, 인간을 말하다』(2011), 『신들의 전쟁』(2011), 『이아손과 아르고호의 영웅들』(2017), 『1일 1페이지, 세상에서 가장 짧은 신화 수업 365』(2021). 이 중 『신통기』와 『아르고호의 모험』은 비록 원서가 독일어판이고 산문체지만 국내 초역이다.

이 책은 제1권과 제2권 총 두 권으로 구성되어 있다. 제1권은 신과 인

Franz Christoph Janneck, 〈제우스와 헤라〉, 1703~1761
헬레니즘 시대의 시인 칼리마코스(Kallimachos)에 따르면 제우스와 헤라의 달콤했던 신혼 시절은 3천 년 만에 끝이 난다.

간 이야기로, 우선 '그리스 신화의 생성과 전승 과정'을 살펴본 다음, 5차에 걸친 신들의 전쟁을 통해 그리스 신화의 실제 주역인 올림포스 신족이 개창되는 과정을 자세하게 알아보았다. 아울러 남녀 8명씩 총 16명의 그리스 신들이 각각 인간의 캐릭터를 구현하고 있다고 생각하여 제우스 유형, 헤라 유형 등으로 칭하고 캐릭터의 특성을 분석했다. 이어 올림포스 신족의 왕 제우스도 올림포스라는 대기업 CEO나 한 나라의 지도자로 보고 그의 행적에서 12가지 독특한 리더십을 읽어 냈다.

다음으로 프로메테우스가 인간을 창조하고 불을 훔쳐다 주는 과정을 설명한 뒤에는 카드모스 가문, 이오 가문, 탄탈로스 가문 등 그리스 신화 속 3대 명문 가문을 발굴했고, 신과 겨루려다 추락한 이야기들을 통해 인간의 오만을 경고했으며, 30여 가지 온갖 종류의 사랑 이야기를 소개하여 인생을 살아가는 데 있어 가장 중요한 화두일 수 있는 사랑의 문제에서 타산지석으로 삼도록 했다. 또한 마지막 장에는 오이디푸스 콤플렉스, 나르시시즘, 피그말리온 효과 등 그리스 신화 이야기에서 파생된 심리학 개념을 그 기원이 된 이야기를 중심으로 소개했다.

제2권은 영웅과 전쟁 이야기로, 캠벨의 『천의 얼굴을 가진 영웅』에 따라 영웅의 여정을 이 세상 모든 스토리텔링의 원형으로 보았다. 영웅의 여정은 인간의 심금을 울리는 스토리텔링의 모델이자 인간이 세상을 살아가면서 겪을 수 있는 시련과 그 극복 과정을 가장 완벽하게 구현했다고 생각한 것이다. 그래서 페르세우스의 모험, 헤라클레스의 모험 등 그리스 신화 속 걸출한 영웅들의 모험뿐 아니라 다른 그리스 신화 책에서는 거의 언급되지 않았던 군소 영웅들이 주역인 '칼리돈의 멧돼지 사냥'과 '제1, 2차 테베 전쟁'도 소개했다.

이어 트로이 전쟁과 오디세우스의 모험은 호메로스의 『일리아스*Ilias*』와 『오디세이아*Odysseia*』, 아이네이아스의 모험은 베르길리우스*Vergilius*의 『아이네이스*Aeneis*』를 토대로 소개했다. 앞서 황금 양피를 찾아 나선 이아손의 모험은 아폴로니오스*Apollonios*의 『아르고호의 모험*Argonautika*』을, 신들의 전쟁은 헤시오도스의 『신통기神統記, *Theogonia*』를 토대로 소개한 것과 마찬가지다. 제1권의 사랑 이야기 등은 오비디우스*Ovidius*의 『변신 이야기 *Metamorphoses*』를, 오이디푸스 등 다른 이야기들은 '그리스 비극'을 토대로 소개한 만큼 이 책은 철저하게 그리스 로마 고전을 근거로 집필했다. 그리스 로마 고전은 그리스 신화의 원전이니 이 책은 그야말로 원전을 제대로 고증하여 만든 셈이다.

이 책의 첫 번째 특징은 그리스 신화를 2~4페이지씩, 총 180일 분량으

Francois-Xavier Fabre, 〈파리스의 심판〉, 1808
왼쪽부터 파리스, 에로스와 아프로디테, 아테나, 헤라. 파리스에게 가장 아름다운 여신으로 선택받지 못
한 아테나와 헤라가 불만의 표시로 팔을 들어올리고 있다.

로 짧게 끊어서 하루 10분 정도 한 꼭지씩 부담 없이 시나브로 읽을 수 있
도록 구성한 것이다. 하지만 각 꼭지는 꼬리에 꼬리를 물고 계속 이어지
는 이야기인 만큼 하루 분량은 개인의 상황에 따라 달라질 수 있다. 또한
10분이라고 해서 꼭 그 시간에 읽어야 한다는 것은 아니고, 꼭 그 시간 내
에 읽을 수 있다는 것도 아니다. 여기서 10분은 바쁜 와중에 자투리 시간
을 내어 손쉽게 읽을 수 있다는 말이다.

　이 책은 그리스 신화를 총망라한 만큼 어떤 내용은 이야기 전개상 중복
해서 기술하지 않을 수 없었다. 물론 그런 경우는 반드시 다른 그림을 넣
었고, 문체도 다르게 기술했으며, 이설異說도 함께 언급했다. 가령 '파리스
의 심판'은 제1권 '제우스의 12가지 리더십'에 이어 제2권 '분노의 책『일

리아스』'에도 나온다. 하지만 버전이 사뭇 다르다. 또한 오디세우스의 출생과 제2차 트로이 전쟁에서의 활약상은 '분노의 책 『일리아스』'에서는 단편적으로 언급했다가 오디세우스의 모험을 다룬 '귀향의 책 『오디세이아』'에서 다시 종합해서 소개했다. 또한 헤라클레스가 벌인 제1차 트로이 전쟁은 먼저 '전쟁의 달인 헤라클레스의 모험'에 나오지만 제2차 트로이 전쟁을 다룬 '분노의 책 『일리아스』'에서도 언급하지 않을 수 없었다.

이 책의 두 번째 특징은 독자들의 이해를 돕기 위해 가능한 한 많은 그림과 가계도, 지도를 넣은 것이다. 이 책에는 두 페이지에 평균 한 장 이상의 관련 그림이 실려 있다. 그림도 일종의 화가의 해석이기 때문에 신화의 내용과 약간 다를 수 있다. 그럴 경우 그림에 간단한 설명도 덧붙였다. 또한 복잡한 가문의 가계도나 영웅의 모험 경로 등 지도가 있으면 좋겠다고 생각할 만한 곳이면 어디든지 그것을 만들어 넣었다.

마지막으로 이 책의 세 번째 특징은 다 읽고 나면 자신도 모르게 어느새 그리스 로마 고전 6권을 섭렵하게 된다는 것이다. 그뿐 아니다. 현존하는 그리스 비극 33편 중 상당 부분도 덤으로 읽게 될 것이다. 혹시 잘못된 점이나 부족한 점이 있으면 앞으로 계속 고치고 다듬도록 하겠다. 아무쪼록 이 책이 독자들에게 그리스 신화 속 미로를 헤쳐 나올 수 있는 아리아드네의 실이 되길 바란다.

2022년 9월
김원익

1권
신과 인간

3장 제우스의 12가지 리더십

4장 캐릭터의 원형 그리스 신들

7장 인간의 탐욕과 오만

8장 인류의 영원한 테마, 사랑 이야기

9장 신화와 인간 심리

10장 스토리텔링의 원형 영웅 이야기

1. 영웅의 원조 페르세우스의 모험

(1) 청동 탑에서 태어나자마자 바다에 버려지다

(2) 괴물 고르고네스와 그라이아이 세 자매

(3) 방패를 거울 삼아 메두사의 머리를 자르다

(4) 에티오피아의 공주 안드로메다를 구출하다

(5) 메두사의 머리로 폴리덱테스 왕을 응징하다

(6) 티린스의 왕이 된 후 미케네를 건설하다

(7) 조지프 캠벨의 천의 얼굴을 가진 영웅

(8) 보글러의 12단계에 따른 페르세우스의 모험

2. 전쟁의 달인 헤라클레스의 모험

(1) 영웅의 원조 페르세우스의 증손자로 태어나다

(2) 질투의 화신 헤라의 최대 표적이 되다

(3) 아버지의 망명지 테베에서 보낸 청소년기

(4) 살인죄를 씻기 위해 자진해서 떠맡은 12가지 과업

(5) 첫 번째, 두 번째 과업: 네메아의 사자, 레르나의 괴물 뱀 히드라

(6) 세 번째, 네 번째 과업: 케리네이아의 암사슴, 에리만토스산의 멧돼지

(7) 다섯 번째, 여섯 번째 과업: 아우게이아스의 외양간, 스팀팔로스 호숫가의 괴조

(8) 일곱 번째, 여덟 번째, 아홉 번째 과업: 크레타의 황소, 디오메데스의 암말,
    히폴리테의 명품 허리띠

(9) 열 번째 과업: 괴물 게리오네우스의 소 떼

(10) 열한 번째, 열두 번째 과업: 헤스페리데스의 황금 사과, 지하세계의 케르베로스

(11) 애먼 이피토스를 죽이고 광기에 빠지다

(12) 리디아의 여왕 옴팔레 밑에서 노예 생활을 하다

1장

그리스 신화의
생성과 전승 과정

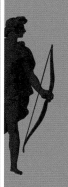

그리스 신화의 생성:
크레타문명, 트로이문명, 미케네문명

고대 그리스는 현재의 그리스처럼 통일국가가 아니었다. 아테네^Athene^
와 스파르타^Sparta^ 등 소위 폴리스^Polis^라고 불리는 서로 독립적인 수많은
도시국가가 각축을 벌이고 있었다. 어떤 도시국가가 나라 밖에 세운 식민
도시국가도 모시母市의 지배를 전혀 받지 않았다. 정치, 경제, 사회 등 모
든 면에서 철저하게 독립을 유지했다.

고대 그리스 도시국가들은 독립 국가로서 한편으로는 서로 경쟁하며
많은 갈등에 휩싸였다. 심하면 전쟁을 벌이기도 했다. 하지만 다른 한편
으로는 똑같은 조상 헬렌^Hellen^의 자손으로서 헬레니즘이라는 선진 문화
권에 살고 있다는 강한 연대감과 자부심을 느끼고 있었다. 페르시아 전쟁
때 아테네가 공격을 받자 당시 거의 모든 도시국가가 그간의 갈등과 경쟁
은 잠시 접어 둔 채 마치 통일국가처럼 똘똘 뭉쳐 대항한 것은 바로 그 때
문이다.

우리가 고대 그리스라고 할 때 그 범위는 현재 그리스 영토인 발칸반도

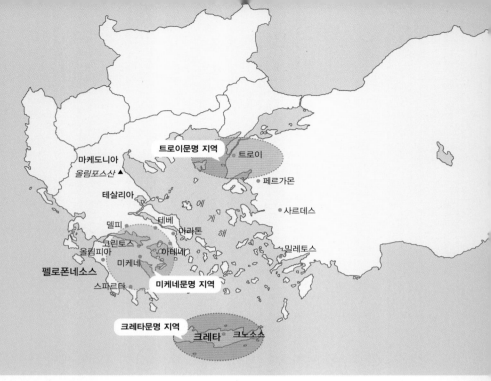

고대 그리스 3대 문명

끝자락과 크레타Kreta섬 그리고 에게해 섬들에 산재해 있던 도시국가들에
만 국한된 것은 아니었다. 그것은 이탈리아 남부와 시칠리아Sikelia의 마그
나 그라이키아Magna Graecia, 지중해 북부 해안, 아프리카 북부 해안, 지금
의 튀르키예 서부 해안, 흑해 연안 등의 그리스 식민 도시국가들까지 모
두 아우르는 아주 광대한 지역을 뜻했다. 그리스 신화는 고대에 이 지역
에 뿌리를 내리고 싹을 틔운 세 고대문명의 흥망성쇠와 밀접하게 관련을
맺고 생성되었다.

  기원전 3000년경 청동기 시대 초기 이 지역에서는 크레타섬의 크노소
스Knossos를 중심으로 크레타문명이, 튀르키예 북서부 지역의 도시 트로
이Troy를 중심으로 트로이문명이 일어나 번창했다. 크레타는 영어식 이

1장 ○ 그리스 신화의 생성과 전승 과정

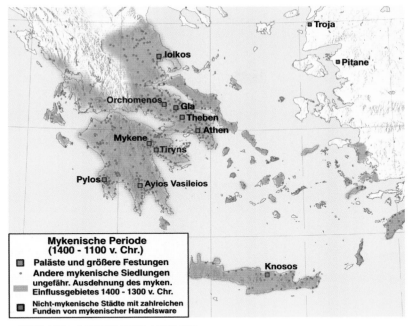

기원전 1400~1100년경 미케네 시대의 지도

름으로 고대에는 크레테Krete라고 했으며, 트로이도 영어식 지명으로 고
대에는 일리온Ilion, 일리오스Ilios, 트로이아Troia 등으로 불렸다. 또한 크레
타문명은 그 섬의 신화적인 왕 미노스Minos의 이름을 따 미노스문명 혹은
미노아문명이라고도 한다.

이에 비해 그리스 본토에서는 그보다 천 년이 지난 기원전 2000년경 인
도유럽어족의 일파인 아카이오이Achaioi(영어로는 아카이아Achaia)족, 아이올레
이스Aioleis(아이올리아Aiolia)족, 이오네스Iones(이오니아Ionia)족이 남하하여 원주
민들을 점령하고 펠로폰네소스Peloponnesos반도의 미케네Mykene를 중심으
로 이른바 미케네문명을 일구면서 앞서 일어난 두 문명과 경쟁을 벌였다.

세 문명 중 미케네문명은 후발주자임에도 불구하고 비약적인 발전을

기원전 8~6세기경의 고대 그리스 식민 도시(붉은색), 페니키아 식민 도시(노란색)

이룩한 끝에 결국 기원전 1500년경에는 미노스문명을, 기원전 1200년경
에는 이른바 '트로이 전쟁'을 일으켜 트로이문명을 무력으로 점령하여 세
개의 문명을 하나로 통일했다. 트로이 전쟁이 끝나고 얼마 지나지 않아
그리스 본토에 마지막으로 호전적인 도리에이스Dorieis(도리아Doria)족이 남
하하여 모든 것을 파괴하면서 미케네문명은 400여 년에 걸쳐 긴 암흑기
에 빠져 있다가 기원전 8세기경 그 후예가 부흥의 물꼬를 트기 시작하면
서 기원전 5세기경에는 아테네를 중심으로 고대 그리스의 황금기를 구가
했다.

그리스 신화란 미케네문명을 이룩한 인도유럽어족이 남하할 때 가져
온 신화가 크레타문명과 트로이문명의 신화를 흡수 통합하면서 만든 새
로운 신화를 총칭하는 말이다. 그리스 신화는 문자가 없던 시기에는 대
중에게 작품을 외워 낭송해 주었던 음유시인들을 통해 구전되어 오다

　　　　　　　　　　　1장 ○ 그리스 신화의 생성과 전승 과정

가 기원전 8세기경 문자가 발명되면서 처음으로 기록되었다. 그것을 최초로 집대성한 책이 바로 당대 최고의 음유시인 호메로스Homeros(기원전 800~750년경)의 서사시 『일리아스Ilias』와 『오디세이아Odysseia』다.

고대 그리스:
『일리아스』, 『오디세이아』, 『신통기』, 그리스 비극

그래서 호메로스의 두 작품 『일리아스』와 『오디세이아』는 그리스 신화의 최초의 원전이다. '일리아스'는 트로이의 옛 지명인 '일리온'의 노래라는 뜻으로 트로이 전쟁을 다룬 것이고, '오디세이아'는 '오디세우스의 이야기'라는 뜻으로 트로이 전쟁이 끝난 뒤 귀향하는 오디세우스의 모험을 다룬 것이다. 트로이 전쟁이 기원전 1200년경에 일어났기 때문에 두 작품은 400여 년 동안 음유시인들에 의해 구전되어 오다가 호메로스 대에 와서 비로소 문자로 기록된 셈이다. 호메로스의 두 작품 이후에 나온 그리스 신화의 세 번째 원전은 헤시오도스Hesiodos의 『신통기神統記, *Theogonia*』다.

헤시오도스는 기원전 740년에서 670년 사이에 살았던 것으로 추정되며 기원전 720년경부터 음유시인으로 활동했던 것 같다. 호메로스의 작품들이 대부분 기원전 8세기 후반에 나온 것이어서 헤시오도스는 10~20년쯤 호메로스와 같이 활동했을 것이다. 그러니까 헤시오도스는 호메로스가 은퇴할 무렵에 최전성기를 구가하고 있었을 것이다. 그래서 그가 당시 문학경연대회에서 호메로스와 겨루어서 이겼다는 짧은 기록도 있다. 그때 헤시오도스는 아마 자신의 작품 『신통기』를 암송하여 고령의 호메로스를 눌렀을 것이다. 『신통기』는 태초의 카오스부터 그리스 신들이 탄생하는 과정과 제우스Zeus가 신들의 왕이 되는 과정을 소상하게 설명한 책으로 그리스 신들의 계보를 최초로 체계적으로 정리한 책이다.

그리스 신화의 네 번째 원전은 바로 기원전 6~5세기에 쏟아져 나온 '그리스 비극'이다. 그리스 비극은 호메로스의 『일리아스』와 『오디세이아』, 헤시오도스의 『신통기』의 내용을 토대로 만들어진 것이다. 이 세 원전은 각각 트로이 전쟁, 오디세우스의 모험, 신들의 계보뿐 아니라 중간중간에

〈호메로스 흉상〉, 기원전 2~1세기
호메로스는 두 눈이 보이지 않았다고
한다.

〈아이스킬로스 흉상〉,
기원전 340~320년경

그리스 신화의 수많은 에피소드를 소개하고 있는데 비극작가들이 그것을 소재로 작품을 쓴 것이다. 그들은 물론 지금은 소실되었지만 당시에는 파편적으로 남아 있었을 그리스 신화의 다른 원전들도 참고했을 수 있다. 당시 유명한 비극작가로는 소위 그리스 3대 비극작가로 불리는 아이스킬로스Aischylos, 소포클레스Sophokles, 에우리피데스Euripides가 있다.

가장 연장자인 아이스킬로스(기원전 525/524~456)는 총 90여 편의 작품을 쓴 것으로 알려져 있다. 하지만 현재 남아 있는 것은 「아가멤논」, 「제주를 바치는 여인들」, 「자비로운 여신들」(오레스테이아 3부작), 「페르시아인들」, 「테베를 공격한 일곱 장수」, 「탄원하는 여인들」, 「결박된 프로메테우스」 등 총 7편뿐이다. 그는 주로 3부작을 썼는데 온전히 남아 있는 것은 '오레

〈소포클레스 두상〉,
기원전 270년경

스테스의 이야기'라는 뜻의 '오레스테이아Oresteia' 3부작뿐이다. 가령 「결박된 프로메테우스」도 원래 「불의 운반자 프로메테우스」, 「사슬에서 풀린 프로메테우스」와 함께 3부작으로 쓰였다.

　다음으로 소포클레스(기원전 496~406)는 총 123개의 작품을 쓴 것으로 알려져 있다. 하지만 현재 남아 있는 것은 「오이디푸스 왕」, 「안티고네」, 「콜로노스의 오이디푸스」(테베 3부작), 「아이아스」, 「트라키스의 여인들」, 「엘렉트라」, 「필록테테스」 등 총 7편뿐이다. 앞쪽 3편이 '테베 3부작'으로 불린 것은 모두 테베Thebe의 오이디푸스 이야기를 다룬 것이어서 후대에 편의상 그렇게 이름이 붙여진 것이지 소포클레스가 원래 3부작으로 만든 것은 아니다.

〈에우리피데스 흉상〉,
기원전 330년경

마지막으로 에우리피데스(기원전 480~406)는 총 90여 편의 작품을 쓴 것
으로 알려져 있다. 하지만 현재 남아 있는 것은 앞의 두 작가보다는 비교
적 많은 19편으로 「히폴리토스」, 「알케스티스」, 「헤라클레스」, 「헤라클레
스의 자녀들」, 「탄원하는 여인들」, 「트로이 여인들」, 「헤카베」, 「안드로마
케」, 「헬레네」, 「아울리스의 이피게네이아」, 「타우리케의 이피게네이아」,
「오레스테스」, 「엘렉트라」, 「이온」, 「포이니케 여인들」, 「메데이아」, 「박코
스의 여신도들」, 「레소스」, 「키클롭스」 등이 바로 그것들이다. 그중 「키클
롭스」는 익살극 사티로스Satyros극이며 「레소스」가 에우리피데스의 작품
인지에 대해서는 논란이 많다.

1장 ○ 그리스 신화의 생성과 전승 과정

초기 로마~헬레니즘:
『아르고호의 모험』, '로마식 해석'과 '그리스식 해석'

　헬레니즘Hellenism 시기는 기원전 323년 알렉산드로스Alexandros 대왕의 죽음과 로마제국의 시작을 알리는 기원전 31년 악티움Actium 해전 사이를 가리킨다. 이 시기에 고대 그리스 도시국가는 몰락했어도 알렉산드로스가 세운 마케도니아 제국을 무대로 그리스 문화가 다시 한번 활짝 꽃을 피운다. 헬레니즘이라는 개념도 '그리스'라는 뜻의 '헬라스Hellas'에서 유래했다. 그래서 이때에도 그리스 신화의 다섯 번째 원전이 만들어진다.

　그것은 바로 에게해 남동쪽에 놓여 있는 로도스Rhodos섬 출신의 아폴로니오스(기원전 300~245년경)가 쓴 『아르고호의 모험』이다. 이 책은 테살리아Thessalia 이올코스Iolkos 출신의 영웅 이아손Iason이 54명의 그리스 영웅들을 인솔하고 황금 양피를 찾아 나섰다가 겪은 모험을 그리고 있다. 총 55명의 영웅들은 천신만고 끝에 흑해 연안의 콜키스Kolchis에 도착하여 이아손과 사랑에 빠진 콜키스의 공주 메데이아Medeia의 도움으로 무사히 황금 양피를 탈취하여 그리스로 가져온다.

로마인들이 기원전 753년 로마를 건국하고 자신들의 신화를 살펴보니, 신들이 일정한 얼개는 갖추고 있어도 스토리가 너무 빈약하다는 사실을 인식했다. 그래서 그리스 신화의 원전인 『일리아스』, 『오디세이아』, 『신통기』, 그리스 비극, 『아르고호의 모험』 등에서 신들을 비롯한 등장인물의 이름만 로마식으로 바꾼 채 스토리는 그대로 빌려다 썼다. 가령 신들의 왕 유피테르Jupiter의 아버지 사투르누스Saturnus의 행적에 그리스 신화 속 신들의 왕 제우스의 아버지 크로노스Kronos의 행적을 고스란히 옮겨 놓았다. 물론 서술에 빈틈이나 비약이 있으면 고치고 다듬기도 했다.

　이것을 라틴어로는 '로마식 해석'이라는 뜻의 '인테르프레타티오 로마나Interpretatio Romana'라고 칭하는데 다른 나라의 신들을 로마의 신들로 대체하여 해석하는 것이다. 참고로 헤로도토스Herodotos가 이집트 신들을 그리스 신들로 대체하여 해석한 것은 '그리스식 해석'이라는 뜻의 '인테르프레타티오 그라이카Interpretatio Graeca'라고 칭한다. 가령 헤로도토스는 『역사Historiai』에서 이집트의 아문Amun은 제우스로, 오시리스Osiris는 디오니소스Dionysos로, 프타Ptah는 헤파이스토스Hephaistos로 대체하여 해석했다.

　이런 방식은 로마 시대 정복한 나라의 백성을 로마 사회에 편입시키고 동화시키는 데 아주 큰 역할을 했다. 하지만 로마인들이 그리스 신화를 로마식으로 해석한 것은 자국의 빈약한 신화를 문화 선진국이었던 그리스의 풍부한 신화로 보완하려는 의도가 강했다. 그래서 신화의 인물 이름만 '로마식 해석(Interpretatio Romana)'이고, 오히려 그 내용은 '그리스식 해석(Interpretatio Graecia)'이라고 해야 옳다. 그리스 신화의 '로마식 해석'이 그리스가 로마의 속주가 된 이후에야 비로소 시작된 것이 아니라 로마 건국 초기부터 성행하다가 헬레니즘 시대에 최고조에 이르렀다는 것은 시사하는 바가 크다.

로마~근대:
『아이네이스』, 『변신 이야기』, 불핀치 신화

　그리스 신화의 여섯 번째 원전은 로마 시대 신화작가 베르길리우스 Vergilius(기원전 70~19)의 『아이네이스*Aeneis*』다. 이 작품의 주인공 트로이의 왕족 아이네이아스Aineias는 아버지를 들쳐메고 아들 아스카니오스Askanios 의 손을 잡은 채 아내 크레우사Kreusa를 데리고 불타는 트로이를 탈출한 다. 그 뒤 트로이 유민을 이끌고 바다를 방랑하다가 이탈리아에 도착하여 라비니움Lavinium을 세우고, 아들 아스카니오스가 로마의 전신 '알바 롱가 Alba Longa'를 건설한다. 이 작품은 이런 일련의 과정을 그리고 있는데, 동 시에 수많은 에피소드를 통해 주인공 이름만 로마식으로 바꾼 채 그리스 신화를 재현해 내고 있다. 그래서 주인공 아이네이아스와 그의 아들 아스 카니오스도 로마식 이름인 아이네아스Aineas와 아스카니우스Ascanius로 부 른다.

　그리스 신화의 일곱 번째 원전은 로마 시대 신화작가 오비디우스(기원 전 43~기원후 17)의 『변신 이야기』다. 이 작품은 총 15권으로 이루어져 있는

〈베르길리우스 흉상〉, 1세기경

〈오비디우스 상〉
오비디우스는 당시에 토미스라고 불리던 망명지 콘스탄차에서 생애 마지막 8년을 보낸다(루마니아, 콘스탄차).

데 그때까지 나온 그리스 신화의 원전들을 총망라하여 그리스 신화를 '주인공의 변신'의 관점에서 총정리한 것이다. 가령 제1권에는 아폴론Apollon의 추격을 피하다가 지쳐 월계수로 변하는 물의 요정 다프네Daphne의 이야기가 실려 있다. 그래서 원래 주인공의 변신이 일어나지 않는 이야기에는 마지막에 그것을 새로 고안해서 첨가했다. 하지만 이 책에서 변신은 목적이 아니고 이야기를 이끌어가기 위한 수단에 불과하다. 그래서 이 책을 읽으면서 변신에 너무 집착하면 이야기의 맥락을 잃어버릴 수 있다. 주인공이 나중에 무엇으로 변신하든 이야기에서 중요한 건 그 변신의 의미가 아니라 주제라는 뜻이다.

이렇게 일곱 가지 고대의 원전으로 전승되어 오던 그리스 신화는 기독교가 로마의 국교가 되자 이단으로 금기시된다. 이후 중세의 긴 암흑기를 거친 후에 르네상스를 기점으로 단테Dante Alighieri 등 다시 수많은 작가에 의해 재해석되고 활용되다가 19세기 영어권에서 비약적인 부흥을 맞이하게 되는데 그 중심에 선 작가가 바로 토머스 불핀치T. Bulfinch(1796~1867)이다. 소위 '불핀치 신화'로 알려진 그의 신화 책은 『우화의 시대, 혹은 신과 영웅 이야기』(1855), 『기사도 정신의 시대, 혹은 아서왕의 전설』(1858), 『샤를마뉴의 전설, 혹은 중세의 로맨스』(1866) 등 총 3권이며 1911년에는 합본이 나왔다. 우리가 흔히 『불핀치의 그리스 로마 신화』로 알고 있는 책은 3권 중 바로 첫 번째 책 『우화의 시대, 혹은 신과 영웅 이야기』다.

현재 우리나라에 나와 있는 『이윤기의 그리스 로마 신화』를 비롯한 수많은 그리스 신화 책도 앞서 말한 『일리아스』, 『오디세이아』, 『신통기』, 그리스 비극, 『아르고호의 모험』, 『아이네이스』, 『변신 이야기』 등 일곱 종류의 그리스 신화의 원전들을 토대로 펴냈을 것이다. 아니 제대로 고증이 된 그리스 신화 책을 쓰려면 이 원전들을 반드시 참고해야 한다. 필자도 이 책을 쓰면서 조금이라도 궁금하거나 모호한 부분이 있으면 반드시 이 원전들을 찾아보곤 했다.

그렇다면 '그리스 신화'라고 해야 할까, 아니면 '그리스 로마 신화'라고 해야 할까? 한마디로 둘 다 가능하다. 고대 그리스의 원전에 비중을 두면 '그리스 신화'가 끌릴 것이고, 고대 로마의 원전에 비중을 두면 '그리스 로마 신화'를 선호할 것이다. 하지만 '그리스'를 빼고 '로마 신화'라고만 하면 그리스 신화를 제외한 로마 신화라고 오해할 수 있어 잘못된 표현이다. 그렇다면 로마 신화의 모든 인물이 그리스 신화에서 그 아바타를 찾았을까? 그런 것은 아니다. 흔히 두 얼굴의 신으로 알려진 두 문의 신 야누스

Piero del Pollaiolo, 〈아폴론과 다프네〉, 1470~1480

1장 ○ 그리스 신화의 생성과 전승 과정

Janus와 같은 신은 그리스 신화에 아바타가 없다. 하지만 그와 같은 경우는 아주 극소수에 불과하다. 로마 신화의 중요한 인물들은 거의 모두 그리스식으로 해석된 것이다.

불핀치는 특히 영미권 작가들이 그리스 신화를 소재로 쓴 작품들을 아주 많이 인용하면서 그리스 신화를 체계적으로 정리한 것으로 유명하다. 그런데 무엇보다도 주목해야 할 사실은 불핀치를 비롯한 영어권 작가들은 로마 시대의 베르길리우스와 오비디우스의 작품을 통해 그리스 신화를 받아들이면서 그리스 신들의 로마식 이름을 자기들 어법이나 관습에 맞게 줄여 썼다는 것이다. 그래서 그리스 신들은 영어권에서 로마식 이름과 비슷한 새 이름으로 개명하고 다시 태어났다.

그리스 신들은 신들의 왕 제우스의 형제자매인 1세대와 제우스의 자식들인 2세대로 나뉜다. 1세대 신 중 제우스Zeus는 로마에서는 유피테르Jupiter, 영어로는 주피터Jupiter라고 했다. 바다의 신 포세이돈Poseidon은 로마에서는 넵투누스Neptunus, 영어로는 넵튠Neptune이라고 했다. 지하세계의 신 하데스Hades는 플루톤Plouton이라고도 했는데, 로마에서는 플루토Pluto, 영어로도 플루토Pluto라고 했다. 가정의 여신 헤라Hera는 로마에서는 유노Juno, 영어로는 주노Juno라고 했다. 곡물의 여신 데메테르Demeter는 로마에서는 케레스Ceres, 영어로는 시어리즈Ceres라고 했다. 화로의 여신 헤스티아Hestia는 로마에서는 베스타Vesta, 영어로는 베스터Vesta라고 했다.

2세대 신 중 태양의 신 아폴론Apollon은 로마에서는 아폴로Apollo, 영어로도 아폴로Apollo라고 했다. 전령의 신 헤르메스Hermes는 로마에서는 메르쿠리우스Mercurius, 영어로는 머큐리Mercury라고 했다. 대장장이의 신 헤파이스토스Hephaistos는 로마에서는 불카누스Vulkanus, 영어로는 벌컨Vulkan이라고 했다. 전쟁의 신 아레스Ares는 로마에서는 마르스Mars, 영어로는 마즈Mars라고 했다. 포도주의 신 디오니소스Dionysos는 박코스Bakchos 라고도 했는데, 로마에서는 바쿠스Bacchus, 영어로는 배커스Bacchus라고 했다.

미의 여신 아프로디테Aphrodite는 로마에서는 베누스Venus, 영어로는 비너스Venus라고 했다. 달과 사냥의 여신 아르테미스Artemis는 로마에서는 디아나Diana, 영어로는 다이애나Diana라고 했다. 지혜의 여신 아테나Athena는 아테네Athene라고도 했으며, 로마에서는 미네르바Minerva, 영어로도 미네르바Minerva라고 했다. 사랑의 신 에로스Eros는 로마에서는 쿠피도Cupido 혹은 아모르Amor, 영어로는 큐피드Cupid라고 했다.

그리스 신화는 올림포스 신족의 12주신主神과 그들의 자손에 관한 이야기를 체계적으로 정리한 것이라고 해도 과언이 아니다. 12주신은 원래 남신은 제우스, 포세이돈, 아폴론, 아레스, 헤파이스토스, 헤르메스 등 6명, 여신은 헤라, 데메테르, 헤스티아, 아테나, 아르테미스, 아프로디테 등 6명이었다. 그런데 맨 나중에 디오니소스가 올림포스 신족에 합류하자 헤스티아가 자리를 양보하면서 남신은 7명, 여신은 5명이 되었다.

특히 그리스 신들의 영어식 이름은 태양계 행성 이름으로도 쓰인다. 수성은 전령의 신 머큐리Mercury, 금성은 미의 여신 비너스Venus, 지구는 대지의 여신 가이아Gaia의 영어식 이름인 지어Gaea, 화성은 전쟁의 신 마즈 Mars, 행성 중 가장 큰 목성은 신들의 왕 주피터Jupiter, 토성은 제우스의 아버지 크로노스Kronos의 영어식 이름인 새턴Saturn이다. 또 천왕성은 하늘의 신 우라노스Uranos의 영어식 이름인 유레이너스Uranus, 해왕성은 바다의 신 넵튠Neptune, 2006년 행성의 지위를 잃어버린 명왕성은 지하세계의 신 플루토Pluto로 불린다.

요약하면 그리스 신화는 로마로 유입되면서 스토리는 그대로 두고 신들이나 주인공의 이름만 다르게 불렸다. 또한 그리스 신들의 로마식 이름에서 영어식 이름이 나왔으니 그리스 신들의 이름은 2개가 더 있는 셈이다. 어떤 독자는 이 세 가지 이름이 각각 다른 신을 지칭하는 것으로 오해하기도 한다. 하지만 적어도 그리스 신화에 자주 등장하는 신들의 로마와 영어식 이름만은 구분해서 잘 알아 두는 것이 필요하다. 그래서 다음 면에 그리스 신들의 세 가지 이름을 보기 편하게 표로 정리해 놓았다.

그리스 신들의 로마와 영어식 이름 비교표

그리스	로마	영어권
가이아Gaia	텔루스Tellus 테라Terra	지어Gaea
우라노스Uranos	우라누스Uranus	유레이너스Uranus
크로노스Kronos	사투르누스Saturnus	새턴Saturn
제우스Zeus	유피테르Jupiter	주피터Jupiter
헤라Hera	유노Juno	주노Juno
포세이돈Poseidon	넵투누스Neptunus	넵튠Neptune
하데스Hades	플루토Pluto	플루토Pluto
데메테르Demeter	케레스Ceres	시어리즈Ceres
헤르메스Hermes	메르쿠리우스Mercurius	머큐리Mercury
헤스티아Hestia	베스타Vesta	베스터Vesta
헤파이스토스Hephaistos	불카누스Vulcanus	벌컨Vulcan
아폴론Apollon	아폴로Apollo	아폴로Apollo
아프로디테Aphrodite	베누스Venus	비너스Venus
아르테미스Artemis	디아나Diana	다이애나Diana
아레스Ares	마르스Mars	마즈Mars
디오니소스Dionysos 박코스Bakchos	바쿠스Bacchus	배커스Bacchus
에로스Eros	쿠피도Cupido 아모르Amor	큐피드Cupid
아테나Athena	미네르바Minerva	미네르바Minerva
에오스Eos	아우로라Aurora	오로라Aurora

1장 ○ 그리스 신화의 생성과 전승 과정

2장

그리스 신들의
전쟁

제1차 신들의 전쟁:
우라노스 vs. 크로노스

이 세상은 어떻게 시작됐을까? 하늘과 땅과 바다는 어떻게 만들어졌을까? 생물이나 인간이 살지 않았을 때의 세상은 어떤 모습이었을까? 어떤 과학자는 그 답을 '빅뱅Big Bang'이라는 대폭발이론에서 찾으려고 한다. 하지만 과학이론은 알 듯 모를 듯 어렵고 복잡하다. 그에 비해 신화는 간단하고 쉽게 설명한다. 많은 신화가 태초에 '카오스Chaos'가 있었다고 말한다. 그러면서 바로 이 카오스에서 세상이 시작됐다고 알려 준다.

'카오스'는 '혼돈'이라는 뜻이다. '질서'를 뜻하는 '코스모스Cosmos'의 반대말이다. 학교 교실의 책걸상이나 비품들이 뒤죽박죽되어 있을 때 카오스란 말을 쓰기도 한다. 봄철 서울 여의도 벚꽃축제 때 구경 나온 사람들과 장사꾼 그리고 자동차들이 뒤섞여 카오스가 된다. 머리가 너무 복잡해 쥐가 날 때도 카오스라고 표현할 수 있다. 하지만 신화에서 말하는 카오스는 대지나 하늘이 생기기 이전 아무것도 없는 텅 빈 원시의 공간을 가리킨다.

George Frederic Watts, 〈카오스〉, 1875년경

구약성서의 창세기를 보면 하나님은 이 카오스에서 만물을 창조했다. 하나님은 첫째 날에 낮과 밤, 둘째 날에 하늘, 셋째 날에 땅과 바다, 땅 위에 서식하는 온갖 식물들, 넷째 날에 해와 달과 별, 다섯째 날에 날짐승과 물고기, 여섯째 날에 들짐승, 집짐승, 길짐승과 사람을 만들었다. 북유럽 신화에서도 이 세상은 혼돈과 비슷한 칠흑 같은 '어둠'에서 시작된다. 이 어둠은 땅도 바다도 하늘도 아직 존재하지 않는 상태를 의미한다.

중국 신화에서 세상은 거대한 알에서 비롯되었다. 알 속이 바로 성서의 카오스이자 북유럽 신화의 어둠인 셈이다. 이 알 속의 카오스와 어둠에서 제일 먼저 거인 반고盤古가 태어났다. 그런데 이상하게도 반고는 태

2장 ○ 그리스 신들의 전쟁

어나자마자 무려 1만 8천 년 동안이나 알 속에서 그대로 쿨쿨 잠만 잤다. 시간이 흘러 마침내 거인 반고가 하품을 하고 기지개를 켜며 깨어나자마자 알이 두 조각 나면서 하늘과 땅이 생겨났다.

알 속의 맑은 기운은 위로 올라가 하늘이 되고, 어둡고 탁한 기운은 아래로 내려가 땅이 되었다. 하지만 거인 반고는 하늘이 다시 내려앉지나 않을까 걱정이 돼 하늘을 한 손으로 떠받치고 발로 땅을 힘차게 눌렀다. 그러자 신기하게도 거인은 날마다 쑥쑥 자라났고 하늘과 땅 사이도 그만큼 벌어졌다. 다시 1만 8천 년이 흐르고 훌쩍 커진 거인의 키만큼 하늘과 땅의 거리는 9만 리가 되었다.

이제 하늘과 땅도 단단히 자리를 잡아 다시 붙을 염려가 없어졌다. 할 일이 없어진 거인은 시름시름 앓더니 어느 날 갑자기 쓰러져 죽었다. 그리고 그의 몸은 마치 북유럽 신화의 태초의 거인 이미르Ymir처럼 세상 만물로 변하기 시작했다. 거인의 숨결은 바람과 구름, 목소리는 천둥소리, 왼쪽 눈은 해, 오른쪽 눈은 달, 피는 강, 핏줄은 길이 되었다. 피부는 밭이 되고, 머리카락과 수염은 별이 되었다. 털은 풀과 나무가, 이와 뼈는 금속과 돌, 땀은 빗물과 이슬이 되었다.

그리스 신화에서도 세상은 카오스에서 만들어졌다. 헤시오도스의 『신통기』에 따르면 이 카오스에서 제일 먼저 사랑의 신 에로스, 대지의 여신 가이아, 가이아의 몸속에서 가장 깊은 곳인 타르타로스Tartaros가 태어났다. 밤의 여신 닉스Nyx와 지하세계의 칠흑 같은 어둠 에레보스Erebos도 마찬가지로 카오스에서 만들어졌다. 그 후 가이아는 혼자서 하늘 우라노스, 산맥 우레아Ourea, 태초의 바다 폰토스Pontos를 낳았다.

헤시오도스의 천지창조에서 특히 우리의 이목을 끄는 것은 날개 달린

〈우라노스와 가이아〉, 200~250년경
(로마 시대 모자이크)

William-Adolphe Bouguereau, 〈닉스〉, 1883

사랑의 신 에로스가 가장 먼저 탄생했다는 점이다. 그것은 이 세상 만물은 사랑이 있어야 비로소 생성될 수 있다는 만고의 진리를 암시하고 있는 것은 아닐까? 세상이 이렇게 카오스에서 점차 코스모스로 자리잡혀 가자 이제 가이아는 우라노스와 부부가 되어 여러 자연신을 낳기 시작했다. 그들은 대지를 감싸는 커다란 강(대양강大洋江)의 신 오케아노스Okeanos, 그의 아내로 이 세상 모든 강의 어머니인 테티스Tethys(담수의 여신. 바다의 여신은 테티스Thetis), 빛의 신 히페리온Hyperion, 빛의 여신 포이베Phoibe 등 티탄Titan 12신을 낳았다.

티탄 12신들은 하나같이 모두 몸집이 거대했다. 나중에 인간에게 불을 훔쳐다 주는 프로메테우스Prometheus의 아버지 이아페토스Iapetos도 티탄 12신에 속했다. 제우스의 아버지 크로노스도 티탄 12신 중 막내였다. 그 후 가이아와 우라노스는 계속해서 헤카톤케이레스Hekatoncheires와 키클로페스Kyklopes를 낳았다. 헤카톤케이레스는 손이 100개, 머리가 50개나 달린 3형제를, 키클로페스는 이마에 둥근 눈이 하나만 박혀있는 '번개', '벼락', '천둥' 3형제를 총칭하는 이름으로 흉측하면서도 거대한 괴물들이었다. 그래서 헤카톤케이레스는 백수거인百手巨人으로, 키클로페스는 외눈박이로 칭하기도 한다.

Odilon Redon, 〈키클로페스〉,
1914년경

우라노스는 자식들의 엄청난 크기와 끔찍한 모습이 너무나 역겨웠다. 자기 자식이라는 것이 부끄러웠다. 그는 급기야 앞으로 자식들이 장성하면 모두 힘을 합해 자신의 권력을 찬탈할지 모른다는 상상을 하기도 했다. 생각이 이에 미치자 그는 어느 날 자식들을 아내 가이아의 몸속에 밀어 넣기 시작했다. 결국 우라노스의 자식들은 가이아의 몸속에서 가장 깊은 타르타로스에 갇히는 신세가 되었다. 가이아는 칠흑 같은 어둠 속에 갇혀 있는 자식들 생각에 하루도 편안한 날이 없었다. 우라노스의 만행으로 세상은 다시 카오스의 상태로 돌아간 것이다.

참다못한 가이아는 어느 날 은밀하게 자신의 몸속에 있는 쇠를 벼리어 커다란 낫을 만든 다음 자식들에게 도움을 요청했다. 대부분의 자식들은

2장 ○ 그리스 신들의 전쟁

Giorgio Vasari, 〈우라노스를 거세하는 크로노스〉, 1560년경
크로노스가 아버지를 거세하는 동안 다른 형제들은 놀라 뒷걸음질치고 있다.

선뜻 나서지 않았다. 포악한 아버지 우라노스가 두려웠기 때문이다. 하지만 막내 크로노스만은 달랐다. 그는 아버지가 무섭기는 했어도 어머니의 호소를 외면할 수 없었다. 자식들 중 어머니와 가장 친했기 때문만은 아니었다. 그는 아버지의 행동이 너무 부당하다고 생각했다.

결국 크로노스는 어머니 가이아가 준 커다란 낫으로 어머니 옆에서 깊이 잠들어 있던 아버지 우라노스를 거세하고 그를 권좌에서 밀어냈다. 아버지 우라노스가 휘저어 놓았던 세상의 질서를 아들 크로노스가 바로잡은 것이다. 그리스 신화의 세상은 이처럼 카오스에서 시작하여 점점 코스모스의 상태로 바뀌어 간다. 이런 사실은 우리에게 세상의 이치를 보여주는 것이 아닐까? 세상만사는 결국 코스모스의 상태로 돌아갈 수밖에 없다고 말이다. 아무리 절망적인 상황 속에서도 우리가 희망을 품어야 하는 이유도 바로 여기에 있는 게 아닐까?

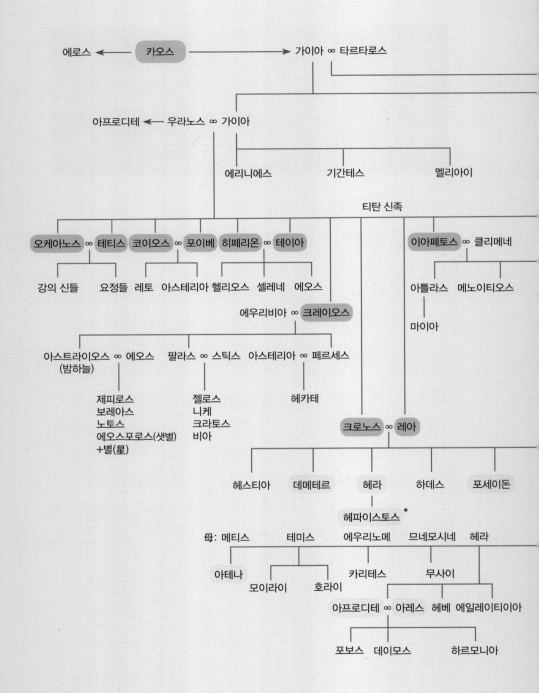

에로스 ← 카오스 → 가이아 ∞ 타르타로스

아프로디테 ← 우라노스 ∞ 가이아

에리니에스　　　기간테스　　　멜리아이

티탄 신족

오케아노스 ∞ 테티스　코이오스 ∞ 포이베　히페리온 ∞ 테이아　　　이아페토스 ∞ 클리메네

강의 신들　요정들　레토　아스테리아　헬리오스　셀레네　에오스　　　아틀라스　메노이티오스

마이아

에우리비아 ∞ 크레이오스

아스트라이오스 ∞ 에오스　팔라스 ∞ 스틱스　아스테리아 ∞ 페르세스
(밤하늘)

제피로스　　젤로스　　　헤카테
보레아스　　니케
노토스　　　크라토스
에오스포로스(샛별)　비아
+별(星)

크로노스 ∞ 레아

헤스티아　데메테르　헤라　하데스　포세이돈

헤파이스토스 *

母: 메티스　　테미스　　에우리노메　므네모시네　헤라

아테나　　　　　　　카리테스　　무사이
　모이라이　호라이

아프로디테 ∞ 아레스　헤베　에일레이티아

포보스　데이모스　　　하르모니아

헤시오도스의 『신통기』에 따른 신들의 계보

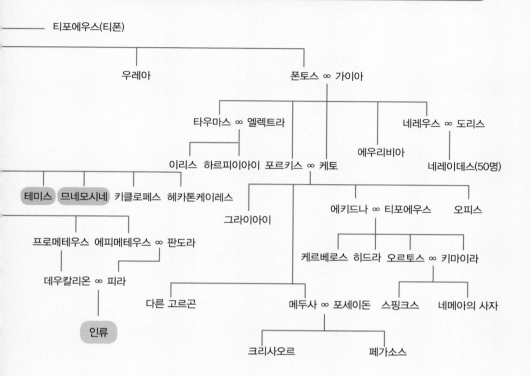

티포에우스(티폰)

우레아   폰토스 ∞ 가이아

            타우마스 ∞ 엘렉트라   네레우스 ∞ 도리스
                                      에우리비아
            이리스 하르피이아이 포르키스 ∞ 케토   네레이데스(50명)

테미스 므네모시네 키클로페스 헤카톤케이레스   에키드나 ∞ 티포에우스   오피스
                    그라이아이
    프로메테우스 에피메테우스 ∞ 판도라   케르베로스 히드라 오르토스 ∞ 키마이라

    데우칼리온 ∞ 피라
                    다른 고르곤   메두사 ∞ 포세이돈   스핑크스   네메아의 사자
        인류
                                크리사오르   페가소스

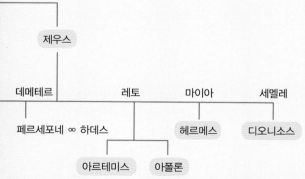

제우스

데메테르   레토   마이아   세멜레

페르세포네 ∞ 하데스   헤르메스   디오니소스

        아르테미스 아폴론

* 헤시오도스에 의하면 헤라는 제우스가 혼자서 아테나를 낳은 것에
  분노하여 자신도 혼자서 헤파이스토스를 낳았다
* 티탄 신족 중 음영으로 표시된 신이 티탄 12신이고, 크로노스와
  레아의 자식 중 음영으로 표시된 신이 올림포스 12주신이다

1. 제1차 신들의 전쟁: 우라노스 vs. 크로노스

제2차 신들의 전쟁:
티탄 신족 vs. 올림포스 신족

그리스 신화에서 크로노스가 우라노스를 거세했다는 것은 결국 아들이 아버지와의 권력투쟁에서 승리했다는 것을 의미한다. 그래서 우라노스와 크로노스의 권력투쟁은 그리스 신들이 벌인 최초의 전쟁이다. 그런데 신기하게도 크로노스가 어머니 가이아로부터 건네받은 커다란 낫으로 우라노스의 남근을 자를 때 흘린 피가 땅에 스며들더니 물푸레나무 요정 멜리아이Meliai, 24명의 거인족 기간테스Gigantes, 복수의 여신 에리니에스Erinyes가 태어났다.

에리니에스는 알렉토Alekto, 메가이라Megaira, 티시포네Tisiphone 세 자매를 총칭하는 이름으로 지하세계의 암흑인 에레보스에 살면서 혈육 간의 복수를 담당했다. 그들이 나중에 모친 살해범 오레스테스Orestes를 뒤쫓는 건 바로 이 때문이다. 그들은 태어날 때부터 노파였으며 몸이 석탄처럼 검었다. 또한 실뱀 모양의 머리카락, 개의 머리, 박쥐의 날개를 하고 있으며 손에는 청동 옹이가 박힌 채찍을 들고 있었다.

Sandro Botticelli, 〈비너스의 탄생〉, 1485
그림 오른쪽 키프로스섬에서는 계절의 여신 중 봄의 여신이 아프로디테를 환영하며 옷을 건네고 있다.
그림 왼쪽 공중에서는 어깻죽지에 날개가 달린 서풍의 신 제피로스(Zephyros)가 아내인 꽃의 신 플로라
(Flora)를 안고 아프로디테가 탄 조개가 앞으로 나아갈 수 있도록 입김을 불어 주고 있다.

　크로노스가 힘껏 뒤로 던진 우라노스의 살점도 바다에 떨어져 미의 여
신 아프로디테Aphrodite로 태어났다. 살점이 바다에 가라앉으면서 거품이
일더니 한참 후에 눈이 부시도록 아름다운 아프로디테가 조개를 타고 솟
아올랐다. 그래서 아프로디테의 이름 역시 '거품에서 태어난 자'라는 뜻
이다. 헤시오도스의 『신통기』에 따르면 아프로디테가 태어나자 그녀보다
먼저 생겨난 사랑의 신 에로스가 마치 아들처럼 그녀를 따라다녔다.
　권력을 잡은 크로노스는 어머니 몸속에서 가장 깊은 곳인 타르타로스
에 갇혀 있던 11명의 형제자매를 꺼내 주었지만 백수거인 헤카톤케이레
스와 외눈박이 키클로페스 3형제는 꺼내 주지 않았다. 크로노스는 원래
거사에 성공하면 그들까지도 모두 꺼내 주겠다고 어머니와 약속했지만

Peter Paul Rubens,
〈자식들 중 하나를 집어삼키는 크로노스〉,
1636~1638

권력을 잡자 마음이 달라진 것이다. 왜 그랬을까? 크로노스는 아마 그들이 장차 자신의 권력에 커다란 걸림돌이 될 것으로 생각했을 것이다.

분노한 가이아는 아들 크로노스에게 네 아비가 네 손에 의해 권력에서 밀려난 것처럼 너도 똑같은 일을 당할 것이라며 저주를 퍼부었다. 그 후 후환이 두려웠던 크로노스는 아내 레아Rhea와의 사이에서 자식들이 태어나자 곧바로 집어삼켜 버렸다. 큰딸 헤스티아를 비롯하여 데메테르, 헤라, 하데스, 포세이돈 등 무려 5명의 자식들을 차례로 집어삼켜 버렸다.

레아는 여섯 번째로 제우스를 임신하자 막내만은 구하고 싶어 자신과 똑같은 고초를 당한 시어머니 가이아를 찾아가 조언을 구했다. 이어 그녀

2장 ○ 그리스 신들의 전쟁

크로노스에게 강보로 싼 돌을
제우스라고 속이고 건네주는
레아

의 충고대로 제우스를 낳자마자 얼른 크레타섬으로 빼돌렸다. 기다리고
있던 크로노스에게는 미리 준비해 둔 커다란 돌을 강보襁褓에 싸서 주었
다. 크로노스는 아무것도 눈치채지 못한 채 그 돌을 제우스로 알고 꿀꺽
집어삼켜 버렸다.

그 후 제우스는 크레타섬의 딕테Dikte산 동굴에서 숲의 요정들 손에 자
랐다. 아말테이아Amalteia라는 염소는 그에게 젖을 먹여 주었다. 청동 악
기를 연주하는 청동 종족 쿠레테스Kuretes는 그의 울음소리가 밖으로 새어
나가지 못하도록 했다. 그렇게 크레타섬에서 크로노스의 감시망을 피해
무럭무럭 자라난 제우스는 장성하자 제일 먼저 아버지 배 속에 갇혀 있는
형제자매들을 구할 계획을 세웠다.

제우스는 숙고 끝에 자신의 사촌이자 지혜의 여신인 메티스Metis를 찾
아가 특수 제조한 약물을 얻은 뒤 그것을 은밀하게 어머니 레아에게 넘겨
주었다. 레아가 음식에 그 약물을 타 먹이자 크로노스는 제우스의 형제자
매들을 집어삼킨 순서와 정반대로 커다란 돌, 포세이돈, 하데스, 헤라, 데
메테르, 헤스티아 순으로 하나씩 게워 내기 시작했다. 제우스는 이렇게

크레타섬 딕테산의 제우스 동굴

Nicolas Poussin, 〈제우스의 양육〉,1636~1637
쿠레테스족이 아말테이아 염소의 뿔을 잡고 있고, 딕
테산 요정이 뒷다리를 잡고 있는 동안 어린 제우스가
직접 염소 젖을 빨고 있는 것이 인상적이다.

다시 태어난 형제자매들과 함께 그리스에서 가장 높은 해발 2,918m의 올
림포스Olympos산 정상에 진지를 구축하고 세력을 모았다.

제우스는 이때 크로노스에게 평소 불만을 품고 있던 티탄 신족도 끌어
들였다. 그중 제일 먼저 제우스의 편을 든 것은 이아페토스의 아들 프로
메테우스였다. 그의 이름은 '먼저 생각하는 자'라는 뜻이다. 이름에 걸맞
게 그는 제우스가 싸움에서 이길 것이라는 사실을 미리 알아차렸다. 그는
생각이 약간 모자란 동생 에피메테우스Epimetheus도 데려왔다. 에피메테우
스는 '나중에 생각하는 자'라는 뜻이다. 프로메테우스는 상황판단에 미숙
한 에피메테우스가 안쓰러웠던 것이다.

대양강의 신 오케아노스의 딸이자 지하세계를 흐르는 강의 여신 스
틱스Styx도 승리의 여신 니케Nike, 질투의 신 젤로스Zelos, 힘의 신 크라토
스Kratos, 폭력의 신 비아Bia 등 자식들을 데리고 제우스 편에 가담했다. 크
로노스도 제우스에 맞서 테살리아Thessalia 남쪽 오트리스Othrys산 정상에

　　　　　　　　　　　　　　　　　　2장 ○ 그리스 신들의 전쟁

진지를 구축했다. 그들이 전투를 벌이는 방식은 아주 단순했다. 산 정상에서 서로의 진지를 향해 근처에 있던 바위와 돌을 주워 던지기만 했다. 그래서 그들의 전투는 10년 동안이나 아무 진전이 없었다.

전투의 전기를 마련하기 위해 고심하던 제우스는 할머니 가이아를 찾아가 조언을 구했다. 이어 그녀가 충고한 대로 타르타로스에 갇혀 있던 헤카톤케이레스와 키클로페스 3형제를 꺼내 주었다. 아울러 그들에게 신들의 음식과 음료수인 암브로시아Ambrosia와 넥타르Nektar도 주었다. 그들이 제우스에게 고마움을 느끼고 그의 편에 가담한 것은 두말할 필요가 없었다. 이때 키클로페스 3형제는 제우스에게 무기로 쓰라며 번개와 천둥과 벼락을 벼려 주었다. 특히 헤카톤케이레스 3형제는 진지 맨 앞에 서서 크로노스 진영의 티탄 신족에게 맹공을 퍼부었다.

헤카톤케이레스 3형제가 누구였던가? 팔과 손이 양쪽에 50개씩 총

Peter Paul Rubens, 〈티탄의 추락〉, 1637~1638

100개나 달리지 않았던가? 그래서 그들이 양손으로 바위를 던지면 한꺼번에 300개나 날아갔다. 티탄 신족들의 진지 오트리스산은 그들이 던진 바위로 금세 하늘이 캄캄해졌다. 결국 크로노스를 비롯한 티탄 신족은 바위에 깔려 꼼짝없이 사로잡히는 신세가 되고 말았다. 제우스는 그들을 포박하여 지하감옥 타르타로스에 가두고 헤카톤케이레스 3형제를 시켜 감시하도록 했다. 제우스가 신들의 제왕으로 군림하게 되는 순간이다. 이때부터 제우스 편에 선 신들은 자신들을 진지가 있던 산 이름을 따서 올림포스 신족이라고 불렀다.

올림포스 신족과 티탄 신족의 싸움은 제2차 신들의 전쟁으로 티타노마키아Titanomachia라고 부른다. 티타노마키아는 티탄Titan과 '전쟁'이라는 뜻의 그리스어, '마케Mache'의 합성어로 '티탄의 전쟁'이라는 의미다. 제우스는 물론 티탄 신족을 모두 타르타로스에 가둔 것은 아니었다. 법의 여신 테미스Themis 등 전향한 신들은 올림포스 신족으로 받아들였다. 그리스 신들의 전쟁은 제2차로 그치지 않고 계속해서 제3차와 제4차가 그 뒤를 잇는다. 그만큼 제우스가 권력을 완전히 장악하기까지는 많은 시련이 뒤따랐다는 뜻이다.

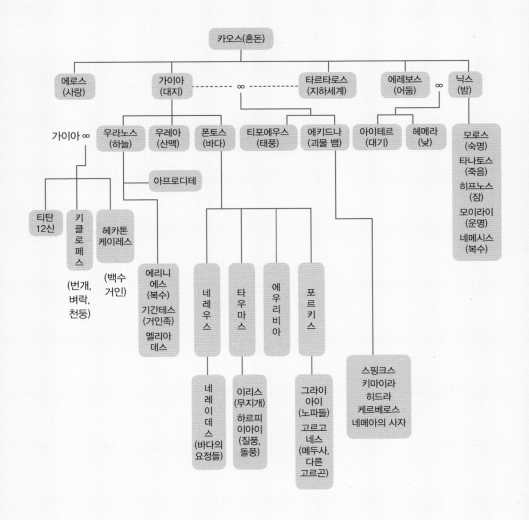

† 키클로페스 3형제 : 스테로페스(번개), 아르게스(벼락), 브론테스(천둥)
　헤카톤케이레스 3형제 : 코토스, 브리아레오스, 기게스

2. 제2차 신들의 전쟁: 티탄 신족 vs. 올림포스 신족

63

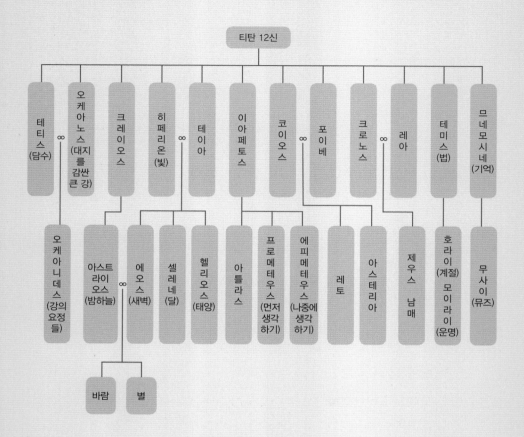

† 니케 : 스틱스와 팔라스의 딸
† 헤시오도스에 따르면 운명의 여신 모이라이는 밤의 여신 닉스의 딸들이다.

올림포스 신족

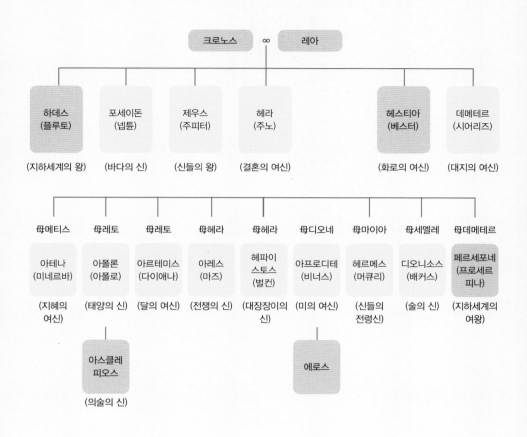

크로노스 ∞ 레아

하데스 (플루토)	포세이돈 (넵튠)	제우스 (주피터)	헤라 (주노)	헤스티아 (베스터)	데메테르 (시어리즈)
(지하세계의 왕)	(바다의 신)	(신들의 왕)	(결혼의 여신)	(화로의 여신)	(대지의 여신)

母메티스 / 母레토 / 母레토 / 母헤라 / 母헤라 / 母디오네 / 母마이아 / 母세멜레 / 母데메테르

아테나 (미네르바)	아폴론 (아폴로)	아르테미스 (다이애나)	아레스 (마즈)	헤파이스토스 (벌컨)	아프로디테 (비너스)	헤르메스 (머큐리)	디오니소스 (배커스)	페르세포네 (프로세르피나)
(지혜의 여신)	(태양의 신)	(달의 여신)	(전쟁의 신)	(대장장이의 신)	(미의 여신)	(신들의 전령신)	(술의 신)	(지하세계의 여왕)

아스클레피오스 (의술의 신)

에로스

† 연한 색으로 된 것이 올림포스 12주신이다.
  하데스와 페르세포네는 지하에 살았으므로 올림포스 12주신에서 제외되었다.
  헤스티아는 디오니소스가 뒤늦게 올림포스 궁전으로 올라오자 그에게 주신 자리를 양보했다.

제3, 4차 신들의 전쟁:
기간테스, 티포에우스 vs. 올림포스 신족

제우스가 티탄 신족을 포박하여 지하감옥 타르타로스에 가두자 대지의 여신 가이아는 못마땅했다. 티탄 신족이 아무리 잘못은 했어도 자신이 배가 아파 낳은 귀한 자식이었기 때문이다. 가이아는 어느 정도의 시간이 흐르자 제우스에게 그들을 풀어 주라고 했다. 하지만 제우스는 가이아의 말을 듣지 않았다. 그러자 그녀는 기간테스를 부추겨 제우스를 혼내 주도록 했다. 제우스를 비롯한 올림포스 신들과 기간테스와의 싸움을 '기간토마키아Gigantomachia'라고 한다. 이것이 바로 제3차 신들의 전쟁이다.

기간테스는 거세당한 우라노스의 남근에서 흘러나온 피가 트라케Thrake의 플레그라Phlegra 평원(현재의 팔레네Pallene)에 스며들어 솟아난 괴물 거인들로 모두 24명이나 되었다. 그들도 결국 우라노스의 피를 물려받은 가이아(땅)의 자식들인 셈이다. 그들은 긴 머리카락과 수염 그리고 뱀의 꼬리를 지니고 있었으며 비록 신의 자식이었어도 불사의 몸은 아니었다. '기간테스Gigantes'에서 바로 '거인'이라는 뜻을 지닌 영어 단어 '자이언

Giulio Romano,
〈기간테스의 추락〉,
1526~1534
(이탈리아 만토바 테 궁전의
'기간테스의 방')

트Giant'가 유래했다.

기간테스는 가이아의 명령을 받자 에우리메돈Eurymedon의 지휘 아래 자신들이 태어난 플레그라 평원에서 하늘의 올림포스 궁전을 향해 커다란 바윗덩어리와 불붙은 참나무를 던지기 시작했다. 전쟁이 벌어지기 전 가이아는 기간테스를 영생불사로 만들 수 있는 파르마콘Pharmakon이라는 약초를 찾아 헤맸다. 하지만 이를 눈치챈 제우스가 선수를 쳤다. 그는 새벽의 여신 에오스Eos, 태양신 헬리오스Helios, 달의 여신 셀레네Selene에게 잠시 빛을 비추는 것을 금한 다음, 어둠 속에서 그 약초를 찾아내 아무도 모르는 곳에 숨겼다.

올림포스 신족은 이제 전쟁에서 유리한 고지를 선점했지만 또 다른 난관이 남아 있었다. 당시 신탁을 맡고 있던 법의 여신 테미스가 기간테스와의 싸움에서 승리하려면 인간의 도움을 받아야 한다고 예언했기 때문이다. 제우스는 즉시 아테나를 시켜 자신과 미케네의 공주 알크메네Alkmene 사이에서 태어난 아들로 당시 명성을 날리고 있던 영웅 헤라클레스Herakles를 올림포스 궁전으로 소환했다.

기간테스 중에서 가장 강한 녀석은 알키오네우스Alkyoneus와 포르피리온Porphyrion이었다. 특히 알키오네우스는 자신이 태어난 플레그라에서는 절대로 죽지 않을 운명이었다. 그래서 헤라클레스는 그를 플레그라에서 유인해 낸 다음 활을 쏘아 죽였다. 그 후 포르피리온이 갑자기 헤라에게 욕정을 느끼고 그녀에게 다가와 옷을 벗기려 했다. 제우스가 그 광경을 목격하고 분노하여 그를 향해 번개를 던졌고 헤라클레스가 활로 마무리했다.

에피알테스Ephialtes도 포르피리온과 같은 방식으로 살해당했다. 아폴론이 화살로 그의 왼쪽 눈을 맞추자 헤라클레스가 마찬가지로 화살로 오른쪽 눈을 맞추어 죽였다. 디오니소스는 자신의 티르소스Tyrsos 지팡이로 에우리토스Eurytos를 때려죽였다. 마법의 여신 헤카테Hekate는 자신의 횃불로 클리티오스Klytios를 태워 죽였다. 헤파이스토스는 붉게 달구어진 철로 미마스Mimas를 지져 죽였다. 아테나는 동료들이 차례로 죽는 것을 목격하고 도망치는 엥켈라도스Enkelados에게 시칠리아Sikelia섬을 통째로 들어 던져 그를 짓뭉개 죽였다.

아테나는 또한 팔라스Pallas를 죽이고 살가죽을 벗겨 그것을 방패로 사용했다. 포세이돈은 에게해를 지나 코스Kos섬까지 폴리보테스Polybotes를 쫓아가서는 코스섬의 일부였던 니시로스Nysiros를 떼어 내 던졌다. 헤르메스는 하데스로부터 빌린 마법 두건을 쓰고 몸을 감춘 채 히폴리토스Hippolytos를 칼로 찔러 죽였다. 아르테미스는 화살을 날려 그라티온Gration

Gaspard Marsy, 〈엥켈라도스〉,
1675~1676
(프랑스 베르사유 궁전 엥켈라도스
연못)

을 죽였다. 운명의 여신 모이라이Moirai 세 자매는 청동 절굿공이로 아그
리오스Agrios와 토아스Thoas를 빻아 죽였다. 나머지 기간테스는 포르피리
온처럼 제우스의 번개를 맞은 다음 헤라클레스의 화살을 맞고 죽었다.

거의 모든 올림포스 신족이 기간토마키아에 참전했다. 전투에 직접 뛰
어들지 못한 여신들도 어떻게든 동료들을 도왔다. 하지만 평화를 사랑하
는 헤스티아와 데메테르만은 싸움에 일절 관여하지 않았다. 각각 화로와
곡물의 여신으로서 어떤 형태의 폭력도 증오했기 때문이다. 그들은 전쟁
내내 그 혼란에서 한발 물러선 채 어찌할 바를 모르며 발만 동동 구르고
있었다.

기간테스가 모두 죽자 가이아는 더욱더 분노하여 제우스에게 복수하
기 위해 타르타로스와 어울려 엄청난 괴물 티포에우스Typhoeus를 낳았다.
티포에우스는 킬리키아Kilikia의 코리코스Korykos 동굴에서 태어났으며 그

어떤 기간테스보다 무시무시했다. 티포에우스의 어깨 위에는 100개의 뱀의 머리들이 솟아 있었고 눈에서는 불꽃이 튀었으며 입에서는 온갖 끔찍한 소리가 쏟아져 나왔다. 이 괴물이 걸으면 올림포스산이 뿌리째 흔들렸고 대지는 신음 소리를 내뱉었다. 이 괴물에게서 나오는 천둥소리와 타오르는 불줄기 때문에 열풍이 검푸른 바다를 에워쌌다. 대지와 하늘과 바다 전체가 부글부글 끓어올랐다.

　헤시오도스의 『신통기』에 의하면 제우스는 천둥과 번개와 벼락을 무기로 티포에우스와 싸웠다. 이것이 바로 제4차 신들의 전쟁이다. 제우스의 형제들은 한때 수세에 몰리기도 했지만, 최후의 승리는 결국 제우스의 몫이었다. 제우스는 마치 독수리처럼 올림포스산 정상에서 뛰어내리면서 온 힘을 모아 천둥과 번개와 연기 나는 벼락을 던져서 괴물의 끔찍한 머리들을 불태워 버렸다. 그다음 최후의 일격을 가해 이 괴물을 지하감옥 타르타로스로 내던졌다. 타르타로스에 항상 스산한 바람이 부는 것은 그

〈티포에우스(티폰)〉,
기원전 540~530년경
(그리스 도기 그림)

2장 ㅇ 그리스 신들의 전쟁

곳에 갇혀 있는 티포에우스의 신음 때문이라고 한다.

　아폴로도로스Apollodoros는『원전으로 읽는 그리스 신화*Bibliotheke*』에서 티포에우스에 대해 우리에게 헤시오도스보다 더 상세한 얘기를 전해 준다. 그는 티포에우스를 간단하게 티폰Typhon이라고 부른다. 그에 의하면 티폰은 이후에 괴물 뱀 에키드나Echidna와 결합하여 많은 괴물들을 낳았다. 키마이라Chimaira, 네메아Nemea의 사자, 머리가 둘 달린 괴물 개 오르트로스Orthros, 왕뱀 라돈Ladon, 스핑크스Sphinx, 프로메테우스의 간을 쪼아먹는 독수리, 크롬미온Krommyon의 암퇘지 파이아Phaia 등이 그의 자식들이다. 티폰은 '태풍'이라는 뜻을 지닌 영어 단어 '타이푼typhoon'의 어원이기도 하다.

　티폰이 올림포스 궁전을 공격해 오자 신들은 그 위세에 밀려 이집트로 도망갔다. 그들은 티폰이 너무 두려운 나머지 쉽게 찾을 수 없는 여러 동물들로 변신했다. 아폴론은 까마귀, 디오니소스는 염소, 헤라는 하얀 암소, 아르테미스는 고양이, 아프로디테는 물고기, 아레스는 수퇘지, 헤르메스는 따오기로 변신했다. 제우스는 이제 절체절명의 위기에 빠진 것처럼 보였다.

제5차 신들의 전쟁:
헤라, 포세이돈, 아폴론의 쿠데타

가이아가 제우스를 혼내 주기 위해 낳은 괴물 티폰의 끔찍한 모습에 놀라 올림포스 신족이 거의 모두 줄행랑을 쳤어도 제우스와 아테나만은 끝까지 맞섰다. 제우스는 녀석에게 번개를 던지며 아버지 크로노스로부터 노획한, 우라노스의 남근을 자를 때 사용했던 낫을 휘둘렀다. 티폰은 그 낫에 맞아 상처를 입고 비명을 지르며 시리아 북쪽에 솟아 있는 카시오스Kasios산으로 도망쳤다. 제우스는 거기까지 그를 쫓아가 용감하게 싸웠다. 하지만 티폰은 제우스가 방심한 사이에 무수한 손가락으로 그를 휘감고 낫을 빼앗아 그것으로 그의 팔과 다리의 힘줄을 잘라냈다. 제우스는 불사의 몸이라 죽지는 않았지만 사지를 움직일 수 없었다.

그래서 티폰은 제우스를 손쉽게 자신이 태어난 코리코스 동굴로 끌고 가 가두었다. 또한 제우스의 잘라낸 힘줄은 곰 가죽으로 싸서 자신의 누이이자 뱀 꼬리를 지닌 끔찍한 용 델피네Delphyne에게 지키도록 했다. 올림포스의 신들은 제우스가 티폰에게 패했다는 소식을 듣고 한동안 절망

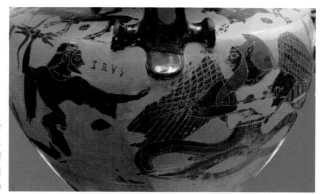

〈티폰에게 번개를
던지는 제우스〉.
기원전
540~530년경
(그리스 도기 그림)

감에 빠졌다. 하지만 곧 전열을 가다듬고 헤르메스와 판Pan이 특공대가되어 제우스의 힘줄이 숨겨진 동굴로 몰래 들어갔다. 판이 끔찍한 소리를 질러 델피네를 동굴에서 쫓아내자 헤르메스가 손쉽게 제우스의 힘줄을 찾아 그의 팔과 다리에 붙여 주었다.

힘을 되찾은 제우스는 재빨리 천마 페가소스Pegasos가 끄는 마차에 올라타고 올림포스 궁전으로 돌아가서 헤파이스토스의 대장간에서 다 써 버린 번개를 충전한 다음 다시 티폰을 추격했다. 이리저리 쫓기던 티폰은 니사Nysa산으로 도망쳐 운명의 여신 모이라이의 말만 믿고 그곳 특산물인 힘을 넘치게 해 준다는 과일을 따 먹었다. 하지만 그 과일은 오히려 티폰의 힘을 쇠잔시켰을 뿐이다. 기진맥진한 티폰은 간신히 트라케로 도망친 다음 근처에 있는 산들을 들어 자신을 끈질기게 추격하던 제우스를 향해 최후의 일격을 가했다.

하지만 제우스가 날아오는 산들을 향해 번개를 던지자, 산들은 다시 티폰을 향해 날아가 그에게 끔찍한 상처를 입혔다. 그때 티폰의 몸에 맞고 튀어나온 산들이 쌓여서 높다란 산 하나가 생겨났다. 그것은 바로 하이

Alessandro D'Anna, 〈1766년의 에트나산의
폭발〉, 1770

에트나산

모스Haimos산인데 그 이름이 티폰의 상처에서 흘러나온 피에서 유래했다. 그리스어로 '하이마 Haima'는 '피'라는 뜻이기 때문이다. 티폰은 피를 흘리며 다시 시칠리아로 도망쳤지만, 제우스가 재빨리 다시 그를 향해 던진 시칠리아의 에트나Etna산 밑에 깔리고 말았다. 고대인들은 활화산 에트나가 뿜어 대는 불을 괴물 티폰이 토해 내는 숨결이라고 생각했다.

제우스는 세 번에 걸친 전쟁에서 승리한 뒤 명실상부한 신들의 왕으로 우뚝 서게 되었다. 제우스는 권력을 장악한 뒤 제일 먼저 헤라를 왕비로 삼았다. 제우스와 헤라는 인간 세상의 여느 부부처럼 신혼의 단꿈이 끝나자마자 끊임없이 다투기 시작했다. 제우스의 숱한 바람기에 화가 난 헤라는 치밀한 계획을 세워 자주 그의 체면을 깎아내렸다. 제우스는 자신의 비밀을 헤라에게 털어놓고 가끔 조언을 구하기도 했어도 아내를 완전히 믿지 않는 눈치였다.

헤라는 자신이 일정한 선을 넘어서면 제우스가 언제라도 손찌검을 하

2장 ○ 그리스 신들의 전쟁

고 심지어는 번개라도 던질 것으로 생각했다. 그래서 그녀는 제우스에게 직접 따지지 않고 은밀하게 음모를 꾸미기도 했다. 비록 실패로 끝났지만 생후 8개월 된 헤라클레스를 죽이려고 요람에 뱀 두 마리를 집어넣기도 했다. 또한 가끔 케스토스 히마스Kestos Himas라는 아프로디테의 마법의 가슴띠를 빌려 제우스의 마음을 얻으려 애쓰기도 했다. 이 가슴띠를 두르면 누구도 그 마력에서 벗어날 수 없었다.

Elisabeth Louise Vigée-Le Brun, 〈아프로디테에게서 마법의 가슴띠를 빌리는 헤라〉, 1781

하지만 헤라는 점점 심해지는 제우스의 오만과 바람기를 견딜 수 없었다. 그녀는 마침내 평화주의자였던 헤스티아와 데메테르를 제외한 포세이돈, 아폴론 등 다른 올림포스 신들과 함께 쿠데타를 계획하고 호시탐탐기회를 노렸다. 그러던 어느 날 그들은 침대에 잠들어 있는 제우스를 포위하고 습격하여 가죽끈으로 100매듭을 맺어 꽁꽁 묶어 버렸다. 제우스의 무기 번개도 그의 손이 미치지 않는 곳에 감추어 두었다. 온몸이 단단히 묶인 채 골방에 갇힌 제우스는 전혀 꼼짝할 수 없었다. 그는 그들을 당장 죽이겠다고 위협도 해 보았지만 아무 소용이 없었다. 그들은 버둥대는 제우스를 경멸하며 비웃었다.

제5차 그리스 신들의 전쟁이라 할 수 있는 헤라의 쿠데타는 성공한 듯보였다. 그들은 승리를 자축하며 제우스의 후계자 자리를 놓고 회의를 벌였다. 회의는 처음에는 화기애애한 분위기였지만 시간이 지날수록 점점고성이 오가는 험악한 분위기로 변했다. 그때 마침 바다의 여신 테티스Thetis가 우연히 회의장 옆을 지나가다가 그들이 다투는 소리를 들었다. 제우스와 테티스는 원래 사랑하는 사이였다. 제우스가 그녀와의 사이에서태어나는 아들은 아버지보다 훨씬 뛰어나리라는 신탁을 듣고 어쩔 수 없이 그녀를 단념했을 뿐이다. 그녀는 한때 제우스가 야속하기도 했지만 그를 진심으로 사랑했다.

테티스는 부리나케 지하감옥 타르타로스로 100개의 팔을 지닌 헤카톤케이레스 3형제를 찾아갔다. 그들은 주지하다시피 그곳에서 티탄 신족들을 감시하는 임무를 수행하고 있었다. 급박한 사정을 전해 듣고 3형제 중 브리아레오스Briareos가 부리나케 테티스를 따라왔다. 헤카톤케이레스를 지옥 같은 타르타로스에서 구해 준 게 바로 제우스가 아니었던가? 브리아레오스는 잽싸게 제우스가 갇혀 있는 곳으로 잠입하여 100개의 팔로

Antonio Allegri da Correggio, 〈형벌을 받고 있는 헤라〉, 1896

제우스를 결박한 100매듭을 단숨에 풀어 버렸다.

결박에서 풀려난 제우스는 재빨리 번개를 회수하고 여전히 자신의 후계자 자리를 놓고 다투고 있던 헤라와 포세이돈과 아폴론을 기습하여 가볍게 쿠데타를 진압했다. 이어 신들에게 본때를 보일 요량으로 헤라의 팔목에 황금 사슬을 감고 양 발목에는 모루(대장간에서 불린 쇠를 올려놓고 두드릴 때 받침으로 사용하는 쇳덩이)를 달아 하늘에 매달았다. 헤라가 쿠데타의 주동자였기 때문이다. 다른 신들은 그걸 보고 분노했지만 어쩔 수 없었다. 헤라의 비명을 듣고도 제우스가 무서워 감히 그녀를 구해 주지 못했다. 제우스는 신들에게 다시는 쿠데타를 일으키지 않겠다고 맹세하면 헤라를 풀어 주겠다고 제안했다.

신들은 그 제안이 마음에 내키지 않았다. 하지만 헤라를 고통에서 구해 내려면 제우스가 원하는 대로 할 수밖에 없었다. 헤라는 이때부터 제우스가 무슨 짓을 해도 한마디도 하지 못하는 처량한 신세로 전락하고 말았다. 제우스는 포세이돈과 아폴론에게도 벌을 주었다. 그들은 신의 지위를 박탈당한 채 1년 동안 트로이Troy 라오메돈Laomedon 왕의 종노릇을 하면서 철옹성 트로이 성을 쌓았다. 제우스는 다른 신들은 용서했다. 아무 생각 없이 엉겁결에 쿠데타에 가담했기 때문이다. 헤라의 쿠데타를 마지막으로 올림포스 신족은 아무 갈등 없이 그야말로 태평성대를 구가했다. 그렇다면 제우스는 과연 어떤 리더십으로 네 번에 걸친 전쟁에서 승리하고 올림포스 신족을 태평성대로 이끌 수 있었을까?

2장 ○ 그리스 신들의 전쟁

3장

제우스의
12가지 리더십

정의에 대한 확신, 소통의 달인, 공정한 논공행상

제우스는 올림포스 신족의 족장이자 대기업 올림포스의 CEO이다. 그는 또한 그리스 신들의 나라 올림포스의 지도자이기도 하다. 한 가문과 대기업과 국가를 효과적으로 운영하기 위해서는 리더십이 필요하다. 그가 네 번의 전쟁을 치른 이후에 '팍스 로마나Pax Romana'와 비견되는 올림포스의 평화 시대를 이룩할 수 있었던 것도 바로 그의 뛰어난 리더십 덕분이었다. 제우스가 치른 전쟁을 중심으로 그가 보여 준 독특한 리더십을 12가지로 나누어 분석해 보자.

첫 번째, 제우스는 정의는 반드시 승리한다는 확신에 차 있었다. 제우스가 티탄 신족과 벌인 전쟁은 자신의 권력욕과 야심을 채우기 위한 추악한 전쟁이 아니었다. 그것은 할아버지 우라노스와 아버지 크로노스로 대변되는 카오스와 폭력을 종식하고 코스모스와 평화를 구축하려는 정의로운 전쟁이었다. 그가 수적 열세에도 불구하고 티탄 신족에게 승리할 수 있었던 것은 정의에 대한 강한 믿음 때문이었다.

두 번째, 제우스는 소통의 달인이었다. 그는 위기 때마다 가만히 앉아만 있지 않고 그것을 극복하기 위해 백방으로 뛰어다니며 적극적으로 조언을 구했다. 가령 제우스는 아버지의 배 속에서 형제들을 구해 내기 위해 고심하다가 사촌이었던 지혜의 여신 메티스를 찾아가 티탄 신족과의 전쟁의 정당성을 설파하며 도움을 간청했다. 그러자 여신은 즉시 그에게 약물을 만들어 주었고, 제우스는 다시 어머니 레아의 도움으로 아버지 크로노스에게 그 약물을 먹여 형제자매들을 토해 내게 했다.

제우스는 이어 티탄 신족 중 불만 세력을 자기편으로 끌어들여 지하세계를 흐르는 강의 여신 스틱스와 그녀의 자식들을 비롯하여 사촌들인 프로메테우스와 에피메테우스 등을 우군으로 확보했다. 또 10년이나 질질 끌던 전쟁을 종식하기 위해 고민하다가 할머니 가이아의 조언을 듣고 지하감옥 타르타로스^{Tartaros}에 갇혀 있던 숙부들인 외눈박이 키클로페스 3형제와 백수거인 헤카톤케이레스 3형제를 구출하여 승리의 발판으로 삼았다.

세 번째, 제우스는 논공행상^{論功行賞}을 공정하게 했다. 그는 티탄 신족과의 싸움에서 승리한 뒤 공과를 철저히 따져 상과 벌을 주었다. 가령 제우스는 자신을 도와준 사촌 프로메테우스와 에피메테우스에게는 이 세상의 생물과 인간을 창조할 수 있는 특권을 주었고, 테미스 등 전향한 티탄 신족들은 올림포스 신족으로 받아들여 중용했다. 반대로 자신과 끝까지 맞서 싸운 티탄 신족은 지하감옥 타르타로스에 가두었는데, 특히 그중 자신에게 가장 애를 먹인 티탄 신족의 천하장사 아틀라스^{Atlas}에게는 본때를 보이기 위해 하늘을 떠받치고 있으라는 형벌을 가했다.

Day 10

예외 없는 원칙, 철저한 권력 배분,
단호한 결단력

네 번째, 제우스는 원칙에 예외를 두지 않았다. 그는 티탄 신족과의 싸움에서 승리한 뒤 자식들인 승리의 여신 니케, 질투의 신 젤로스, 힘의 신 크라토스, 폭력의 신 비아를 이끌고 자신을 도와준 스틱스에게도 상을 내렸다. 그래서 스틱스 여신에 대고 맹세를 하면 절대로 그 약속을 어길 수 없는 명예를 주었다. 그 원칙은 인간뿐 아니라 신들도 지켜야 했고, 심지어 신들의 왕 제우스 자신도 예외가 아니었다. 제우스는 이 원칙 때문에 훗날 연인 세멜레Semele를 잃는 아픔을 겪는다.

헤라는 어느 날 제우스가 세멜레를 자주 찾아간다는 소문을 듣고 질투심으로 불타올랐다. 그녀는 당장 세멜레의 어렸을 적 유모로 변신해서 그녀를 찾아가 부추겼다.

"아가씨가 만나시는 분이 제우스 신이라고 그러는데 그걸 어떻게 믿을 수 있겠어요. 하지만 그의 정체를 확인할 방법이 있지요. 제우스 신은 지상으로 내려올 때 입는 옷과 하늘에서 입고 있는 옷이 달라요. 그 옷은 휘황찬란한 광채가 나지요. 그걸 한번 입고 내려오라고 해 보세요."

헤라가 돌아가자 세멜레는 애인에 대해 점점 의심이 들기 시작했다. 그날 밤 그녀는 자신을 찾아온 제우스에게 아양을 떨며 부탁을 하나 들어 달라고 졸랐다. 제우스가 무엇이든지 들어주겠다고 하자 그녀는 우선 그 사실을 스틱스강에 대고 맹세해 달라고 부탁했다. 제우스가 시키는 대로 하자 세멜레는 마음에 담아 두었던 얘기를 꺼냈다.

"하늘에서 입고 있는 옷을 한 번 보여 주세요!"

제우스가 그것만은 제발 안 된다며 말렸지만, 세멜레는 고집을 꺾지 않았다. 제우스는 어쩔 도리가 없었다. 이미 스틱스강에 대고 맹세했기 때문이다. 제우스는 하늘에 올라가 가장 빛이 덜 나는 오래된 옷을 입고 세멜레 앞에 나타났다. 하지만 인간이었던 세멜레는 가장 덜 빛나는 하늘의 옷조차도 감당할 수 없었다. 그녀는 그 빛을 쬐자마자 순식간에 한 줌 재로 변하고 말았다. 잿더미 속에서 제우스가 황급히 핏덩이를 하나 꺼냈다. 세멜레는 이미 제우스의 핏줄을 잉태하고 있었던 것이다. 제우스는 채 열 달이 안 된 그 핏덩이를 자신의 허벅지를 갈라 집어넣은 다음 나머지 달을 채워 다시 꺼냈다. 제우스의 허벅지가 현대의 인큐베이터 역할을 한 셈이다. 이 아이가 바로 '두 번 태어난 자'라고 불리기도 하는 포도주 (술)의 신 디오니소스다.

다섯 번째, 제우스는 독재자였던 할아버지 우라노스와 아버지 크로노스를 반면교사로 삼아 권력을 독점하지 않았다. 그는 신들의 왕이 되자

Jacques Blanchard, 〈제우스와 세멜레〉, 2017

형제인 포세이돈 및 하데스와 함께 천하를 셋으로 나누어 역할을 분담했다. 자신은 하늘을 차지하고, 포세이돈과 하데스에게는 각각 바다와 지하 세계를 맡겼다. 이어 아내인 헤라에게는 가정을, 헤스티아에게는 화로를, 데메테르에게는 곡식을 관장하도록 했다. 또한 제우스는 아테나, 아폴론, 헤르메스, 아레스, 아르테미스 등 자식들에게도 권력을 골고루 배분했다. 이렇게 권력이 아주 효율적으로 분산된 올림포스 신족의 조직은 마치 현대 국가 조직을 방불케 할 정도로 정교하고 방대하다.

여섯 번째, 제우스는 결단력의 소유자였다. 그의 결단력은 그의 상징인 번개와 독수리의 속성을 통해 드러난다. 제우스는 결심이 서면 번개처럼

〈제우스 상〉, 150년경
독수리를 대동한 채 오른손에 번개를 들고 있는 모습이 신들의 왕으로서 위엄을 보여 준다. 왼손에는 아마 왕홀을 들고 있었을 것이다.

전격적으로 단행했다. 독수리가 먹이를 찾아 허공을 맴돌다가 목표를 발견하는 순간 쏜살같이 먹이를 낚아채듯이 그의 행동은 빠르고 단호했다. 제우스가 세상의 질서를 흔들던 아폴론의 아들 아스클레피오스Asklepios를 전격적으로 번개로 처단한 것이 좋은 예이다.

아스클레피오스는 아폴론의 아들로 제우스의 손자였다. 그는 반인반마半人半馬의 스승 케이론Cheiron에게서 의술을 배워 명의로 명성을 날렸다. 그의 절묘한 의술 덕택으로 죽는 인간이 거의 없을 정도였다. 죽은 혼령들의 출입이 뜸해지자 지하세계는 더욱더 황폐해졌다. 할 일이 없어진 지하세계의 왕 하데스가 제우스에게 거세게 항의했다. 그러자 제우스는 분노한 하데스를 달래며 즉시 번개를 날려 아스클레피오스를 죽이고 세상의 질서를 바로잡았다.

절묘한 신비주의 구사, 냉철한 현실주의자, 변신의 귀재

일곱 번째, 제우스는 결코 함부로 직접 앞에 나서지 않았다. 신비주의를 절묘하게 활용할 줄 알았다는 뜻이다. 그는 모든 일에 자신이 나선다면 신들의 왕으로서의 격과 품위가 떨어진다는 사실을 잘 알고 있었다. 그래서 무슨 일이 생기면 대부분 자신의 비서실장인 헤르메스를 시켜 해결했다. 제우스는 가령 헤라의 충복으로 눈이 100개나 달린 괴물 아르고스Argos에게 감시당하는 암소로 변신한 연인 이오Io를 구출할 때도 헤르메스를 보냈다. 또한 자신의 권력에 장차 어떤 문제가 생길지 알아내기 위해 인간에게 불을 훔쳐다 준 벌로 흑해 연안 카우카소스Kaukasos산 암벽에 묶인 프로메테우스를 회유할 때도 헤르메스를 보냈다.

여덟 번째, 제우스는 절대 감정에 휘둘리지 않는 냉철한 현실주의자였다. 그는 한때 바다의 여신 테티스를 열렬히 사랑했다. 하지만 테티스가 나중에 아들을 낳으면 아버지를 훨씬 능가하는 위대한 인물이 태어나 자신의 권력을 찬탈할 것이라는 예언을 듣고 즉시 그녀를 단념했다. 심지어

Ubaldo Gandolfi, 〈아르고스의 목을 치려고
하는 헤르메스〉, 1770∼1775

테티스의 결혼 매니저로 자처하여 그녀를 별 볼 일 없는 영웅 펠레우스
Peleus와 맺어 주었다. 테티스와 다른 신, 혹은 걸출한 영웅 사이에서 태어
난 아들도 자신의 권력에 위협이 될 수 있다는 판단에서였다.

　아홉 번째, 제우스는 변신의 귀재였다. 특히 그는 상대가 누구이든 그
와 사랑을 나누기 위해 여러 가지 모습으로 변신한 것으로 유명하다. 제
우스는 소아시아의 에우로페Europe 공주가 황소를 좋아한다는 사실을 알
고 멋진 황소로 변신하여 접근한 뒤 그녀를 납치했다. 또한 테베Thebe의
공주 안티오페Antiope가 겉으로는 요조숙녀이지만 속으로는 거칠고 추악
한 것을 좋아한다는 정보를 입수하고 반은 인간, 반은 염소인 괴물 사티
로스Satyros로 변신하여 그녀와 사랑을 나누었다.

Hendrick van Balen
the Elder,
〈펠레우스와
테티스의 결혼〉,
1600~1632

제우스는 또한 헤라의 동정심을 불러일으키기 위해 비에 흠뻑 젖은 뻐꾸기로 변신했고, 트로이Troy 왕자 가니메데스Ganymedes를 납치할 때는 그가 좋아하는 독수리로 변신했으며, 스파르타의 왕비 레다Leda와 결합할 때는 그녀가 좋아하는 백조로 변신했다. 제우스는 심지어 문이 없는 청동 탑에 갇힌 다나에Danae와 사랑을 나누기 위해 황금 소나기로 변신하기도 했다.

우리가 제우스의 변신에 주목하는 점은 그가 상대의 취향에 따라 각각 다른 모습으로 변신했다는 것이다. 그래서 제우스가 보여 준 남다른 변신 능력은 단순히 바람기가 아니라 그의 빼어난 시대 적응 능력을 암시한다. 제우스가 신들의 왕으로 군림할 수 있었던 것도 바로 그런 시대 변화를 가늠하고 따라갈 수 있는 능동적인 변신 능력이 다른 신들에 비해 월등했기 때문이다. 제우스의 변신 능력은 우리나라의 고려 태조 왕건에게 29명의 부인이 있었다는 사실과 비견된다. 왕건이 부인을 여럿 둔 것은 호색한이었기 때문이 아니라 호족 세력과의 연합을 위해 결혼 정책을 펼친 결과였기 때문이다.

Rembrandt, 〈에우로페의 납치〉, 1632

Anthonis van Dyck, 〈제우스와 안티오페〉, 1620

3. 절묘한 신비주의 구사, 냉철한 현실주의자, 변신의 귀재

Bartolomeo Ammanati, 〈레다와 백조〉, 1540년경

Peter Paul Rubens, 〈가니메데스의 납치〉,
1636~1638

Tiziano, 〈다나에〉, 1560~1565

4

적을 만들지 않는다,
의회주의자, 상생과 화합

열 번째, 제우스는 가능하면 결코 적을 만들지 않았다. 제우스의 그런 면모는 테티스와 펠레우스의 결혼식에서 가장 잘 드러난다. 제우스는 그 결혼식에 신들을 모두 초대했지만, 불화의 여신 에리스Eris만은 초대하지 않았다. 그녀가 불화를 조장하여 결혼식을 망칠 수도 있었기 때문이다. 뒤늦게 그 사실을 알고 분노한 에리스가 결혼식 피로연장에 황금 사과 하나를 떨어뜨렸다. 그런데 사과의 껍질에 '가장 아름다운 여신에게'라고 쓰여 있었다. 에리스는 초대받지 못한 분풀이로 여신들 사이에서 분쟁을 일으키고 싶었던 것이다.

아니나 다를까. 헤라, 아테나, 아프로디테 등 세 여신이 그 황금 사과의 소유권을 놓고 다투었다. 세 여신은 옥신각신하다가 결론이 나지 않자 제우스에게 판결을 부탁했다. 머리 회전이 빠른 제우스는 굳이 자신이 셋 중 하나를 선택해 다른 두 여신의 원한을 사고 싶지 않았다. 그래서 그는

Peter Paul Rubens, 〈파리스의 심판〉, 1638~1639
왼쪽부터 파리스, 헤르메스, 아테나, 아프로디테, 에로스, 헤라. 아테나 오른쪽 땅 위엔 그녀의 무구가 있고, 헤라의 뒤엔 그녀의 신조(神鳥)인 공작새가 나뭇가지에 앉아 있다. 손으로 턱을 괴고 세 여신을 유심히 관찰하고 있는 파리스의 모습이 인상적이다.

얼른 가장 아름다운 여신을 고르는 일은 인간 중 가장 잘생긴 남자인 트로이의 왕자 파리스Paris가 해야 한다고 둘러대 위기를 모면했다.

열한 번째, 제우스는 모든 문제를 회의를 통해 민주적으로 해결했다. 호메로스의 『일리아스』와 『오디세이아』를 보면 제우스는 지상이나 신들 사이에 문제가 생기면 언제든지 신들의 회의를 소집하여 토론을 즐겼던 일종의 '의회議會주의자'임을 알 수 있다. 신들은 이 회의에서 자유롭게 발언하고 의견을 피력했으며 제우스는 그들의 의견을 존중했다. 가령 아테나가 오디세우스Odysseus를 7년 동안이나 붙들고 있는 요정 칼립소Kalypso의 부당함을 지적하자 제우스는 당장 그녀에게 헤르메스를 보내 오디세우스를 보내 주라고 명령한다.

열두 번째, 제우스는 상생과 화합의 정치를 펼쳤다. 물론 그의 상생과 화합의 리더십이 하루아침에 만들어진 것은 아니다. 제우스는 집권 초기에 한때 승리감에 도취하여 잠시 아집과 독선에 빠진 적이 있었다. 그래서 타르타로스에 갇힌 티탄 신족들을 풀어 달라는 할머니의 청을 계속해서 묵살했던 것이다. 이 대목은 가이아가 신들의 왕이 된 크로노스에게 키클로페스와 헤카톤케이레스 3형제를 풀어 달라고 청하는 장면을 연상시킨다. 그때도 크로노스는 가이아의 청을 거절하다가 결국 권좌에서 밀려나지 않았던가.

제우스도 아마 이런 사실을 전해 들어 알고 있었을 것이다. 그런데도 그가 할머니 가이아의 청을 거절했다는 것은, 그도 크로노스처럼 아집과 독선에 얼마나 빠져 있었는지를 말해 준다. 제우스가 크로노스처럼 추락하지 않으려면 할머니 가이아의 말을 듣자마자 즉각 티탄 신족을 풀어 주어야 했다. 더욱이 가이아는 자신이 티타노마키아에서 승리할 수 있는 결정적인 조언을 하지 않았던가. 하지만 제우스는 집권 초기에는 그럴 아량을 베풀 마음의 여유가 없었다.

그런데 제우스는 네 번의 전쟁을 치르고 헤라의 쿠데타를 진압한 이후 엄청난 심경의 변화를 일으킨다. 아집과 독선을 털어 내고 상생과 화합의 정치를 시작한 것이다. 제우스의 그런 여유로운 모습은 카우카소스산에 결박당해 벌을 받고 있던 프로메테우스를 처리하는 데서 단연 돋보인다. 그는 헤르메스를 보내 먼저 프로메테우스와 타협을 시도한다. 앞으로 자신의 권력에 걸림돌이 될 사건이 무엇인지만 예언해 주면 결박에서 풀어 주겠다는 것이다. 하지만 그가 끝내 타협을 거부하자 얼마 후 아들 헤라클레스Herakles를 시켜 슬그머니 그를 풀어 준다.

이것은 프로메테우스의 자존심을 살려 주고 자신의 체면도 세운 일거양득의 상생과 화합의 전술이다. 그제야 프로메테우스는 화답이라도 하듯 앞으로 제우스의 권좌에 암초가 될 사건에 대해 예언해 준다. 바로 당시 제우스가 마음에 두고 있던 바다의 여신 테티스와의 사이에서 태어날 아이가 제우스의 권좌에 위협이 된다고 말이다.

그렇다면 티탄 신족은 나중에 어떻게 되었을까? 제우스는 그들을 계속해서 타르타로스에 가두어 놓았을까? 만약 그랬다면 제우스의 상생과 화합의 리더십은 빛을 잃을 수밖에 없다. 하지만 오르페우스Orpheus교도들에 의하면 크로노스는 그리스 신화의 파라다이스인 엘리시온Elysion을 다스렸다. 이것은 제우스가 크로노스를 타르타로스에서 풀어 주고 엘리시온을 맡겼다는 것을 암시한다. 티탄 신족의 왕이었던 크로노스를 풀어 주었다면 분명 다른 티탄 신들도 풀어 주었을 것이다.

4장

캐릭터의 원형
그리스 신들

얼음 공주
아테나

아테나Athena는 지혜의 여신으로 '아테네Athene'라고도 했고, 로마에서는 '미네르바Minerva'로 불렸으며, 영어로도 '미네르바Minerva'라고 한다. 여신의 이름은 고대에 아티카Attika 지역의 중심도시였던 아테네Athene에서 유래했다. 여신의 로마식 이름인 미네르바는 인도유럽어로 '사고, 생각, 지혜'를 뜻하는 '메노스menos'에서 유래했다.

언젠가 바다의 신 포세이돈과 아테나가 아테네시의 수호신 자리를 놓고 경합이 붙었다. 그러자 아티카의 왕 케크롭스Kekrops가 아크로폴리스Akropolis에서 두 신 중 아티카 시민을 위해 더 좋은 선물을 주는 신을 수호신으로 삼겠다고 말했다. 왕의 말이 떨어지기가 무섭게 포세이돈이 먼저 삼지창으로 바위를 쳐서 짠물이 솟는 샘물을 만들어 주었고, 이어 아테나가 창으로 땅을 쳐서 최초로 올리브 나무가 솟아나게 했다. 그걸 본 케크롭스는 아테나를 수호신으로 정했다.

아테나의 탄생에는 아주 재미난 비화가 숨어 있다. 헤시오도스의 『신통기』에 의하면 제우스는 신들의 왕이 된 후 티탄 신족과의 전쟁에서 약물을 만들어 자신을 도와준 지혜의 여신 메티스를 첫 번째 왕비로 맞아들였다. 그러던 어느 날 그는 충격적인 소문을 들었다. 메티스가 장차 첫째는 딸을 낳지만, 둘째로 태어나는 아들이 자신의 권력을 찬탈한다는 것이다.

고심하던 제우스는 어느 날 임신한 메티스를 조그맣게 만들어서 집어삼켜 버렸다. 열 달이 흐르자 제우스의 머리가 깨어질 듯 아팠다. 고통을 참다못한 제우스는 대장장이의 신 헤파이스토스를 불러 대장간에서 도끼를 가져와 자신의 머리를 치도록 했다. 그러자 쪼개진 제우스의 머리에서 신기하게도 아테나가 완전무장을 하고 태어났다. 제우스의 머리가 고대판 인큐베이터로 사용된 것이다.

아테나가 태어나자 제우스는 그녀에게 지혜뿐 아니라 전쟁도 함께 맡

〈제우스의 머리에서 태어나는 아테나〉,
기원전 570~560년경
왼쪽에 도끼를 들고 있는 인물은 헤파이스토스다. 제우스 옥좌 아래에 배를 허벅지에 붙인 채 쪼그리고 앉아 있는 인물은 아테나의 사라진 어머니 메티스다(그리스 도기 그림).

〈고대 아테네 은화에 새겨진 부엉이〉,
기원전 454~404년경

4장 ○ 캐릭터의 원형 그리스 신들

기면서 아끼던 방패 아이기스Aigis도 넘겨주었다. 아테나는 전쟁 중에서도 특히 지혜와 연관된 전략과 전술을 담당했다. 그녀를 상징하는 새도 눈이 커서 지혜의 화신으로 알려진 부엉이다. 고대의 아테네 시내에는 아테나가 수호하는 도시답게 부엉이가 정말 아주 많았다고 한다. 그래서 '부엉이를 아테네로 가지고 간다'라는 속담이 생길 정도였다. 그것은 '쓸데없는 일을 한다'는 뜻이다. 부엉이가 많은 곳에 또 부엉이를 가져가면 누가 관심을 보이겠는가.

철학자 헤겔G. W. F. Hegel은 특히 아테나를 무척 좋아하여 『법철학초안』의 서문에서 '미네르바의 부엉이는 황혼 녘에야 비로소 날갯짓을 시작한다'는 유명한 말을 남겼다. 그것은 '어떤 사건의 본질을 꿰뚫어 볼 수 있는 지혜의 눈은, 그 사건이 일어난 시점이 아니라 한참 시간이 지난 뒤에야 생긴다'는 뜻이다.

아테나 유형의 여성은 가슴보다는 머리로 움직인다. 똑똑하고 지적이다. 논리적이고 합리적이며, 침착하고 차분하다. 지적인 호기심이 강해서 어렸을 적부터 부모가 귀찮을 정도로 질문을 많이 한다. 정신적으로 조숙한 나머지 어른 같은 아이라는 평을 들을 때도 있다.

아테나 유형은 일상생활에서 나무랄 데 없이 모범적이고 착실하다. 건강하고 활동적이다. 성격도 까다롭지 않아 남들과 잘 어울린다. 말을 할 때도 과장을 하지 않으며 현실적이다. 심리적으로 갈등하지 않으며 자의식도 강하지 않아 대범하다. 옷차림새도 검소하고 단정하다. 유행보다는 오래가는 실용적인 옷을 좋아한다. 모든 일에 '알파 걸alpha girl'처럼 자신만만하고, 잘할 수 있다는 확신에 차 있으며, 또한 그럴 능력도 갖추고 있다. 그래서 마스터키처럼 무엇이든 맡겨만 주면 훌륭하게 해낸다.

아테나는 트로이 전쟁 당시 아킬레우스가 자신을 모욕한 아가멤논을

Rembrandt Harmensz van Rijn, 〈팔라스 아테나〉, 1655년경

4장 ○ 캐릭터의 원형 그리스 신들

죽이려 하자 그의 분노를 달랜다. 그래서 아테나 유형은 쉽게 분노하는 아르테미스 유형과는 달리 자제력이 뛰어나다. 좀처럼 흥분이나 동요를 하지 않는다. 위기의 순간에도 당황하는 법이 없이 금세 좋은 해결책을 생각해 낸다. 그녀는 중용의 달인이다. 과한 것은 모자란 것보다 못하다는 것이 그녀의 모토다. 그래서 그녀에게 적합한 직업은 객관적이고 분석적인 사고가 필요한 의사, 학자, 정치가, 사업가, 법률가 등이다.

그리스 신화에서 아테나는 아르테미스나 헤스티아처럼 처녀 신이다. 하지만 세 여신이 구현하고 있는 유형은 남자에 대한 태도에서 사뭇 다르다. 아르테미스 유형은 남자를 의도적으로 피한다. 헤스티아 유형은 남자에게 무관심하다. 아테나 유형은 남자들과 함께 어울리며 경쟁한다. 남자를 이성으로 보는 게 아니라 경쟁상대인 동료로 본다. 사랑에는 관심이 없고 현재 자신이 하는 일을 최우선 가치로 삼는다. 남자들과 결혼으로 얽매이기보다 친구 사이나 동거를 선호한다.

아테나는 또한 제우스의 머리에서 태어나 어머니를 모르는 소위 '아버지의 딸'로서 가부장제의 수호신이었다. 모친 살해범 오레스테스를 무죄 판결할 정도이다. 그래서 아테나 유형은 가부장적 가치와 질서를 선호한다. 여성해방운동이나 여성의 지위 향상에도 전혀 관심이 없다. 아테나가 전쟁의 여신으로서 페르세우스, 벨레로폰, 이아손, 오디세우스, 아킬레우스와 같은 정의의 전쟁을 수행하는 영웅들의 수호신이었던 것처럼 여자들보다는 남자들과의 우정을 중시한다. 정치적으로는 보수적이고 변화를 싫어한다. 현재의 체제를 인정하고 그것에 순응한다.

그래서 아테나 유형은 조직을 싫어하는 아르테미스 유형과는 달리 조직을 위해 헌신하는 커리어우먼이다. 그녀는 자신이 속한 조직의 생리를 잘 읽어 내고, 그 조직이 잘 굴러가려면 어떤 전략이나 전술이 필요한지

금세 알아챈다. 그녀가 회사원이라면 일찍부터 능력을 인정을 받아 임원진에까지 진출할 수 있고, 교수라면 보직을 두루 거친 다음 총장이 될 수도 있으며, 정치가라면 요직을 거쳐 장관이나 수상이 될 수도 있다. 아테나 유형은 조직에서 자신이 원하는 것을 얻으려면 무엇을 어떻게 해야 할지 정확하게 알고 있기 때문이다.

특히 아테나 유형은 남성 중심 사회에서 당당하게 자신의 뜻을 펼치며 살려고 한다. 그래서 남성 사회와 절대로 타협하지 않는다. 철저히 독립적이다. 기죽지 않고 당차게 살아간다. 이런 유형은 여성 정치가나 여성 최고 경영자에게서 찾을 수 있다. 남자들만의 영역으로 알려진 분야에서 당당하게 능력을 인정받는 여자들도 이 유형에 속한다. 하지만 아테나 유형은 너무 계획적인 나머지 계산적으로 보이기도 한다. 일중독에 빠지기 쉽다. 여성으로서의 자신의 매력을 잘 알지 못하거나 언제나 자기중심적인 성향을 보인다.

아테나 유형은 또한 성취욕에 사로잡힌 나머지 직장동료 여성의 승진을 가로막거나, 일을 망치는 것에 전혀 죄의식을 느끼지 않는다. 그래서 '여자의 적은 여자'라는 말의 가장 전형적인 인물이 될 수 있다. 지나친 경쟁의식에 얽매여 있을 수 있다. 동료에게 스스럼없이 속마음을 털어놓지 못할 수 있다. 편안하게 쉬면서 충전할 마음의 여유가 없다. 너무 빈틈이 없어서 얼음 공주처럼 매우 차갑게 보일 수 있다. 이런 아테나 유형을 가장 잘 구현한 캐릭터는 바로 영화 〈악마는 프라다를 입는다〉의 편집장 '미란다'이다. 셰익스피어W. Shakespear의 『맥베스』에서 남편에게 쿠데타를 종용하고 모든 전략과 전술을 세워 준 '맥베스 부인'도 전형적인 아테나 유형이다.

아테나는 자신에게 메티스라는 어머니가 있었으며 그 어머니를 아버

지 제우스가 삼켜 버렸다는 것을 모른다. 그래서 아테나 유형은 얼음 공주처럼 차갑다는 단점을 극복하려면 어머니를 찾아야 한다. 다시 말해 아테나 유형이 성장하기 위해서는 무엇보다도 어머니가 없어 물려받지 못한 모성의 DNA를 회복해야 한다. 여성성의 가치에 눈을 떠야 한다는 말이다. 그래서 아프로디테 유형처럼 남자와의 관계에서 동료 이상의 감정을 느낄 수 있어야 한다. 헤라 유형처럼 남편과의 사이에서도 감정적인 거리감을 없애야 한다.

모태솔로
아르테미스

아르테미스^{Artemis}는 달과 사냥의 여신으로, 로마에서는 '디아나^{Diana}'로 불렸고, 영어로는 '다이애나^{Diana}'라고 한다. 사냥의 여신답게 아르테미스를 상징하는 동물은 곰과 사슴과 사냥개이다. 그래서였을까? 미국의 유명한 강아지 사료 중에 '아르테미스'라는 브랜드도 있다.

아르테미스의 어원에 대해서는 여러 학설이 분분하다. 어떤 학자는 그 어원이 '곰'이라는 뜻의 '아르크토스^{Arktos}', 또 다른 학자는 '위대한'이라는 뜻의 '아르타^{arta}'라고 주장한다. 특히 플라톤^{Platon}은 그 어원이 '순수한'이라는 뜻의 '아르테메스^{artemes}'라고 주장한다. 이에 비해 아르테미스의 로마식 이름인 디아나의 어원이 '빛나는'이라는 뜻의 라틴어 '디우스^{dius}'라는 데는 별 이견이 없다.

아르테미스의 아버지는 신들의 왕 제우스이고 어머니는 티탄 신족 레토^{Leto}였다. 레토가 해산할 달이 되자 질투의 화신 헤라가 세상의 모든 땅을 향해 그녀가 해산할 장소를 제공하지 말라고 엄명을 내렸다. 만약 명

Marcantonio
Franceschini,
〈아폴론과
아르테미스의 탄생〉,
1692~1709
오른쪽 하늘 위로
질투의 화신 헤라가
레토를 향해 오른팔을
들어 올리며 분노를
표하고 있다.

령을 어길 시 초토화하겠다는 말도 덧붙였다. 세상의 모든 땅이 헤라가
무서워 레토를 외면했다.

하지만 바다 위를 둥둥 떠다니던 오르티기아Ortygia섬이 그녀를 받아 주
었다. 불모의 땅이었던 그 섬은 더 이상 잃을 게 아무것도 없었기 때문이
다. 레토가 오르티기아섬에서 무사히 쌍둥이 남매 아르테미스와 아폴론
을 순산하자 제우스는 그에 대한 고마움의 표시로 바다의 신 포세이돈을
시켜 그 섬을 한 곳에 고정해 주었다. 섬 이름도 '빛나는 섬'이라는 뜻의
'델로스Delos'로 바꾸어 주었다.

아르테미스는 헤스티아와 아테나처럼 처녀 신으로 자신도 엄격하게
처녀성을 유지했고, 사냥할 때 자신을 수행하던 요정들에게도 엄격하게
처녀성을 요구했다. 자신의 모습으로 변신한 제우스에게 감쪽같이 속아
수태한 요정 칼리스토Kallisto를 가차 없이 동아리에서 쫓아낸 것이 좋은
예이다. 아르테미스는 특히 여자들이 겪는 산고가 남자들 때문이라고 생

〈아폴론과 아르테미스〉, 기원전
470년경
(그리스 도기 그림)

각하여 항상 남신이나 남자를 멀리하고 적대시했다. 그래서 그녀는 모태
솔로이자 독신자들의 수호신으로 남녀의 사랑을 조장하고 권장하는 미
와 사랑의 신 아프로디테의 라이벌이다.

아르테미스 유형의 여성은 아르테미스처럼 의도적으로 남자들과 거리
를 둔다. 굳이 관계를 맺는다면 애인보다는 친구로 지내고, 결혼보다는
동거를 선호한다. 그녀는 결혼해도 원래 하던 일을 그만두지 않는다. 남
편의 일이 아니라 자신이 현재 하고 있는 일에 따라 평가받기를 원하기
때문이다. 그녀는 전통적으로 주어진 남녀의 역할을 거부한다. 그래서 가
부장적인 부모, 남자친구, 남편은 그녀에게 커다란 걸림돌이 될 수 있다.

아르테미스는 태어나자마자 어머니 레토가 동생 아폴론을 낳는 것을
도운 해산의 신이기도 했다. 또한 어머니를 겁탈하려는 거인 티티오스
Tityos를 아폴론과 함께 활로 쏘아 죽이기도 했다. 티티오스는 그 벌로 죽
어서도 지하세계에서 두 마리의 독수리에 간을 쪼아 먹히는 형벌을 받았

　　　　　　　　　　　　4장 ○ 캐릭터의 원형 그리스 신들

다. 티티오스의 쪼아 먹힌 간은 프로메테우스의 간처럼 밤새 다시 돌아났다. 아르테미스는 또한 강의 신 알페이오스로부터 강간당할 위기에 처한 물의 요정 아레투사Arethusa를 구해 주기도 했다.

아르테미스 유형은 위의 일화 속 아르테미스처럼 어린아이와 여자의 보호자이다. 특히 여성들의 권리가 침해당했을 때 그들을 대신하여 앞장서서 싸운다. 아르테미스 유형은 기질적으로 여전사이다. 여성의 권리를 위해 싸우는 페미니스트이다. 여자도 능력 면에서 남자에게 전혀 뒤질 게 없다는 성평등주의자이다.

아르테미스는 번잡한 도시를 떠나 숲속의 요정들과 여인왕국을 세우고 자유롭게 사냥을 즐기면서 살았다. 그녀는 요정들의 여왕이자 맏언니였던 셈이다. 아르테미스 유형은 항상 요정 친구들에게 둘러싸여 살아갔던 아르테미스처럼 여자들과의 우정을 중요하게 생각한다. 여자 후배를 이끌어 주고 친구들이나 선배 언니들에게 도움을 주는 것을 좋아한다.

아르테미스 유형은 이성 간의 사랑에 전혀 관심이 없다. 물론 사랑은 할 수는 있겠지만 절대로 깊이 빠지지 않는다. 물론 현대의 아르테미스 유형은 신화 속 아르테미스처럼 미혼일 수만은 없다. 주로 남자의 구애로 성사되지만, 그녀도 결혼할 수 있다. 남자는 자신에게는 없는 그녀의 자유롭고 독립적인 성격에 매력을 느낄 수 있다. 혹은 세속의 때가 전혀 묻지 않은 그녀의 풋풋하고 싱그러운 성격에 반했을 수 있다.

아르테미스 유형은 아테나 유형처럼 얼음공주이자 독립적이라는 점에서는 비슷하면서도 사뭇 다르다. 전자가 조직을 싫어하는 프리랜서 유형이라면 후자는 조직을 선호한다. 전자가 낭만주의자라면 후자는 현실주의자이다. 전자가 이상주의자라면 후자는 실용주의자다. 전자가 시골풍이라면 후자는 도시풍이다. 전자가 청바지를 좋아한다면 후자는 원피스

Peter Paul Rubens, 〈요정들과 사냥을 떠나는 아르테미스〉, 1615년경

4장 ○ 캐릭터의 원형 그리스 신들

Peter Paul Rubens, 〈사냥꾼 아르테미스〉, 1636~1639

나 투피스와 같은 정장을 좋아한다.

두 유형 모두 소박하고 검소하다. 그러나 아르테미스 유형이 파격적이라면 아테나 유형은 전통적이다. 그래서 아르테미스 유형에게 적합한 직업은 자유로운 영혼을 지닌 여행가일 수도 있고, 코이카KOICA 회원들처럼 자원봉사자일 수도 있다. 환경운동가일 수도 있고 오지 탐험가일 수도 있다. 톡톡 튀는 행위예술가나 전위예술가가 될 수도 있다. 올컷L. M. Alcott의 소설『작은 아씨들』에 등장하는 네 자매 중 둘째 '조'처럼 전업 작가가 될 수도 있고, 독립 영화 감독이 될 수도 있다.

아르테미스 유형은 종속과 억압을 가장 싫어한다. 자유롭고 독립적이다. 남자가 그녀의 마음을 얻기 위해서는 제인 오스틴J. Austen의 소설『오만과 편견』에 등장하는 '다아시'가 '엘리자베스'에게 그런 것처럼 그녀의 성격을 인정하고 지켜 줘야 한다. 그래서 아르테미스 유형은 자신의 사적인 영역을 침범하여 자유와 독립을 방해하는 사람을 참지 못한다. 아르테미스가 우연히 자신의 목욕하는 장면을 본 테베의 왕자 악타이온Aktaion을

Giuseppe Cesari, 〈아르테미스와 악타이온〉, 1602~1603
초승달 모양의 머리띠 장식을 한 아르테미스와 눈이 마주친 악타이온의 머리 위로 벌써 사슴뿔이 돋아
나 있다.

사슴으로 변신시켜 자신의 사냥개에게 갈기갈기 찢겨 죽게 만든 것과 같
은 이치다.

　악타이온이 어느 날 사냥개들을 대동하고 숲속으로 사냥을 나섰다. 얼
마 후 그는 추격하던 사냥감을 놓치고 목이 말라 샘을 찾아 나섰다가 어
떤 동굴 속에서 우연히 아르테미스와 마주치게 되었다. 동굴 속 샘물에
서 아르테미스 여신이 요정들과 목욕을 즐기고 있었던 것이다. 갑작스러
운 남자의 침입에 깜짝 놀란 여신이 벗은 몸을 가리며 그를 저주했다. 그
러자 악타이온은 그 자리에서 사슴으로 변해 버렸다. 결국 동굴에서 황급
히 튀어나온 악타이온은 자신이 데리고 다니던 사냥개들에게 온몸이 갈
기갈기 찢겨 죽고 말았다.

사냥의 신으로서 아르테미스는 자신의 외모나 옷에 대해서 별로 신경을 쓰지 않는다. 아르테미스 유형도 사냥꾼처럼 야생적이다. 아무 데서나 잠도 잘 자고, 더운밥 찬밥 가리지 않고 잘 먹는다. 옷차림도 수수하고 털털하다. 화장도 하지 않는 민낯이다. 그래서 사람들은 그녀가 셰익스피어의 『말괄량이 길들이기』의 큰딸 '캐서리나', 영화 〈프라이드 그린 토마토〉의 '잇지', 『작은 아씨들』의 '조'처럼 선머슴 같다며 그녀의 행동을 마뜩잖게 생각하기도 한다. 물론 그녀는 그런 곱지 않은 시선에 전혀 아랑곳하지 않는다.

하지만 아르테미스 유형은 악타이온을 처단한 아르테미스처럼 분노의 화신이 되기도 한다. 닌자의 표창을 연상시키는 그녀의 초승달 머리띠 장식이 암시하는 것처럼 너무 냉랭하게 느껴질 수 있다. 그래서 아르테미스 유형이 성장하기 위해서는 분노가 일어날 때 차분히 가라앉히고 참는 방법을 배워야 한다. 사람의 약점을 보듬는 부드럽고 따뜻한 마음을 길러야 한다.

지독한 모성의 화신
데메테르

데메테르Demeter는 대지와 곡물의 여신으로, 로마에서는 '케레스Ceres'라고 불렀고, 영어로는 '시어리즈Ceres'라고 한다. '데De'는 고대 그리스어로 '땅' 혹은 '대지', '메테르Meter'는 '어머니'라는 뜻이어서, '데메테르'는 '대지의 어머니'라는 뜻이다. '케레스'는 라틴어로 '성장하다', 혹은 '기르다, 양육하다'라는 뜻의 동사 '크레스케레crescere'에서 유래했다.

우리가 주로 아침 대용으로 먹는 '시리얼cereal'은 데메테르의 영어식 이름인 '시어리즈'에서 나온 말로 '곡물'이라는 뜻이다. 향수 브랜드 중에 '데메테르'가 있다. 데메테르 여신이 곡물뿐 아니라 향수의 원료인 씨앗도 담당했을 터이니 머리를 끄덕이게 하는 네이밍이다. 데메테르를 상징하는 것은 곡물의 여신답게 밀(wheat)이다. 코르누코피아Cornucopia라고 불리는 풍요의 뿔도 그녀의 상징물이며, 부富의 신 플루토스Plutos도 그녀와 이아시온Iasion의 아들이다.

데메테르는 대지의 모든 생물을 먹여 주고 키워 주는 어머니 여신이

Antoine Watteau, 〈케레스〉, 1717~1718
케레스는 이삭관을 마치 화관처럼 쓰고 있다.

Jean-Baptiste Pigalle, 〈풍요의 뿔〉,
1765

다. 특히 제우스와의 사이에서 태어난 딸 페르세포네Persephone는 그녀의
가장 중요한 생존의 이유였다. 그런데 어느 날 눈에 넣어도 아프지 않을
그 딸이 지하세계의 신 하데스에게 납치당한다. 하데스가 페르세포네
를 납치하는 이야기에는 세 버전이 있다. 하나는 『호메로스 찬가Homerikoi
Hymnoi』이고, 다른 하나는 오비디우스의 『변신 이야기』이며, 세 번째는 오
비디우스의 『로마의 축제일Fasti』이다.

그중 호메로스에 따르면 장성한 페르세포네는 어느 날 수선화 꽃밭에
서 놀다가 갑자기 전차를 타고 땅을 가르며 나온 하데스에게 납치당했다.
데메테르는 요정 친구들과 함께 놀러 간 딸이 귀가하지 않자 식음을 전폐
하고 딸을 찾아 헤맸다. 밤에도 잠을 자지 않고 손에 횃불을 든 채 사방으
로 찾아다녔다. 그녀는 결국 하늘에서 세상의 모든 일을 굽어보고 있던

태양신 헬리오스에게서 딸이 하데스에게 납치당했다는 사실을 전해 듣고 절망하며 제우스를 찾아가 도움을 요청했다. 하지만 그는 하데스와 무슨 밀약이 있었는지 지하세계의 일이라 자신도 손을 쓸 수 없다는 말만 되풀이할 뿐이었다.

데메테르는 제우스의 수수방관하는 태도에 분노했다. 딸의 아버지로서 도저히 용서할 수 없는 패륜 행위라고 생각했다. 그래서 그녀는 자신이 관장하고 있던 대지의 곡물들을 돌보는 일을 그만두었다. 일종의 파업을 감행한 것이다. 데메테르가 일에서 손을 놓자 대지는 황폐해지기 시작했다. 계속되는 흉년으로 인간들이 기아에 시달리다가 모두 씨가 마를 판이었다. 신들은 이 세상에서 인간들이 모두 사라져서 그들이 바치는 제물을 즐기지 못할까 봐 두려웠다. 제우스는 하는 수 없이 하데스에게 비서실장 헤르메스를 급파하여 페르세포네를 당장 데메테르에게 돌려보내라

Antoine-François Callet, 〈딸이 납치당한 뒤 제우스에게 간청하는 데메테르〉, 1777
데메테르는 낮뿐 아니라 밤에도 횃불을 들고 딸을 찾아 헤맸다. 이 그림 속 데메테르는 제우스에게 간청
하기보다는 오히려 윽박지르는 모습이다. 제우스와 헤라도 그 기세에 눌려 흠칫 놀라는 표정이다.

고 명령했다.

하지만 페르세포네는 지하세계에 도착하자마자 하데스가 건넨 석류
몇 알을 먹은 탓에 지상으로 완전히 돌아올 수는 없었다. 고심 끝에 제우
스가 타협안을 내놓았다. 페르세포네를 1년 중 3분의 1은 지하세계의 하
데스 곁에서, 나머지 3분의 2는 어머니인 지상의 데메테르 곁에서 지내도
록 하자는 것이다. 하데스는 데메테르가 다시 대지를 돌보는 조건으로 그
타협안을 받아들여 페르세포네를 일단 지상으로 돌려보냈다.

데메테르 유형의 여성은 데메테르의 일화에서 알 수 있듯이 모성애의

Frederic Leighton, 〈페르세포네의 귀환〉, 1891

페르세포네를 지하세계에서 데려오는 인물은 헤르메스다. 페르세포네는 아직 지상으로 완전히 나오지 않은 상태라서 그런지 어머니쪽으로 두 팔을 뻗고 있지만 몸은 혼령처럼 흐물흐물하다. 동굴 입구에서 두 팔을 벌려 딸을 맞이하는 데메테르의 모습은 마치 내가 고등학교 시절 하숙생활을 하다가 오랜만에 고향집을 찾았을 때 반갑게 나를 맞아 주시던 어머니의 모습을 연상시킨다.

4장 ○ 캐릭터의 원형 그리스 신들

화신이다. 그녀에게는 어머니가 되는 것이 가장 중요하며 이 목표가 그녀의 삶을 좌우한다. 하지만 데메테르 유형은 자식을 낳아 진짜 어머니가 되고 싶은 여성만 해당되는 것은 아니다. 남들에게 베풀고 싶은 욕망이 아주 강한 여성도 데메테르 유형에 포함된다. 그래서 데메테르 유형은 자신보다 남을 먼저 생각한다. 상대가 누구든지 자신의 보살핌을 받아야 할 대상으로 생각한다. 언제나 누군가를 도와줄 준비가 되어 있다.

데메테르는 인간들에게 농경 기술을 가르쳐 주어 풍성한 곡물의 수확을 안겨 준 여신이다. 그래서 데메테르 유형은 음식을 만들어 다른 사람들에게 대접하는 것을 최대의 행복으로 생각하는 사람에게서도 그 면모가 엿보인다. 그녀는 사람들이 자신이 만들어 준 음식을 맛나게 먹는 모습을 보면서 마치 자신이 좋은 어머니가 된 것처럼 흐뭇해한다. 노숙자들에게 매끼 식사를 제공하는 단체에서 봉사하는 사람들이나 난민 어린이를 위해 후원을 아끼지 않는 사람들도 바로 데메테르 유형에 속하는 경우이다.

특히 데메테르 유형은 데메테르처럼 지독한 모성의 소유자일 가능성이 크다. 심한 경우 결혼한 자식들도 여전히 곁에 두고 보살펴야 한다고 생각하는 경향이 있다. 자식들도 어머니와 물리적인 탯줄은 끊어지지만, 그보다 더 단단한 심리적인 탯줄로 계속 묶여 있을 수 있다. 그들은 어머니와 평생 함께하기 위해 결혼을 하지 않기도 하며, 결혼하더라도 어머니와 여전히 끈끈한 유대감으로 연결되어 있기도 하다. 딸이라면 어머니 없이는 아무런 결정을 내리지 못할 수 있으며, 아들이라면 김성홍 감독의 영화 〈올가미〉의 '동우'처럼 무조건 어머니 편을 들어 심각한 가정불화를 일으킨다.

데메테르 유형 여자는 항상 관심을 쏟을 대상이 필요하다. 다른 사람이 원하지도 않는데 먼저 도와주려고 한다. 지나친 관심으로 본의 아니

Evelyn de Morgan,
〈페르세포네를 그리워하는
케레스〉, 1906
이 그림에서 케레스는 머리카락
한올 한올이 이삭으로 되어 있다.

게 다른 사람을 불편하게 하기도 한다. 다른 사람의 일에 참견하지 않고
는 견디지 못한다. 자신이 아닌 남에 대한 배려가 지나쳐 집착으로 변할
수 있다. 그가 어떤 일을 하든 그 일이 잘 되기 위해서는 자신이 꼭 필요
한 전문가요 감독관임을 자처한다.

　데메테르 유형에게 가장 적합한 직업은 유치원 교사, 간호사, 사회사업
가, 소아과 의사, 심리치료사 등 남을 도와주거나 보살피는 직업이다. 고
아원이나 입양 기관 등 어린이와 관계된 조직의 책임자도 제격이다. 데메
테르 유형이 조직을 관리하고 운영할 때 가장 어려운 점은 무능한 직원을
함부로 자르지 못할 수 있다는 것이다. 직원들의 무능력조차 자기 탓이라
고 생각하며, 그들이 해고당했을 때 받을 고통을 생각하여 죄책감을 느낄
정도로 마음이 약하고 인정이 많다.

데메테르 유형의 성격을 간파하고 계획적으로 접근하여 그녀의 등골을 빼먹는 나쁜 남자가 있을 수 있다. 이런 남자는 자신에게 한없이 베풀어 주는 그녀에게 전혀 충실하지도 않고 조금도 고마움을 느끼지도 않는다. 그에게 데메테르 유형의 애인은 사랑하는 사람이 아니라 생계 수단일 뿐이다. 그는 끈질기게 요구하면 결국 들어주는 데메테르 유형의 심성을 악용하여 끝까지 밀어붙이고 소기의 목적을 달성한다.

데메테르 유형은 거절하지 못하는 성격 때문에 한꺼번에 너무 많은 일을 부탁받는 상황에 처하기도 한다. 어떤 경우에는 부탁받은 일이 너무 힘들어 분노가 일어난다. 하지만 그녀는 분노를 남에게 표출하지 않고 항상 안으로 삭인다. 심지어 분노한 자신을 나무라며 더욱더 애를 써서 부탁받은 일을 완벽하게 해 주려 한다.

그래서 데메테르 유형이 성장하기 위해서는 남의 욕구뿐 아니라 자신의 내면의 소리에도 귀를 기울여야 한다. 자식이나 남들이 부르면 언제든지 즉시 달려가 베풀었던 도움의 손길을 자신에게 사용하는 법을 배워야 한다. 또한 분노를 마음속에 담아 두기보다는 밖으로 표출해야 한다. 무리한 부탁을 받았을 때는 안 된다고 거절할 수도 있어야 한다.

데메테르 유형으로는 나이팅게일F. Nightingale이나 테레사 수녀Mother Teresa 등을 들 수 있으며, 셰익스피어의 『로미오와 줄리엣』에 등장하는 '줄리엣의 유모'나 2004년 노벨문학상 수상자인 오스트리아 작가 엘리네크E. Jelinek의 소설 『피아노 치는 여자』의 주인공 에리카의 '어머니'도 전형적인 데메테르 유형이다. 영화 〈이보다 더 좋을 순 없다〉의 주인공 '캐롤 코넬리'와 『작은 아씨들』의 네 자매의 어머니 '마미'도 전형적인 데메테르 유형이다. 데메테르 유형은 무엇보다도 전통적인 우리 어머니상을 빼닮았다.

프로사랑꾼
아프로디테

아프로디테Aphrodite는 로마에서는 '베누스Venus'라고 불렸고, 영어로는 '비너스Venus'라고 한다. '베누스'는 라틴어로 '사랑'과 '욕망'이라는 뜻이다. 성병性病이라는 뜻의 영어 '버니리얼 디지즈venereal disease'에도 Venus가 들어 있다. 행성 중 '금성'도 아프로디테의 영어식 이름인 '비너스'라고 부른다.

아프로디테는 미의 여신으로서 미스 올림포스 선발대회인 소위 '파리스의 심판'에서 '진眞'으로 뽑힌다. 그녀는 또한 사랑의 신 에로스Eros의 어머니로서 사랑의 신이기도 하다. 우리나라 속옷 브랜드 중에 '비너스'가 있다. 그 브랜드의 로고도 유명한 '밀로의 비너스 상'의 두상을 활용한 것이다. 아마 그 옷을 입으면 비너스처럼 아름다워진다는 뜻이리라.

『신통기』를 쓴 헤시오도스에 의하면 아프로디테는 하늘의 신 우라노스의 아들 크로노스가 어머니 가이아를 괴롭히던 아버지의 남근을 잘라 바다에 던지자, 그 살점이 가라앉으면서 일던 거품 속에서 조개를 타고 솟

Joseph Hauber,
〈파리스의 심판〉, 1819
왼쪽부터 헤르메스, 파리스,
아테나, 아프로디테, 헤라.
아프로디테 옆에 에로스가
없는 것이 이채롭다.

Harald
Slott–Møller,
〈비너스와 큐피드〉, 연도
미상
아프로디테가 에로스에게
사랑의 화살을 날릴 대상을
가리키고 있다. 그래서 아프
로디테는 미의 여신이자 사
랑의 신이기도 하다.

아올랐다. 하지만 『오디세이아』와 『일리아스』를 쓴 호메로스에 의하면 아프로디테는 제우스가 신들의 왕이 된 후 그와 물의 요정 디오네Dione 사이에서 태어났다. '아프로디테'가 '거품에서 태어난 자'라는 의미이기 때문에 호메로스보다는 아무래도 헤시오도스의 주장이 신빙성이 있어 보인다.

이에 비해 플라톤은 『향연』이라는 책에서 그리스 신화에는 두 명의 아프로디테가 있다며, 헤시오도스와 호메로스의 아프로디테를 모두 인정했다. 우라노스의 남근이 바다에 떨어져 태어난 아프로디테는 정신적인 사랑을 담당했던 '아프로디테 우라니아Aphrodite Urania'이고, 디오네를 어머니로 둔 후대의 아프로디테는 육체적인 사랑을 담당했던 '아프로디테 판데모스Aphrodite Pandemos'라는 것이다. '아프로디테 우라니아'는 '천상의 아프로디테', '아프로디테 판데모스'는 '민중의 아프로디테'라는 뜻이다.

아프로디테에게는 현대의 브래지어와 같은 '케스토스 히마스Kestos

〈밀로의 비너스〉, 기원전 120년경
이 조각상은 원래 대좌와 함께 왼팔과 사과를 든 왼손도 함께 발견되었지만, 여러 번 옮겨지면서 소실되었다. 사과는 아마 아프로디테가 파리스의 심판에서 부상으로 받은 황금 사과일 것이다. '밀로'는 이 조각상이 발견된 에게해 키클라데스군도의 멜로스(Melos)섬의 영어식 이름이다.

4장 ○ 캐릭터의 원형 그리스 신들

Himas'라는 신비한 마법의 가슴띠가 있었다. 그녀가 그것을 가슴에 두르고 다가가면 누구도 그녀가 발산하는 매력에서 벗어날 수 없었다. 트로이 전쟁 때 헤라는 그리스 연합군을 도와주고 싶어 했다. 하지만 제우스는 신들에게 전투에 개입하지 말라고 엄명을 내린 후 트로이 근처 이데산 상상봉에 앉아 전쟁터에서 한시도 감시의 눈을 떼지 않았다.

헤라는 고심 끝에 같은 편이었던 포세이돈에게 자신이 아프로디테로부터 마법의 가슴띠를 빌려 제우스를 유혹하는 사이 그리스군을 도우라고 귀띔해 주었다. 헤라가 그 가슴띠를 하고 나타나자 제우스는 전쟁터를 감시할 생각은 금세 잊어버린 채 아내와 사랑을 나누고 싶은 욕망을 억누르지 못하고 구름을 이불 삼아 그녀와 동침했다. 그래서 아프로디테 유형은 신비한 마법의 가슴띠를 두른 아프로디테처럼 대단한 매력을 발휘할 수 있다. 그 누구도 그녀가 발산하는 매력에서 벗어나지 못한다.

아프로디테의 사랑은 자유분방하다는 점에서 제우스의 사랑과 비슷했

Andries Cornelis Lens, 〈이데산의 제우스와 헤라〉, 1775

다. 하지만 같은 프로사랑꾼이어도 아프로디테는 제우스와는 차원이 달랐다. 두 신 모두 사랑의 감정이 생기면 신이건 인간이건 가리지 않고 적극적으로 구애했다. 하지만 제우스의 사랑에는 정치적 계산이 깔려 있었다. 가령 지혜의 여신 메티스와 바다의 여신 테티스의 경우처럼 사랑하더라도 자신의 권력에 걸림돌이 된다면 미련 없이 포기했다. 이에 비해 아프로디테는 언제나 사랑의 감정에만 충실할 뿐이었다.

아프로디테 유형의 여성은 어렸을 적부터 장차 결혼할 나이가 되면 남자들 꽤 울릴 것이라는 말을 듣기도 한다. 성인이 되면 자태나 옷매무새가 고상하고 우아하다. 고혹적이고 관능적이며 성적 매력을 발산한다. 그래서 영화 〈바람과 함께 사라지다〉의 스칼렛 오하라S. O'Hara나 영화배우 마릴린 먼로M. Monroe처럼 뭇 남자들에게 사랑의 열병을 불러일으킨다.

키프로스의 천재 조각가 피그말리온Pygmalion이 자신이 상아로 조각한 여인상을 인간으로 만들어 내는 기적을 이루어 낸 것은 아프로디테 여신의 은총 덕분이었다. 아프로디테 유형은 이처럼 남자에게 육체적 욕망뿐 아니라 창조적인 열정이나 영감을 불러일으키기도 한다. 그래서 남자에게 위대한 업적을 이루어 낼 수 있도록 해 주거나, 엄청난 삶의 변화를 이끌어 내는 여성이 있다면 그녀 또한 아프로디테 유형이다.

루 안드레아스 살로메L. A. Salome 부인은 시인 릴케R. M. Rilke에게 창작의 화수분 같은 존재였다. 세계적인 대문호 괴테도 샤를로테 폰 슈타인C. von Stein 부인과 같은 여성들이 없었다면 수많은 주옥같은 작품들을 세상에 내어놓을 수 없었을 것이다. 아인슈타인A. Einstein에게도 첫째 부인 밀레바 마리치M. Marić가 없었다면 그의 상대성 이론은 아마 이 세상에 나오기 힘들었을 것이다. 영화 〈귀여운 여인〉의 '에드워드 루이스'도 거리의 여인 '비비안 워드'가 없었다면 진정한 삶의 가치를 깨닫지 못했을 것이다.

아프로디테 유형의 관심을 받는 남자는 그녀가 자신에게 올인한다고 오해할 수 있다. 하지만 한 남자를 향해 불꽃같이 타오르던 그녀의 열정은 금세 시들해져서 재빨리 다른 남자에게로 향할 수 있다. 그녀가 헤픈 여자라서 그런 게 아니다. 가벼워서도 아니다. 원래 성격이 그럴 뿐이다. 어떤 사람들은 아프로디테 유형이 아주 문란하다고 생각할 수 있다. 그래서 남자들이 그녀에게 빠지는 이유를 결코 이해하지 못할 수 있다. 하지만 아프로디테 유형은 남자들에게는 도덕적으로 재단할 수 없는 오묘한

Lambert Sustris, 〈비너스와 큐피드〉, 1550
멀리서 전쟁의 신 아레스가 부리나케 달려오는 모습이 보인다. 또한 아프로디테는 사랑의 신답게 오른손으로 자신의 신조(神鳥)인 비둘기의 짝짓기를 돕고 있다.

매력을 풍긴다.

아프로디테는 전쟁의 신 아레스와 가장 친했다. 아마도 사랑은 전쟁과 죽음을 내포하고 있다는 뜻일 것이다. 그래서 아프로디테 유형의 사랑은 또한 파괴적일 수 있다. 파괴적인 아프로디테 유형은 바로 '팜므 파탈femme fatale'이다. 팜므 파탈은 '치명적인 여인'이라는 뜻으로 남성을 파멸로 몰아가는 여성을 뜻한다. 팜므 파탈은 크게 '사랑밖에 난 몰라형'과 '권력형'으로 나눌 수 있다.

'사랑밖에 난 몰라형'은 사랑에 빠지면 헬레네처럼 남편을 버리고 다른 남자를 따라가기도 한다. 클리타임네스트라처럼 남편을 죽이기도 한다. '사랑밖에 난 몰라형'은 자존심이 아주 세다. 사랑 고백을 했다가 거절당하면 분노에 휩싸여 처절하게 복수극을 펼치기도 하고, 파이드라Phaidra가 자신의 사랑을 거부한 히폴리토스에게 그런 것처럼 상대를 죽음으로 내몰 수 있다.

'권력형' 팜므 파탈은 이집트의 클레오파트라Kleopatra 여왕처럼 성을 미끼로 남자를 조종하고 지배하고 통제하려 한다. 미모를 이용해 돈, 명예, 권력을 얻기 위해 수단과 방법을 가리지 않는다. 구약성서 속 '데릴라'가 '삼손'에게 그런 것처럼 상대 남자를 유혹하여 치명타를 입힐 수 있다. 영화 〈007〉 시리즈에 등장하는 '본드걸'도 일종의 '권력형' 팜므 파탈이다. 그녀는 암흑가의 일원으로 비록 번번이 실패하지만 조직의 눈엣가시 본드를 유혹하여 살해하려 한다.

'파리스의 심판'은 아프로디테 유형이 성장하려면 무엇이 필요한가를 잘 암시하고 있다. 그 심판에 등장하는 세 여신은 각각 이상적인 여성이 골고루 갖추어야 할 세 가지 미덕을 형상화하고 있다는 뜻이다. 그래서 아프로디테는 비록 '진眞'으로 뽑혔어도 아테나와 헤라에게서 부족한 점을 채워야 한다. 마찬가지로 아프로디테 유형도 아테나 유형에게서는 즉흥적이고 본능적인 행동이 아니라 진중하고 합리적인 사고를 배워야 한다. 헤라 유형에게서는 가정과 결혼의 중요성을 배워야 한다.

평화주의자
헤스티아

헤스티아Hestia는 로마에서는 '베스타Vesta'로 불렸고, 영어로는 '베스터 Vesta'라고 한다. 그리스 신화에서 헤스티아는 가정과 공공기관의 화로를 담당하는 여신이다. '헤스티아'는 그리스어로도 '화로'를 의미한다. 영어 '베스터Vesta'에도 '성냥, 밀랍'이라는 뜻이 있다. 우리나라에는 '베스타'라 는 이름을 지닌 전기 매트나 벽난로 제품도 있다. 유명 아웃도어 브랜드 의 패딩 중에도 '헤스티아'라는 이름이 있다. 모두 다 따뜻한 화로를 염두 에 두고 지은 이름일 것이다.

그리스 신화에서 헤스티아는 아테나와 아르테미스처럼 처녀 신이다. 남신이나 남자들과 사랑을 나눈 적이 없다. 물론 남신들이 그녀에게 관심 을 보이지 않은 것은 아니다. 언젠가 포세이돈과 아폴론이 그녀에게 구애 하자 그녀는 제우스의 머리에 대고 처녀성을 지키겠다고 맹세했다. 그러 자 제우스가 그녀의 맹세를 인정하고 가정에서 가장 명예로운 장소인 화 로를 관장하도록 주선해 주었다.

헤스티아가 자신의 처녀성을 지키려고 했던 일화는 또 있다. 로마 시대의 신화학자 오비디우스에 따르면, 제우스의 형제자매들의 어머니였던 레아가 신들을 초대한 날, 조용한 곳에 혼자 곤히 잠들어 있던 그녀를, 디오니소스의 아들 프리아포스Priapos가 겁탈하려고 했다. 그걸 보고 디오니소스의 스승 실레노스가 타고 온 당나귀가 울음소리로 다급하게 헤스티아를 깨웠다. 그러자 깜짝 놀라 깨어난 헤스티아가 비명을 질렀다. 신들이 그 비명소리를 듣고 몰려오자, 당황한 프리아포스는 당나귀를 죽이고 도주했다.

〈헤스티아 주스티니아니(Giustiniani)〉, 기원전 460년경
주스티니아니는 맨 처음 이 작품을 소장했던 로마의 귀족 이름이다(그리스 진품의 로마 시대 복제품. 기원후 2세기경).

헤스티아는 다른 여신들과는 달리 그녀의 모습을 새긴 상도 거의 없고, 그녀의 신상을 모신 신전도 없다. 그녀는 얼굴 없이 화로의 불길로 자신의 모습을 드러낸다. 그래서 후대의 화가들이 모두 약속이나 한 듯 헤스티아 신전의 여사제들을 마치 샤일라shayla 히잡을 두른 것처럼 머리에 스카프를 깊이 둘러쓴 모습으로 그린 것은 헤스티아 여신의 속성을 아주 잘 표현한 것이다. 아주 오랜 옛날 화로의 불길은 추운 겨울날 가족들의 얼어붙은 몸을 은은하게 덮혀 주었다. 그래서 헤스티아 유형은 화로의 불길처럼 다른 사람과 같이 있어도 전혀 돋보이지 않는다. 있지만 없는 듯 조

Johann Baptist von Lampi,
〈두 명의 베스타 신전의 여사제〉,
18~19세기

용하고 소리가 나지 않는다. 어떤 일을 해도 그 일에 티 나지 않게 전념
한다.

　헤스티아는 처음에는 올림포스의 12주신에 포함되었다가 나중에 그
목록에서 빠진다. 가령 아테네 아고라에 있는 올림포스 12주신 제단에는
그녀의 것이 있다. 이에 비해 파르테논 신전의 동쪽 페디먼트pediment에는
그녀 대신 디오니소스가 들어가 있다. 그래서 학자들은 헤스티아가 12주
신에서 빠진 이유를 그녀의 수동적이고 갈등을 싫어하는 성격을 보여 주
는 실례로 든다. 그녀는 디오니소스가 가장 늦게 신이 되어 올림포스로
올라오자 올림포스의 평화를 위해 그에게 12주신 자리를 양보했다는 것
이다.

　헤스티아 유형의 여성은 아르테미스 유형처럼 재빠르지도 않고, 아테

　　　　　　　　　　　　　　　　4장 ○ 캐릭터의 원형 그리스 신들

나 유형처럼 성취욕에 사로잡혀 있지도 않다. 고요하고 평온하며 다른 사람들과 함께 있는 것보다 혼자 있을 때 편안함을 느낀다. 헤스티아 유형은 올림포스 신족이 티탄 신족과 전쟁을 벌일 때 멀찌감치 떨어져 있었던 헤스티아처럼 세상사에 별로 관심이 없다. 그래서 그녀에게는 성적이라든지 업적, 지위, 직업, 성별, 권력, 재산 등은 전혀 중요한 역할을 하지 못한다.

진 시노다 볼린J. S. Bolen은 『우리 속에 있는 여신들』이란 책에서 헤스티아, 아테나, 아르테미스 유형을 집안일을 대하는 태도에 따라 비교, 설명하고 있는데 아주 흥미롭다. 그녀에 의하면 아테나 유형은 집안일을 모두 하고 나면 성취감을 느끼고, 아르테미스 유형은 이제 귀찮은 일을 끝내고

Jules-Joseph Lefebvre,
〈잠든 베스타 신전의 여사제〉, 1902

마침내 자신만의 시간을 갖게 되었다고 기뻐한다. 이에 비해 헤스티아 유형은 집안일이 그냥 즐거워서 한다. 그래서 그녀는 집안일을 할 때 초조하게 시계를 보지 않는다. 집안일도 일종의 심신 수련이나 종교적 수양으로 여기고, 여유를 갖고 할 만한 가치 있는 것으로 생각하기 때문이다.

헤스티아 유형은 자신을 주장하지 않고, 어떤 사건에 고무되지도 않으며, 실망하지도 않는다. 인간관계에 휘둘리지도 않으며, 격정적인 기분에 휩싸이지도 않는다. 물욕이나 탐욕 등 인간의 욕망으로부터 멀리 떨어져 있다. 그래서 헤스티아 유형은 다툼과 분쟁을 싫어하는 평화주의자 peacemaker다. 애니어그램으로 치면 중재, 조화, 평화를 추구하는 9번 유형인 셈이다.

헤스티아 유형을 가장 잘 구현하고 있는 인물은 바로 『작은 아씨들』에 등장하는 네 자매 중 셋째 '베스'다. 그녀는 친절하고, 온화하며, 달콤하다. 무척 수줍어하고, 조용하다. 또한 피아노에 재능이 있고, 자매들의 소소한 분쟁을 중재하기도 한다. 그녀는 일종의 전염병인 성홍열猩紅熱을 앓으면서 점점 쇠약해지다가 임종할 때도 삶에 연연해 하지 않고 조용히 세상을 떠난다.

헤스티아 유형은 어렸을 때부터 고집이 세지 않고, 부모나 다른 사람들을 힘들게 하지 않아 다루기 쉬운 편이다. 헤스티아 유형의 어린아이는 친구들과 아무 문제 없이 잘 놀기도 하지만 혼자 노는 것을 더 좋아한다. 그녀는 다른 사람의 관심을 끌기 위해 애쓰지도 않으며 사람들의 반응에 민감하지도 않다. 혹시 마음의 상처를 받더라도 혼자 자신의 방에서 조용히 지내면서 스스로 삭이며 치유하는 편이다. 사람들은 언제나 평화롭고 따스한 분위기를 만들어 내는 그녀의 성격에 자신들도 모르게 무척 매료당하기도 하지만 그녀의 모습을 의식적인 행동으로 오해하여 젠체한다고 비난할 수도 있다.

헤스티아 유형은 아르테미스 유형처럼 추진력도 없고 아테나 유형처럼 경쟁심도 없다. 데메테르 유형처럼 자식에 대한 욕심도 없다. 또한 아프로디테 유형처럼 남자들의 마음을 사로잡을 만한 매력도 없다. 그녀는 직장동료에 대해 험담하는 것도 싫어하고 동료들과 수다를 떠는 것도 싫어한다. 헤스티아 유형 여성은 어느 곳에서 근무해도 전혀 돋보이지 않아서 '있어도 없는 존재'처럼 보인다. 직장동료들은 그녀와 같이 근무할 때는 그녀의 진가를 알아보지 못하다가, 그녀가 일을 그만두고서야 비로소 사무실에서 얼마나 소중한 존재였는가를 깨닫는다. 그래서 헤스티아 유형은 주로 간호사처럼 차분함과 인내심이 필요한 직업에 적합하다.

헤스티아 유형은 친구들과 반목이나 갈등에 빠지지 않는다. 사랑의 열정이나 격렬한 감정에 휩싸이지도 않는다. 대학에 들어가서도 동아리 활동에 열정적으로 참여하거나 학과 모임에도 적극성을 띠지 않는다. 그래서 어떤 친구들은 그녀가 외톨이라고 생각하고 친구들로부터 소외되어 있다고 생각할 수 있다. 하지만 그녀는 소외감이나 열등감을 좀처럼 느끼지 못한다. 그녀는 자신의 마음속으로부터 우러나오는 평온한 마음을 항상 유지하고 있기 때문이다. 친구들이 좋아하는 것은 바로 그녀의 한결같은 마음과 조용한 성격이다.

헤스티아 유형은 어떤 일을 맡겨도 싫은 내색 없이 묵묵히 해낸다. 토론할 때도 적극적으로 자기주장을 펴지 않는다. 그래서 소극적이고 수동적일 수 있다. 모든 사람의 기분을 맞추어 주려다 그 압박감을 이기지 못하고 결국 분노를 표출할 수도 있다. 데메테르 유형이 모든 부탁을 들어주려다 분노하는 경우와 비슷하다. 헤스티아 유형은 무엇보다도 자기의 입장을 정확하게 밝히는 법을 배워야 한다. 싫으면 분명히 아니라고 말할

José Rico Cejudo, 〈베스타 신전의 여사제들〉, 1888~1895

4장 ○ 캐릭터의 원형 그리스 신들

수 있는 자신감을 가져야 한다. 자신의 얼굴을 당당하게 보이고, 목소리를 내는 것을 부끄러워해서는 안 된다.

헤스티아 유형은 주로 자신만의 공간에서 혼자만의 고독을 즐긴다. 새로운 사람을 사귀거나 모험을 하는 것을 꺼린다. 하지만 현대인은 수도원이나 절이나 집안에서만 살 수는 없는 법이다. 어쩔 수 없이 사람들과 부대끼며 살아야 한다. 다른 사람들과 이야기를 나누어야 하고, 언성을 높여 가며 논쟁도 벌여야 하며, 피 튀기는 경쟁도 벌여야 한다. 그래서 헤스티아 유형은 아르테미스 유형과 아테나 유형에게서 각각 자신에게 부족한 단호함과 사회성을 배워야 한다.

Day 18

질투의 화신
헤라

〈원통형 왕관을 쓴 헤라 두상〉,
기원전 5세기경
(그리스 진품의 로마 시대 복제품)

헤라Hera는 로마에서는 '유노Iuno/Juno'라고 불렀고, 영어로는 '주노Juno'라고 한다. 헤라의 로마식 이름인 유노는 '젊은'이라는 뜻을 지닌 라틴어 형용사 '유베니스Iuvenis'에서 유래했다. 6월을 뜻하는 영어 '준June'은 바로 헤라의 영어식 이름인 '주노'에서 유래했다.

'헤라'라는 말은 원래 '영웅Hero'을 뜻하는 그리스어 '헤로스Heros'의 여성형으로 '여주인', 혹은 '여걸'이라는 뜻이다. 어원이 암시해 주듯 헤라는 원래 그리스반도의 원주민들

4장 ○ 캐릭터의 원형 그리스 신들

이 최고신으로 모셨던 위대한 대지모신大地母神이었다. 하지만 그녀의 신조神鳥인 공작새처럼 위풍당당했던 여신은 제우스를 최고신으로 한 이방의 남신들이 그리스반도를 점령하면서 제우스의 아내이자 질투의 화신으로 추락하고 만다.

제우스는 어느 날 헤라에게 눈독을 들이고 있다가 그녀가 홀로 산에 있는 것을 발견했다. 절호의 기회로 생각한 제우스는 비를 내리게 한 후 그 비에 흠뻑 젖은 뻐꾸기로 변신하여 그녀의 무릎 위로 내려앉았다. 그걸 본 헤라가 가여운 마음에 뻐꾸기를 가슴에 품자 제우스는 얼른 원래의 모습으로 돌아와 그녀와 강제로 사랑을 나누려 했다. 헤라는 처음에는 완강

Annibale Carracci, 〈제우스와 헤라〉, 1597

히 저항하다가 결국 제우스에게서 자신을 정실부인으로 삼겠다는 약속을 받고서야 그를 허락했다.

이처럼 헤라에게는 제우스와 결혼하여 아내 역할을 하는 것이 가장 중요했다. 사람들이 헤라를 결혼과 가정의 여신으로 삼은 것은 바로 그 때문이다. 그래서 아현동에 '헤라'라는 이름의 드레스숍이 있는 것은 결코 우연이 아니다. '헤라'라는 화장품 브랜드도 마찬가지다. 그것은 결혼의 수호신 헤라가 인증한(!) 화장품을 써야 결혼생활이 여신의 보호를 받을 수 있다는 고도의 심리적 전략이 숨어 있는 네이밍이 아닐까?

'헤라' 화장품처럼 우리의 토종 브랜드인 '준오Juno 헤어'도 헤라의 영어식 이름인 '주노'를 우리에게 친근한 이름으로 바꾼 것이다. 과거 한때 어려운 시절, 가정의 든든한 수호신 역할을 했던 우리의 어머니들이 온 식

Pieter Lastman, 〈이오와 함께 있는 제우스를 발견하는 헤라〉, 1618

4장 ○ 캐릭터의 원형 그리스 신들

구들의 머리를 도맡아 깎아 준 적이 있었으니 절로 고개를 끄덕이게 하는 네이밍이다. 그때 그 어머니의 마음으로 고객들에게 봉사하겠다는 뜻이 담겨 있을 테니 말이다.

결혼의 수호신답게 헤라는 자신의 결혼생활을 방해하는 자는 누구도 용서하지 않았다. 숲의 요정 에코가 메아리로 변신한 것도, 이오가 암소로 변신한 것도, 숲의 요정 칼리스토가 곰으로 변신한 것도 모두 그녀의 질투 때문이었다. 심지어 불세출의 영웅 헤라클레스가 12가지 과업이라는 시련을 겪은 것도 헤라의 질투 탓이었다.

그래서 헤라 유형의 여성은 결혼해서 한 남자의 아내가 되어 가정을 이루는 것이 인생 최대 목표다. 그녀는 자신이 무슨 일을 하는지보다 누구의 아내라는 사실을 더 자랑스럽게 여긴다. 지독한 모성을 지닌 데메테르 유형이 자식을 갖지 못했을 때 그런 것처럼, 헤라 유형은 결혼하여 남편을 얻어야 하는데 그렇지 못했을 때 가장 깊은 절망감을 느낀다.

헤라 유형은 무슨 일을 해도 특유의 성실함 때문에 출중한 능력을 보인다. 가령 대학 졸업을 앞두고 생활비를 포함한 전액 장학금을 받는 조건으로 유학을 계획할 수도 있다. 대학 졸업 후 직장에 들어가면 능력을 인정받아 남들보다 빨리 승진할 수도 있다. 하지만 그녀에게 결혼할 희망이 보이지 않는다면 그 모든 것은 별로 의미가 없다. 헤라 유형의 진짜 직장생활은 남편과 함께 꾸리는 결혼생활일 수 있기 때문이다. 그래서 헤라 유형은 믿을 만한 남편감이 나타나면 지금까지 하던 일을 모두 내던지고 그와 결혼한다.

헤라 유형에게 가족은 신성불가침의 영역이다. 그녀는 다른 사람들에게 자신의 가족에 대해 함부로 이야기하지 않는다. 그녀는 친구들이나 직장동료들이 아이들의 진학이나 남편의 승진 등에 대해 이야기하면 다소 곳이 귀담아들을 뿐, 누가 물어보지 않는 한 자신의 이야기는 하지 않는다. 아이들 투정이나 남편의 술버릇 등 가족에 대해 좋지 않은 이야기는 농담으로도 꺼내지 않는다. 그래서 남들은 그녀가 가족과 전혀 갈등이 없다고 생각할 수 있다. 하지만 그녀도 사람인 이상 가족과 문제가 없을 수 없다. 다만 가족의 문제는 가족끼리 풀어야 한다고 생각하여 침묵할 뿐이다.

헤라 유형은 또한 친구와의 우정보다 결혼생활이 중요하다고 생각하는 경향이 있다. 결혼하면 자연스레 친구들과도 연락이 끊어질 수 있다. 남편과 함께 있는 것을 더 좋아하고 무엇이든지 남편과 함께 하는 것을 좋아한다. 남편의 기쁨이 곧 자신의 기쁨이요, 남편의 성공이 곧 자신의 성공이기 때문이다. 그래서 헤라 유형은 『작은 아씨들』에 등장하는 네 자매 중 첫째 '메그'처럼 남편에게 너무 종속되어 독립심이 부족한 면도 있다.

헤라 유형은 눈이 오나 비가 오나 검은 머리 파뿌리 되도록 남편과 한평생 같이 살아가야 한다고 생각한다. 그녀는 남편이 생애 첫 남자이자 마지막 남자일 수 있다. 그래서 헤라 유형의 사전에는 이혼이라는 단어가 없다. 그녀는 어떤 경우에도 자진해서 이혼하려고 하지 않는다. 사별한 뒤에도 대개 죽은 남편을 기리며 재혼을 하지 않는다. 하지만 헤라 유형의 기질이 너무 강할 때는 햄릿의 어머니 '거트루드'처럼 사별 뒤에 바로 재혼하기도 한다. 남편이라는 강력한 울타리가 필요하기 때문이다.

헤라 유형은 한 가정을 꾸려서 아내와 가족을 먹여 살릴 경제적 능력이나 권력이 없는 남자에게는 마음이 끌리지 않는다. 그래서 그녀에게 가장 적합한 남편은 돈도 많고 힘도 있는 제우스 유형이다. 그중에서도 독재자나 바람둥이 유형이 아닌 인자한 남편과 아버지 유형이다. 그런 결합을 가장 잘 보여 주는 예가 바로『오만과 편견』에 등장하는 '베넷 부부'다. 베넷 부인은 딸 넷을 돈 많은 귀족 청년들과 결혼시키려는 데 그야말로 혈안이 되어 있다. 여자는 모름지기 남편 잘 만나 편하게 사는 게 최고라는 식이다. 베넷 씨는 이런 아내가 못마땅해도 속내를 드러내지 않은 채 그녀를 너그럽게 품어 준다.

그리스 신화에서 헤라는 제우스와 결혼한 이후 한번도 한눈을 판 적이 없다. 그야말로 정절과 지조의 화신이라고 할 만하다. 하지만 모든 촉각이 남편으로만 쏠려 있었다. 헤라 유형도 마찬가지로 모든 관심이 남편으로만 향하고 있어 최악의 경우 의부증을 앓기도 한다. 그래서 헤라 유형이 성장하기 위해서는 우선 남편에게 절대적으로 종속되어 있는 상태에서 벗어나는 것이 중요하다. 남편에게 모든 것을 걸고 있으면 안 된다. 남편을 위해 모든 것을 희생해서도 안 된다. 헤라 유형은 특히 아테나 유형을 통해 자신에게도 독립적인 일이 필요하다는 것과 그 일을 통해 스스로 성취감을 느낄 수 있다는 점을 배워야 한다.

1996년에 상영된 할리우드 영화 〈조강지처 클럽〉은 전형적인 헤라 유형이 가야 할 이상적인 방향을 잘 보여 준다. 영화의 주인공 '브렌다', '앨리스', '애니'는 대학 시절의 단짝 친구다. 그들은 졸업 후 사는 게 바빠 전혀 만나지 못하다가 또 다른 단짝 친구 '신시아'의 자살을 계기로 아주 오랜만에 해후한다. 이어 그간의 사정을 이야기하다가 그들 모두 젊은 여자에게 남편을 빼앗기고도 아무런 대응을 하지 못하고 있다는 공통점을 발견한다.

하지만 그들은 '서로 돕고 살라'는 신시아의 유서를 읽고 나서 더 이상 남편에게 끌려다니는 수동적인 삶을 살지 않겠다고 결심한다. 그래서 당장 '조강지처 클럽'이라는 조직을 결성하여 셋이 힘을 합해 남편들에게 복수하기로 다짐한다. 초기에는 갈등도 생기지만 얼마 후 그들은 드디어 남편들을 혼쭐내 주고 가정으로 돌아오게 만든다. 2007년 SBS에서 방영된 드라마 〈조강지처 클럽〉도 할리우드 영화에서 영감을 받은 듯 무대만 우리나라로 바뀌었을 뿐 내용은 거의 비슷하다.

Day 19

철부지 소녀
페르세포네

페르세포네Persephone는 제우스와 곡물의 여신 데메테르의 딸로 로마에서는 '프로세르피나Proserpina'로 불렸고, 영어로는 '프로세르피너Proserpina'라고 한다. 페르세포네는 또한 '소녀'라는 뜻을 지닌 '코레Kore', 혹은 '코라Kora'라는 애칭으로 불리기도 했다.

오비디우스의 『변신 이야기』에 따르면 아프로디테는 평소 사랑에 아무런 관심이 없던 하데스를 못마땅하게 여겨 아들이자 사랑의 신 에로스를 불러 하데스에게 황금 화살을 쏘게 한다. 가슴에 사랑의 열병이 일어난 하데스는 친구들과 수선화 꽃밭에서 놀고 있던 페르세포네를 납치했고, 그 후 페르세포네는 납치당한 동안 지하세계에서 석류 몇 알을 먹는 바람에 1년의 1/3을 어머니 곁을 떠나 하데스의 왕비로 살아야 했다.

이에 비해 오비디우스의 『로마의 축제일』에 따르면 시칠리아의 강의 요정 아레투사가 귀족 부인들을 초대하자 데메테르도 신분을 속이고 이에 응했다. 이때 어머니를 따라와 풀밭에서 꽃을 꺾으며 놀고 있던 페르

Danté Gabriel Rossetti, 〈페르세포네〉, 1874
페르세포네가 왼손에 들고 있는 석류는 알갱이가 많아 풍요를 상징한다.

〈고대 이집트 타악기 시스트럼을 들고 있는 이시스–페르세포네 상〉, 170~180년경
고대 그리스에서 페르세포네는 이집트의 대지모신 이시스와 동일시되기도 했다.

세포네를 하데스가 감쪽같이 납치해 갔다. 그러자 여신은 노파로 변신한 채 하늘의 별자리까지 딸을 찾아 헤매다가 티탄 신족의 태양신 헬리오스에게서 딸의 행방을 알게 되고 결국 제우스를 찾아가 딸을 돌려달라고 요구했다. 하지만 페르세포네는 지하세계에서 석류 3알을 먹는 바람에 1년

4장 ○ 캐릭터의 원형 그리스 신들

의 반은 어머니 곁을 떠나 하데스의 왕비로 살아야 했다.

'페르세포네'는 곡물의 여신의 딸답게 '탈곡하는 여자'라는 뜻이고, 그녀의 로마식 이름인 '프로세르피나'는 '싹을 틔우다'라는 뜻의 라틴어 '프로세르페레proserpere'에서 유래했다. 또한 페르세포네가 지하세계에서 먹은 석류는 그녀에게 봉헌된 과일이 되었는데 그럴 만한 이유가 있다. 씨알이 많은 석류처럼 페르세포네가 머무는 지하세계 또한 풍요를 상징하기 때문이다. 특히 석류는 여성 호르몬 에스트로겐이 풍부해서 여성의 갱년기에 효능이 좋은 것으로 알려져 있다. 그래서였을까? 아니면 미남 배우 이준기 씨가 광고 모델로 나와서였을까? 우리나라에서 한때 '미녀는 석류를 좋아해'라는 음료가 출시되어 선풍적인 인기를 끌었다.

페르세포네 유형의 여성은 '코레'와 '하데스의 왕비' 중 어느 기질이 강한가에 따라 성격이 현저하게 달라진다. 그래서 코레 기질이 강할 때는 마치 영화 〈오즈의 마법사〉의 여주인공 '도로시'처럼 낙천적이고 천진난만한 영원한 소녀가 된다. 자신의 욕망이 무엇인지, 자기가 하고 싶은 것이 무엇인지 전혀 가늠하지 못한다. 마치 영화 〈펄프 픽션〉의 여주인공 '미아'처럼 어디로 튈지 모르는 천방지축의 철부지 소녀가 된다.

『오만과 편견』에 등장하는 다섯 자매 중 넷째와 다섯째인 '키티'와 '리디아'도 전형적인 페르세포네 유형이다. 키티는 철이 없고, 리디아는 경솔하고 고집불통이다. 리디아는 나이가 어린 막내임에도 키티의 롤모델이다. 그래서 동생을 쫓아 민병대 장교들을 따라다닌다. 그녀는 결국 동생이 '조지 위컴'이라는 장교와 야반도주하자 똑같이 따라한다. 비록 자발적이지만 두 자매는 하데스에게 납치되는 페르세포네를 연상시킨다.

페르세포네 유형은 현재를 즐기는 것이 인생 최대의 목표일 수 있다. 영국 동화 『이상한 나라의 앨리스』의 주인공 '앨리스'처럼 무엇을 하든 현실감을 느끼지 못하고 환상 속을 헤매는 때가 많다. 언젠가 백마 탄 왕자가 찾아와 자신의 인생에 돌파구를 마련해 줄 것이라는 막연한 기대감에 부풀어 있기도 하다.

페르세포네 유형의 자녀를 둔 어머니는 일반적으로 데메테르 유형일 가능성이 크다. 그래서 페르세포네 유형은 어려서부터 어머니에게 너무 종속되어 있을 가능성이 있다. 그녀는 어머니의 말을 거스른 적이 거의 없으며, 심지어 어머니의 뜻을 거역할 생각조차도 하지 못할 수 있다. 그녀에게 어머니는 절대적이고 전지전능한 존재로 느껴지기도 한다. 그녀는 무슨 일을 해도 어머니에게 허락을 구하고 승낙이 떨어져야 비로소 실천에 옮길 수 있다.

반대로 페르세포네 유형의 어머니도 딸에게 너무 종속되어 있을 수 있다. 그녀는 여러 가지 이유로 딸을 혼자 키우면서 그녀를 절대적으로 의지하면서 살았을 수 있다. 그래서 딸을 영원히 자신의 곁에 붙들어 두기 위해 딸의 의존심을 더욱 부추기기도 한다. 혹은 딸을 통해 자신이 이루지 못한 꿈을 이루려고 하는 경향도 있다. 그래서 마치 엘프리데 옐리네크의 『피아노 치는 여자』에 나오는 주인공 에리카의 '어머니'처럼 딸을 마치 자신의 로봇처럼 키우려 할지도 모른다.

지하세계는 집단 무의식의 보고를 상징한다. 그래서 페르세포네 유형은 지하세계의 신 하데스의 왕비 기질이 강할 때는 감수성이 뛰어나고 영적인 깊이가 남달라서 정신적으로 트라우마가 있는 사람들을 돕는 치료사 역할을 한다. 다른 사람들의 고민을 들어 주고 그들에게 해결책을 제시할 수도 있다. 하지만 페르세포네 유형이 이런 치료사 역할을 저절로 얻을 수는 없다. 그녀가 그런 경지까지 도달하기 위해서는 철부지 소녀이자 어머니의 딸로서 보인 수많은 부정성을 극복해야 한다.

4장 ㅇ 캐릭터의 원형 그리스 신들

Nicolas Mignard, 〈페르세포네의 납치〉, 1651
오비디우스가 『변신 이야기』에서 기술한 것처럼 그림 위쪽 구름 위에서 에로스가 아프로디테의 명령을 받고 하데스에게 황금 화살을 날리고 있다.

그래서 치료사 역할은 페르세포네 유형이 소녀 시절에 보인 부정성을 털어 버리고 도달할 수 있는 가장 이상적인 모습이다. 가령 『오만과 편견』의 키티는 동생인 리디아의 영향력을 떨쳐 내자 전혀 다른 인물로 거듭난다. 그녀가 나중에 성직자와 결혼하여 새 삶을 찾는 장면은 아주 의미심장하다. 『작은 아씨들』의 막내인 '에이미'도 원래는 '전형적인 백설공주' 스타일이었지만 점점 그 부정성을 털어 내고 결국 자매 중 가장 성공할 뿐 아니라 언니 조에게 실연당해 방탕한 생활을 일삼고 있던 '로리'와 결혼하여 그를 건실한 가장으로 변모시킨다.

페르세포네 유형은 어머니뿐만 아니라 다른 사람에게도 종속적인 경향이 있다. 성인이 되어서도 혼자서는 어떤 새로운 일도 시도하지 못할 수 있다. 무슨 일을 하든 친구들이나 선배들에게 자신의 모든 결정을 맡길 가능성이 크다. 사람들은 그녀의 이런 태도에 두 가지 엇갈린 반응을 보인다. 하나는 공주 기질을 보이는 그녀를 극도로 싫어하는 것이고, 다른 하나는 모성 본능을 자극하는 그녀를 아주 잘 보살펴 주는 것이다. 심지어 그녀는 자식들에게도 어머니 역할을 요구한다. 그녀의 자식들은 어머니가 자신들을 돌보는 것이 아니라, 자신들이 어머니를 돌본다고 생각할 수 있다.

페르세포네 유형은 어느 순간 자신의 애매한 정체성을 의식하면서부터 혼란에 빠지는 경우가 많다. 청소년기에는 역설적이지만 어머니에 대한 반항으로 가출을 감행하여 일진회 등 비행집단의 일원이 될 가능성도 있다. 성인이 되어서는 자신을 그렇게 만든 어머니를 혐오하여 그녀와 사사건건 부딪칠 수 있다. 사회생활을 하면서는 모든 종류의 규칙과 권위를 부정하는 경향이 있다. 그래서 사이비 종교나 광신적 집단의 유혹에 빠지기 쉽다.

페르세포네 유형은 성인이 되어서도 코레의 기질을 극복하지 못하면 직장생활에도 전혀 흥미를 느끼지 못할 수 있다. 자신이 무엇을 하고 싶은지 아직 알 수 없기 때문이다. 또한 지금까지 모든 일을 어머니나 친구나 선배들이 해 주었기 때문에 직장 상사가 맡긴 일을 제대로 하지 못할 수도 있다. 직장 내에서 그녀를 이해하고 도와줄 동료들이나 상사를 찾기 위해서는 시간이 필요하기 때문이다. 그래서 그녀는 이 직장 저 직장으로 떠돌아다닐 수 있다. 하지만 코레를 극복하고 지하세계의 왕비로 거듭난다면 사정은 달라질 수 있다. 그녀는 소설가나 시인 등 작가나, 심리치료사, 심리상담가, 정신과 의사 등으로 이름을 날릴 수 있다.

페르세포네 유형이 성장하기 위해서는 그녀에게 절대적으로 부족한 독립심과 자립심을 길러야 한다. 여성 유형 중 독립심과 자립심의 대명사는 바로 아테나와 아르테미스 유형이다. 그래서 페르세포네 유형은 아테나 유형에게서는 외풍에 휩쓸리지 않고 스스로 전략과 전술을 세워 자신을 지킬 수 있는 방법을 배울 수 있다. 또한 아르테미스 유형에게서는 뚜렷한 목표를 정하고 그것을 실현할 수 있는 응집력과 집중력을 배울 수 있다. 특히 페르세포네 유형은 두 유형의 도움으로 남자들의 유혹에 취약한 철부지 소녀 기질을 극복할 수 있다.

만물의 어머니
가이아

가이아Gaia는 태초에 카오스에서 태어난 대지의 여신으로 '게Ge' 혹은 '가Ga'라고도 했고, 로마에서는 '테라Terra'로 불렸으며, 영어로는 '지어Gaea' 라고 한다. '가이아, 테라, 지어'는 대지의 여신이기 때문에 모두 '지구'라 는 의미로 사용된다.

영국의 과학자 제임스 러브록J. Lovelock이 창시한 '가이아 이론'이 있다. 가이아로 대변되는 지구를 하나의 살아 있는 유기체로 보는 이론이다. 지 구는 자신의 생명을 유지하기 위해 주변 환경과 끊임없이 상호작용하면 서 스스로 조절하고 진화해 나가는 거대한 생명체라는 것이다.'가이아 이 론'은 '가이아 원칙' 혹은 '가이아 가설'이라고도 한다.

브라질 환경운동가 호세 루첸베르거J. Lutzenberger가 1987년 설립한 환경 재단 이름도 '가이아'이며, 독일에는 1992년 창간된 『가이아』라는 유명한 환경잡지가 있다. 미국 시카고에는 미국뿐 아니라 개발도상국에서 헌 옷 을 재활용하는 자선단체 '가이아'가 있다.

Anselm Feuerbach, 〈가이아〉, 1875
가이아 왼쪽에 있는 인물은 사랑의 신 에로스다.
헤시오도스에 의하면 에로스는 태초에 가이아와 함께
카오스에서 스스로 태어난다.

우리나라 맥주 브랜드 중에 가이아의 로마식 이름을 딴 '테라'가 있다. 또한 지리학 용어 중에 '붉은 땅(赤土)'이라는 뜻의 '테라로사Terrarossa'도 있다. 이와 똑같은 이름의 이탈리아 지명도 있고, 커피 전문점도 있다. 그런데 커피 전문점 이름을 자세히 살펴보면 'Terrarossa'에서 알파벳 'r'과 's'가 각각 하나씩 빠져 있다. 그 이유는 무엇일까? 단순한 실수일까, 아니면 두 단어는 서로 아무런 관련이 없는 것일까? 그 이유가 궁금하다.

가이아는 모든 그리스 신들의 어머니이자 할머니다. 그리스 신들은 모두 다 그녀의 자손들이다. 만물의 어머니로서 가이아는 한없이 인자했다. 폭력에 반대하는 평화주의자였다. 그래서 그녀는 아들 우라노스에게 평화적으로 권력을 이양했다. 이어 남편이 된 우라노스가 자식들을 자신의 몸속 가장 깊은 곳인 타르타로스Tartaros로 밀어 넣는 만행을 저지르자, 막내아들 크로노스Kronos와 힘을 합해 남편을 거세하여 세상의 평화를 되찾았다. 또한 아버지 우라노스의 뒤를 이어 신들의 왕이 된 크로노스가 약속을 어기고 지하 감옥 타르타로스에 갇혀 있던 동생들인 키클로페스Kyklopes와 헤카톤케이레스Hekatoncheires 3형제를 꺼내 주지 않자 그 부당함을 설파하며 당장 풀어 달라고 요구했다. 하지만 아무리 채근해도 아무런 효과가 없자 그에게 "너도 아버지 우라노스처럼 네 자식에 의해 권좌에서 밀려날 것이다!"고 저주를 퍼부었다.

가이아는 이처럼 부모, 자식, 손주들이 서로 우애하며 오순도순 평화롭게 사는 세상을 꿈꾸었다. 평화에 대한 가이아의 열망은 바로 티타노마키아 전쟁에서 참패하여 제우스에 의해 지하 감옥 타르타로스에 갇힌 크로노스를 비롯한 티탄 신족에 대한 태도 변화에서 여실히 드러났다. 가이아는 처음에는 크로노스가 그곳에 갇혀 있는 것이 당연하다고 생각했다. 아마 크로노스가 그곳에서 영원히 썩기를 바랐을지 모른다. 하지만 얼마간의 시간이 흐르자 가이아는 제우스에게 그쯤 하면 충분히 반성했을 테니 티탄 신족을 풀어 주라고 요구했다. 그들이 아무리 잘못했어도 결국 자신이 배 아파 낳은 자식들이었기 때문이다. 가이아는 이처럼 늘 관용을 베푼 평화주의자였다.

가이아는 또한 대단한 지혜의 소유자였다. 크로노스에게 아버지 우라노스를 거세할 방법을 알려 주고 커다란 낫을 만들어 건네준 것도 바로 가이아였다. 제우스가 크로노스를 비롯한 티탄 신족과 싸울 때 타르타로스에 갇혀 있는 숙부들인 키클로페스와 헤카톤케이레스 3형제를 활용하라고 귀띔해 준 것도 가이아였다. 제우스는 결국 그녀의 충고에 따라 타르타로스에서 숙부들을 구해 자기 편으로 끌어들인 다음, 교착상태에 빠진 전세를 단박에 역전시켰다. 또한 며느리 레아에게 자식들을 집어삼키는 남편 크로노스의 만행으로부터 막내아들 제우스를 구할 방도를 알려 준 것도 바로 가이아였다.

가이아는 평화라는 대의를 위해서라면 기꺼이 자신을 희생했다. 폭력적인 우라노스에게 반기를 드는 것은 아마 인간이라면 목숨을 걸어야 할 정도로 위험한 일이었을 것이다. 그녀는 또한 어떤 일이 있어도 반드시 평화를 이루고야 말겠다는 강한 신념의 소유자였다. 그래서 상대가 아무리 싫어해도 직언을 서슴지 않았다. 크로노스에게 타르타로스에 갇힌 동생들을 약속대로 꺼내 주라고 당당하게 요구한 것과, 제우스에게 전쟁에서 패배하여 타르타로스에 갇힌 크로노스를 비롯한 티탄 신족을 풀어 주라고 거침없이 쓴소리를 한 것도 바로 그 때문이다.

그리스 신화의 가이아는 절대 자신의 권력을 위해 폭력을 쓰지 않았다. 하지만 평화로운 세상을 만들기 위해서라면 폭력을 사용하는 것도 서슴지 않았다. 그래서 그녀는 막내아들 크로노스와 손잡고 폭력을 일삼는 남편 우라노스를 커다란 낫으로 거세했다. 또한 제우스가 타르타로스에 갇힌 티탄 신족들을 풀어 주지 않자 괴물들을 만들어 그를 응징하려 했다. 그녀는 우선 타르타로스와 어울려 괴물 티포에우스Typhoeus를 낳아 제우스와 싸우게 했다. 그것이 실패로 돌아가자 가이아는 다시 거인족 기간테스Gigantes를 부추겨 제우스를 압박하기도 했다. 주지하다시피 기간테스는 거세당한 우라노스의 살점에서 떨어진 피가 자신의 몸인 대지에 스며들어 생긴 엄청나게 큰 거인족이다.

가이아 유형의 여성은 그리스 신화의 가이아처럼 평화주의자다. 헤스티아 유형도 가이아 유형처럼 평화주의자이지만 스케일이 다르다. 헤스티아 유형이 지극히 개인적이라면, 가이아 유형은 범세계적이다. 또한 가이아 유형은 그리스 신화의 가이아처럼 만물의 어머니 역할을 함으로써 언뜻 보면 양육자인 데메테르 유형과도 비슷하지만 포커스가 사뭇 다르다. 데메테르 유형의 관심이 개인, 가족, 지역에 국한된다면, 가이아 유형의 관심은 국가, 인류, 세계 등을 향해 있다.

가이아 유형이 평화를 지키거나 이루어 내는 방식은 두 가지가 있다. 하나는 폭력을 불사하는 방식이다. 이런 방식을 택한 가이아 유형은 가이아 여신이 우라노스를 거세한 것처럼 평화라는 대의를 위한 응징이라면 어떤 폭력도 정당화할 수 있다. 가령 만화 캐릭터 '원더 우먼'이나 잔 다르크Jeanne d'Arc와 같은 방식이다. 다른 하나는 가이아가 크로노스에게 말로만 저주를 퍼부은 것처럼 비폭력을 고수하는 방식이다. 가령

John Collier, 〈고다이바 부인〉, 1897년경

4장 ○ 캐릭터의 원형 그리스 신들

10세기경 영국 전설에 등장하는 고다이바Godiva 부인처럼 말이다.

고다이바 부인은 코번트리의 영주였던 남편 레오프릭이 무리한 세금을 징수하여 백성들이 엄청난 도탄에 빠지자, 남편에게 세금을 감면해 줄 것을 간청했다. 그러자 영주는 부인에게 "벗은 몸으로 말을 탄 채 성을 한 바퀴 돌면 그렇게 하겠다"고 말했다. 고심하던 고다이바 부인은 백성들을 위해 남편의 제의를 받아들이기로 하였고, 이에 화답이라도 하듯 백성들은 고다이바 부인이 성을 돌 때 아무도 밖을 내다보지 않기로 했다.

마침내 백성들과 약속한 시간이 되자 고다이바 부인은 정말 옷을 벗은 채 말을 타고 묵묵히 성을 한 바퀴 돌았다. 그러자 남편은 아내의 대단한 용기에 감탄하여 백성들에게 즉시 말에 대한 세금을 제외한 모든 세금을 감면해 주었다. 이를 기념하기 위해 1678년부터 코번트리에서는 해마다 고다이바 부인의 말타기 행진이 벌어졌다. 이때부터 원래의 고다이바 부인 이야기에 다른 내용이 첨가되기 시작했다.

그중 가장 대표적인 것은 '모든 백성이 다짐한 대로 밖을 내다보지 않았지만 어떤 백성 하나가 몰래 밖을 내다보았다가 즉시 눈이 멀었다'는

고다이바 부인 시계 위쪽 한가운데에 커다란 눈을 하고 고다이바 부인을 엿보고 있는 '피핑 톰'이 보인다(영국 코번트리).

내용이다. 그 백성 이름도 '피핑 톰Peeping Tom'이라고 구체적으로 거명된다. 'peep'은 영어로 '엿보다, 훔쳐보다'라는 뜻이다. 그래서 '피핑 톰'은 '엿보기 좋아하는 사람'이나 '관음증 환자'를 의미한다. 고다이바 부인의 미담이 초콜릿처럼 달콤해서였을까? '고다이바'라는 브랜드의 유명한 벨기에산 초콜릿도 있다. 우리나라에서는 그 초콜릿 이름을 발음하기 쉽게 '고디바'로 표기하고 있다.

냉철한 합리주의자
아폴론

아폴론Apollon은 태양신으로서 로마에서는 '아폴로Apollo'라고 불렸고, 영어로도 '아폴로Apollo'라고 한다. 아폴론의 어원은 불명확하다. 어떤 학자는 그리스어로 '장벽'이나 '담벼락'을 뜻하는 '아펠론Apellon'에서 유래했다고 주장하기도 한다. 아폴론은 신들의 왕 제우스와 레토 여신 사이에서 달의 신 아르테미스와 함께 쌍둥이 남매로 태어났다.

고대 그리스인들은 아폴론을 태양 자체로 생각하지 않았다. 그가 사두마차에 태양을 싣고 마치 애니

〈벨베데레의 아폴론 상〉, 120~140
원래 아폴론의 왼손은 활을, 오른손은 화살의 오늬를 잡고 있었지만 모두 소실되었다(그리스 진품의 로마 시대 복제품).

William Henry Rinehart,
〈레토와 그녀의 자식들 아폴론과
아르테미스〉, 1874

메이션 속 '은하철도 999호'처럼 하늘길을 따라 달린다고 생각했다. 그에
한발 앞서 하루를 여는 게 바로 새벽의 여신 에오스다. 그래서 화가들은
아폴론의 태양 마차 앞에 꼭 에오스를 함께 그려 넣었다. 아폴론의 신목
神木은 월계수다. 그는 트레이드마크처럼 늘 월계수 가지로 만든 관을 머
리에 쓰고 있다. 또한 그의 신조神鳥는 까마귀다. 신기하게도 우리나라 고
구려 고분 벽화의 해 속에도 다리가 셋 달린 까마귀인 삼족오三足烏가 그
려져 있다.

아폴론의 어원에 대해서는 정확하게 밝혀진 게 없다. 다만 그는 태양
신답게 '빛나는 자'라는 뜻의 '포이보스Phoibos'라는 별명을 갖고 있다. 달
에 최초로 착륙한 우주선 이름도 '아폴로 11호'이다. 우리나라 보온병 브

4장 ○ 캐릭터의 원형 그리스 신들

아폴로 11호 우주선 로고
독수리가 발톱에 쥐고 있는 것은
평화를 상징하는 올리브 나뭇가지다.

랜드 중에도 '아폴로'가 있다. 그 보온병에 들어 있는 물은 태양신 아폴론이 뜨거운 태양열로 늘 덥혀 줄 테니 절대 식을 리 없을 것이다. 어린 시절 '아폴로'라는 불량식품(!)을 즐겨 먹은 기억이 난다. 아마 아폴로 11호 우주선이 인구에 회자되던 때라 그 유명세 덕을 좀 보기 위해 그 이름을 붙인 것이리라.

아폴론은 태양신이면서도 이성의 신이다. 예언의 신이자 의술의 신이기도 하다. 어둠을 밝히는 태양의 밝은 빛은 무지몽매한 인간을 일깨워 주었던 계몽주의의 이성의 빛과 통한다. 아폴론을 이성의 신이라고도 하는 것은 바로 그 때문이다. 불확실한 미래를 알려 주는 예언과 수수께끼 같은 몸의 이상異常을 밝히고 치료하는 의술의 능력 또한 이성의 예리한 통찰의 힘에서 나온다. 그래서 아폴론이 맡고 있는 이성, 예언, 의술은 모두 태양신이라는 그의 속성과 깊은 관련이 있다.

아폴론 유형의 남성은 이성의 신 아폴론처럼 합리적이고 분석적이고 전략적이다. 여성 유형으로 치면 아테나 유형과 비슷하다. 모든 일에 원

Cornelis de Vos, 〈아폴론과 피톤〉, 1636~1638
오비디우스의 『변신 이야기』에 따르면 아폴론은 피톤을 죽인 직후 우쭐해진 나머지, 사랑의 신 에로스를 조롱했다가, 분노한 그의 황금 화살을 맞고는 납 화살을 맞은 다프네를 잃고 만다. 작가가 그림 속에 아폴론에게 화살을 겨누는 에로스를 그려 넣은 것은 그 사건을 염두에 둔 것이다.

칙과 질서와 순서를 중시하는 완벽주의자이다. 느낌보다는 생각을, 친밀감보다는 거리감을, 주관적인 직관보다는 객관적인 평가를 선호한다. 아폴론은 궁술의 신이기도 하다. 그의 화살은, 가령 제우스의 명을 받고 델피Delphi 신탁소를 접수하기 위해 그곳을 지키던 왕뱀(혹은 용) 피톤Python을 죽일 때처럼 과녁을 벗어난 적이 한 번도 없었다.

　아폴론 유형은 궁술의 신 아폴론처럼 목표를 설정하고 그것을 이루어내는 데 빼어난 능력이 있다. 그는 한 번 목표를 정하면 미국 드라마의 주인공 '형사 콜롬보'가 치밀하게 수사하여 범인을 밝혀내듯, 즉시 단계별 계획을 세워 차근차근 그것을 이루어 낸다. 아폴론 유형은 또한 예언의

　　　　　　　　　　　　4장 ○ 캐릭터의 원형 그리스 신들

신 아폴론처럼 자신의 목표가 무엇인지, 그것을 이루기 위해서는 무엇을 어떻게 해야 할지를 정확하게 알고 있다. 그가 팀장으로 어떤 프로젝트를 진행한다면 팀원들은 그가 세워 놓은 계획대로 따라가기만 하면 된다. 그가 예언가처럼 미래에 생길 수 있는 어려움을 미리 파악하여 대비해 두기 때문이다.

아폴론은 음악의 신이다. 디오니소스가 황홀, 도취, 열정에 어울리는 북과 같은 타악기의 신이라면 아폴론은 절제, 고요함, 평온을 불러일으키는 리라Lyra 같은 현악기의 신이다. 아폴론의 아들로서 리라의 달인인 오르페우스Orpheus가 연주를 시작하면 들짐승들조차도 난폭한 성정을 녹이고 유순해진 것은 결코 우연이 아니다. 그래서 아폴론 유형은 조화와 균형과 질서를 존중한다. 정치적으로는 급격한 변화를 싫어하는 보수주의자이다. 전통을 존중하고 현재의 질서를 인정한다.

아폴론은 신들의 왕 제우스가 총애하는 아들이었다. 이것은 영화 〈대부〉에서 제우스 유형인 '돈 코를레오네'가 아폴론 유형인 둘째 아들 '마이클 코를레오네'를 총애하는 것과 비슷하다. 아폴론 유형은 아폴론처럼 많은 분야에 재능과 능력을 보이는 멀티 플레이어이자 모범생이다. 매사에 성실하고 믿음직스럽다. 요즘 유행하는 말로 '엄친아'이자 '훈남'이다. 그는 항상 자신의 이미지 관리에 힘쓰며 옷매무새나 매너도 깔끔하다.

아폴론 유형은 이성과 의술과 궁술의 신 아폴론처럼 좀처럼 감정에 휘둘리지 않는다. 트로이 전쟁 때 그리스 편이었던 포세이돈이 한판 붙자며 싸움을 걸어왔을 때 단호하게 거절한 아폴론처럼 절대로 부화뇌동하지 않는다. 그는 절제의 달인이다. 술을 마셔도 이성의 끈을 절대 놓지 않는다. 의사가 수술할 때나 궁사가 과녁을 향해 화살을 쏠 때도 흥분과 동요는 금물이다. 냉정과 평정이 필수적이다.

아폴론은 차가운 신이다. 그의 냉철한 이성도 차갑고, '멀리 쏘는 자'라는 또 다른 별명처럼 먼 곳의 과녁을 겨냥하는 그의 화살도 차갑기만 하다. 그래서 그의 이성의 화살은 어김없이 목표를 꿰뚫었다. 그러나 그의 사랑의 화살은 번번이 과녁을 벗어났다. 아폴론이 다프네, 코로니스, 마르페사, 카산드라 등과의 사랑에서 모두 실패한 것은 결코 우연이 아니다.

아폴론 유형은 여자친구나 아내를 고를 때도 감정보다는 자기가 세운 원칙을 우선시한다. 여자친구나 아내가 그의 말에 순종하고 그의 원칙만 따라 준다면 연애 전선이나 결혼생활에 전혀 갈등이 없다. 상대는 처음에는 그를 만난 것이 인생에서 가장 좋은 선택이었다고 생각할 수 있다. 그는 성실하고 예의 바르며 남들이 보기에 성공한 사람이기 때문이다.

하지만 아폴론 유형 남성의 여자친구나 아내는 어느 날 갑자기 자신이 생명이 없는 기계와 살고 있다고 느낄 수 있다. 그에게 무슨 특별한 문제가 있어서가 아니다. 그는 완벽하고 어디 하나 흠잡을 데가 없다. 하지만 그와 같이 있으면 숨을 쉴 수가 없이 답답하다. 그래서 그녀는 깊은 외로움에 빠지거나 우울증에 시달릴 수도 있고, 급기야 결별을 선언하거나 이혼을 요구할지 모른다.

아폴론 유형은 친구들과의 사이에서도 내밀한 관계를 유지하지 못한다. 아폴론 신이 관장하는 태양이 하늘 높은 곳에서 지상의 만물을 굽어보듯 아폴론 유형은 친구와도 언제나 일정한 거리를 유지한다. 그에겐 친구와 함께 공유할 수 있는 사적인 공간이 없다. 그는 친구와도 공적이고 사무적인 관계를 유지한다. 그렇다고 그가 고독을 느끼는 것은 아니다. 원래 그런 성격을 타고났으니 친구 사이도 그런 관계가 정석이라고 생각한다. 그는 가깝게 하기엔 너무 먼 친구이다. 그래서 친구들로부터 너무 냉정하다고 비판받을 수 있다.

아폴론 유형은 매사에 철저하고 정확하다. 빈틈이 없고 치밀하다. 추진하는 일도 대부분 성공한다. 그래서 그는 자신과 똑같은 조건에서 실패하는 사람들을 이해하지 못할 수 있다. 남의 고통과 갈등에 무감각하여 그의 상황을 이해할 수 없기 때문이다. 아폴론 유형의 남성은 무엇보다도 쉽게 오만해질 수 있다. 자신의 원칙 때문에 선입견에 빠진다. 그래서 그가 다른 사람의 마음을 얻기 위해서는 『오만과 편견』의 '다아시'처럼 겸손과 융통성을 배울 필요가 있다.

아폴론 유형으로는 '다아시'를 비롯하여 『삼국지』의 '관우', 아서 코넌 도일A. C. Doyle의 작품에 등장하여 예리한 판단력과 분석력으로 범인을 밝혀내는 사설탐정 '셜록 홈스' 등을 들 수 있다. 또한 뮤지컬 영화 〈마이 페어 레이디〉의 '헨리 히긴스' 교수도 전형적인 아폴론 유형이다. 히긴스는 어떤 사람이 하는 말만 듣고도 그 사람의 출신지나 학력 등을 컴퓨터처럼 정확하게 알아내는 천재 언어학자다.

자유인의 표상
디오니소스

디오니소스Dionysos는 포도주(와인, 술)의 신으로 로마에서는 '바쿠스 Bacchus'라고 불렸고, 영어로는 '배커스Bacchus'라고 한다. 디오니소스의 의미에 대해서는 여러 설이 있지만 '디오스Dios'가 '제우스'의 소유격임을 감안하면 '제우스의 아들'이라는 뜻이 가장 유력하며, 로마식 이름 '바쿠스'는 '외치는 자'라는 뜻인 디오니소스의 별명 '박코스Bakchos'에서 유래했다. 우리나라의 유명한 피로회복제 '박카스'는 디오니소스의 영어식 이름을 우리식으로 쉽게 발음한 것이다. 또한 생맥주 체인점 '디오니스Dionys'도 디오니소스의 이름을 기억하기 쉽도록 짧게 줄인 것이다.

디오니소스는 앞서 언급했듯이 잿더미가 된 어머니 세멜레Semele를 거쳐 인큐베이터 역할을 했던 제우스의 허벅지에서 다시 태어난 뒤 집요한 헤라의 질투를 피해 어린 시절을 보낸 소아시아에서 포도나무 재배법과 포도주 제조법을 그리스로 가져와 포도주의 신이 된다. 포도주가 '신의 물방울'이라는 별명을 갖게 된 것은 바로 그 때문이다. 디오니소스는 포

Caravaggio, 〈디오니소스〉, 1595

〈칸타로스 포도주잔을 손에 들고
의자에 앉아 있는 디오니소스〉,
기원전 520~500년경
(그리스 도기 그림)

도주의 신답게 머리에는 포도 넝쿨로 만든 관을 쓰고, 한 손에는 '칸타로스Kantharos'라는 커다란 포도주잔을 든 채 늘 포도주에 취해 있는 모습으로 묘사된다.

디오니소스는 다른 남신들과는 달리 인간을 남녀 구분 없이 평등하게 대했다. 그래서 그의 신도 중에는 여자들이 많았다. 그들은 당시의 철저한 가부장적 사회에 심하게 억눌려 살다가 그에게 귀의하면서 탈출구를 찾았다. 그들은 디오니소스를 기리는 '디오니시아Dionysia'(로마에서는 바카날리아Bacchanalia)라는 축제에서 포도주를 마시며 광란에 빠져 산짐승을 찢어 죽이는 의식을 벌였다. 또한 축제를 방해하는 자들을 디오니소스의 상징물인 회향풀 줄기 끝에 솔방울을 매달고 담쟁이덩굴을 감은 티르소스Thyrsos라는 지팡이로 가차 없이 후려쳤다. 그래서 그들은 '미친 여자들'이라는 뜻의 '마이나데스Mainades'로 불렸다.

디오니소스는 포도주의 신이자 현대 연극의 시조인 그리스 비극을 탄

　　　　　　　　　　　4장 ○ 캐릭터의 원형 그리스 신들

Bernhard Rode, 〈마이나데스〉, 1785

생시킨 신이기도 하다. 그리스 비극은 바로 디오니소스의 신도들이 디오니시아 축제 때 아테네 아크로폴리스 경사면에 있는 소위 '디오니소스 극장'에서 염소 가면을 쓰고 가죽을 둘러쓴 채 춤을 추며 부른 주신찬가酒神讚歌인 '디티람보스Dithyrambos'에서 유래했기 때문이다.

그들이 그렇게 염소 가면과 가죽을 둘러쓴 것은 그리스 신화에서 디오니소스의 열광적인 신도로 알려진 반은 인간, 반은 염소인 괴물 사티로스Satyros를 연출하기 위해서였다. '비극'은 영어로 '트래지디tragedy'라고 한다. 그것은 바로 그리스어 '염소tragos'와 '노래ode'라는 두 단어가 결합하여 생긴 말이다. 그래서 '트래지디'의 글자 그대로의 뜻은 '염소의 노래'이다.

디티람보스는 원래 대사는 없이 단순히 춤과 노래로만 이루어져 있었다. 그런데 기원전 534년 아테네 출신의 비극작가 테스피스Thespis가 아테네 아크로폴리스 경사면 디오니소스 극장에서 디티람보스를 공연하면서 처음으로 배우 한 명을 출연시켰다. 테스피스를 통해 디티람보스가 비로소 비극의 형태를 띠게 된 것이다. 그래서 테스피스는 그리스 비극의 아

아테네 아크로폴리스 경사면의 디오니소스 극장

버지로 불린다.

디오니소스가 비극의 신이라고 해서 그리스 비극의 소재가 그의 행적과 관련 있는 것은 아니었다. 그리스 비극의 소재는 거의 모두 그리스 신화이지만 디오니소스를 직접 소재로 다룬 것은 거의 없다. 하지만 그리스 비극의 기원뿐 아니라 형식 속에는 디오니소스의 페르소나가 아주 짙게 배어 있다. 바로 이점에 주목한 사람이 철학자 니체F. W. Nietzsche였다.

니체에 따르면 괴테 등이 주장한 것처럼 고대 그리스인들은 인생을 전혀 낙관적으로 보지 않았다. 그들은 그 누구보다도 더 깊이 인생의 고통과 어두움을 꿰뚫어 보고 있었기에 그것을 이겨 내기 위해 두 가지 서로 대립적인 삶의 방식을 만들어 냈다. 그게 바로 '꿈'과 '가상'의 세계를 추구하는 아폴론적인 방식과 '도취'와 '광기'의 세계를 추구하는 디오니소스적인 방식이다.

여기서 니체가 말하는 꿈과 가상의 세계란 그리스 신화와 같은 상상의 세계이고, 광기와 도취의 세계란 춤과 노래가 어우러진 축제의 세계이다. 니체는 그것을 각각 '아폴론적인 것'과 '디오니소스적인 것'이라고 규정한다. 다시 말해 고대 그리스인들은 재미난 그리스 신화를 상상하면서, 혹은 신명 나는 축제를 벌이면서 인생의 고통과 어두움에서 잠시나마 벗어날 수 있었다는 것이다.

그런데 니체에 따르면 이 두 가지 대립적인 삶의 방식이 절묘하게 조화를 이루면서 녹아 있는 예술 장르가 바로 그리스 비극이다. 그리스 비극은 등장인물들 사이의 대화를 통해 그리스 신들의 이야기를 펼치면서, 코로스choros를 통해 춤과 노래도 곁들이기 때문이다. 그리스어 '코로스'는 영어로는 '코러스chorus'라고 하는데 '합창단'이라는 뜻이다.

그리스 비극의 가장 큰 특징은 바로 12명 내지 15명으로 이루어진 코

Michel-Ange Houasse, 〈디오니소스 축제〉, 1719

로스가 있다는 것이다. 코로스는 노래만 부른 게 아니었다. 그들은 원형극장 맨 아래 땅바닥 원형무대인 오르케스트라Orchestra에서 좌우 양편으로 갈라져 춤도 함께 추었다. 게다가 코로스는 리더(코로스장長)나 단원 전체가 극 중 배우와 대화까지 나누었다. 그래서 그리스 비극은 현대 뮤지컬의 원조라고 해도 과언이 아니다.

어쨌든 니체가 『비극의 탄생』에서 '디오니소스적인 것'의 키워드로 거론하고 있는 개념은 디오니소스 신도들이 디오니시아 축제를 벌이면서 빠져들었을 '도취'와 '광기'다. 그렇다고 신도들이 그 축제에서 포도주에 취해 춤을 추고 노래를 부르면서 원시적인 욕망만을 분출한 것은 아니었다. 그들은 무엇보다도 일상, 상식, 이성의 한계를 뛰어넘어 자신과 타인, 주체와 객체가 하나가 되는 황홀경(엑스터시)을 경험했다.

그래서 디오니소스 유형의 남성은 마치 남녀를 동등하게 대한 디오니소스처럼 남녀의 차이뿐 아니라 모든 경계와 차별을 허물어 인류의 화합을 꿈꾸는 세계시민주의자이자 평화주의자다. 그는 한마디로 카잔차키스N. Kazantzakis의 소설 『그리스인 조르바』의 주인공 '조르바'처럼 모든 억압과 구속을 싫어하는 자유의 화신이다. 특히 노래와 춤이 어우러진 축제의 현장은 그의 마음을 가장 매료시키는 곳이다. 술과 더불어 황홀경이 넘쳐흐르는 곳이기 때문이다. 그래서 디오니소스는 각각 '자유'와 '떠들썩한 자'라는 뜻을 지닌 '리베르Liber'와 '브로미오스Bromios'라는 별명으로 불리기도 한다.

디오니소스는 소아시아 니사산의 요정들 손에 헤라의 추적을 피하려고 여자아이처럼 차려입고 자란 터라 여성적 기질이 아주 많이 발달했다. 그가 아테네의 왕자 테세우스로부터 버림받은 아리아드네를 위로하며 아내로 맞이한 게 가장 좋은 예이다. 그처럼 디오니소스 유형은 남성적인

Ignaz Stern,
〈디오니소스와 아리아드네〉, 1705

것보다 여성적인 것에 더 호감을 느낀다. 여자들의 경험을 직관적으로 이해한다. 남자들이 대개 매력을 느끼는 권력, 돈, 명예 등에도 별로 관심이 없다. 그래서 어린 시절부터 계집애 같다며 친구들로부터 따돌림당하기도 한다.

디오니소스 유형은 또한 디오니소스처럼 주변에 여자가 많아 천하의 바람둥이가 되기 쉽다. 디오니소스의 동물이 성애를 상징하는 표범인 것은 결코 우연이 아니다. 그는 또한 순간적인 엑스터시를 즐기기 때문에 감정의 기복이 심하다. 기분이 심하게 다운되어 있다가도 갑자기 신바람이 난 모습으로 급변할 수 있다. 연극배우가 무대에서 공연할 때와 그것이 끝난 후에 느끼는 기분처럼 친구 관계, 그리고 애인이나 아내와의 애정 관계에서도 열정과 냉정 사이를 쉽게 오가기도 한다.

그렇다면 디오니소스 유형은 어떤 유형에게서 자신의 단점을 보완할수 있을까? 그것은 바로 아폴론 유형이다. 아폴론과 디오니소스는 니체가 『비극의 탄생』에서 말한 것처럼 성격상 극한 대립을 이루지만 상호 보완적이기 때문이다. 그래서 비합리적이고 감정적이고 주관적인 디오니소스 유형은 아폴론 유형에게서 합리적이고 이성적이고 객관적인 태도를 배울 필요가 있다.

질풍노도의 격정파
포세이돈

포세이돈Poseidon은 바다의 신으로, 로마에서는 '넵투누스Neptunus'라고 불렀고, 영어로는 '넵튠Neptune'이라고 한다. 행성 중 '해왕성'이 영어로는 포세이돈의 영어 이름을 따라 '넵튠Neptune'으로 불린다. 포세이돈의 어원은 '물의 지배자'라는 뜻을 지닌 초기 그리스어 '포세이다폰Poseidawon'이라는 설도 있지만 불명확하다. 넵투누스의 어원도 '물에 젖은 자'라는 뜻을 지닌 인도유럽어 '넵투neptu'라는 설이 있지만 불명확하다.

우리나라의 '두산 위브' 아파트 브랜드 중에 '포세이돈'이 있다. 그런데 신기하게도 포세이돈 아파트는 모두 항구도시 부산에 세워져 있다. 포세이돈의 무기는 영어로는 '트라이던트Trident'라고 하는 삼지창이다. 이탈리아 자동차 회사 마세라티Maserati의 로고가 바로 포세이돈의 삼지창이다. 미국의 핵잠수함에서 발사하는 탄도미사일(SLBM) 이름도 '트라이던트'다.

포세이돈을 상징하는 동물은 말이다. 그는 마차를 타고 다니며 바다

Lambert Sigisbert Adam, 〈넵튠〉,
1725~1727

Lysippos, 〈라테란의 포세이돈〉, 기원전 4세기
원래 1970년에 문을 닫은 로마의 라테란 박물관
에 전시돼 있어서 이런 이름이 붙었다(그리스 청동
작품의 로마 시대 복제품, 기원후 2세기경).

를 시찰한다. 포세이돈의 말은 그의 캐릭터를 대변한다. 말은 아주 예민
하다. 심사가 뒤틀리면 어디로 튈지 모른다. 그래서 포세이돈 유형의 남
성은 자신의 감정과 본능을 좀처럼 통제하거나 제어하지 못한다. 그는 피
끓는 열혈 청년이자 요원의 불길이다. 한마디로 핏대다. 호메로스가 포
세이돈이 분노하면 대지가 뒤흔들린다고 한 것과 마찬가지이다.

　포세이돈이 다스리는 바다는 평소에는 한없이 잔잔하고 평화롭게 보
이지만 어느 순간 거칠고 폭력적인 모습으로 돌변한다. 갑자기 엄청난 파
도가 일어나 바다 위의 모든 것을 집어삼킨다. 몇 년 전 일본을 휩쓸고 간

　　　　　　　　　　　　　　　4장 ○ 캐릭터의 원형 그리스 신들

쓰나미처럼 육지도 포세이돈의 성난 파도로부터 안전할 수 없다. 포세이돈 유형은 합리적 사고를 할 줄 모르는 질풍노도의 격정파다. 지하 깊은 곳에 숨어 있어 살짝 건드리기만 하면 금방 솟아오르는 지하수다. 심지에 불이 붙어 있어 언제 터질지 모르는 다이너마이트의 뇌관이다.

포세이돈 유형은 또한 외부의 모든 사건이나 자극에 대해 직접적으로 반응한다. 내부의 감정이나 본능을 숨기지 않고 바로 표현한다. 갖고 싶은 것이나 먹고 싶은 것이 있으면 주변 상황을 따져 보지도 않고 즉시 그 욕망을 표출한다. 아울러 그 욕망이 당장 실현되어야 직성이 풀린다. 또한 그는 바다 표면처럼 시시각각으로 변해서 변덕스럽다는 말을 듣기도 하고, 포세이돈의 부하 중에 괴물들이 많았던 것처럼 괴팍하다는 말도 듣는다.

포세이돈은 바다 깊은 곳에 괴물들에게 거처를 제공하고 그들을 수족처럼 부렸다. 가령 바다의 요정들이 자신들보다 더 예쁘다고 오만을 떨던 에티오피아의 카시오페이아 여왕을 혼내 달라고 간청하자 당장 케토Keto라는 괴물을 풀어 에티오피아를 황폐하게 만들어 버렸다. 또한 트로이의 라오메돈 왕이 약속을 어기고 자신에게 트로이 성을 쌓아 준 삯을 지불하지 않자, 즉시 엄청난 괴물을 보내 트로이를 쑥대밭으로 만들어 버렸다.

포세이돈 신이 바다를 통치한 것처럼 포세이돈 유형은 지도자로서의 자질이 다분하다. 그의 가장 큰 장점은 대범함, 추진력, 인간성 등이다. 하지만 그에게는 지도자에게 필수적인 냉철함이나 객관적 시각 등이 부족하다. 포세이돈이 아테네의 수호신 자리를 놓고 아테나에게 패배한 것, 코린토스의 수호신 자리를 놓고 헬리오스에게 패배한 것, 아르고스의 수호신 자리를 놓고 헤라에게 패배한 것은 포세이돈 유형이 지닌 그런 약점을 암시한다.

포세이돈 유형은 포세이돈이 남편의 폭력을 피해 바다에 몸을 던져 자살한 디오니소스의 이모 이노Ino와 그녀의 아들 멜리케르테스Melikertes를 바다의 수호신으로 만들어 준 것처럼 인정이 넘치는 기분파다. 그는 학창 시절 친구들을 위해서라면 한 달 용돈을 하루 만에 모두 쓰기도 하고, 누구를 도와줄 때도 요모조모 따지지 않는다. 앞뒤를 재지 않는다. 자발적이고 직관적이다. 가령 여행하고 싶은 마음이 생기면 어디로 갈지 결정하기도 전에 우선 출발하려고 차를 타는 유형이다.

포세이돈이 관장하는 바다에는 인간의 손이 전혀 미치지 못하는 깊은 심연이 있다. 그래서 포세이돈 유형은 보통 사람이라면 헤아릴 수 없이 깊은 인간의 내면을 들여다볼 수 있다. 인내심, 균형감각, 분석적 사고 등을 기르고 잘 다듬기만 하면 훌륭한 작가, 음악가, 정신과 의사가 될 수 있다. 하지만 포세이돈 유형은 대개 야생마처럼 다듬어지지 않은 거친 원석으로 남아 있다.

포세이돈 유형은 한편으로는 거칠고 투박하지만, 다른 한편으로는 소박하고 꾸밈이 없다. 자신의 속을 남에게 쉽게 드러내 보이고 남이 흥분해서 불만을 털어놓으면 자신도 맞장구를 치며 덩달아 흥분한다. 의협심이나 의리가 강해서 부당한 일을 당하는 사람이 있으면 절대로 방관하지 않는다.

포세이돈 유형은 포세이돈이 바다의 요정 암피트리테Amphitrite에게 달려들 때처럼 전격적이고 즉흥적이다. 암피트리테는 원래 결혼할 생각이 없었다. 그래서 포세이돈이 그녀를 보는 순간 사랑에 빠져 막무가내로 돌진해 오자 그녀는 무서운 나머지 도망쳐 동굴에 숨어 나오질 않았다. 그러자 돌고래 한 마리가 결혼 매니저를 자청하고 나서 동굴 앞에서 차분하고도 끈질기게 암피트리테를 설득해 자신의 등에 태워 포세이돈에게 데

Paris
Bordone,
〈포세이돈과
암피트리테〉,
1560년경

러왔다.

　그러자 포세이돈은 즉시 암피트리테와 화려한 결혼식을 올린 뒤 그녀를 마차에 태운 채 부하들을 거느리고 바다를 행진했다. 그 후 둘 사이에서 아들 트리톤Triton이 태어났다. 트리톤은 하체가 세 갈래로 나뉜 인어였다. 그는 가끔 한 손으로는 고둥을 불며 다른 손으로는 아버지가 타고 있는 마차의 말고삐를 잡고 끌었다. 로마의 '트레비 분수'에서 티탄 12신이자 대양강大洋江의 신 오케아노스가 타고 있는 마차의 말고삐를 잡고 있는 것도 바로 트리톤이다. 트리톤의 모습이 궁금한가? 그렇다면 서울 지하철 2호선 잠실역 지하의 롯데백화점 입구에 그대로 재현해 놓은 '트레

Gian Lorenzo Bernin, 〈넵튠과 트리톤〉, 1622~1623

4장 ○ 캐릭터의 원형 그리스 신들

로마의 트레비 분수

비 분수'에 한번 가 보라.

어쨌든 포세이돈 유형은 포세이돈이 암피트리테에게 그런 것처럼 쉽사리 사랑에 빠져 버린다. 그는 상대의 마음을 확인도 하지 않은 채 고삐 풀린 망아지처럼 돌진한다. 마치 괴테의 소설 『젊은 베르테르 슬픔』의 주인공 '베르테르'가 '로테'에게 그런 것처럼 상대를 향해 미친 듯이 질주한다. 그가 무턱대고 돌진하면 상대방은 암피트리테뿐 아니라 말로 변신해 도망친 데메테르처럼 놀랍고 무서워 달아날 수밖에 없다.

포세이돈 유형은 쉽게 분노했다가 쉽게 풀어진다. 포세이돈이 트로이 전쟁 때는 그리스 편을 들었다가, 트로이가 몰락하자 금세 트로이 편으로 돌아서서 귀환하는 그리스 함대에 해코지를 가한 것처럼 애인이나 아내에게 순간적으로 분노를 폭발했다가도 금세 용서를 빈다. 그래서 연애나 결혼생활을 하면서 어려움을 겪지 않으려면 자신의 성급한 마음에 재갈을 물릴 필요가 있다.

포세이돈 유형의 가장 큰 문제점은 우뇌의 기능이 과도하게 발달되어 있어 갑자기 격한 감정에 사로잡혀 이성을 잃을 수 있다는 것이다. 포세이돈 유형은 자신의 돌발적인 성격을 통제하기 위해서는 좌뇌형 인간인 제우스와 아폴론 유형의 도움이 절실하다. 또한 헤르메스 유형은 돌발적인 포세이돈 유형에게 암피트리테와 포세이돈을 맺어 준 돌고래처럼 협상 능력을 가르쳐 줄 수 있다.

포세이돈 유형에 속하는 사람으로는 앞서 언급한 괴테의 '베르테르'를 비롯하여 들불처럼 살다간 고흐V. van Gogh를 들 수 있다. 『삼국지』의 '장비'와 『욕망이라는 이름의 열차』 속 분노의 화신 '스탠리'도 포세이돈 유형이다. 아내 '데스데모나'를 너무나 사랑한 나머지 의처증에 빠져 결국 그녀와 자신을 죽음으로 몰아가는 셰익스피어의 '오셀로', '라라'와 격정적인 사랑에 빠지는 『닥터 지바고』의 '유리 지바고'도 전형적인 포세이돈 유형이다.

4장 ○ 캐릭터의 원형 그리스 신들

든든한 보호자
아레스

아레스Ares는 전쟁의 신으로 제우스와 헤라의 아들이었으며 로마에서는 '마르스Mars'라고 불렸고, 영어로는 '마즈Mars'라고 한다. 아레스의 어원은 '폐허, 저주'라는 뜻을 지닌 그리스어 '아레Are'이다. 마르스의 어원은 로마의 선주민 에트루리아Etruria인들이 어린아이들의 신으로 모셨던 마리스Maris라고 주장하는 학자도 있지만 분명하지 않다. 행성 중 화성이 영어로는 아레스의 영어 이름을 따라 '마즈'라고 불린다. 미국 초콜릿 브랜드 중에 '마즈'가 있다. 그것을

〈아레스 루도비시(Ludovisi)〉, 기원전 320년경
루도비시는 원래 이 작품을 소장하고 있던 로마의 가문 이름이다(그리스 진품의 로마 시대 복제품).

남성을 나타내는 상징

먹으면 아레스처럼 에너지가 솟는다는 메시지를 전하고 싶었을 것이다.

그리스 신화에는 전쟁의 신이 또 하나 있다. 바로 제우스의 머리에서 완전무장을 하고 태어난 아테나다. 하지만 두 신의 역할은 사뭇 달랐다. 아레스가 공격을 담당했다면, 아테나는 방어를 담당했다. 그래서 아테나의 주 무기는 방패이고, 아레스의 주 무기는 창이다. 남성 상징의 화살표는 바로 아레스의 창을 형상화한 것이다. 또한 아테나가 전략과 전술을 담당하며 영웅들의 정의로운 전쟁을 후원했다면, 아레스는 인간들의 맹목적인 싸움을 조장했다.

그래서 아레스를 가장 기쁘게 하는 것은 약탈, 살육, 무기 부딪치는 소리, 뼈 부러지는 소리였다고 한다. 고대 그리스인들은 이런 아레스를 탐탁지 않게 생각했다. 신들도 마찬가지였다. 트로이 전쟁 때 아테나는 아레스를 돌로 쓰러뜨린 뒤 이렇게 말했다.

"어리석은 자여, 내가 당신보다 얼마나 더 강한지 몰라 나와 겨루려 하는가? 당신의 어머니는 당신이 그리스군을 배반하고 트로이군을 돕는다고 해서 복수를 준비하고 있는데, 이것은 그것에 대한 경고이다."

또한 아테나의 도움을 받은 그리스의 장수 디오메데스의 창에 찔려 하소연하러 온 그를 제우스마저도 호되게 꾸짖었다.

"이 철딱서니 없는 놈아! 내 곁에서 징징대지 마라. 나는 올림포스에 사는 신들 중 네가 제일 싫다. 너는 밤낮 말다툼과 전쟁과 싸움질만 좋아하니 말이다!"

하지만 아레스는 로마에서 마르스로 불리면서 부정적인 모습을 깨끗이 씻어 내고 로마의 건국 시조인 로물루스Romulus와 레무스Remus의 아버지로 추앙받으면서 든든한 국가 수호신이 된다. 그래서 정복 전쟁이 유난히도 많았던 로마의 장군들은 전쟁터로 나가기 전, 꼭 마르스 신전에 가서 제물을 바치며 승전과 안전을 기원했다.

아레스 유형의 남성은 전쟁의 신 아레스처럼 천성적으로 싸움을 좋아하고 도전과 모험을 좋아한다. 죽음을 전혀 두려워하지 않는다. 그래서 그는 액션 영화의 주인공으로 제격이다. 그중 아레스 유형을 가장 잘 구현하고 있는 인물로는 '헐크', '록키', '람보' 등을 들 수 있다. 영화 〈보디가드〉의 경호원 '프랭크 파머'나 〈다이 하드〉 시리즈의 '존 맥클레인' 형사도 전형적인 아레스 유형이다.

아레스 유형은 선천적으로 다부진 체격을 갖고 태어난다. 항상 활력에 차 있다. 무슨 일을 해도 확신에 차 있다. 진득하게 앉아 있지 못하고 계속해서 몸을 움직여야 한다. 그래서 어린 시절에는 친구들과 하루가 멀다 하고 싸움을 일삼는 바람에 마치 트로이 전쟁 때 허구한 날 싸우려고만 든다고 제우스에게 핀잔을 들은 아레스처럼 부모의 원성을 살 때가 많다. 학창 시절에는 폭력 서클의 리더로 활동하기도 하고, 성인이 되어서는 폭력 조직의 행동 대원이 될 가능성도 있다.

하지만 아레스 유형은 전쟁터에서 타고난 군인으로 혁혁한 전공을 세울 가능성이 크다. 총탄이 빗발치는 전쟁터에서 전우들을 위해 장렬하게

Joseph-Benoit
Suvee,
〈아레스와
아테나의 결투〉,
1771

Peter Paul
Rubens,
〈로물루스와
레무스〉,
1615~1616

4장 ○ 캐릭터의 원형 그리스 신들

산화하거나, 살아남는다면 장군으로까지 진급하여 군인으로서 최고의 명예를 누릴 수도 있다. 그는 또한 미국의 전설적인 권투선수 무하마드 알리M. Ali나 핵주먹 타이슨M. G. Tyson처럼 운동선수로 세계적인 명성을 날리기도 한다.

아레스 유형은 결과를 생각하지 않고 본능적으로 행동한다. 그는 어떤 일을 하기 전에 계획을 세우는 법이 없다. 행동하기에 앞서 전혀 성찰하지 않는다. 그는 공격받으면 영화 〈대부〉의 '소니 코를레오네'처럼 전후 사정을 따져 보지도 않고 용수철처럼 즉시 반응을 보인다. 소니는 결국 아버지 '돈 코를레오네'를 암살하려 한 다른 조직을 응징하려다 되려 그들의 총탄 세례를 받아 죽고 만다.

아레스 유형은 자신의 가족에 대한 공격도 자신에 대한 선전포고로 간주하여 잔인하게 보복을 가한다. 마치 아레스가 자신의 딸 알키페Alkippe를 강간한 포세이돈의 아들 할리로티오스Halirrhothios를 즉각 처단한 것이나, 트로이 전쟁 중에도 아들 아스칼라포스Askalaphos가 죽었다는 소식을 듣자 제우스의 명령을 어기고 아들의 원수를 갚기 위해 전쟁에 뛰어든 것과 마찬가지다.

아레스 유형의 사랑 방식은 전격적이고 신속하다. 마치 아레스가 베스타 신전의 여사제 레아 실비아Rhea Silvia를 얻을 때와도 같다. 아레스는 우물가에서 신전의 의식에 쓸 물을 긷고 있던 실비아를 덮쳐 납치했다. 그 후 실비아에게서 쌍둥이 형제 로물루스와 레무스가 태어나, 결혼해서는 안 되는 여사제의 사생아라는 이유로 산속에 버려지지만, 신기하게도 늑대들의 젖을 먹고 자란다. 얼마 후 형제는 마침 근처를 지나던 목동 파우스툴루스Faustulus에 의해 발견되어 그의 양자로 자라 결국 로마의 건국 시조가 된다.

Peter Paul Rubens, 〈마르스와 레아 실비아〉, 1617~1620

아레스 유형은 자신이 마음을 빼앗긴 여자의 마음을 전혀 개의치 않는
다는 점에서 포세이돈 유형과 비슷하다. 하지만 포세이돈 유형은 감정의
기복이 심해 그의 사랑의 불꽃은 언제라도 쉽게 사그라질 수도 있다. 이
에 비해 아레스 유형은 조금도 흔들리지 않는다. 그에겐 사랑도 전쟁이
다. 그래서 로마 시대 검투사와 같은 심정으로 사랑의 전투에서도 반드시
승리해야 직성이 풀린다.

트로이 전쟁에서 아폴론과 아레스는 트로이 편이었고, 포세이돈과 아
테나는 그리스 편이었다. 이때 아폴론은 한판 붙자는 포세이돈의 제안을
이성의 신답게 정중히 사양한다. 이에 비해 아레스는 아테나에게 무조건
달려들었다가 두 번이나 호되게 혼쭐이 난다. 그래서 아레스 유형이 정신
적으로 성장하기 위해서는 아폴론 유형의 친구를 통해 절제의 힘을 배워

4장 ○ 캐릭터의 원형 그리스 신들

야 한다. 혹은 아테나 유형의 여자친구나 아내로부터 조건반사적인 공격 본능을 다스리는 법을 배워야 한다.

아레스는 헤파이스토스의 아내 아프로디테와 가장 친했다. 아프로디테와 한눈을 팔다가 헤파이스토스가 쳐 놓은 보이지 않는 그물에 걸려 신들의 웃음거리가 될 정도였다. 자유분방했던 아프로디테는 아레스에게만은 강한 애착을 보여 둘은 계속해서 친밀한 관계를 유지했다. 아레스의 남성적인 강한 힘과 프로사랑꾼 아프로디테의 욕망 그리고 얽매이기를 싫어하는 두 신의 성격이 절묘하게 맞아떨어졌기 때문이리라.

존 그레이J. Gray도 『화성에서 온 남자 금성에서 온 여자』라는 책을 통해 아레스와 아프로디테를 서로 자석처럼 끌리는 남자와 여자의 원초적인 모델로 해석했다. '화성'과 '금성'은 영어로 각각 '마즈Mars'와 '비너스Venus'로 불리며 바로 '아레스'와 '아프로디테'를 상징하기 때문이다. 그레이에 따르면 태고에 남자들은 화성에 따로 모여 살았고, 여자들은 금성에 따로 모여 살았다. 그러던 어느 날 그들은 천체를 관측하다가 서로 눈이 맞아 화성도 금성도 아닌 제3의 장소인 지구를 택해 지금까지 함께 살게 되었다.

남자와 여자는 초기에는 서로 고향이 달라 언어와 습관도 다를 수밖에 없다는 사실을 잘 인지하고 있었기 때문에 전혀 갈등이 없었다. 하지만 세월이 흐르면서 그들은 마치 애초부터 지구에서 함께 살아온 듯 점차 자신들의 고향을 잊었고, 그러다 보니 싸움이 잦아지게 되었다. 결국 존 그레이는 독자들에게 이렇게 설파한다. "행복한 결혼생활을 원하는가? 그렇다면 원래 남녀의 뿌리가 다르다는 것을 인정하라!"

언변과 소통의 달인
헤르메스

헤르메스Hermes는 전령의 신으로, 로마에서는 '메르쿠리우스Mercurius'라고 불렀고, 영어로는 '머큐리Mercury'라고 한다. 헤르메스의 어원은 고대 그리스에서 교차로에 세워 놓았던 돌기둥 '헤르마Herma'이고, 메르쿠리우스의 어원은 라틴어로 '상품'을 뜻하는 '메르스Merx'다. 행성 중 '수성'이 영어로는 헤르메스의 영어 이름을 따라 '머큐리Mercury'로 불리고, 세계적으로 유명한 프랑스 명품 브랜드 '에르메스'는 헤르메스의 프랑스어 발음이다.

그리스 신화에서 헤르메스의 역할은 아주 다양하다. 그는 전령의 신이자, 양치기의 신, 목축의 신, 교통과 거리의 신, 상업의 신, 도둑의 신, 사기꾼의 신, 웅변의 신이었으며, 게다가 죽은 영혼을 지하세계로 안내하는 역할을 하기도 했다. 하지만 헤르메스가 맡고 있던 다양한 일 중에서 핵심적인 업무는 단연 전령의 일이다.

그런 사실은 그의 모습에서 드러난다. 전령은 빨라야 한다. 그래서 헤

Peter Paul Rubens, 〈헤르메스〉,
1636~1638

헤르메스의 지팡이
케리케이온

르메스가 쓰고 있는 두건(모자, 투구)에 날개 한 쌍이 달려 있고, 신발에도 날개 한 쌍이 달려 있다. 심지어 그가 전령의 상징으로 늘 갖고 다니는 지팡이 '케리케이온Kerykeion'에도 날개가 달려 있다. 인터넷 포털서비스 '네이버' 검색창 왼쪽 옆에 있는 날개 달린 모자의 원형은 바로 헤르메스의 날개 달린 두건이다. 검색이 헤르메스처럼 빠르다는 것을 암시하는 것이리라.

헤르메스가 특히 도둑의 신이었던 것은 우연이 아니다. 그는 우선 숲의 요정 마이아Maia를 어머니로 둔 탓에 깊은 산속 동굴에서 태어났다. 동굴은 『천일야화』의 「알리바바와 40인의 도둑」 이야기에서처럼 도둑들이 자주 보물을 숨겨 놓는 곳이 아니었던가? 게다가 헤르메스는 기저귀를 떼기도 전에 아폴론의 소 떼를 훔쳤다. 기저귀를 차고 도둑질을 하다니 그야말로 실소를 금치 않을 수 없는 대박 사건이다. 그 사건을 자세히 따라가 보자.

헤르메스는 태어나고 얼마 지나지 않아 어머니가 잠들 때까지 조용히 기다렸다가 재빨리 요람을 빠져나왔다. 이어 동굴 앞에서 거북이 한 마리를 발견하고는 녀석을 잡아 껍질은 울림통으로 사용하고 7개의 현은 양의 큰창자로 대신하여 순식간에 악기 리라를 만들어 냈다. 헤르메스는 리라를 연주하며 한참을 놀다가 싫증이 났는지 갑자기 아폴론이 아드메토스 왕의 소들을 돌보고 있던 테살리아의 페라이로 가서는 대뜸 50마리의 소를 훔쳤다. 아폴론은 당시 제우스에게 번개와 벼락과 천둥을 벼리어 주었던 키클로페스 3형제를 죽인 벌로 1년 동안 신의 지위를 상실한 채 아드메토스 왕의 종노릇을 하고 있었다.

헤르메스는 훔친 소들을 데려올 때 혀를 내두를 정도로 아주 치밀하고

Claude Lorrain, 〈아폴론과 헤르메스가 있는 풍경〉, 1645년경 아폴론은 원래 리라를 연주하지만 이 그림에서는 바이올린을 연주하고 있는 것이 이채롭다.

　　　　　4장 ○ 캐릭터의 원형 그리스 신들

용의주도했다. 그는 강가 모래사장의 길을 이용했으며 소들을 뒷걸음치게 했다. 게다가 소들의 발굽과 자신의 신발에는 긴 풀들로 나뭇가지를 묶어 발자국이 남지 않도록 했다. 이어 소들을 자신만이 아는 은밀한 장소에 숨긴 다음 동굴로 돌아와서는 여전히 깊이 잠들어 있는 어머니 곁 요람으로 스르르 기어들어가 마치 아무 일도 없었다는 듯 새근새근 잠을 자고 있었다.

얼마 후 소가 없어진 것을 안 아폴론은 특유의 예지력으로 마치 셜록 홈스처럼 수사에 착수하여 소의 흔적을 끈질기게 추적한 끝에 마침내 헤르메스가 태어난 동굴을 찾아내 잠들어 있던 그를 깨워 범행을 추궁했다. 하지만 헤르메스는 정색을 하며 자신은 태어난 지 얼마 되지 않아 소가 어떻게 생겼는지도 모른다고 시치미를 뚝 뗐다. 아폴론이 헤르메스의 동굴과 그 주변을 아무리 뒤져도 소들이 나올 리 만무했다. 그야말로 심증은 가지만 물증이 없는 격이었다.

헤르메스는 올림포스에서 지상으로, 지상에서 지하세계로, 올림포스에서 지하세계로 자유롭게 드나든다. 헤르메스 유형의 남성은 헤르메스처럼 국경을 넘나들며 지구촌을 누비는 이름난 여행가가 될 수도 있다. 이쪽저쪽을 오가며 서로의 마음의 벽을 허무는 소통 전문가가 될 수도 있다. 두 나라 사이의 조약체결에서 유리한 고지를 선점하는 협상의 전문가가 될 수도 있다. 유려한 말솜씨로 소비자의 마음을 현혹하는 노련한 장사꾼이 될 수도 있다.

헤르메스는 제우스가 노부부 바우키스와 필레몬의 집에 들를 때처럼 그를 늘 곁에서 수행하며 보필했다. 그때 제우스는 헤르메스를 대동한 채 나그네로 변신하여 찢어지게 가난한 살림에도 손님들을 환대하는 것으로 칭찬이 자자한 노부부의 진정성을 시험해 보았다. 이처럼 헤르메스 유

Philip Gyselaer,
〈필레몬과 바우키스
의 집에 들른
제우스와 헤르메스〉,
1625~1650

형은 『삼국지』의 '제갈공명'이나 영화 〈대부〉의 '돈 코를레오네'의 변호사 '톰 하겐'처럼 주군을 충실하게 섬기는 책사가 될 수도 있다.

헤르메스의 지팡이 케리케이온은 로마에서는 카두케우스Caduceus라고 불렀는데 맨 위에 한 쌍의 날개만 달린 게 아니다. 날개 바로 밑에는 뱀 두 마리가 머리를 마주한 채 마치 데칼코마니처럼 몸통 부분을 서로 교차하며 지팡이를 휘감고 있다. 그런데 뱀 두 마리가 그런 모습으로 지팡이를 휘감게 된 사연은 헤르메스 유형이 소통 전문가로서 이질적인 두 사람을 서로 매끄럽게 연결해 주는 분쟁과 갈등의 해결사가 될 수 있음을 암시해 준다.

헤르메스는 어느 날 숲속을 가다가 두 마리 뱀이 싸우는 것을 보고 예전에 아폴론으로부터 선물 받은 황금 지팡이를 그들 위에 올려놓았다. 그러자 신기하게도 녀석들은 즉시 싸움을 그치고 그 지팡이를 친친 감더니 조각작품처럼 굳어 버렸다. 지팡이에 뱀이 감겨 있다는 사실 때문에 사람들은 헤르메스의 지팡이를 의술의 신 아스클레피오스Asklepios의 지팡이와

4장 ○ 캐릭터의 원형 그리스 신들

혼동하기도 한다. 하지만 알다시피 아스클레피오스의 지팡이에는 뱀이 한 마리만 감겨 있다.

헤르메스의 자식들 중 아프로디테에게서 태어난 헤르마프로디토스 Hermaphroditos가 남녀의 성징을 모두 갖추고 있다는 것은 헤르메스가 남녀의 경계까지도 넘나들 수 있는 자유로운 신이라는 사실을 여실히 보여 준다. 그가 태어날 때부터 자웅동체였다는 설도 있다. 하지만 오비디우스의 『변신 이야기』에 따르면 그는 처음에는 남자로 태어났다가 숲속에서 엎드려 샘물을 마시던 그에게 반한 샘물의 요정 살마키스가 달려들어 스토커처럼 그를 안고 놓아주지 않는 바람에 둘이 한 몸이 되어 어지자지가 되었다.

'헤르마프로디토스'라는 이름도 자신의 아버지 '헤르메스'와 어머니 '아프로디테'의 합성어다. 영국의 전설적인 록 밴드 '퀸'의 리드 보컬 '프레디 머큐리F. Mercury에도 헤르메스의 영어식 이름이 들어 있다. 본명이 파로크 불사라F. Bulsara였던 프레디는 왜 머큐리라는 예명을 붙였을까? 혹시 그의 예명에는 남녀의 경계뿐 아니라 모든 장르를 넘나들고 싶은 그의 열망이 담겨 있는 건 아닐까? 절묘하게도 영어 '머큐리'는 고체도 아니고 액체도 아닌 '수은'이라는 뜻이다.

신들이 양편으로 갈라져 싸웠던 트로이 전쟁에서 그리스 편이었던 헤르메스는 트로이 편이자 자신의 상대였던 레토와 싸우지 않겠다고 선언했다. 이처럼 그는 올림포스 궁전의 모든 신들과 친밀한 관계를 유지했다. 헤르메스 유형도 만나는 사람을 모두 친구로 만들 수 있는 엄청난 친화력을 갖고 있다. 그래서 그는 아주 폭넓은 교우 관계를 갖고 있다. 하지만 한곳에 오래 진득하게 머물지 못하는 속성 때문에 인간관계가 깊지 않고 얄팍하기도 하다. 마치 군중 속에서 고독을 느끼듯 가장 힘들 때 옆에 남아 있는 친구가 거의 없다. 최악의 경우 북유럽 신화의 '로키'나 『오셀로』의 '이아고'처럼 이쪽저쪽을 오가며 이유 없이 분쟁을 일으키는 데서 희열을 느끼는 불화의 아이콘이 되기도 한다.

헤르메스가 태어나자마자 아폴론의 소를 훔친 것처럼 헤르메스 유형은 영화 〈스팅〉의 '자니 후커'와 같은 희대의 사기꾼이 될 수도 있다. 그는 또한 지상과 지하를 넘나드는 헤르메스처럼 고체도 액체도 아닌 수은과 같은 어정쩡하고 특성 없는 남자가 될 수도 있다. 애정 관계에서도 비록 잠깐 머물더라도 원하는 여자의 마음을 얻기 위해 교활한 거짓말을 동원할 수도 있다. 한 여자에게 만족하지 못하고 이쪽저쪽을 오가기도 한다. 바람기 때문이 아니라 바람 같은 기질과 그칠 줄 모르는 호기심 때문이다.

우울한 은둔자
하데스

하데스Hades는 지하세계의 신으로 '플루톤Pluton'이라고도 했으며, 로마에서는 '플루토Pluto'라고 불렸고, 영어로도 '플루토Pluto'라고 한다. 하데스는 '보이지 않는 자'라는 뜻의 그리스어 '하이디스Haidis'에서, 플루토는 하데스의 또 다른 그리스식 이름인 플루톤에서 유래했다. 플루톤이나 플루토는 비슷한 이름 탓에 플루토스Plutos와 혼동되기도 한다. 하지만 플루토스는 곡물의 여신 데메테르와 이아시온lasion 사이에서 태어난 풍요의 신이다.

하데스는 로마에서 '부자 아버지'라는 뜻을 지닌 '디스 파테르Dis Pater'로도 불렸다. 지하세계는 자원이 풍부하게 매장되어 있는 곳이니 충분히 이해가 가는 별명이다. '디스 파테르'는 간단히 '디스'로 줄여 쓰기도 했다. 행성 중 '명왕성'이 하데스의 영어식 이름을 따라 '플루토'로 불린다.

하데스가 담당한 지하세계는 인간이 살아서는 들어갈 수 없는 미지의 세계다. 하데스는 곡물의 여신 데메테르의 딸 페르세포네를 납치할 때만

〈하데스 흉상〉, 기원전 5세기경
(그리스 진품의 로마 시대 복제품)

제외하곤 지상으로 나온 적이 한 번도 없었다. 그의 행적도 그 외에는 아무것도 없다. 그래서 그가 어떤 모습을 하고 있는지도 알 수 없다. 그가 얼굴 없는 신이라는 사실은 그의 상징물인 신비한 두건에서도 드러난다. 그는 그것을 머리에 쓰면 영화 〈해리포터〉 시리즈에 나오는 투명 망토처럼 자신의 모습을 감출 수 있다. 한마디로 하데스는 존재하지만 존재하지 않는 신이다.

하데스가 페르세포네를 납치하는 이야기의 세 가지 버전 중 오비디우스가 쓴 『변신 이야기』에 의하면, 가이아의 명령을 받고 제우스를 혼내주려다 오히려 에트나 화산에 갇힌 괴물 티포에우스가 몸부림칠 때마다 땅이 갈라지고 불이 솟아올랐다. 얼마 후 화산활동이 약간 진정되자, 갈라진 땅 틈으로 햇빛이 지하세계에 들어올 것을 염려한 하데스가 그 틈을 메꾸려고 지상으로 나왔다. 그러자 평소 사랑에 무관심한 하데스를 눈엣

4장 ○ 캐릭터의 원형 그리스 신들

하데스가 페르세포네에게 매료당한 것처럼 하데스 유형은 철부지 소녀 같은 페르세포네 유형의 연인이나 아내를 통해 심리적인 안정을 얻을 수 있다. 하데스 유형이 페르세포네 유형에게 위안을 찾는 이유는 그녀가 바로 자신에게 없는 천진난만한 명랑함을 지니고 있기 때문이다. 뮤지컬 〈오페라의 유령〉에서 유령이 오페라 여가수 '크리스틴'을 자신의 아지트인 오페라 하우스 지하로 납치하는 이유도 바로 그 때문이다.

하데스 유형의 성장 여부는 그가 얼마나 자신의 심연에서 탈피할 수 있느냐에 달려 있다. 그가 계속해서 원초적 고독에만 집착해 있다면 평생 분명 우울증이나 정신분열증에서 벗어나지 못할 가능성이 크다. 하지만 일찍부터 외부세계와의 소통의 필요성을 인식하고 그것을 위해 애를 쓴다면, 아마 장차 어떤 한 분야에서 상당한 인정을 받는 위치에 올라설 것이다. 하데스 유형에게 어울리는 직업으로는 시인, 정신과 의사, 종교학자, 프로파일러, 범죄심리학자, 상담심리학자, 보험수사관, 심리학과 교수, 판타지 작가, 철학가 등이다.

고독한 예술가
헤파이스토스

헤파이스토스Hephaistos는 대장장이와 불의 신으로, 로마에서는 '볼카누스Volcanus' 혹은 '불카누스Vulcanus'라고 불렸고, 영어로는 '벌컨Vulcan'이라고 한다. 헤파이스토스의 어원은 불명확하다. 불카누스의 어원도 정확하지 않아 '번개'를 뜻하는 라틴어 '풀구르Fulgur'일 것으로 추측할 뿐이다. 영어로 '화산'을 뜻하는 '발케이노우Volcano'가 헤파이스토스의 로마 이름인 '볼카누스'에서 유래했고, '발칸포'라는 무기 이름도 헤파이스토스의 영어 이름 '벌컨'을 따라 지은 것이다.

제우스와 헤라의 아들 헤파이스토스는 태어날 때부터 아주 못생긴 데다, 한쪽 다리에 장애가 있었다. 헤라는 아들의 그런 모습이 꼴 보기 싫어 태어나자마자 발로 올림포스 궁전에서 아래로 밀어 버렸다. 헤파이스토스는 9일 낮밤을 하강하여 에게해 렘노스Lemnos섬 근처에 떨어졌다. 다행히 나중에 영웅 펠레우스와 결혼하여 아킬레우스를 낳게 되는 바다의 여

Guillaume Coustou the Younger,
〈헤파이스토스〉, 1742

신 테티스가 헤파이스토스를 발견하고 지극정성으로 키웠다.

신은 인간보다 훨씬 빠르게 자라는 법이다. 헤파이스토스는 9년 만에 어엿한 성인이 되었다. 그는 어렸을 적부터 불 다루는 솜씨가 대단했다. 테티스는 그의 재능을 고려해서 렘노스섬을 그의 영지로 주면서 대장간을 마련해 주었다. 헤파이스토스는 처음에는 주로 50명이나 되는 테티스 자매들을 위해 황금 장신구와 생활용품을 만들어 주다가, 나중에 대장장이와 불의 신이 되면서부터는 조각, 건축 등으로 점점 영역을 넓혀 가더니 급기야는 수공업자의 수호신 역할도 떠맡았다. 그래서 그의 신전도 아테네 아고라의 수공업자 집단 거주지역에 세워졌다. 현재 그 신전은 그리

헤파이스토스 신전
(그리스 아테네 아고라)

스 전역에 남아 있는 신전들 중 보존상태가 가장 좋다.

　헤파이스토스는 언젠가 렘노스섬의 대장간에 틀어박힌 채 며칠 동안 공을 들여 황금으로 멋진 옥좌를 하나 만들더니 어머니 헤라에게 보내 자신의 존재를 알리고 화해를 간청했다. 헤라는 옥좌를 보자마자 너무나 아름다워 그 위에 앉고 싶은 충동을 억누를 수 없었다. 자신에게 버림받은 아들이 어디서 어떻게 자랐는지 생각할 겨를도 없었다. 그녀는 보이지 않는 끈에 이끌리듯 무심코 의자 위에 털썩 주저앉은 다음 엉덩이를 들어 자세를 고치려 했다. 그런데 아뿔싸! 엉덩이가 의자에 달라붙어 꿈쩍도 하지 않는 것이 아닌가. 몸을 아무리 흔들어도 의자는 엉덩이에서 떨어지지 않았다. 헤라는 그제야 의자가 한 맺힌 아들 헤파이스토스가 놓은 덫이라는 것을 깨달았다.

4장 ○ 캐릭터의 원형 그리스 신들

이후 헤라의 긴급요청으로 진행된 회담에서 헤파이스토스는 어머니를 의자에서 풀어 주는 조건으로 자신의 명예 회복과 함께 미의 여신 아프로디테와의 결혼을 요구했다. 헤라는 헤파이스토스의 요구가 터무니없다고 생각했지만 어쩌겠는가? 그녀는 남편 제우스에게 부탁하여 헤파이스토스를 올림포스 신족의 족보에 올리게 하고 대장간을 담당하게 했다. 아프로디테와 헤파이스토스의 결혼도 제우스의 노력이 없었다면 불가능했다. 제우스는 완강하게 버티는 아프로디테를 끈질기게 설득하여 마침내 허락을 받아 냈다. 헤파이스토스는 감사한 마음에 제우스에게 자신이 대장간에서 만든 수많은 명품들을 선물했다.

Peter Paul Rubens, 〈제우스의 번개를 벼려 내는 벌컨〉, 1636~1638

사람들은 신들 중 가장 못생긴 헤파이스토스와 가장 아름다운 아프로디테와의 결합을 '미녀와 야수'의 원조라고 말한다. 하지만 그들의 결혼은 일종의 정략결혼이기 때문에 순탄할 리 없었다. 결국 결혼한 지 얼마 되지 않아 아프로디테는 아레스와 한눈을 팔다가 남편에게 현장을 들키고 만다. 사랑은 억지로 이루어지지 않는 법이다. 또한 남녀가 부부로 맺어졌더라도 아무런 노력 없이 한마음이 될 수는 없는 법이다. 사랑을 유지하기 위해서는 상대에 대한 배려와 희생이 필요하다. 왜 사랑의 신 에로스의 어깻죽지에 날개가 달렸을까? 그건 아마도 사랑은 변하기 쉬운 것이라 언제든지 날아갈 수 있다는 것을 암시하는 것은 아닐까?

그런데 헤파이스토스는 아마 대장간에 틀어박혀 고독하게 일만 하느라 그런 사실을 간과했을 것이다. 헤파이스토스가 만든 작품을 보건대 그는 정말 엄청난 일중독자였기 때문이다. 헤파이스토스의 작품으로는 우선 앞서 언급한 헤라에게 선물로 준 황금 옥좌 그리고 아레스와 아프로디테의 불륜 현장을 덮친 보이지 않는 그물을 들 수 있다. 그는 또한 올림포스 신들의 궁전, 제우스의 번개와 벼락과 천둥, 아레스의 무구, 프로메테우스를 카우카소스산 절벽에 묶은 단단한 사슬, 아폴론의 태양 마차, 아

Giovanni Battista Tiepolo, 〈아프로디테와 헤파이스토스〉, 1765~1766

4장 ○ 캐릭터의 원형 그리스 신들

폴론과 아르테미스의 활과 화살, 에로스의 활과 화살, 아킬레우스와 아이네이아스의 무구, 에피메테우스의 아내 판도라도 만들었다. 호메로스의 『일리아스』에 따르면 심지어 헤파이스토스의 대장간에는 로봇의 원조라고 할 만한 것으로, 그가 황금으로 만든 하녀들이 시중을 들고 있었다.

헤파이스토스 유형의 남성은 헤파이스토스처럼 무언가 아름다운 것을 창작해 내는 시인, 소설가, 드라마 작가, 미술가, 조각가와 같은 예술가 유형이다. 그는 헤파이스토스처럼 가슴 깊은 곳에 뼈아픈 상처를 갖고 있다. 그것은 부모의 학대뿐 아니라, 어린 시절 친구들의 따돌림, 실연, 불의의 사고, 부모나 친구의 갑작스러운 죽음 등 다양할 수 있다. 하지만 그에게 상처는 걸림돌이 되지 않고 제임스 조이스J. Joice의 소설 『젊은 예술가의 초상』의 주인공 '스티븐 디덜러스'처럼 오히려 창작의 열정으로 승화된다. 그의 상처가 역설적으로 창작의 원천이 된다는 말이다.

헤파이스토스는 아내인 아프로디테에게는 철저히 외면당하고 한때 부탁할 게 있어 자신의 대장간을 찾아온 아테나에게 구애했다가 단칼에 거부당한다. 아내와의 사이에 자식도 없고 디오니소스 이외에 친하게 지내는 동료 신도 없다. 헤파이스토스 유형은 헤파이스토스처럼 친구를 사귀는 일이나 연애나 결혼생활에 무척 서툴다. 친구, 애인, 아내, 자식들에게 살갑게 대하지 못한다. 친구, 애인, 남편, 아버지의 역할이 무엇인지 명확하게 인식하지 못한다.

그래서 그는 애인이나 아내와의 기념일 혹은 이삿날이나 자식의 생일 등 집안의 대소사도 챙기지 못한다. 아예 애인이나 친구를 사귈 줄 모를 수도 있다. 그의 신경은 오로지 자신이 하는 일에만 집중되어 있다. 그는 가족을 비롯한 주변 사람들의 곱지 않은 시선에도 전혀 아랑곳하지 않는다. 일의 결과가 어떻든 연연해 하지 않는다. 명예나 돈을 바라지도 않는

Jan Brueghel the Younger, 〈헤파이스토스의 대장간에서의 아프로디테와 에로스〉, 17세기경

다. 그저 그 일이 좋아 몰두할 뿐이다.

헤파이스토스는 다른 신들이 매일 진수성찬을 차려 놓고 먹고 마시며 향연을 벌이고 있는 동안 땀을 뻘뻘 흘리며 풀무질이나 망치질을 했다. 그가 대부분 시간을 보내는 곳도 화려한 올림포스의 궁전이 아니라 연기와 열기로 가득한 볼품없는 대장간이었다. 그는 신들 사회에서 일종의 3D업종 종사자였던 셈이다. 그는 심지어 아레스와 아내 아프로디테의 밀애 현장을 급습하고서도 도리어 동료 신들의 놀림감이 되기도 했다.

헤파이스토스의 열악한 작업환경은 현대 예술가가 처한 비참한 환경을 암시해 준다. 동료 신들부터 왕따를 당하는 헤파이스토스는 사회에서 외면당하고 홀대당하고 있는 현대 예술가의 모습을 선취하고 있다. 사실

4장 ○ 캐릭터의 원형 그리스 신들

현대사회에서 자신의 작품 활동으로 생계를 유지할 수 있는 예술가가 얼마나 될까? 하지만 헤파이스토스 유형은 자신의 그런 처지에 전혀 절망하지 않고 조금도 흔들리지 않은 채 묵묵히 무소의 뿔처럼 혼자서 갈 뿐이다.

헤파이스토스 유형은 천성적으로 남들과 어울리지 못한다. 시끄러운 세상을 등진 채 항상 혼자 대장간과 같은 골방에 틀어박혀 묵묵히 창작활동에 전념하기 때문이다. 그래서 그는 일 중독증에 빠질 위험이 있다. 세상 물정에 무척 어둡고 남들로부터 소외당하거나 무시당할 수도 있다. 그는 또한 억눌린 한이 예술 작품으로 승화되지 못했을 때 깊은 우울증에 빠질 수 있다. 최악의 경우 제대로 인정받지 못하는 자신의 처지를 비관하여 우리가 가끔 신문 지상을 통해 접하는 비보처럼 극단적인 방법을 선택하기도 한다.

냉혹한 독재자
제우스

제우스Zeus는 신들의 왕이자 하늘의 신으로, 로마에서는 '유피테르 Iupiter'라고 불렀고, 영어로는 '주피터Jupiter'라고 한다. 제우스의 어원은 원시 인도 유럽 신화의 하늘의 신 '디에우스Dyeus'이고, 유피테르의 어원은 '하늘의 아버지'라는 뜻을 지닌 라틴어 '디에스피테르Diespater'이다.

행성 중 가장 큰 '목성'은 제우스의 영어 이름을 따라 '주피터Jupiter'로 불린다. 하늘의 신답게 제우스를 상징하는 새는 독수리, 주 무기는 번개와 벼락과 천둥이다. 그래서 독일, 미국 등의 국가 문장에 들어 있는 독수리에는 그리스 신화의 신들의 왕 제우스처럼 세계 최고가 되겠다는 제국주의적 욕망이 담겨 있다. 우리나라 여행사 '하나투어' 상품 중에도 고품질과 고품격을 슬로건으로 내건 '제우스 월드'가 있다.

제우스는 티탄 신족과의 전쟁에서 승리한 뒤 천하를 삼등분하여 형제들과 나누어 가진 다음, 나중에 아테나 등 자식들이 태어나자 그들에게도 각각 대업을 맡겼다. 제우스가 개창한 올림포스 신족의 조직은 앞서 언급

〈제우스 오트리콜리(Otricoli) 흉상〉. 기원전 4세기경 오트리콜리는 이 흉상이 발견된 이탈리아의 도시 이름이다(그리스 진품의 로마 시대 복제품).

했던 것처럼 현대의 대기업이나 국가와 비교해도 손색이 없을 정도로 아주 복잡하면서도 정교하고 치밀했다.

제우스는 이런 방대한 조직을 앞서 소개한 대단한 리더십을 발휘하여 효과적으로 관리하고 통제하며 다스렸다. 제우스는 특히 권력에 대한 욕구가 아주 강했다. 평소 마음에 두고 있던 바다의 여신 테티스가 장차 자신보다 훨씬 뛰어난 아들을 낳을 것이라는 예언을 듣자 그녀를 별 볼 일 없는 영웅 펠레우스에게 양보해 버리고, 열렬히 사랑하던 지혜의 여신 메티스가 장차 자신의 권력을 찬탈할 아들을 낳을 것이라는 예언을 듣자 그녀를 조그맣게 만들어 집어삼켜 버릴 정도였다.

제우스 유형의 남성은 제우스처럼 권력에 대한 욕구가 아주 강하다. 어렸을 적 친구들 사이에서는 골목대장 노릇을 독차지한다. 학창 시절에는 학급 회장이나 학교 회장 자리에 특히 욕심을 보인다. 무슨 일을 해도 자신이 주도해야 직성이 풀린다. 그는 제우스처럼 통솔력과 지도력이 뛰어나고 문제 해결 능력도 탁월하다. 무엇보다도 제우스가 맨땅에서 올림포스 신족을 일구어 낸 것처럼 자신만의 왕국을 세워 지배하고 통제하려는 의지가 강하다.

하지만 제우스 유형은 권력에 병적으로 사로잡히기도 한다. 남이 자신의 권력을 찬탈하지 않을까 노심초사한다. 권력을 위해서라면 메티스와 테티스와의 사랑도 포기한 제우스처럼 냉혈한이 될 수도 있다. 남을 지배하고 통제하는 것에 지나치게 집착한다. 할머니 가이아의 충고를 무시하고 지하감옥 타르타로스에서 티탄 신족을 석방하지 않은 제우스처럼 자신의 정적을 무자비하게 탄압할 수 있다.

이처럼 제우스 유형은 다른 사람의 감정에 무감각한 특성이 있다. 그에게 동정심이라곤 눈곱만큼도 보이지 않을 때가 있다. 다른 사람의 슬픔에 동감하는 것은 무능한 자들이나 할 짓이라고 생각한다. 기업을 합병하는 데만 혈안이 되어 있을 뿐 합병당한 기업의 사장이나 직원들에게까지는 생각이 전혀 미치지 못한다. 진 시노다 볼린은 『우리 속에 있는 남신들』에서 제우스 유형 남성은 빈곤과의 전쟁을 주도할 수는 있어도 가난한 사람과 함께 할 수 있는 일은 아무것도 없다고 비판한다.

그래서 제우스 유형과 사적으로 깊은 관계를 맺으려고 시도하는 사람은 상처를 받을 수 있다. 그가 가장 이상적으로 생각하는 관계는 아주 가깝지도 않고 아주 멀지도 않은 이른바 '불가근불가원不可近不可遠'의 관계이기 때문이다. 그는 다른 사람이 사적인 일을 물어보는 것도 싫어하고 다른 사람의 사적인 일도 알려고 하지도 않는다. 애인이나 아내는 그의 이런 사무적인 태도에 너무 실망한 나머지 그를 떠나가 버릴지 모른다.

결국 제우스 유형은 가슴과 머리 중 머리만 극도로 발달한 상태다. 그가 편안해지기 위해서는 감정적으로 너무 무딘 자신의 문제점을 직시하고, 그동안 억눌러 왔던 자신의 감성에 눈을 돌려야 한다. 단단하게 빗장을 걸어 두었던 가슴의 문을 활짝 열어젖히고 살아야 한다.

신화학자들에 의하면 제우스가 특히 변신술을 이용하여 수많은 여신이나 여자들과 사랑을 나눈 것은 정치적 계산에서였다. 제우스가 그렇게 많은 사랑을 하게 된 것은 원래 그리스반도의 원주민들이 섬기던 여신들을 효과적으로 지배하기 위한 결혼 정책의 소산이었다는 것이다. 그래서 제우스 유형에겐 결혼도 일종의 동맹이다. 그에게 결혼은 사랑의 결과물이라기보다는 권력에 가까이 가거나 자신의 지배영역을 넓히기 위한 정치적 수단이라는 말이다. 결혼뿐 아니다. 그에겐 모든 인간관계가 신분 상승이나 출세를 위한 수단에 지나지 않는 일종의 전략적 동맹일 수 있다.

제우스 유형은 또한 제우스가 온갖 것으로 변신하여 여자의 마음을 사로잡은 것처럼 천하의 바람둥이가 될 수 있다. 그는 마음에 드는 여자를 얻기 위해서라면 무슨 짓이든지 다 할 수 있고, 돈과 권력과 명예를 갖추고 있기 때문에 그럴 능력도 있다. 하지만 그는 일단 욕심을 채우고 나면 태도를 돌변하여 그 여자에게서 냉담하게 등을 돌린다. 그는 한 여자만을 진심으로 사랑하지 않으며 자신도 그 여자로부터 그것을 기대하지 않는다. 그는 여자를 자신과 평등한 관계가 아니라 지배의 대상으로 보기 때문이다.

그리스 신화를 소재로 화가들이 그린 그림을 보면 늘 번개를 손에 들고 있다. 현대인들이 밤이나 낮이나 스마트폰을 늘 손에 들고 사는 것을 연상시킬 정도이다. 어떤 그림에서는 제우스는 심지어 잠을 자면서도 왼손에 번개를 꼭 쥐고 있다. 제우스가 얼마나 불안하고 초조한 상태로 살고 있는지 잘 암시해 주는 그림이다. 제우스는 아마 자신도 아버지로부터 권력을 찬탈한 전력이 있는 터라 무의식 속에서도 언제 들이닥칠지 모르는 적의 공격에 대비하고 있는 듯하다. 제우스 유형도 제우스처럼 권력이나 돈이나 지위를 잃지 않기 위해 날마다 초긴장의 상태로 살아갈 가능성이 있다. 그래서 그는 모든 것을 내려놓고 잠시 쉬어 갈 필요가 있다.

하지만 제우스는 강하고 엄격한 제왕적 모습뿐 아니라 부드럽고 인자한 아버지의 면모도 보여 준다. 잘 알다시피 그는 포세이돈과 아폴론이 쿠데타를 일으키자 그것을 진압한 뒤 그들에게서 신의 지위를 박탈했다. 이어 그들을 트로이로 귀양 보내 철옹성 트로이를 쌓게 했지만 1년 뒤 다시 올림포스 궁전으로 불러들였다. 또한 제우스는 그 후 아폴론이 아들 아스클레피오스가 그의 번개를 맞고 죽은 것에 불만을 품고 그 번개를 벼려 준 키클로페스 3형제를 화살로 쏴 죽이자 그에게서 다시 신의 지위를 박탈했다. 이어 아폴론을 테살리아의 페라이로 귀양을 보내 아드메토스 왕의 소를 돌보게 했지만 1년 뒤 다시 올림포스 궁전으로 불러들였다. 게다가 제우스는 자신이 죽인 아스클레피오스를 의술의 신으로 만들어 올림포스 신족으로 받아들였다.

그래서 제우스 유형은 냉혹한 독재자 유형과 인자한 아버지 유형으로 나눌 수 있다. 먼저 영화 〈대부〉 시리즈에 등장하는 '돈 코를레오네'와 그의 후계자 '마이클 코를레오네'는 대표적인 독재자 유형이다. 특히 마이클은 법학도로서 원래 아폴론 유형이었는데 아버지가 상대 조직에 의해 저격당한 것을 기점으로 급격하게 제우스 유형으로 바뀌기 시작하는 것

4장 ○ 캐릭터의 원형 그리스 신들

〈스미르나의
주피터〉, 250
1680년 튀르키예 스
미르나에서 발굴되어
이런 이름이 붙었다.
오른손에 들고 있는
것은 번개다.

16. 냉혹한 독재자 제우스

이 이채롭다.

영화 〈패튼 대전차 군단〉의 '패튼 장군', 6세기경의 영국 전설 속 왕 '아서', 멜빌H. Melville의 소설 『모비딕』의 '에이합' 선장도 이 유형에 속한다. 이에 비해 『삼국지』의 유비, 셰익스피어의 '줄리어스 시저'와 '리어 왕', 영화 〈왕과 나〉의 '몽쿠트 왕', 테네시 윌리엄스T. Williams의 희곡 『뜨거운 양철지붕 위의 고양이』의 '빅대디' 등은 인자한 아버지 유형이다.

4장 ○ 캐릭터의 원형 그리스 신들

5장

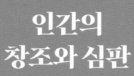

인간의
창조와 심판

프로메테우스:
인간을 창조하고 불을 훔쳐다 주다

우리는 지금까지 신의 탄생과 행적에 대해 살펴보았으니 이제 인간의 창조와 행적에 대해 알아볼 차례다. 그리스 신화에서 인간은 제2차 신들의 전쟁인 티타노마키아Titanomachia가 올림포스 신족의 승리로 끝난 뒤 프로메테우스에 의해 창조되었다.

주지하다시피 프로메테우스는 제우스가 티탄 신족과 싸울 때 동생 에피메테우스를 데리고 그의 편에 합류해 그를 도왔다. 제우스는 전쟁에서 승리한 뒤 상벌을 분명히 했다. 적이었던 티탄 신족은 포박하여 지하감옥 타르타로스Tartaros에 가두었고, 티탄 신족 편에 서서 가장 애를 먹였던 아틀라스에게는 특별히 본때를 보이기 위해 하늘을 떠받치고 있으라는 형벌을 주었다. 이에 비해 자신의 편에 선 프로메테우스와 에피메테우스에게는 이 세상의 동물과 인간을 창조할 수 있는 명예를 주었다.

프로메테우스와 에피메테우스의 생명 창조 작업은 철저히 분업으로 이루어졌다. 프로메테우스가 진흙으로 형상을 만들면 에피메테우스가

Louis de Silvestre, 〈아테나의 도움으로 인간을 창조하는 프로메테우스〉, 1702
일설에 의하면 지혜의 여신 아테나는 프로메테우스가 만든 인간에게 혼을 불어넣었다.

커다란 항아리에서 속성을 하나씩 꺼내 주는 식이었다. 가령 독수리에게
는 날카로운 발톱이, 사자에게는 사나운 이빨이, 개미에게는 잘록한 허리
가, 거북이에게는 딱딱한 등딱지가 주어졌다. 하지만 에피메테우스가 '나
중에 생각하는 자'라는 이름에 걸맞게 아무 생각 없이 속성들을 손에 잡히
는 대로 퍼 주다 보니 마지막에 창조된 인간에게는 줄 만한 것이 없었다.

에피메테우스는 형 프로메테우스에게 난처한 상황을 설명하며 도움을
요청했다. 한참을 궁리하던 프로메테우스는 결국 인간에게 불을 주기로
결심했다. 그 당시 제우스는 불이 인간의 손에 넘어가면 위험한 상황이
초래될 것을 염려하여 그것을 엄하게 금하고 있었다. 하지만 프로메테우

5장 ○ 인간의 창조와 심판

스는 제우스가 잠든 사이 그의 손에 들려 있던 번개에서 불씨를 훔쳐 속이 빈 회향풀 줄기에 숨긴 뒤 인간에게 건네주었다. 그는 그만큼 자신이 만든 인간에게 깊은 애정을 품고 있었던 것이다. 불씨를 훔쳐 인간에게 건네준 프로메테우스는 인류 최초의 산업스파이라고 할 수 있다. 프로메테우스에게 건네받은 불로 인간은 찬란한 문명의 이기들을 만들어 냈기 때문이다.

프로메테우스가 회향풀 줄기에 불씨를 숨겨 온 것은 우리나라 고려 시대 문익점이 중국에서 붓두껍에 목화씨를 숨겨 온 일화를 연상시킨다. 헤시오도스의 『신통기』는 프로메테우스의 불 도둑 사건을 이와는 사뭇 다르게 전해 준다. 인간이 처음으로 이 세상에 살기 시작하여 신에게 지켜야 할 의무들이 막 정해지고 있는 시기였다. 어느 날 제우스가 메코네라는 곳에서 인간이 소를 잡아 자신들에게 제물을 바치는 문제를 놓고 동료 신들과 회의를 하고 있었다. 그런데 신과 인간이 각각 소의 어느 부분을 먹어야 할지를 놓고 심각한 고민에 빠졌다.

그걸 보고 프로메테우스가 심판관을 자청했다. 제우스의 승낙을 받은 그는 아무도 없는 숲속으로 가서 소를 한 마리 잡아 두 부분으로 나누었다. 살코기와 내장은 뻣뻣한 소가죽으로 쌌고, 뼈다귀는 윤기 나는 기름 덩어리로 쌌다. 이어 그것을 신들의 회의장으로 가져와서 제우스에게 보이며 둘 중 하나를 선택하여 그것을 신이 차지하는 것으로 정하자고 했다. 프로메테우스는 제우스에게 일종의 복불복 게임을 제안한 것이다. 어쩔 도리 없이 제우스는 심사숙고 끝에 보기에 좋은 떡이 맛도 좋으리라 생각하여 기름 덩어리로 싼 쪽을 집어 들었다.

하지만 그것을 펼쳐본 제우스는 예상과 달리 뼈다귀만 잔뜩 나오자 분노하여 인간에게 불을 금하는 벌을 내렸다. 인간은 프로메테우스 덕분에

회향(茴香)풀
미나리과의 다년생식물로, 영어로는 페늘(fennel)이라고 한다. 프로메테우스가 불을 숨겨 온 곳은 이보다 큰 대회향(giant fennel)이다.

5장 ○ 인간의 창조와 심판

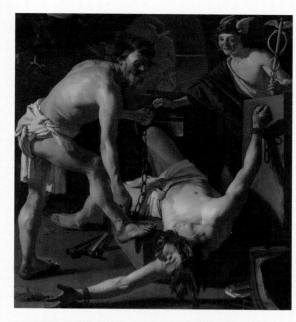

Dirck van Baburen,
〈프로메테우스를 사슬로 묶
는 헤파이스토스〉, 1623.
쇠사슬로 프로메테우스를 묶
은 것은 원래 힘의 신 크라토
스와 폭력의 신 비아다. 헤파
이스토스는 그 쇠사슬을 만들
었을 뿐이다.

Peter Paul Rubens,
〈독수리에게 간을 쪼아
먹히는 프로메테우스〉,
1611~1612

1. 프로메테우스: 인간을 창조하고 불을 훔쳐다 주다

소의 노른자위인 살코기와 내장을 차지하였건만 앞으로 불이 없어 날것으로 먹어야 할 판이었다. 그러자 프로메테우스가 안타까운 마음에 제우스 몰래 그의 번개에서 마른 회향풀의 텅 빈 줄기 속에다 불씨를 훔쳐 인간에게 갖다주었다. 얼마 후 제우스는 인간 세상에서 공공연하게 불꽃이 피어오르는 것을 발견하고 격분했다.

그는 먼저 대장장이 신 헤파이스토스에게 단단한 쇠사슬을 만들도록 했다. 이어 지하세계를 흐르는 스틱스의 아들인 힘의 신 크라토스와 폭력의 신 비아에게 그 쇠사슬로 프로메테우스를 포박하여 당시 세상의 동쪽 끝자락에 있던 흑해 연안의 카우카소스Kaukasos산 절벽에 묶도록 했다. 그뿐 아니었다. 제우스는 동이 트면 자신의 독수리를 보내 프로메테우스의 간을 쪼아 먹게 했다가 해가 질 무렵이면 다시 녀석을 불러들였다. 그런데 신기하게도 하루 종일 파 먹힌 프로메테우스의 간은 밤새 원상회복되어 다음 날 또다시 독수리의 먹이가 되었다.

제우스는 자신이 금지한 불을 넙죽 받아 사용한 인간들에게도 따끔한 맛을 보여 주고 싶었다. 그는 궁리 끝에 인간에게 평생 불행을 껴안고 살아가게 할 심산으로 우선 헤파이스토스에게 진흙으로 아름다운 여자의 모습을 빚어 생명을 불어넣게 했다. 이어 다른 신들에게는 그녀에게 그들이 담당했던 분야에 걸맞은 선물을 하나씩 하도록 했다. 그래서 지혜의 여신이자 수공예의 여신 아테나는 그녀에게 광택 나는 옷을 입혀 주고, 허리에는 띠를 둘러 주었으며, 머리끝에서 발끝까지 직접 공들여 짠 면사포를 드리워 주었다.

미와 사랑의 여신 아프로디테는 그녀에게 매력, 고통에 찬 애잔함, 사지의 기운을 쭉 빠지게 하는 한숨 등을 불어넣었다. 우미의 여신 카리테스Charites와 설득의 여신 페이토Peitho는 그녀에게 금목걸이를 주었고, 계절의 여신 호라이Horai 세 자매는 봄꽃으로 화환을 만들어 그녀의 목에 걸어 주었다. 웅변과 사기의 신 헤르메스는 그녀의 가슴 속에 기만, 사기, 아첨, 교활의 심성을 불어넣어 주었다. 제우스는 마지막으로 이 여자에게 '판도라Pandora'라는 이름을 지어 주었다. 판도라는 '모든 것을 선물 받은 자'라는 뜻이다.

그 후 판도라는 제우스의 명령을 받은 헤르메스의 손에 이끌려 에피메테우스에게로 인도되었다. 그러자 에피메테우스는 프로메테우스가 형벌을 받으러 가기 전 '제우스의 선물은 무엇이든 절대 받지 말라!'고 경고한 것도 새까맣게 잊어버린 채 판도라의 손을 덥석 잡고 아내로 삼고 말았다. 『신통기』에 의하면 그만큼 판도라는 "저항할 수 없는 유혹"이었다. 하지만 판도라는 얼마 지나지 않아 제우스의 "완벽한 속임수"이자 인간이 프로메테우스로부터 받은 "불의 축복에 대한 벌"이며 "아름다운 재앙"이었음이 드러난다.

Jean Alaux, 〈판도라를 에피메테우스에게
데려가는 헤르메스〉, 연도 미상
판도라의 손에 상자가 들려 있는 것이 이채롭다.

판도라:
항아리 뚜껑을 열어 인간의 불행을 초래하다

　판도라가 에피메테우스의 아내가 된 것만으로는 아직 인간에게 엄청난 불행을 안겨 주었다고 할 수는 없다. 그렇다면 판도라는 어떻게 인간에게 '완벽한 속임수'이자 '벌'과 '재앙'이 되었을까? 그 이유는 바로 그녀가 어느 날 호기심을 이기지 못하고 남편 에피메테우스의 집 창고에 보관되어 있던 피토스Pithos 항아리의 뚜껑을 열고 말았기 때문이다.

　그 항아리 안에는 원래 인간에게 해로운 온갖 것들이 아주 오랫동안 갇혀 있었다. 그런데 판도라가 단단히 봉인된 뚜껑을 열자 그 모든 것들이 환호성을 지르며 밖으로 쏟아져 나왔다. 놀란 판도라가 황급히 뚜껑을 닫아 항아리 맨 밑에 있던 '희망'만 빠져나오지 못했을 뿐이다. 그때까지 인간은 불행이나 질병, 근심과 걱정 같은 것들을 전혀 모르고 살았다. 하지만 판도라가 항아리 뚜껑을 열어 버린 순간부터 "온갖 셀 수 없는 해로운 불행들"이 인간들 사이를 휘젓고 돌아다니기 시작했다.

　판도라 이야기는 헤시오도스 이후의 이야기꾼들에 의해 여러 가지 형

피토스 항아리, 기원전 15세기
고대 그리스에는 용도에 따라 형태가 서로 다른 20여
종의 도기가 있었는데, 피토스는 기름, 꿀, 와인, 식수,
곡식 등을 보관하기 위해 사용되었다(그리스 크레타
크노소스).

태로 변형되고 보완되었다. 우선 판도라가 뚜껑을 연 '항아리'가 '상자'로 바뀐 이야기가 널리 애용되었다. 현재 '판도라의 상자'는 충격적이고 끔찍한 비밀을 상징하는 격언으로 쓰이고 있다. 아마 그 격언이 만들어진 시기에 상자가 유행했던 것으로 보인다. 그렇다고 이제부터 항아리로 바꿔 써야 한다는 것은 아니다. '판도라의 상자'는 이제 고유명사처럼 자리를 잡은 개념이니 그대로 쓰는 게 맞다. 하지만 우리의 이야기는 헤시오도스가 원래 사용했던 항아리를 가지고 계속 이어 가도록 하자.

그렇다면 항아리는 도대체 어디에서 생겨났을까? 헤시오도스는 거기에 대해 언급을 하지 않는다. 다만 에피메테우스의 아내가 된 판도라가 어느 날 항아리를 열었다는 말만 할 뿐이다. 후대의 신화는 이와 관련하여 두 가지 설을 전해 준다. 그중 하나는 제우스가 판도라에게 항아리를 주었다는 설이다. 제우스는 판도라에게 그것을 건네주며 '집 안에 고이 모셔 두고 절대로 열어 보지 말라!'고 신신당부를 했다는 것이다. 그런데

John William Waterhouse, 〈판도라〉, 1896

5장 ○ 프로메테우스, 판도라, 대홍수

그것은 인간의 호기심을 이용한 제우스의 고도의 술책이었다. 원래 하지 말라고 하면 괜히 더 하고 싶은 게 인간의 속성이니까.

다른 하나는 에피메테우스 집에 보관되어 있던 항아리를 판도라가 실수로 열었다는 설이다. 즉 에피메테우스는 형과 함께 동물과 인간을 창조하면서 사용하고 남은 나쁜 속성들을 따로 모아 항아리에 가두어 놓았고, 판도라를 아내로 맞이한 뒤 그녀에게 집에 있는 모든 것을 마음대로 해도 좋지만, 그 항아리만은 절대 열어서는 안 된다고 경고했다는 것이다. 두 가지 설 가운데 제우스의 '완벽한 속임수'를 보다 극적으로 표현하고 있는 것은 아무래도 첫 번째 설이다. 그래서 그랬을까? 앞서 본 〈판도라를 에피메테우스에게 데려가는 헤르메스〉라는 그림에서도 판도라의 손에 상자(항아리)가 들려 있다.

판도라 이야기에서 제기되는 또 하나의 의문은 '희망'에 관한 것이다. 도대체 왜 희망이 나쁜 것들과 함께 섞여 있었는가 하는 것이다. 아이소포스Aisopos(영어로는 이솝Aesop)는 「축복의 항아리」라는 우화를 통해 항아리 속에는 원래 나쁜 것들이 아니라 좋은 것들만 들어 있었다고 이야기한다. 또한 판도라가 아니라 어떤 어리석은 노인이 그 뚜껑을 열자 희망을 제외한 모든 것들이 허공으로 날아가 사라져 버리고 지상에는 나쁜 것들만 남게 되었다는 것이다. 대부분 희망은 좋은 것으로 생각하고 있으니 아이소포스의 주장이 조금 더 설득력이 있어 보인다.

어쨌든 판도라의 항아리 속에 희망이 남겨진 것을 두고 대부분 긍정적으로 해석하곤 한다. 우리 인간은 아무리 힘들고 고통스럽더라도 판도라의 항아리 속에 희망이 남겨진 것처럼 결코 희망을 잃지 않고 살아야 한다는 것이다. 하지만 다른 측면에서 보면 '희망 고문'이라는 말처럼 희망은 무지개나 신기루 같은 게 아닐까? 잡힐 듯하면서도 다가가면 그만큼 또 멀어지는 무지개처럼 희망은 언제나 희망으로만 남는 것은 아닐까? 그래서 희망이 나쁜 것들과 함께 섞여 있었던 것은 아닐까? 니체는 이와 다른 측면에서 희망을 "악 중에서도 가장 사악한 악(das übelste der Übel)"이라고 규정한다. 희망은 이 세상에서의 인간의 고통을 연장할 뿐이라는 것이다.

기원전 5세기 그리스 비극작가 아이스킬로스Aischylos는 「결박된 프로메테우스Prometheus Desmotes」에서 인간의 희망에 대해 니체처럼 아주 비관적인 의견을 제시한다. 그에 따르면 프로메테우스는 인간에게 세 가지 아주 결정적인 도움을 주었다. 첫째, 인간에게 불을 훔쳐다 주었다. 둘째, 제우스가 대홍수를 일으켜 멸하려 한 인간을 구해 주었다. 셋째, 인간이 자신의 미래를 보지 못하도록 했는데, 그러기 위해 인간의 마음속에 '맹목적 희망'을 심어 주었다. 그렇다면 도대체 인간의 미래가 얼마나 비극적이길래 프로메테우스는 인간이 그것을 보지 못하도록 '맹목적 희망'을 심어 주었을까? 그것은 바로 노년老年과 그 후 필연적으로 맞이할 수밖에 없는 죽음이 아닐까?

인간을 벌하기 위해 판도라를 만들었다는 주장은 가부장 사회의 여성 비하 이데올로기를 반영한다. 성서의 이브가 아담을 유혹하여 선악과를 따먹음으로써 에덴동산에서 추방되는 인류의 원흉으로 묘사되고 있는 것과 마찬가지이다. 헤시오도스는 『신통기』에서 여성을 비하하고 경멸하려는 의도를 노골적으로 드러낸다. 그는 여자들을 수벌에 비유한다. 여자들이란 일벌들이 하루 종일 뼈 빠지게 일해서 모은 양식을 벌집에 편안히 앉아서 배 안에 쑤셔 넣기만 하는 수벌과 같은 족속이라는 것이다. 헤시오도스는 심지어 여자를 믿느니 차라리 도둑을 믿으라고 설파하기도 한다. 그는 판도라로부터 이러한 "인간에게 커다란 고통이자 지극히 사악한 종족인 여자의 무리"가 유래했다고 주장한다. 고대 그리스인들이 얼마나 가부장적 사고로 똘똘 뭉쳐 있었는지를 확인할 수 있는 대목이다.

그리스 신화는 프로메테우스가 겪는 고통이 3천 년이나 계속되었다고 전한다. 그동안 제우스는 전령 헤르메스를 통해 그를 협박하기도 하고 회유하기도 했다. 앞을 내다볼 수 있는 프로메테우스가 자신의 앞날에 드리워진 암울한 운명을 알고 있었기 때문이다. 하지만 프로메테우스는 제우스의 협박과 회유에 절대 굴복하지 않았다. 이 덕분에 그는 불의와 억압에 무릎 꿇지 않는 저항정신의 아이콘으로 자리 잡게 되었다. 어쨌든 3천 년 후 영웅 헤라클레스가 나타나 독수리를 화살로 떨어뜨리고 그를 쇠사슬에서 풀어 주었다. 그제야 프로메테우스는 제우스에게 그의 운명에 얽힌 비밀을 밝혀 주었다.

당시 제우스는 바다의 여신 테티스에게 푹 빠져 있었다. 프로메테우스는 장차 테티스가 낳을 아들이 아버지를 몇 배 능가하는 위대한 인물이 될 것이라고 귀띔해 주었다. 이를 두려워한 제우스는 테티스를 단념하고 그녀를 별 볼 일 없는 영웅 펠레우스에게 시집보냈다. 후에 둘 사이에서 위대한 영웅 아킬레우스Achilleus가 태어났다. 제우스로서는 가슴을 쓸어내리는 순간이었다. 별 볼 일 없는 영웅의 씨로도 위대한 영웅을 잉태한 테티스였으니 제우스의 씨를 받았다면 어떻게 되었을까!

프로메테우스의 후예들:
미하엘 콜하스, 전봉준, 윤동주

아이스킬로스의 비극 「결박된 프로메테우스」는 프로메테우스가 제우스로부터 당한 고통을 아주 자세하게 묘사하고 있다. 프로메테우스가 흑해 연안 카우카소스산 암벽에 쇠사슬로 결박당한 채 벌을 받고 있는 동안 헤라의 질투 때문에 암소로 변신한 제우스의 연인 이오[1]가 쇠파리 떼에 쫓기다 우연히 그곳에까지 와서 그를 만나 이야기를 나눈다. 이오는 앞날을 투시할 수 있었던 프로메테우스에게 도대체 자신의 시련이 언제 끝나는지 묻는다.

프로메테우스는 이오에게 그녀의 시련은 아직 시작에 불과하며 먼 훗날 이집트의 나일강변에 가서야 끝난다고 말해 준다. 프로메테우스의 다소 장황한 대답이 끝나자마자 제우스의 비서실장 헤르메스가 나타나 그를 "교활한 자여, 독하고 독한 자여, 신들에게 죄를 짓고 하루살이 인간들에게 불을 누릴 수 있는 명예를 준 자여!"라고 부르며, 장차 제우스를 권좌에서 밀어낼 아이가 태어날 것이라고 "허풍을 치고 있는 제우스의 결혼

Luca Giordano, 〈독수리에게 간을 쪼아 먹히는 프로메테우스〉, 1660년경

이라는 것이 도대체 누구와의 결혼을 말하는 것인지" 당장 이실직고하라고 다그친다.

프로메테우스는 이에 티탄 신족을 물리치고 올림포스를 통치하기 시작한 지도 얼마 되지도 않은 신출내기들이 벌써 "고통 없는 성채"에나 살고 있는 줄 알고 뻐긴다며 비아냥거린다. 이어 자신은 우라노스와 크로노스 등 "폭군이 둘이나 추락하는 것을 보았고, 지금 통치하고 있는 세 번째 폭군 제우스도 조만간 아주 수치스럽게 추락하는 것을" 보게 될 것이라며, 자신은 제우스에게 굽실댈 마음이 추호도 없으며, 제우스가 원하는 대답도 해 줄 생각이 전혀 없다고 잘라 말한다. 헤르메스는 아무리 자신이 협박과 회유를 해도 프로메테우스가 고집을 꺾을 기미를 보이지 않자 마지막으로 강력하게 경고한다.

"나는 벌써 많은 말을 했지만 아무 소용없을 것 같구려. 내가 간청해도 당신은 전혀 온순해지거나 누그러지지 않으니 말이오. 당신은 마치 갓 멍에를 맨 망아지마냥 재갈을 입에 문 채 고삐에 맞서 싸우고 있소. 하지만 당신의 거친 행동은 무익한 계획에서 비롯된 것이오. 지혜가 따르지 않는 고집은 허약하기 짝이 없으니 말이오. 잘 생각해 보시오. 당신이 내 말에 복종하지 않을 경우, 피할 길 없는 어떤 폭풍과 재앙의 쓰나미가 당신을 덮칠 것인지 말이오."

이렇게 말한 다음 헤르메스는 곧바로 제우스가 프로메테우스에게 가할 형벌을 자세히 설명한다.

"먼저 아버지 제우스께서는 이 들쭉날쭉한 암벽을 천둥과 벼락의 화염으로 부수어 당신을 땅속 깊이 묻으실 것이오. 그러면 자잘한 바위들이 팔을 구부려 그대를 껴안을 것이고, 긴긴 세월이 지나서야 비로소 당신은 햇빛을 볼 것이오. 그러면 제우스의 날개 달린 개가, 피투성이가 된 독수리가, 게걸스럽게 당신의 몸을 큼직큼직한 고깃덩어리로 갈기갈기 찢을 것이오. 게다가 이 불청객은 날마다 찾아와 당신의 까맣게 변한 간을 포식할 것이오. 당신은 또한 그런 고문이 끝나리라고 기대하지 마시오."

헤르메스의 설명에 의하면 프로메테우스는 처음부터 독수리에게 간을 쪼아 먹힌 것이 아니라 먼저 쇠사슬에 묶인 채 제우스의 번개를 맞고 땅속 깊숙이 바위 더미 아래 갇혀 있다가 오랜 시간이 흐른 다음 지상으로 끌려 나오고서야 비로소 그런 형벌을 당한다. 물론 다른 곳에 있다가 카우카소스산 절벽으로 옮겨지는 것은 아니다. 그가 형벌을 받는 곳은 "그

5장 ○ 인간의 창조와 심판

리스에서 북서쪽으로 아주 멀리 떨어진 외딴곳"에 있는 "암벽"이라는 설명으로 보아 처음부터 당시 세상의 서쪽 끝자락인 카우카소스산인 것이 분명하다.

어쨌든 헤르메스의 협박에도 프로메테우스는 전혀 아랑곳하지 않은 채 "서로 증오하는 적일 경우 상대방의 손에 고통당하는 것은 치욕이 아니오!"라며 이렇게 외친다. "번개가 내게 내던져지고, 천둥이 치고 사나운 돌풍이 불어 대기가 요동치고, 바람이 대지를 밑바닥에서부터 뿌리째 흔들 테면 흔들라고 하시오! 바다의 물결이 높이 솟구쳐 올라 하늘의 별들의 운행을 막을 테면 막으라고 하시오! 그리고 거센 소용돌이를 일으키며 내 몸을 캄캄한 타르타로스로 던질 테면 던지라고 하시오! 그래도 그는

Jacob Jordaens,
〈결박된 프로메테우스〉, 1642

나를 절대 이기지 못할 것이오."

프로메테우스를 사람으로 치면 과연 어떤 유형일까? 프로메테우스 유형은 한마디로 대쪽 같은 성격의 소유자다. 그는 자신이 옳다고 생각한다면 절대 타협하지 않는다. 자신의 신념을 위해 죽음을 불사할 수도 있다. 가령 독일 작가 하인리히 폰 클라이스트H. von Kleist가 쓴 동명 소설의 주인공 '미하엘 콜하스'가 바로 프로메테우스 유형이다. 평범한 말 장수에 불과했던 그는 권력의 부당한 횡포에 맞서 싸우다가 아내도 잃고 가족도 잃고 끝내는 자신마저도 형장의 이슬로 사라진다. 그의 이야기는 〈미하엘 콜하스의 선택〉이라는 영화로 만들어져 2014년 우리나라에서 상영되기도 했다

탐관오리의 폭정에 분노하여 동학혁명을 일으킨 녹두장군 전봉준, 왜구의 침략에 맞서 싸운 조선 시대의 의병들, 일제 강점기의 독립운동가들도 모두 프로메테우스 유형에 속한다. 소위 혁명 시인 김남주는 「나 자신을 노래한다」라는 시에서 "불을 달라 프로메테우스가 / 제우스에게 무릎 꿇고 구걸했던가"라고 포문을 연 다음 "바스티유 감옥은 어떻게 열렸으며 / 센트 피터폴 요새는 누구에 의해서 접수되었는가 / 그리고 쿠바 민중의 몬까따 습격은 웃음거리로 끝났던가 / 그리고 프로메테우스의 고통은 고통으로 끝났던가"라고 반문한다. 이어 "신으로부터 불을 훔쳐 인류에게 선사했던 / 프로메테우스가 인류의 자랑이라면 / 부자들로부터 재산을 훔쳐 민중에게 선사하려 했던 / 나 또한 민중의 자랑이다"며 자신을 프로메테우스와 비교한다.

윤동주의 시 중에 「간」이라는 시가 있다. 윤동주는 그 시에서 그리스 신화의 프로메테우스 이야기를, 우리의 고전소설 『별주부전』에 등장하는 토끼가 거북이에게 속아 간을 뺏길 뻔했던 이야기와 절묘하게 연결시키

　　　　　　　　　　　5장 ○ 인간의 창조와 심판

고 있다. 그는 특히 그 시에서 일제를 독수리로, 자신을 그 독수리에 의해 간을 쪼아 먹히는 프로메테우스로 비유하며 결연하게 저항 의지를 다지고 있다. 1941년 윤동주가 쓴 시 「간」을 소개한다. 물론 마지막 단락에서 불을 훔쳐 인간에게 갖다준 죄로 "목에 맷돌을 달고"라는 표현은 그리스 신화에는 원래 없는 시인의 독창적인 해석이다.

바닷가 햇빛 바른 바위 우에
습한 간을 펴서 말리우자.

코카사쓰 산중에서 도망해 온 토끼처럼
둘러리를 빙빙 돌려 간을 지키자.

내가 오래 기르던 여윈 독수리야!
와서 뜯어 먹어라, 시름없이

너는 살찌고
나는 여위어야지, 그러나

거북이야!
다시는 용궁의 유혹에 안 떨어진다.

프로메테우스 불쌍한 프로메테우스
불 도적한 죄로 목에 맷돌을 달고
끝없이 침전하는 프로메테우스.

인간의 다섯 시대:
황금, 은, 청동, 영웅, 철의 시대

헤시오도스는 『노동과 나날Erga Kai Hemerai』에서 인간의 시대를 황금 시대, 은의 시대, 청동 시대, 영웅 시대, 철의 시대 등 다섯 시대로 구분했다. 각 시대의 사람들을 총칭할 때는 황금 종족, 은의 종족, 청동 종족, 영웅 종족, 철의 종족이라고 했다. 여기서 금속은 사람들의 재료가 아니라 성격이나 그 시대의 특성을 상징한다. 이에 비해 로마 시대의 오비디우스는 『변신 이야기』에서 인간의 시대를 헤시오도스의 다섯 시대 중 영웅 시대를 빼고 넷으로 구분했다. 각 시대에 대한 헤시오도스와 오비디우스의 설명은 비슷하다. 오비디우스는 황금 시대를 이렇게 묘사했다.

이 시대는 벌주는 사람도 없고, 법이 없이도 모든 사람이 서로를 믿고 정의롭게 살았다. 누구도 처벌을 두려워할 필요가 없었고, 동판에 새긴 위협적인 법들을 읽을 필요도 없었으며, 재판관의 입을 두려워하는 일도 없었다. 누구나 벌주는 사람이 없어도 안전하게 살았기 때문이다.

Hendrik van der Borcht the Elder, 〈황금 시대〉, 17세기

사람들은 또한 자신들의 해안밖에 알지 못했기 때문에 소나무를 베어 외국으로 가져가기 위해 바닷가로 옮기는 일도 없었다. 도시 주변에 가파른 해자를 팔 필요가 없었고, 청동 나팔이나 청동 호른이나 투구나 칼도 없었다. 군대 없이도 평화롭게 살 수 있었기 때문이다.

그리스 신화에서 인간을 최초로 만든 것은 프로메테우스다. 그래서 『노동과 나날』에 명시되어 있지는 않아도 프로메테우스가 진흙을 빚어 만든 인간은 바로 이 황금 종족이었을 것이다. 또한 프로메테우스가 불을 훔쳐다 준 것도 아마 황금 종족이었을 것이고, 그의 동생 에피메테우스가 판도라를 아내로 삼은 때도 바로 황금 시대였을 것이다. 『노동과 나날』에 의하면 황금 종족은 자연적으로 멸족됐다. 하지만 아마 판도라가 연 항아리(상자)에서 빠져나온 온갖 병마와 걱정과 근심으로 인해 멸족되었을 것으로 보인다.

『노동과 나날』에 의하면 제우스는 황금 종족의 뒤를 이어 은의 종족을 만들었다. 은의 종족은 여러 가지 점에서 황금 종족에 뒤처졌는데 무엇보다도 점점 신에 대한 경외심을 잃어 갔다. 결국 분노한 대지의 여신은 그들을 모두 집어삼켜 단숨에 멸족시켜 버렸다. 그러자 제우스는 이번에는 물푸레나무에서 청동 종족을 만들었다. 물푸레나무는 고대 그리스에서 주로 창의 자루로 사용되었기 때문에 청동 종족의 심성을 암시하고도

Lucas Cranach,
〈은의 시대의 종말〉, 1535

5장 ○ 인간의 창조와 심판

남는다. 그들은 거칠고 사나워 청동으로 만든 무기를 들고 다니며 범죄를 저지르고 분란만 일으켰다.

청동 종족은 시간이 흘러감에 따라 점점 사악해졌다. 이에 분노한 제우스는 대홍수를 일으켜 그들을 몰살하려 했다. 하지만 프로메테우스의 도움으로 그의 아들 데우칼리온Deuklion이 아내와 함께 살아남아 청동 종족은 멸족의 위기를 벗어났다. 그러자 제우스는 이번에는 영웅 종족을 만들었다. 영웅 종족은 아마 새로 창조된 것은 아닐 것이다. 영웅들은 신들과 인간 여인들과의 사이에서 태어난 반신반인이다. 그래서 아마 제우스는 청동 시대에 장차 영웅 시대를 열 요량으로 신들에게 인간 여인들과의 사이에 가능한 한 자식들을 많이 두도록 주문했을 것이다.

영웅 시대는 중국의 춘추전국 시대처럼 군웅이 할거하던 시대였다. 『노동과 나날』에 따르면 영웅들도 비록 청동 종족보다는 고상하고 정의로웠다 해도 그들 못지않게 수많은 전쟁을 통해 싸움질을 일삼다가 결국 멸족하고 만다. 트로이 전쟁이나 테베 전쟁도 영웅 시대에 일어나 숱한 영웅들의 목숨을 앗아 갔다. 영웅들이 자신들이 일으킨 크고 작은 수많은 전쟁의 화염 속으로 거의 모두 사라지자 살아남은 일반 사람들이 불어나면서 최악의 종족인 철의 종족으로 변질되어 갔다.

어느 시대나 사람들은 자신의 시대를 말세라고 한탄하는 법이다. 예수도 2,000여 년 전 자신이 살던 시대를 범죄와 죄악이 들끓는 말세라고 했다. 예수보다 800여 년 앞서 헤시오도스도 자신이 살던 시대를 윤리와 도덕이 메마른 철의 시대라고 규정했다. 그는 다른 시대는 모두 과거형으로 서술하는데 철의 시대만은 미래형을 써서 표현한다. 아직 그 종족의 타락이 정점에 이르지 않았음을 암시하는 것이리라. 그는 『노동과 나날』에서 철의 시대를 이렇게 묘사했다.

그때가 되면 자식은 아버지의 말에 따르지 않을 것이고, 아버지는 자식의 말에 동의하지 않을 것이다. 예전처럼 손님은 주인에게 친절하지 않을 것이고, 친구는 친구와 형제는 형제와 반목할 것이다. 그들은 늙으신 부모의 명예를 훼손시킬 것이며, 추악한 말로 그들에게 욕을 퍼부을 것이고, 신들의 감독을 무시하는 무법자가 될 것이고, 늙으신 부모를 돌보지는 않고 주먹을 휘두를 것이다.

또한 서로가 상대방의 도시를 파괴할 것이고, 서약을 충실히 지키는 사람뿐 아니라 정의로운 사람, 그리고 정직한 사람도 주목을 받지 못할 것이다. 오히려 정직한 사람이 무법자와 폭력을 일삼는 자들을 존경하게 될 것이다. 정의는 주먹에 있고, 서로 배려하는 마음은 없어질 것이다. 악한 자가 잘못된 말로 덕이 있는 사람을 해치며 위증을 일삼을 것이다.

헤시오도스는 특히 철의 시대에는 수치의 여신 아이도스Aidos와 복수의 여신 네메시스Nemesis마저도 "자신의 아름다운 몸을 하얀 옷으로 감싼 채 넓은 길이 나 있는 대지를 출발하여 인간을 떠나 신들과 합류하기 위해 올림포스산으로 올라가 버릴 것"이라고 했다. 철의 시대에는 사람들이 무슨 짓을 해도 수치심을 느끼지 못하고, 억울한 일을 당해도 복수해 줄 신이 없는, 그야말로 무법천지가 된다는 뜻이다. 그리스 신화에서 복수의 여신 네메시스는 혈육이 아닌 사람들 사이에서 일어나는 복수를 담당했다.

북유럽 신화에서도 말세를 '신들의 황혼'을 뜻하는 '라그나뢰크Ragnarök'라고 칭한다. 하지만 북유럽 신화에서 신들의 파멸은 그들뿐 아니라 거인들과 인간들 그리고 난쟁이들 모두의 파멸을 초래하기 때문에 '라그나뢰크'는 정확히 말한다면 '세상의 종말'을 뜻한다. 바그너W. R. Wagner의 『니

Paolo Fiammingo, 〈철의 시대〉, 1580~1596

벨룽의 반지』 제4부는 '괴터뎀머룽Götterdämmerung'인데 '신들의 황혼'이라
는 뜻으로 '라그나뢰크'를 그대로 독일어로 옮긴 것이다. 우리 토종 국산
게임 '라그나로크Ragnarok'도 '라그나뢰크'의 영어식 표기이다.

북유럽 신화에 따르면 라그나뢰크가 다가올수록 인간 세상은 윤리와
도덕이 땅에 떨어지고 말보다 주먹이 앞서는 '야만의 시대', '도끼의 시대',
'칼의 시대', '늑대의 시대'로 변해 간다. 또한 그런 시대에는 서로 모르는
사람들뿐 아니라 이웃들마저도 늘 티격태격 분쟁을 일으키며, 친구들은
날마다 서로 폭력을 휘두르고, 부모와 자식들은 만날 불화에 휩싸이며,
형제들은 만나기만 하면 서로 못 잡아먹어서 안달이다. 바로 지금 우리가
살고 있는 이 시대처럼 말이다.

Day 33

데우칼리온과 피라: 대홍수에서 살아남은 인류의 조상

그리스 신화에서 인간의 다섯 종족 중 황금 종족과 은의 종족은 멸족한다. 이에 비해 청동 종족, 영웅 종족, 철의 종족은 멸족하지 않고 계속 이어지며 주체만 변할 뿐이다. 프로메테우스가 맨 처음 만든 황금 종족은 진흙으로, 청동 종족은 물푸레나무로 만들어졌다고 알려져 있다. 이에 비해 은의 종족은 문헌상 무엇으로 만들어졌는지 알 수 없다. 다만 그들도 황금 종족처럼 진흙으로 만들어졌을 것이라 추측된다.

영웅과 철의 시대의 원류인 청동 시대의 인간들은 날로 타락하며 신에 대한 경외심을 잃어 갔다. 특히 아르카디아Arkadia의 왕 리카온Lykaon의 불경죄는 극에 달했다. 그는 신들의 왕 제우스가 정말 전지전능한지 시험해 보기 위해 아들 닉티모스Nyktimos를 죽여 그 고기를 구워 바쳤다. 제우스는 그렇지 않아도 인간들을 혼내 주려던 참에 리카온의 오만불손한 태도를 보고 분노한 나머지 대홍수를 일으켜 아예 그들을 멸족시켜 버리기로 결심했다.

Paul Merwart, 〈대홍수〉, 연도 미상

제우스는 지상을 흐르는 강의 신들에게 날짜를 정해 주며 그날 수원水源에서 물을 모두 쏟아 내라고 명령했다. 바다의 신 포세이돈에게도 그날 지진과 해일을 일으켜 바다와 육지를 휩쓸어 버리라고 부탁했다. 그런데 앞을 내다볼 수 있었던 프로메테우스가 제우스의 음모를 간파하고 아들 데우칼리온에게 그 사실을 귀띔해 주었다. 마침내 하늘의 신으로서 기후를 관장했던 제우스가 9일 낮밤 쉬지 않고 장대비를 내리자 강의 신들과 포세이돈도 이에 화답하여 9일째 되는 날 물 전체가 물에 잠겨 버렸다.

인간을 비롯하여 생명이 있는 것은 모두 물에 빠져 죽었다. 데우칼리온과 아내 피라Pyrrha만 프로메테우스의 경고로 큰 배를 만들어 홍수를 대비한 덕에 살아남았을 뿐이다. 데우칼리온은 비가 그치자 물에 잠기지 않고 유일하게 조금 남아 있던 파르나소스Parnassos산 꼭대기에 상륙했다. 이어 물이 모두 빠지기를 기다렸다가 당시 신탁을 담당하던 법의 여신 테미스 신전을 찾아가서 앞으로 어떻게 하면 대홍수로 몰살당한 사람들의 명

Giovanni Maria Bottalla, 〈데우칼리온과 피라〉, 1635

5장 ○ 인간의 창조와 심판

맥을 이어 갈 수 있을지 물었다.

그러자 테미스는 데우칼리온에게 아내와 함께 눈을 가리고 어머니의 뼈를 어깨 뒤로 던지라는 신탁을 내렸다. 그렇다고 불경스럽게 돌아가신 어머니 프로노이아Pronoia의 무덤을 파헤쳐 뼈를 던질 수는 없는 법. 데우칼리온은 고심 끝에 신탁이 말한 어머니를 대지의 여신 가이아로, 그 뼈는 대지에 흩어져 있는 돌로 해석하고 신전에서 나오자마자 넓은 들판을 물색해 놓은 다음 아내와 함께 열심히 주변의 돌들을 주워 모았다.

데우칼리온과 피라가 이렇게 모든 준비를 마치고 신탁이 시킨 대로 하자 신기하게도 남편이 던진 돌에서는 남자가, 아내가 던진 돌에서는 여자가 생겨났다. 얼마 후 신혼이었던 데우칼리온과 피라 사이에서도 큰아들 헬렌Hellen을 비롯한 3남 3녀가 태어났다. 그래서 헬렌은 그리스 민족의 시조이며, 헬렌의 복수형 헬레네스Hellenes는 '헬렌의 후손'이라는 뜻으로 그리스인을, 헬레니스모스Hellenismos는 그리스 문화를 의미한다. 헬레니스모스의 영어식 표현이 바로 헬레니즘Hellenism이다.

또한 헬라스Hellas는 헬렌이 프티오티스Pthiothis에 세운 나라 이름이다. 헬라스가 고대와 마찬가지로 지금까지도 그리스Greece라는 의미로 사용되고 있는 것은 그 때문이다. 아울러 '그리스'라는 지명은 고대에 시칠리아Sikelia 남부에 건설되었던 그리스 식민도시들을 총칭하는 라틴어 '마그나 그라이키아Magna Graecia(대大 그리스)'에서 '그라이키아'를 영어로 표기한 것이다. 그라이키아는 또한 그곳에 정착했던 고대 그리스 부족 '그라이코이Graikoi'의 라틴어식 표기이다.

고대 그리스인들이 '그라이키아'라는 말을 즐겨 쓰지 않은 것처럼, 현대 그리스인들도 '그리스'라는 말을 애용하지 않는다. 그래서 현대 그리스의 공식 명칭도 '헬렌 공화국(Ελληνική Δημοκρατία/Hellenische Republik)'이다. 그런데 헬렌의 탄생에는 고대 그리스인들의 선민의식이 진하게 배어 있다. 자신들의 선조는 데우칼리온과 피라의 결합으로 태어났으나, 다른 민족들은 그들이 던진 돌에서 태어나 그리스어가 아닌 다른 언어를 쓰는 야만족(Barbaroi)이라고 말이다.

데우칼리온의 홍수 이야기는 그리스 신화 버전 '노아의 홍수' 이야기다. 우리나라에도 그와 아주 흡사한 '대홍수와 남매 설화'가 있다. 손진태의 『조선 민족 설화의 연구』에 의하면 아주 먼 옛날 우리나라에 엄청난 홍수가 일어나 사람들이 모두 죽고 어느 남매만 통나무에 몸을 의지한 채 떠내려가다가 백두산 꼭대기에 걸려 간신히 살아남았다. 백두산이 성서의 아라라트Ararat산과 그리스 신화의 파르나소스산의 역할을 한 셈이다.

아무리 사방을 둘러봐도 살아 있는 사람은 하나도 없었다. 이대로 가다가는 장차 사람의 씨가 마를 것이 뻔했다. 그렇다고 남매가 무턱대고 결혼할 수도 없는 노릇이었다. 그들은 고심 끝에 하늘의 뜻을 물어보기로 했다. 그래서 각각 수 맷돌과 암 맷돌을 들고 서로 마주 솟아 있는 산봉우리로 올라가 산 아래로 맷돌을 굴렸다. 이어 밑으로 내려와 살펴보니 두 맷돌은 신기하게도 사람이 일부러 끼워 맞춘 것처럼 하나가 되어 있었다. 그걸 보고 남매는 하늘의 뜻으로 해석하여 서로 결혼하기로 마음먹었다. 현재 우리나라에 살고 있는 사람들은 바로 이 남매의 후손이다.

'남매혼 설화'로도 알려진 '대홍수와 남매 설화'의 다른 판본에는 산봉우리에 올라간 남매가 솔방울에 불을 붙여 하늘 높이 연기를 피워 올렸다. 그러자 신기하게도 공중에서 두 줄기 연기가 하나로 합쳐졌다. 그래서 두 남매는 그것을 하늘의 뜻으로 생각하고 둘이 결혼하여 인구문제를 해결하기로 결심했다. 이 판본은 아무래도 중국 신화의 여와女媧와 복희伏羲 남매 이야기의 영향을 강하게 받은 듯하다.

여와와 복희 남매도 대홍수에서 단둘이 살아남았다. 그들은 고민에 빠졌다. 이대로 가다가는 장차 사람의 대가 끊어질 것이 뻔했기 때문이다. 하지만 남매는 근친상간의 터부를 깰 수 없었다. 고민 끝에 그들은 각기 다른 산봉우리로 올라가 연기를 피워 올렸다. 연기가 공중에서 합쳐지면 하늘이 둘의 결혼을 인정한 것으로 여기고 그렇지 않으면 결혼을 그만두기로 한 것이다. 그런데 신기하게도 연기는 하늘에서 하나가 되었다. 그래서 그들은 신의 뜻이라 생각하고 부부의 연을 맺었다. 그때부터 중국에서는 여와와 복희 남매를 민족의 시조로 여겼다.

여와와 복희
둘의 하반신이 서로 겹쳐 있는 것이 그들이 산봉우리에서 피워올린 연기가 합쳐진 모습을 연상시킨다.

6장

그리스 신화
3대 명문 가문

카드모스 가문

(1)

테베의 건설자 카드모스:
그리스 신화 최초의 영웅

프로메테우스Prometheus에 의해 창조되어 지상에 살기 시작한 인간은 점점 사악해지다가 분노한 신들이 일으킨 대홍수에서 몰살될 위기를 넘긴 후에 점차 그 수가 불어났다. 이때부터 생겨나기 시작한 숱한 가문 중 셋을 꼽자면 바로 카드모스Kadmos 가문, 다나오스Danaos 가문, 탄탈로스Tantalos 가문을 들 수 있다. 헤라클레스Herakles 등 그리스 신화의 내로라하는 영웅들은 거의 모두 이 세 가문 출신이며 그리스 신화의 핵심 사건들도 거의 모두 이 세 가문에서 일어난다.

카드모스 가문의 시조인 카드모스Kadmos는 그리스 신화 최초의 영웅이다. 그의 여정은 집을 떠나 모험을 하다가 용을 죽이고 테베Thebe라는 도시를 건설하는 등 아주 단순하지만 장차 그의 후배 영웅들이 거치게 될 전형적인 '영웅의 여정'의 얼개를 모두 갖추고 있다.

카드모스는 페니키아Phoinike의 티로스Tyros의 왕인 아게노르Agenor의 아들이었다. 카드모스에게는 포이닉스Phoinix와 킬릭스Kilix라는 두 형제와 에우로페Europe라는 누이가 있었다. 아게노르는 어느 날 금쪽같던 외동딸 에우로페가 황소로 변신한 신들의 왕 제우스에 의해 납치되어 행방이 묘연해지자 세 아들에게 누이를 꼭 찾아오라고 엄명을 내렸다. 누이를 찾지 못하면 아예 집으로 돌아올 생각을 말라고까지 일렀다. 그들이 부하들을 데리고 출발 준비를 마치자 어머니 텔레파사Telephassa도 아들들을 따라나섰다.

길을 떠난 카드모스 형제들이 맨 먼저 도착한 곳은 지금은 산토리니Santorini로 잘 알려진 칼리스테Kalliste섬이다. 그들은 그곳에 우선 포세이돈과 아테나의 성소를 세우고 제물을 바친 다음 원주민들에게 글자를 가르쳤다. 그래서 카드모스는 그리스에 최초로 페니키아 알파벳을 전해 준 인물로 알려져 있다. 이어 카드모스의 부하 멤블리아로스Membliaros의 지휘 아래 그들 중 일부가 그곳에 정착하여 도시를 세우고 테라Thera라고 칭했다. 그사이 카드모스 형제들은 타소스Tassos섬으로 건너가 섬 이름과 같은 타소스라는 도시를 세웠다.

하지만 그들이 타소스섬 위쪽의 본토인 트라케Thrake에 상륙하자 어머니 텔레파사가 여독을 견디지 못하고 죽고 말았다. 카드모스 형제가 이렇게 누이 에우로페를 찾아 여러 곳을 돌아다녀 봐도 아무런 소득이 없자 그들 중 포이닉스와 킬릭스는 하는 수 없이 티로스로 돌아갔다. 하지만 카드모스는 계속 누이를 찾을 생각으로 포키스Phokis의 델피Delphi에 있는 아폴론 신전을 찾아가 그녀의 행방을 물었다. 그러자 신탁은 카드모스에게 누이 찾는 것을 그만두고 대신 옆구리에 하얀 반달 모양의 무늬가 있는 암소를 찾아 풀어 준 다음 그 뒤를 따라가다가 녀석이 지쳐 쉬는 곳에 도시를 건설하라고 지시했다.

델피를 떠난 후 얼마 지나지 않아 카드모스는 포키스의 왕 펠라곤Pelagon의 소 떼들 사이에서 신탁이 말한 암소를 하나 발견하여 선물로 받은 다음 녀석을 풀어 주고 그 뒤를 따라갔다. 그 암소는 과연 한참을 어슬렁거리며 걸어가더니 피곤했는지 보이오티아Boiotia 지방의 어떤 풀밭에 털썩 주저앉았다. 카드모스는 그곳이 바로 신탁이 말한 도시를 세울 최적의 장소라고 생각하고 부하 두 명을 근처에 있는 숲의 샘터로 보내 깨끗한 물을 길어 오도록 했다. 영웅들의 수호신으로서 자신의 여정을 안전하게 지켜 준 아테나 여신에게 감사의 표시로 그 암소를 잡아 제물로 바치기 위해서였다.

그런데 그 샘터에는 전쟁의 신 아레스의 혈통을 이어받은 커다란 용이 살고 있었다. 녀석은 카드모스의 부하 둘이 샘터로 다가오자 단숨에 그들을 모두 잡아먹었다. 물을 길러 간 부하들이 깜깜무소식이자 카드모스는 직접 샘터로 갔다가 주둥이가 온통 피로 범벅이 된 용과 함께 부하들의 시신 일부를 발견했다. 사태를 짐작한 카드모스는 얼른 칼을 빼 들고 마치 게르만 신화의 '지크프리트'처럼 용감하게 용과 혈투를 벌인 끝에 녀석을 해치웠다. 바로 그 순간 아테나가 나타나 카드모스에게 용의 이빨을 뽑아 그 절반을 땅에 뿌리라고 명령했다.

카드모스가 아테나의 명령 대로 하자 신기하게도 이빨이 닿은 땅에서 완전무장한 전사들이 솟아 나왔다. 그들은 갑자기 자기들끼리 무차별적으로 싸우다가 다섯 명만 남게 되자 싸움을 그치고 서로 화해했다. 카드

Cornelis van Haarlem, 〈카드모스의 부하들을 잡아먹는 용〉, 1588

Hendrick Goltzius, 〈용을 처치하는 카드모스〉, 1573~1617

6장 ○ 그리스 신화 3대 명문 가문

모스는 그들을 부하로 받아들이고 각각 에키온Echion, 우다이오스Udaios, 크토니오스Chthonios, 히페레노르Hyperenor, 펠로로스Peloros라고 이름을 붙여 준 다음 '스파르토이Spartoi'라고 총칭했다. '스파르토이'는 '뿌려진 자들'이라는 뜻으로 그들이 땅에 뿌려진 용의 이빨에서 태어났기 때문에 붙은 별명이다. 카드모스는 바로 이 다섯 명의 전사들과 함께 그곳에 테베라는 도시를 세우고 성채는 자신의 이름을 따라 카드메이아Kadmeia로 명명했다.

카드모스는 테베를 건설하고도 곧바로 왕이 되지 못했다. 그는 아레스의 용을 죽인 벌로 8년 동안이나 아레스 신전을 세우고 사제로 봉사해야 했다. 그 기간이 지나서야 비로소 카드모스는 아테나로부터 테베의 왕권을 받았다. 제우스도 그제야 그에게 아레스와 아프로디테의 딸로, 조화의 여신이었던 하르모니아Harmonia를 아내로 주었다. 카드모스와 하르모니아의 결혼식에는 올림포스의 신들이 모두 참여했으며 예술을 담당했던 무사이Mousai(뮤즈) 여신들이 축가를 불러 주었다. 특히 아테나와 헤파이스토스는 하르모니아에게 결혼선물로 각각 자신들이 손수 만든 페플로스Peplos 예복과 황금 목걸이를 주었다.

신의 선물이라 그랬을까? 페플로스 예복과 황금 목걸이는 그것을 입고 걸치는 사람에게 그 누구도 거부할 수 없는 아름다움과 매력이 뿜어져 나오게 했다. 그중 특히 황금 목걸이는 소위 '하르모니아의 황금 목걸이'로 불리며 불행의 씨앗이 된다. 카드모스는 아내 하르모니아와의 사이에 아우토노에Autonoe, 이노Ino, 세멜레Semele, 아가우에Agaue라는 네 명의 딸들과 외아들 폴리도로스Polydoros를 두었다. 카드모스는 생전에 무슨 이유에서인지 테베의 왕위를 외아들이 아닌 외손자 펜테우스Pentheus에게 물려주었다. 펜테우스는 바로 용의 이빨에서 태어나 살아남은 다섯 명의 전

사 중 하나인 에키온과 카드모스의 딸 아가우에 사이에서 태어난 아들이
었다.

카드모스는 평생 아레스의 용을 죽인 저주의 굴레에서 벗어나지 못했
다. 그는 건강 악화 등 너무 좋지 않은 일이 빈번하게 생기자 어느 날 하

Evelyn De Morgan, 〈카드모스와 하르모
니아〉, 1877
카드모스는 이미 뱀으로 변신하여 아내 하르
모니아의 몸을 휘감고 있다.

늘을 향해 신들이 원한다면 뱀으로
라도 변해 살면서 속죄하고 싶다고
간청했다. 그 순간 그의 몸에 비늘
이 돋으면서 뱀으로 변신하기 시작
했다. 그 광경을 보고 하르모니아
도 신들에게 남편과 운명을 함께하
게 해 달라고 간청했다. 그러자 신
들은 그녀의 몸도 즉시 뱀으로 변
신시켜 주었다. 그 후 카드모스와
하르모니아가 뱀으로서 정해진 수
명을 다하자 제우스는 그들을 그리
스 신화의 파라다이스인 엘리시온
Elysion으로 보내 주었다.

카드모스 가문

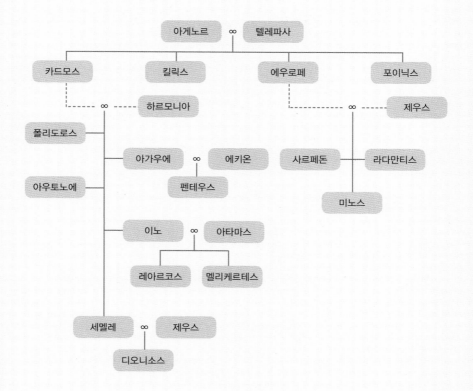

〿〿〿〿〿 **(2)** 〿〿〿〿〿

제2대 왕 펜테우스:
소아시아에서 테베로 귀환한 사촌 디오니소스를 배척하다

카드모스에게서 왕위를 이어받아 테베의 제2대 왕이 된 외손자 펜테우스는 포도주의 신 디오니소스와 사촌 사이였다. 펜테우스의 어머니 아가우에와 디오니소스의 어머니 세멜레는 카드모스의 딸로 자매였기 때문이다. 그렇다면 헤라의 질투로 제우스의 옷에서 뿜어져 나온 광채를 쬐고 한 줌 재가 된 세멜레의 몸을 거쳐 제우스의 허벅지에서 다시 태어난 디오니소스는 그간 어떻게 컸을까?

제우스는 전령 헤르메스를 시켜 자신의 허벅지를 가르고 꺼낸 핏덩이 디오니소스를 이모 이노에게 맡겼다. 하지만 헤라는 집요했다. 그녀는 수소문 끝에 디오니소스를 찾아내 그를 받아 준 이노와 남편 아타마스Athamas를 미치게 만들었다. 아타마스는 어느 날 갑자기 큰아들 레아르코스Learchos를 사슴이라 생각하여 창으로 찔러 죽였고, 이노는 막내아들 멜리케르테스Melikertes를 펄펄 끓는 가마솥에 처넣었다. 나중에 제정신이 든 이노는 절망하여 아들의 시신을 안고 바다에 투신했다.

다른 설에 의하면 헤라는 이노의 남편 아타마스만 미치게 만들어 큰아들 레아르코스를 사냥감으로 오인하여 죽이게 한 다음 아내와 막내아

Arcangelo Migliarini, 〈광기에 사로잡힌 아타마스〉, 1801

들 멜리케르테스를 뒤쫓게 했다. 겁에 질려 남편을 피해 도망치던 이노는 결국 아들과 함께 해안 절벽에서 바다에 몸을 던졌다. 그러자 모자를 불쌍하게 생각한 바다의 신 포세이돈이 이노는 물보라의 신 레우코테아Leukothea로, 멜리케르테스는 항해의 신 팔라이몬Palaimon으로 만들어 주었다. 그 후 모자는 폭풍우 속에서 선원들을 안전하게 인도하는 역할을 했다. 특히 팔라이몬은 돌고래를 타고 다니며 조난한 배들을 안전하게 항구로 안내했다.

제우스는 이노가 죽자 다시 헤르메스를 시켜 어린 디오니소스를 소아시아 니사Nysa산의 요정들에게 맡겼다. 디오니소스는 이곳에서 헤라의 추적을 피하기 위해 여자아이처럼 옷을 입고 요정들 손에 자라면서 포도나무 재배법과 포도주 제조법을 배웠다. 하지만 다시 소문을 듣고 쫓아

Laurent de La Hyre, 〈어린 디오니소스를 요정들에게 데려다주는 헤르메스〉, 1638

온 헤라가 이번에는 디오니소스를 미치게 만들었다. 그 후 실성한 디오니소스는 아시아, 아프리카, 이집트, 시리아 등지를 떠돌다가 트로이 근처 프리기아Phrygia에 도착하여 마침내 소아시아의 대지모신 키벨레Kybele로부터 광기를 치료받지만, 그 후에도 한참 동안 아시아 이곳저곳을 방랑하며 사람들에게 자신이 배운 포도나무 재배법과 포도주 제조법을 전수했다.

그 당시 청년 디오니소스는 무척 매력적인 모습이었다. 그는 어느 날 이카리아Ikaria섬에서 낙소스Naxos섬으로 가기 위해 티르레니아Tyrrhenia 해적들을 고용했다. 하지만 해적들은 디오니소스를 노예로 팔기 위해 낙소스섬 대신 아시아로 가려고 했다. 그들의 속셈을 알아차린 디오니소스는

6장 ○ 그리스 신화 3대 명문 가문

돛과 노들을 모두 뱀으로 변신시켰으며 해적들의 배를 자신의 상징인 송악 향내와 피리 소리로 가득 차게 했다. 이어 실성한 해적들이 바다에 뛰어들자 그들을 모두 돌고래로 만들어 버렸다. 이때부터 돌고래들은 과거의 잘못을 뉘우치기 위해 선원들과 친하게 지냈으며 난파당한 선원들을 구해 주기도 했다.

다른 설에 의하면 그 당시 청년 디오니소스는 해변에 앉아 잠시 쉬고 있었다. 바로 그때 우연히 근처 항구에 들른 타지 선원들이 귀공자처럼 생긴 그를 왕자로 생각하고 납치하여 노예로 팔아 돈을 챙기려 했다. 그런데 선원들은 그를 구슬려 막상 배에 태우는 데까지는 성공했지만 도저히 제압할 수가 없었다. 아무리 단단히 묶어도 디오니소스는 단숨에 포박을 풀어 버렸다. 그런 일이 몇 번 반복되어도 선원들이 상황을 파악하지 못하자 디오니소스는 마침내 사나운 사자로 변신한 채 배에 화물로 실려 있던 곰들을 풀어 준 다음, 녀석들과 함께 선원들을 해치우기 시작했다.

〈바다를 항해하는 디오니소스〉,
기원전 530년경
(그리스 도기 그림)

그걸 보고 공포에 사로잡힌 선원들이 바다로 뛰어들자 그들을 모두 돌고 래로 만들어 버렸다. 하지만 디오니소스는 자신의 정체를 알아보고 출항을 멈추려 한 키잡이 아코이테스Akoites만은 살려 주었다.

디오니소스는 그 뒤 방랑 생활을 끝내고 그리스로 귀환하면서 자신의 신앙을 전파하기 시작했다. 하지만 처음에는 무질서하고 광적이라는 이유로 강한 반발을 샀다. 그는 먼저 에게해 북부 트라케의 왕 리쿠르고스Lykurgos의 나라에 도착했다. 리쿠르고스는 디오니소스가 자신의 나라에 왔다는 소문을 듣고 군사들을 시켜 그의 신도들을 색출한 뒤 옥에 가두거나 소몰이용 막대기로 마구 때려 트라케 밖으로 추방했다. 디오니소스도 결국 그 위세에 눌려 도망치다가 너무 위급한 나머지 바다로 뛰어들어 바다의 여신 테티스의 동굴에 몸을 숨겼다.

하지만 한참 후에 전열을 정비한 디오니소스는 트라케에 엄청난 가뭄을 일으켜 민심을 흉흉하게 만들었다. 또한 리쿠르고스 왕을 미치게 만들어 그의 아들을 자신의 신목神木인 송악으로 보이게 하여 마치 가지치기하듯 그의 귀와 코와 손가락과 발가락을 잘라내 죽이도록 했다. 이어 리쿠르고스 왕이 아들을 잔인하게 죽인 죄에 대해 벌을 받지 않는 한 가뭄이 끝나지 않을 것이라는 신탁을 퍼트렸다. 이 소문을 듣고 백성들이 궁으로 몰려와 왕을 포박하여 판가이온Pangaion산으로 끌고 가 머리와 사지를 다섯 마리 말에 묶어 달리게 하여 소위 능지처참凌遲處斬에 처했다. 리쿠르고스 왕이 죽자 디오니소스의 배려로 트라케의 가뭄이 거짓말처럼 사라졌다.

디오니소스가 이렇게 트라케에 자신의 신앙을 뿌리내리고 여러 곳을 거쳐 마침내 고향 테베에 도착하자 시민들이 구름떼처럼 몰려들었다. 이때 마침 테베의 왕이었던 펜테우스는 무엇보다도 백성들이 왕인 자신보

6장 ○ 그리스 신화 3대 명문 가문

다도 디오니소스에게 열광하는 게 못마땅했다. 그가 자신의 사촌이라고 주장하는 것도 전혀 믿기지 않았다. 게다가 디오니소스 신도 중에는 여자들이 압도적으로 많았다. 펜테우스는 그 소문을 전해 듣고 디오니소스가 밤마다 테베 근교 키타이론Kithairon산에 여자들을 모아 놓고 축제를 빙자해 광란의 파티를 벌인다고 의심했다. 그래서 군사들을 동원해 테베 시민들이 그 축제에 가지 못하도록 막았다. 하지만 어쩐 일인지 축제는 날마다 더 성대하게 벌어졌고 심지어 그걸 막아야 할 군사들마저 본분을 망각하고는 그 축제를 즐기러 미친 듯이 달려갔다.

𝕮𝕮𝕮𝕮𝕮 **(3)** 𝕮𝕮𝕮𝕮𝕮

제3대 왕 폴리도로스, 제4대 왕 라브다코스: 펜테우스의 죽음, 제우스의 연인 안티오페 이야기

디오니소스는 자신의 신도들을 박해하는 사촌 펜테우스를 그냥 두고 만 볼 수 없어 어느 날 담판을 지을 요량으로 그를 찾아갔다. 그는 펜테우스와 자신이 같은 핏줄임이 입증되면 모든 문제가 해결되리라 생각했다. 하지만 펜테우스는 자초지종을 들어 보지도 않고 디오니소스가 말을 꺼내기가 무섭게 그를 디오니소스의 신도로 오해하고 전격적으로 체포하여 꽁꽁 묶어 감옥에 처넣었다. 디오니소스는 분노했다. 그는 당장 포박을 풀고 감옥 문을 열고 나간 뒤 그날 저녁 펜테우스의 어머니 아가우에와 이모 아우토노에를 자신의 축제에 오도록 한 다음 펜테우스에게 그 축제를 보고 싶은 열망을 심어 주었다.

한밤중이 되자 과연 펜테우스의 마음에 불현듯 키타이론산에서 벌어지는 디오니소스의 축제를 보고 싶은 열망이 밀물처럼 일어났다. 그래서 그는 벌떡 일어나 너울을 쓰고 여장을 한 채 축제 현장으로 달려갔다. 하지만 너무나 많은 사람이 운집해 있는 터라 도대체 신도들 한가운데서 무슨 일이 벌어지고 있는지 볼 수 없어서, 마치 성서에서 세리稅吏 삭개오가 예수를 보려 뽕나무에 올라간 것처럼 근처에 있는 아름드리 참나무 위로 올라가 막 자리를 잡고 구경을 하려고 하는 순간 하필이면 그 모습이 어머니 아가우에의 눈에 띄었다. 그런데 포도주에 취해 최고조의 절정에 오른 아가우에를 비롯한 여신도들의 눈에 펜테우스는 아들이 아니라 사자의 모습으로 보였다.

마침 그때는 디오니소스 신도들이 포도주에 취해 광기에 빠져 들짐승을 산채로 갈기갈기 찢어발기는 축제의 최정점이었다. 그래서 아가우에가 펜테우스를 가리키며 "사자가 저기 있다!"라고 외치자 신도들이 우르르 달려들어 그를 참나무에서 끌어 내렸다. 그러자 어머니 아가우에가 제일 먼저 그에게 달려들어 몸뚱이에서 팔을 뜯어냈고 이어 이모 아우토노에를 비롯한 다른 신도들도 합세해서 다리와 갈비뼈 등을 뜯어냈다. 아가우에는 아침이 되어 제정신이 들어서야 비로소 자신의 손에 아들의 팔이 들려 있는 걸 보고 절망했다. 그 후 테베 사람들은 재판을 열어 살인죄를 저지른 아가우에와 아우토노에 자매를 테베에서 추방했다.

〈펜테우스의 사지를 찢는 아가우에와 이노〉, 기원전 450~425년경
젖먹이 디오니소스를 맡아 키웠던 이노는 이미 죽은 후라 아우토노에라고 하는 게 맞지만 원래 제목이 이렇게 되어 있다(그리스 도기 그림).

혹자에 의하면 펜테우스의 어머니와 이모가 그를 죽이고 테베에서 추방당한 것은 그들에 대한 디오니소스의 복수였다. 그들은 자매 세멜레가 죽자 거짓 소문을 퍼뜨렸다. 그녀가 실수로 그의 옷에서 뿜어져 나오는 광채에 불타 죽은 게 아니라 인간 남자와 몰래 정을 통하다가 그것을 숨기려고 마치 제우스의 사랑을 한 몸에 받고 있는 것처럼 거짓말을 했다가 그에 대한 벌로 제우스의 번개를 맞아 죽었다는 것이다. 펜테우스가 죽은 뒤 그의 아내는 메노이케우스Menoikeus를 낳았고, 메노이케우스는 후에 결혼하여 아들 크레온Kreon과 딸 이오카스테Iokaste를 두었다. 이오카스테가 유명한 오이디푸스의 어머니이자 아내였으니 펜테우스는 오이디푸스의 외증조할아버지인 셈이다.

어쨌든 펜테우스가 죽자 그제야 카드모스의 외아들 폴리도로스Polydoros가 테베의 제3대 왕이 되었다. 폴리도로스는 닉테우스Nikteus의 딸 닉테이스Nikteis와 결혼하여 그녀와의 사이에 아들 라브다코스Labdakos를 두었다. 얼마 후 폴리도로스가 요절하자 라브다코스는 아직 미성년인지라 그의 외할아버지 닉테우스가 섭정이 되어 테베를 다스렸다. 시간이 흘러 라브다코스가 성인이 되자 닉테우스는 손자에게 테베의 왕위를 넘겨주었다.

하지만 테베의 제4대 왕 라브다코스도 왕위에 오른 지 얼마 되지 않아 아티카Attika의 판디온Pandion 왕과 영토 문제로 전쟁을 벌이다가 전사하고 말았다. 그때 그의 아들 라이오스Laios는 한 살에 불과했기 때문에 외증조할아버지인 닉테우스가 다시 섭정이 되어 테베를 다스렸다. 그런데 닉테우스에게는 닉테이스 외에 안티오페Antiope라는 또 다른 딸이 있었다. 그녀는 온실 속의 화초로 자라난 터라 온화하고 깨끗한 것을 선호면서도 늘 마음 깊은 곳에는 은근히 거칠고 추악한 것을 원하고 있었다.

Hendrick Goltzius, 〈제우스와 안티오페〉, 1612

　어느 날 그녀를 보고 첫눈에 사랑에 빠진 신들의 왕 제우스는 이를 간파하고 흉측한 괴물인 사티로스로 변신하여 그녀와 사랑을 나누었다. 사티로스는 반은 인간이고 나머지 반은 염소인 괴물을 총칭하는 이름이다. 어쨌든 그 일이 있은 직후 안티오페는 너무 엄한 아버지가 두려워 시키온Sikyon으로 도망쳐 에포페우스Epopeus 왕과 결혼했다. 그러자 수치심에 치를 떨던 닉테우스는 동생 리코스Lykos를 자신의 후계자로 임명하고 자살한 뒤 유언을 남겼다. 안티오페를 꼭 찾아와 응징해 달라는 것이었다.

　형의 뒤를 이어 테베의 왕이 된 리코스는 얼마 후 에포페우스와 전쟁을 벌여 그를 죽이고 마침내 조카 안티오페를 데려왔다. 그는 우선 안티오페가 테베 궁전으로 오는 중에 키타이론산에서 쌍둥이를 낳자 그들을 산속에 유기했다. 이어 안티오페를 거칠고 폭력적이었던 아내 디르케Dirke에게 맡겨 형의 유언대로 맘껏 박해하도록 했다. 그녀는 안티오페에게 낮에는 노예처럼 힘든 일을 시켰으며 밤에는 달아나지 못하도록 묶어 놓았다.

15, 6년의 세월이 흐른 어느 날 안티오페는 작은어머니 디르케의 박해를 견디다 못해 기회를 틈타 줄을 끊고 궁전을 탈출했다. 곧 디르케의 추격을 받아 한참을 쫓기던 안티오페는 키타이론산에서 허름한 오두막 하나를 발견하고 다급하게 그곳으로 들어가 도움을 청했다. 그런데 그 집은 바로 핏덩이일 때 작은외할아버지 리코스에 의해 버림받은 안티오페의 쌍둥이 아들 암피온Amphion과 제토스Zethos가 양치기인 양아버지와 살던 곳이었다.

하지만 태어나자마자 유기되어 이미 건장한 청년으로 자란 그들이 어머니를 알아볼 리 만무했다. 그래서 디르케는 손쉽게 안티오페를 넘겨받을 수 있었다. 궁전으로 돌아온 디르케는 분노한 나머지 조카를 성난 황소의 뿔에 묶어 죽이려 했다. 바로 그 순간 그사이 양아버지로부터 출생의 비밀을 전해 들은 쌍둥이 형제가 달려와 리코스와 디르케를 그 황소의 뿔에 묶어 처치하고 어머니를 구한 다음 테베의 왕권도 인수했다.

🅖🅖🅖🅖🅖 **(4)** 🅖🅖🅖🅖🅖

제5대 왕 암피온과 제토스, 제6대 왕 라이오스:
코린토스의 왕자 오이디푸스가 스핑크스의 수수께끼를 풀다

테베의 제5대 왕 제토스와 암피온은 테베를 공동 통치하면서 카드메이아 성채 주변에 일곱 성문이 있는 성곽을 쌓았다. 이때 제토스는 직접 어깨에 돌을 날라 왔지만, 암피온은 리라를 연주하여 돌이 저절로 날아오게 했다. 원래 제토스의 아버지는 안티오페를 납치해 갔던 스키로스Skyros의 왕 에포페우스이고, 암피온의 아버지는 사티로스로 변신해 그녀와 사랑을 나누었던 신들의 왕 제우스였다. 그래서 제우스는 전령 헤르메스를 시켜 암피온에게 리라를 선물하고 연주 방법을 가르쳐 주도록 한 것이다.

그렇다면 안티오페의 작은아버지 리코스가 형 닉테우스의 뒤를 이어 섭정을 맡고 있던 테베의 어린 왕 라이오스는 전쟁통에 어떻게 되었을까? 쌍둥이 형제 암피온과 제토스가 테베를 점령하자 그는 천신만고 끝에 측근들과 함께 소아시아의 펠롭스Pelops에게로 달아나 몸을 의탁했다. 그 뒤 라이오스는 펠롭스의 궁전에서 헌헌장부로 자라 그의 아들인 어린 크리시포스Chrysippos에게 전차 모는 법 등을 가르치다가 그 미모에 반해 그와 소년애少年愛에 빠지고 말았다.

급기야 라이오스는 테베의 왕위를 찬탈했던 쌍둥이 형제가 죽고 왕권

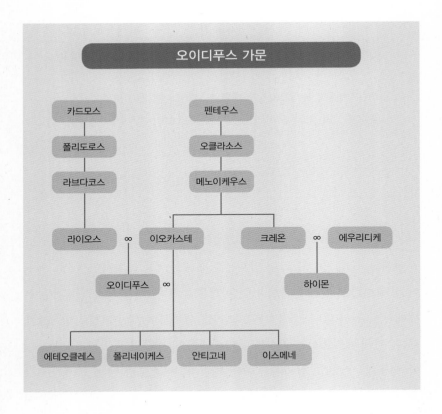

오이디푸스 가문

카드모스 — 폴리도로스 — 라브다코스 — 라이오스 ∞ 이오카스테

펜테우스 — 오클라소스 — 메노이케우스

크레온 ∞ 에우리디케

오이디푸스 ∞

하이몬

에테오클레스　폴리네이케스　안티고네　이스메네

을 회복하자 테베로 귀환하면서 크리시포스를 납치해 데려갔다. 은혜를 원수로 갚은 라이오스에게 분노한 펠롭스는 그에게 저주를 퍼부었다. 결혼해서도 절대로 아들을 얻지 못할 것이며, 혹시 아들이 생기더라도 그 아들이 아비를 죽일 거라고 말이다. 그래서였을까? 라이오스가 테베의 제6대 왕위에 올라 메노이케우스의 딸 이오카스테와 결혼하여 몇 년이 흘렀는데도 자식이 생기지 않았다. 메노이케우스는 바로 테베를 건설한 카드모스가 자신의 후계자로 삼은 외손자 펜테우스의 아들이었다.

라이오스는 결국 델피의 아폴론 신전을 찾아 그 이유를 물었다. 그러자 여사제 피티아Phytia가 실로 어처구니없고 소름 끼치는 신탁을 내렸다. 장차 아들을 낳겠지만 자라서 아비를 죽이고 어미와 결혼한다는 것이다. 그날부터 라이오스는 아내와의 잠자리를 피했다. 그러나 인간의 의지로 신탁을 모면하기란 어려운 것이었을까. 라이오스는 어느 날 만취하여 자제력을 잃고 아내와 동침하였고, 열 달 뒤 정말 아들이 태어났다.

이제 신탁을 피할 수 있는 길은 그 아이를 없애는 방법밖에 없었다. 라이오스는 차마 자신의 손으로 자식을 죽일 수 없었다. 고심 끝에 그는 심복인 양치기 포르바스Phorbas를 시켜 아이가 도망치지 못하도록 발목에 구멍을 뚫고 가죽끈으로 단단히 꿰메 테베 근처의 키타이론산의 나무에 묶어 두도록 명령했다. 산짐승들의 먹이가 되도록 하기 위해서이다. 하지만 양치기도 차마 어린것을 죽일 수가 없어 평소 안면이 있던 코린토스Korinthos의 양치기에게 그 아이를 맡겼다.

코린토스의 왕 폴리보스Polybos와 아내 메로페Merope에게는 마침 아이가 없었다. 그래서 양치기가 데려온 아이를 신의 선물로 생각하고 자신의 친아들로 키웠다. 이름도 '부은 발'이라는 뜻의 '오이디푸스Oidipous'라고 지어 주었다. 아이의 발목에 상처가 나서 퉁퉁 부어

Antoine-Denis Chaudet, 〈오이디푸스와 양치기 포르바스〉, 연도 미상

1. 카드모스 가문

있었기 때문에 그것을 치료해 주고 붙인 이름이었다. 오이디푸스는 그 후 자신의 출생의 비밀을 모른 채 코린토스의 왕자로서 훌륭한 청년으로 성장했다.

그러던 어느 날 코린토스 왕궁에서 벌어진 축제에서 술에 취한 어떤 사람이 무심코 그에게 왕의 친아들이 아니라는 말을 내뱉었다. 오이디푸스가 불안한 마음에 부모에게 진위를 물어도 그들은 펄쩍 뛰며 그가 친아들이 틀림없다고 대답했다. 오이디푸스는 결국 델피의 아폴론 신전을 찾아가 자신이 코린토스 왕의 친아들이 맞는지 물었다. 그러자 여사제 피티아는 그것에 대한 대답 대신 엉뚱하게도 그가 장차 아비를 죽이고 어미와 결혼할 것이라는 신탁을 내렸다. 소스라치게 놀란 오이디푸스는 그 순간 코린토스로 돌아가지 않기로 마음먹었다. 코린토스의 왕 폴리보스를 아직 친아버지라고 생각했기 때문이다.

코린토스를 피해 방랑하던 오이디푸스는 델피에서 다울리아Daulia로 접어드는 어느 삼거리에서 마차를 탄 어떤 노인 일행과 마주쳤다. 그는 좁은 길에서 먼저 양보하라며 대치하고 섰다가 결국 시비가 붙어, 달아난 하인 한 명만 빼고 그 노인을 비롯한 다섯을 모두 죽여 버렸다. 그런데 아뿔싸! 그 노인은 다름 아닌 바로 테베의 왕이자 오이디푸스의 친아버지 라이오스였다. 그는 테베에 어떤 문제가 생겨 그 원인을 알아보기 위해 델피의 아폴론 신전으로 가다가 참변을 당한 것이다.

테베의 왕 라이오스가 죽자 그의 처남 크레온이 임시로 왕권을 이어받았다. 그런데 라이오스의 장례식이 끝나고 얼마 지나지 않아 테베의 일곱 성문 중 가장 큰 성문에 괴물 스핑크스Sphinx가 나타났다. 스핑크스는 '목졸라 죽이는 자'라는 뜻이다. 녀석은 사자의 몸에 독수리의 날개가 달렸고 여자의 얼굴을 한 아주 흉측한 모습을 하고 있었는데 성문을 드나드는

Jean-Auguste-Dominique Ingres, ⟨오이디푸스와 스핑크스⟩, 1808

행인들에게 수수께끼를 내 알아맞히지 못하면 목 졸라 죽이곤 했다. 벌써 수많은 사람이 녀석의 손에 죽임을 당했다.

크레온은 궁리 끝에 녀석이 내는 수수께끼를 맞히는 자에게는 공석인 테베의 왕위를 주겠다는 포고령을 내렸다. 홀로 된 왕비 이오카스테도 아내로 주겠다고 약속했다. 이미 몇몇 지원자가 용감하게 나섰지만 아까운 목숨만 잃었을 뿐이다. 마침 방랑하던 오이디푸스도 우연히 테베의 그 성문을 통과하려 했다. 오이디푸스가 나타나자 스핑크스는 그를 불러 예의 그 수수께끼를 냈다. "아침에는 네발, 점심에는 두 발, 저녁에는 세 발로 걷는 것은?" 곰곰이 생각하던 오이디푸스가 한참 만에 갑자기 "인간!"이라고 정답을 말하자 방심하고 있던 스핑크스는 그만 너무 놀라고 억울한 나머지 옆에 있던 바위에 자신의 머리를 들이받아 자살했다.

6장 ○ 그리스 신화 3대 명문 가문

〰〰〰〰〰 **(5)** 〰〰〰〰〰

제7대 테베의 왕 오이디푸스:
자신의 출생의 비밀을 밝히고 두 눈을 찔러 실명시키다

괴물 스핑크스를 죽이고 테베 궁전에 도착한 오이디푸스는 그 공로로 테베의 제7대 왕위에 올라 왕비이자 어머니인 이오카스테와의 사이에 폴리네이케스Polyneikes, 에테오클레스Eteokles, 안티고네Antigone, 이스메네Ismene 이렇게 2남 2녀를 두었다. 이후 15여 년 동안 태평성대를 누리던 테베에 갑자기 악질 전염병이 창궐했다. 델피의 아폴론 신전에서 그 이유를 물으니 선왕 라이오스를 죽인 자가 테베에서 활개를 치고 있으니 그를 찾아 죽이거나 추방해야 한다는 신탁이 내렸다. 오이디푸스는 범인 색출에 나서지만 결국 자신이 그 장본인임을 알고 두 눈을 찔러 실명시키고 참회의 방랑길을 떠났다.

소포클레스의 비극 「오이디푸스 왕Oidipous Tyrannos」은 바로 테베에 역병이 퍼지는 시점에서 시작한다. 오이디푸스가 스핑크스의 수수께끼를 푸는 것 등 그 전의 이야기는 독자들이 모두 아는 것으로 전제한다. 당시 그리스인들은 오이디푸스 왕의 이야기를 어렸을 적부터 듣고 자란 터라 충분히 이해가 가는 대목이다. 이 작품에는 오이디푸스가 라이오스의 살해범을 잡기 위해 노련한 수사관처럼 수사에 착수하여 자신이 범인임을 깨달아 가는 과정이 자세하게 묘사되어 있다.

「오이디푸스 왕」에서 오이디푸스는 테베의 백성들이 자신을 찾아와 전염병을 퇴치해 줄 것을 간청하자 처남 크레온을 델피로 파견하여 그 원인을 알아보게 했다. 이어 크레온으로부터 앞서 말한 신탁을 전해 듣고 예언가 테이레시아스Teiresias를 불렀다. 앞날을 훤히 내다볼 수 있었던 그에게 선왕 라이오스를 죽인 범인이 누군지 물어보기 위해서였다. 테이레시아스는 무슨 이유인지 몇 번 불러서야 마지못해 나타나서도 오이디푸스에게 시간이 되면 어차피 알게 될 것이라며 진실을 말해 주지 않고 침묵으로 일관했다. 분노한 오이디푸스가 갖은 비난을 하며 몇 번 다그치자 테이레시아스는 하릴없이 그가 바로 자신이 찾고 있는 범인이라고 말해 주었다.

"당신은 아까 내린 명령에 따라 오늘부터는 여기 이 사람들이나 내게 한 마디 말도 걸지 마시오. 당신이 바로 이 나라를 오염시킨 범인이기 때문이오. 당신이 바로 당신이 찾고 있는 범인이란 말이오. 당신은 자신도 모르게 가장 가까운 혈육과 가장 수치스럽게 동거하고 있으면서도 어떤 불행에 빠졌는지 알고 있지 못하고 있단 말이오."

이 말을 들은 오이디푸스는 테이레시아스와 델피에서 신탁을 받아 온 크레온이 자신을 권좌에서 몰아내기 위해 역모를 꾸미고 있다고 의심했다. 그는 테이레시아스를 옥에 가두고 싶었지만 그럴 수도 없었다. 그가 백성들로부터 깊은 존경을 받았기 때문이었다. 오이디푸스는 결국 앞을 보지 못하는 늙은이가 무엇을 제대로 알겠냐고 비아냥거리며 테이레시아스를 궁에서 쫓아냈다. 이어 처남 크레온을 불러 호되게 역모를 추궁

했다.

시끄러운 소리에 놀라 밖으로 나온 왕비 이오카스테가 오이디푸스에게 연유를 묻더니 신탁의 허구성을 말해 주며 그를 달랬다.

> "그런 일이라면 당신은 조금도 염려 마세요. 필멸의 인간은 아무도 미래사를 예언할 수 없어요. 이에 대해 제가 간단한 증거를 보여 드릴게요. 아주 오래전에 전남편 라이오스에게 신탁이 내린 적이 있었어요. 그와 저 사이에 태어난 아들이 그를 죽인다는 것이었어요. 그런데 그이는 어떤 삼거리에서 아들의 손이 아닌 도둑들 손에 살해당했거든요."

오이디푸스는 이오카스테의 말 중에서 '삼거리'라는 말에 약간 당혹감을 느꼈다가 '도둑들'이라는 말 덕분에 내심 안도의 한숨을 내쉬었다.

오이디푸스는 이어 크레온에 대한 오해를 풀고 이오카스테에게 '도둑들에게 당했다'고 말한 삼거리에서 살아남은 라이오스의 수행원을 불러오게 했다. 그런데 하필이면 그 순간 코린토스에서 사자가 도착해 폴리보스 왕의 죽음을 알리며 오이디푸스에게 코린토스로 돌아와 왕위를 이어받기를 바라는 백성들의 바람을 전했다. 이에 대해 오이디푸스는 아버지가 돌아가신 건 마음이 아파도 어머니와 결혼한다는 신탁이 두려워 코린토스로 돌아가지 않겠다고 말했다. 그러자 사자는 껄껄껄 웃으면서 오이디푸스에게 그는 결코 폴리보스 왕의 핏줄이 아니니 아무 걱정하지 말라고 했다.

깜짝 놀란 오이디푸스에게 사자는 자신이 핏덩이였던 그를 테베의 양치기에게서 넘겨받아 자식이 없던 코린토스의 왕 폴리보스에게 갖다준

Charles François Jalabert, 〈오이디푸스와 안티고네〉, 1842

사실을 밝혔다. 사자가 오이디푸스에게 출생의 비밀을 알려 준 것은 그의
오해를 풀어 주고 순전히 그를 코린토스로 데려가기 위해서였다. 오이디
푸스는 사자의 말을 듣는 순간 어안이 벙벙해졌다. 그래도 여전히 자신이
폴리보스 왕의 친아들이 아니라는 사실을 믿지 못했다. 바로 그 순간 삼
거리에서 살아남은 라이오스의 수행원이 등장하여 오이디푸스가 붙잡고
있는 실낱같은 희망을 무참히 깨뜨렸다. 자신이 바로 코린토스의 양치기
에게 핏덩이 오이디푸스를 건네준 장본인이라는 것이다.

　한편 앞서 코린토스의 양치기가 오이디푸스에게 그의 출생의 비밀을
밝히는 사이 이오카스테는 절규하며 궁전 내실로 들어가 목매 자살했다.
이미 깊은 충격에 빠져 어쩔 줄 모르는 오이디푸스에게 이 소식이 전해지
자 그는 이오카스테에게 달려가 그녀의 시신에서 고정핀을 빼 두 눈을 찌

른 다음 피범벅이 된 얼굴로 울부짖었다. 오이디푸스는 이후 자신의 비극적 운명에 절망하여 왕위를 내려놓은 채 테베를 떠나 정처 없이 참회의 방랑길에 나섰다. 이때 남들이 모두 저주하며 외면하는 아버지를 끝까지 따라다니며 봉양한 자식이 바로 안티고네였다.

소포클레스의 「오이디푸스 왕」에 따르면 오이디푸스는 자신의 두 눈을 찌른 후 이렇게 절규한다.

> "아아, 모든 것이 사실이었구나! 오오, 햇빛이여, 내가 너를 보는 것도 지금이 마지막이기를! 나야말로 태어나서는 안 될 사람에게서 태어나, 결혼해서는 안 될 사람과 결혼하여, 죽여서는 안 될 사람을 죽였구나! 이제 너희 두 눈은 내가 저지른 끔찍한 일을 다시는 보지 못하리라. 너희들은 보아서는 안 될 사람들을 그렇게 오랫동안 보고서도, 내가 알아보아야 할 사람들을 알아보지 못했으니, 앞으로 영원히 어둠 속에서 지내도록 하라!"

Day 39

㊢㊢㊢㊢㊢ **(6)** ㊢㊢㊢㊢㊢

정의의 화신 안티고네:
부당한 국가의 법에 항거하다

오이디푸스가 테베의 왕위를 내려놓고 궁전을 떠나자 그의 두 아들 폴리네이케스와 에테오클레스 사이에 권력투쟁이 일어났다. 격론 끝에 그들은 일 년 동안 번갈아 가며 나라를 통치하기로 합의했다. 우선 형인 폴리네이케스가 왕위에 올라 일 년 통치한 후에 동생 에테오클레스에게 왕위를 깨끗이 물려주었다. 하지만 권력을 이어받은 에테오클레스는 기한이 되어도 왕위를 다시 폴리네이케스에게 물려주지 않았다. 급기야 온갖구실을 만들어 폴리네이케스를 테베에서 추방했다. 사실 에테오클레스의 뒤에는 삼촌 크레온이 있었다. 그는 폴리네이케스보다 유약한 에테오클레스를 조종하며 섭정을 하고 있었다.

테베에서 추방당한 폴리네이케스가 망명지로 택한 곳은 바로 아르골리스Argolis 지방의 아르고스Argos였다. 폴리네이케스는 우선 아르고스의 왕 아드라스토스Adrastos의 딸 아르게이아Argeia와 결혼하여 왕의 마음을 샀다. 그는 또한 아르고스로 모여든 다른 망명객 등을 모아 후일을 도모하다가 마침내 아르고스의 군사를 이끌고 테베를 공격했다. 그 당시 테베를 공격한 장수는 폴리네이케스를 비롯하여 아드라스토스, 티데우

Frederic Leighton, 〈안티고네〉, 1882

스Tydeus, 암피아라오스Amphiaraos, 카파네우스Kapaneus, 파르테노파이오스Parthenopaios, 히포메돈Hippomedon 등 총 일곱 명이었다.

　전쟁이 발발하자 예언가 테이레시아스는 오이디푸스의 처남이자 삼촌인 크레온에게 아들을 전쟁의 신 아레스에게 바치면 테베가 승리할 것이라고 충고했다. 그의 아들 메노이케우스가 우연히 그 말을 듣고 성벽에서 아래로 장렬하게 몸을 던져 산화했다. 그러자 전쟁은 신기하게도 테베의 승리로 돌아갔다. 이 전투에서 아르고스의 일곱 명의 장수 중 아르고스의 왕 아드라스토스만 제외하고 모두 전사했다. 특히 폴리네이케스와 에테오클레스 형제는 일대일 결투를 벌이다가 서로 찌르고 찔려 죽었다.

　전쟁이 끝나고 에테오클레스의 아들 라오다마스Laodamas가 너무 어린 탓에 테베의 왕위는 크레온의 섭정에 들어갔다. 그는 자신의 의중대로 움직여 주었던 에테오클레스의 시신은 화려하게 장례를 치러 주었지만 폴리네이케스의 시신은 저잣거리에 방치하여 짐승이나 새의 먹이가 되게 만들어 놓고 포고령을 내렸다.

"폴리네이케스는 외국 군대를 끌고 조국을 침략한 매국노다. 누구든지
그자의 시신을 거두어 주는 자는 죽음을 면치 못하리라."

폴리네이케스와 에테오클레스의 누이 안티고네가 테베로 돌아온 시점
은 바로 이때였다. 그녀는 방랑 생활을 하던 아버지 오이디푸스를 따라다
니며 시중을 들고 있었다. 그녀는 오빠들이 서로 원수처럼 싸움을 벌이고
있다는 사실을 전해 듣고 테베로 달려가 몸이라도 던져 말리고 싶었다.
하지만 그럴 수 없었다. 그녀가 가면 연로하신 아버지는 누가 돌보겠는
가? 그런데 노심초사하는 그녀의 마음을 알았던 것일까? 얼마 지나지 않
아 아버지 오이디푸스가 아테네 근교 콜로노스Kolonos에서 편안하게 눈을
감았다. 안티고네는 부랴부랴 아버지의 장례식을 마치고 테베로 달려갔
다. 하지만 이미 전쟁은 끝이 나고 두 오빠는 싸늘한 주검이 되어 있었다.
   두 오빠의 죽음을 애도할 틈도 없이 그녀는 큰오빠 폴리네이케스의 시
신이 저잣거리에 아무렇게나 방치되어 있는 것을 보고 깊은 고통과 슬픔
에 빠졌다. 왜 가족의 시신을 장례를 치러 주어서는 안 되는가? 소포클레
스의 「안티고네」는 안티고네가 여동생 이스메네에게 오빠의 시신을 거
두어 주는 것이 가족으로서 마땅히 해야 할 일이 아니냐고 은근히 떠보는
것으로 시작한다. 그러자 소심한 이스메네는 왕의 명령이나 권력에 맞서
다가는 비참한 죽음을 맞게 될 것이라며 언니를 말렸다.
   하지만 안티고네는 동생의 경고에도 아랑곳하지 않고 혼자서 오빠의
시신이 있는 곳으로 달려갔다. 늦은 밤도 아니건만 보초병들은 보이지 않
았다. 그들은 이미 술에 취해 어디선가 잠들어 있는 듯했다. 그녀는 오빠

Christian Michelides, 〈폴리네이케스의 시신에 흙을 덮어 주는 안티고네〉, 2015
오스트리아 빈의 부르크극장에서 상연된 공연의 한 장면이다.

의 시신 앞에서 한참 동안 오열하며 그 위에 장례 의식으로 얇게 흙을 덮어 주고 돌아왔다. 뒤늦게 보초병들이 폴리네이케스의 시신에 흙이 덮여져 있는 것을 보고 깜짝 놀라 크레온 왕에게 보고했다. 분노한 왕은 그들에게 범인을 색출하지 못하면 죽음을 각오하라고 엄명을 내렸다.

보초병들은 다시 제자리로 돌아와 시신의 흙을 털어 내고 조심스럽게 시신을 지켰다. 그런데 다음 날 저녁, 날이 어둑어둑해지자 검은 물체 하나가 시신 곁으로 다가왔다. 다름 아닌 바로 안티고네였다. 그녀는 집에 돌아가서 오빠의 시신에 제주祭酒를 뿌려 주지 않은 사실을 떠올리고 다시 오빠의 시신을 찾아온 것이었다. 안티고네는 오빠의 시신에 덮어 주었던 흙이 없어진 것을 보고 다시 주변의 흙을 모아 시신을 덮어 주며 제주를 뿌렸다.

바로 그 순간 보초병들이 살금살금 다가와 그녀를 체포해 크레온 왕 앞으로 데려갔다. 안티고네는 크레온 앞에 끌려와서도 전혀 두려운 기색이 없었다. 크레온 왕은 포고령을 보고도 왜 감히 그 법을 어겼느냐고 호통을 치며 시신에 흙을 뿌려 준 장본인이 그녀인지 물었다. 그러자 안티고네는 가족의 시신을 묻어 준 것은 하늘의 불문율이라며 당당하게 그렇다고 대답했다.

이 말을 들은 크레온 왕은 격노하며 공포된 법을 어긴 것도 모자라 어떻게 그렇게 떳떳할 수 있느냐고 호통쳤다. 하지만 안티고네는 전혀 기가 꺾이는 기색 없이 친오빠의 장례를 치러 준 것이 왜 법을 어긴 것이냐고 따졌다. 이에 대해 크레온은 너만 그렇게 생각하고 있고 백성들은 모두 그것을 범죄로 여긴다고 대꾸했다. 그러자 안티고네는 백성들은 왕이 무서워서 입을 다물고 있을 뿐이라고 반박했다. 자기 혈족을 존중하는 것은 결코 범죄이거나 수치스러운 일이 아니라는 것이다.

결국 안티고네는 크레온 왕의 명령에 따라 바위 석굴에 갇혀 있다 자살한다. 안티고네의 약혼자이자 크레온 왕의 아들 하이몬Haimon도 그녀를 보러 갔다가 안티고네의 시신을 발견하고 절망하여 자살한다. 이어 아들의 자살 소식을 전해 들은 어머니 에우리디케Eurydike도 자살한다. 크레온은 그제야 비로소 자신의 잘못을 깨닫고 정의가 무엇인지 불행을 통해 배웠다며 참회의 눈물을 흘린다. 그러자 코로스도 오만한 자들은 큰 벌을 받고서야 비로소 지혜를 깨닫게 되는 법이라고 노래한다.

Day 40

〰〰〰〰〰 (7) 〰〰〰〰〰

안티고네에 대한 세 가지 견해:
소포클레스, 헤겔, 괴테

소포클레스는 살라미스 해전의 영웅 테미스토클레스Temistokles가 아테네에서 추방당하는 것을 보고 충격을 받아 「안티고네」를 집필한다. 소포클레스는 이 작품에서 죽음을 감수하고서라도 국가의 폭력이나 부당한 시스템에 저항하는 개인의 운명을 다루고 있다. 이 작품에서 크레온은 국민이 지켜야 할 국가의 법을 대변한다. 이에 비해 안티고네는 인간으로서 마땅히 따라야 할 하늘의 불문율을 대변한다. 국가의 법과 하늘의 불문율은 각각 지배자의 독선과 국민의 상식으로 대치할 수 있다. 크레온은 국가의 법이 가장 중요하며 그것이 아무리 개인의 권리와 행복을 해치더라도 위반하면 무조건 엄벌에 처해야 한다고 생각한다. 그는 법이 최고라는 독선에 사로잡혀 있는 지배자다.

크레온은 또한 이런 법과 그것이 집행되는 정치는 남자들의 전유물이라고 생각한다. 그래서 그는 하늘의 불문율을 운운하며 자기에게 목을 꼿꼿이 들고 대드는 안티고네의 태도에 격분하여 "내가 살아 있는 한, 어떤 여자도 나를 지배하지 못할 것이다"라고 말한다. 크레온은 또한 테베의 원로들로 구성된 코로스장에게 만약 이번 일로 안티고네가 벌을 받지 않

6장 ○ 그리스 신화 3대 명문 가문

Jean-Joseph Benjamin-Constant, 〈폴리네이케스 시신 곁의 안티고네〉, 1868

는다면 "내가 아니라 그녀가 남자일 것이오"라며 목청을 높인다. 이어 공범 여부를 조사하기 위해 끌려 나온 이스메네가 크레온에게 아들과 약혼한 언니를 정말 죽일 것이냐고 묻자 "씨 뿌릴 밭은 그것 말고도 얼마든지 있다"며 그녀의 기대를 단칼에 무너뜨린다.

크레온은 심지어 아들 하이몬이 자신을 찾아와서 안티고네를 살려 달라고 간청해도 단호하게 거절한다. "우리는 결코 여자에게 져서는 안 된다. 꼭 져야 한다면, 우리가 한낱 여자에게 졌다는 말을 듣느니, 차라리 남자에게 지는 편이 나을 것이다." 이후 크레온은 하이몬에게 이제 안티고네를 잊어버리라고 충고하면서 자식들은 무조건 아버지의 명령에 따라야 한다고 타이른다. 자식들이 아버지에게 복종하는 것이 바로 최고의 미덕이고, 따라서 아버지에게 불복종하는 것보다 더 큰 악은 없다는 것이다. 아울러 백성들도 마찬가지로 국부인 군주에게 무조건 복종해야 한다고 힘주어 말한다.

하지만 하이몬은 아버지의 명령을 따르지 않고 안티고네의 무죄를 끈질기게 주장한다. 아울러 "한 사람만의 국가는 국가가 아니지요"라고 항변하며 아버지의 독선을 비판한다. 그러자 크레온은 하이몬을 여자들의 편을 드는 "계집년의 노예"라고 비아냥거린다. 그래서 「안티고네」의 주제는 부당한 국가의 법과 정의로운 하늘의 불문율 사이의 대결일 뿐만 아니라 폭력적인 가부장제 사회와 그것에 온몸으로 저항하는 정의로운 여성의 대결이기도 하다. 이 대결에서 소포클레스가 어느 편을 드는지는 작품 마지막에서 크레온이 아들 하이몬과 아내 에우리디케를 잃고 깊이 후회하며 한탄하는 대목을 보면 불을 보듯 뻔하다.

헤겔도 『정신현상학』에서 소포클레스의 「안티고네」를 예로 들어 고대 그리스의 도시국가 폴리스에 대해 분석한다. 그에 의하면 고대 그리스 폴리스에는 두 개의 덕德이 병존하고 있다. 하나는 안티고네로 대변되는 가족의 덕이고, 다른 하나는 크레온으로 대변되는 도시국가의 덕이다. 가족의 덕은 '신의 법률', 즉 연대감과 혈연을 기반으로 한 불문법에 근거하고 있으며 여성의 관할권에 있다. 이에 비해 국가의 덕은 '인간의 법률', 즉 인간에 의해 공표된 법과 명령에 근거하고 있으며 남성의 관할권에 있다. 아울러 가장 순수한 가족관계는 오라비와 누이의 관계이다. 그들은 서로를 욕망하지 않아 서로에게 자유로운 개인이다.

헤겔은 『종교철학강의』에서 「안티고네」에 대해 조금 더 자세한 분석을 가한다. 그에 의하면 「안티고네」에는 두 개의 최고의 도덕적인 힘, 다시 말해 가족에 대한 사랑과 국가의 법이 서로 대립하며 충돌하고 있다. 그래서 크레온은 독재자가 아니라 두 개의 도덕적인 힘 중 하나를 대변하는

6장 ㅇ 그리스 신화 3대 명문 가문

인물이기 때문에 전혀 부당하게 보이지 않는다. 그는 국가의 법과 정부의 권위는 존중받아야 하며 이것을 어기면 벌을 받아야 한다고 주장할 뿐이다. 각각의 힘은 두 개의 도덕적인 힘 중 하나일 뿐이며 일면적이라는 의미다. 그래서 각각의 힘은 일면적이라는 점에서 부당하기도 하며 동시에 정당하기도 하다.

헤겔은 『미학 강의』에서 「안티고네」를 "고대의 가장 숭고하고 탁월한 작품 중의 하나"로 평가하면서 이 작품의 주인공들 역시 서로 배척하고 있는 영역의 구성원이기도 하다는 점을 강조한다. 안티고네는 오이디푸스 왕의 딸이자 하이몬의 약혼자로서 국가의 구성원이기도 하고, 크레온은 남편과 아버지로서 한 가정의 구성원이기도 하다는 것이다. 다시 말해 그들 속에는 각자가 서로 이질적인 것으로 치부하여 거부했던 것도 내재하고 있어서, 결국 그들은 자신들의 속성이기도 한 것에 억눌리고 상처받는 격이라는 것이다. 헤겔의 『정신현상학』이 「안티고네」의 프롤로그라면 『종교철학강의』는 본론이며 『미학 강의』는 에필로그인 셈이다.

괴테도 1827년 3월 28일과 4월 1일에 이루어진 에커만J. P. Eckermann과의 대화에서 소포클레스의 「안티고네」에 대해 언급한다. 그는 비극을 결정짓는 가장 중요한 요소가 「안티고네」 속 국가와 가정의 갈등처럼 절대 풀리지 않는 갈등이라고 말하는데, 논의의 출발점은 헤겔과 비슷하다. 하지만 결론은 그와 사뭇 다르다. 괴테에 따르면 크레온의 행동은 국가의 도덕이 아니라 죽은 자에 대한 증오심에서 나온 것이다. 그래서 크레온이 폴리네이케스의 장례를 금지한 것은 국가의 도덕이 아니라 국가가 개인에게 저지른 범죄다.

괴테는 또한 안티고네를 "아름다운 영혼(schöne Seele)"으로 정의한 다음, 크레온과 이스메네는 그녀를 돋보이게 하기 위해서 꼭 필요한 역할이지

Adolf Gnauth,
〈파우스트와 메피스토펠레스의
계약〉, 1840년경

만 작품에서는 단지 보조적인 역할을 할 뿐이라고 주장한다. 그에 따르면 "고상한 것은 본래 모두 고요한 성격을 지니고 있어서 대립을 통해 일깨워지고 도전을 받지 않는다면 마치 잠자고 있는 것처럼 보인다." 「안티고네」에서 드러나는 도전은 안티고네의 행동 이전에는 그녀와 이스메네의 대립이고, 행동 이후에는 그녀와 크레온의 대립이다. 이것은 마치 괴테의 '파우스트'가 악마 '메피스토펠레스'에 의해 더욱더 돋보이는 것과 같은 이치다.

6장 ○ 그리스 신화 3대 명문 가문

Day 41

｛｝｛｝｛｝ **(8)** ｛｝｛｝｛｝

소포클레스의 「오이디푸스 왕」:
운명비극인가, 성격비극인가?

그리스 신화에서 운명의 여신은 모이라이Moirai 세 자매이며 로마식으로는 파르카이Parcae라고 불렀다. 헤시오도스의 『신통기』에 의하면 모이라이는 태초에 밤의 여신 닉스가 혼자 낳은 딸들이었다. 모이라이는 우선 인간의 생과 사를 관장했다. 그중 클로토Klotho는 생명의 실을 잣고, 라케시스Lachesis는 그 실을 나누어 주며, 아트로포스Atropos는 그 실을 가위로 끊었다. 모이라이는 또한 인간의 행복과 불행을 관장했다. 누구도 모이라이가 나누어 준 인생의 '몫(Moira)'이나 '할당량(Moira)'으로부터 벗어날 수도 피할 수도 없었다. 델피의 아폴론 신전은 운명의 여신을 대신하여 그것을 신탁으로 인간에게 알려 줄 뿐이었다.

오이디푸스의 비극은 운명의 신이 그에게 미리 할당해 준 상식으로는 이해할 수 없는 운명에 의해 초래되었다. 그래서 소포클레스의 「오이디푸스 왕」은 운명비극이다. 오이디푸스는 처음에는 자신의 운명과 맞서 당당하게 싸웠다. 그는 델피에서 자신이 아버지를 죽이고 어머니와 결혼할 것이라는 끔찍한 신탁을 받자 그것을 피하려 집에 돌아가지 않았다. 그는 또한 친아버지로 알고 있던 코린토스의 폴리보스 왕이 노환으로 죽

1. 카드모스 가문

Bernardo Strozzi, 〈운명의 여신 모이라이 세 자매〉, 연도 미상

었다는 소식을 접한 후에도 어머니와 결혼한다는 신탁이 두려워 코린토스에 돌아가지 않았다. 운명에 온몸으로 맞서 저항했던 것이다.

오이디푸스가 젊은 시절 스핑크스의 수수께끼에 대해 내놓은 해답인 '인간'이라는 말은 그의 삶에서 상징적인 의미를 지니고 있다. 오이디푸스는 그 해답을 말함으로써 마치 수수께끼와 같은 인간의 비밀을 푼 것처럼 보였다. 하지만 그것은 마치 단답식 문제를 풀듯 외워서 쓴 해답에

　　　　　　　　　6장 ○ 그리스 신화 3대 명문 가문

불과했다. 그는 테베의 왕이 된 후 마치 셜록 홈스처럼 치밀한 수사를 통해 바로 자신이 아버지를 죽이고 어머니와 결혼한 범인이라는 사실을 밝혀내고, 두 눈을 핀으로 찔러 피범벅이 된 채 절규했다. 운명에 맞서 싸운 자신의 오류를 처절하게 반성하는 것이다. 그래서 소포클레스의 「오이디푸스 왕」은 오이디푸스가 그때까지 갖고 있었던 '인간'에 대한 인식이 완전히 잘못되었음을 통감하는 '참회록'이다.

오이디푸스가 두 눈을 실명시키고 왕위를 내려놓은 뒤 시작한 방랑 생활은 바로 자신이 외워서 대답한 '인간'이란 것이 도대체 무엇인지를 스스로 체득하는 과정이었다. 그는 큰딸 안티고네의 손을 잡고 정처 없이 길을 걸으면서 인간에 대해 깊이 통찰할 수 있는 내면의 눈을 얻게 된다. 운명은 신의 질서와 법칙에 따라 작동하는 인간이 거스를 수 없는 거대한 물결이라는 것을 비로소 깨닫는 것이다. 그가 모든 것을 내려놓고 마치 수도사처럼 걸어간 건 결국 그것을 통찰하는 구도의 과정이었던 셈이다.

Jean-Baptiste Hugues,
〈콜로노스의 오이디푸스〉, 1882

그래서 소포클레스의 「콜로노스의 오이디푸스Oidipous epi Kolonoi」는 오이디푸스가 신과의 관계에서 '인간'이란 한낱 티끌에 불과하다는 사실을 깨달아 가는 '인식의 책'이다.

오이디푸스가 시력을 상실하는 것도, 결국 나중에 뜨게 되는 그의 내면의 눈을 암시하기 위한 수단이었다. 오이디푸스가 내면의 눈을 떴다는 것을 강하게 암시하는 대목은 우선 그가 신의 축복을 받아 행복한 죽음을 맞았다는 사실이다. 심지어 그는 방랑 중에 자신이 묻히는 곳은 번창하고 자신을 홀대하는 곳은 저주를 받을 것이라는 신탁을 받았다. 오이디푸스는 아테네 근교 콜로노스Kolonos에 있는 자비로운 여신들의 성역에 도착

Jean-Antoine-Théodore Giroust, 〈콜로노스의 오이디푸스〉, 1788

6장 ○ 그리스 신화 3대 명문 가문

하자 그곳이 바로 아폴론이 예전에 알려 준, 자신이 죽어 묻힐 곳임을 직감했다. 그래서 그는 여신들에게 자신을 받아 달라고 탄원하며 자신이 완전히 달라졌다고 외친다. "지금의 오이디푸스는 예전의 오이디푸스가 아닙니다!"

하지만 오이디푸스의 비극에는 운명 못지않게 그의 '성격상의 결점'인 '비극적 과오(Hamartia)'도 아주 중요한 역할을 한다. 소포클레스의 「오이디푸스 왕」이 운명비극이 아니라 '성격비극'일 수도 있다는 뜻이다. 아리스토텔레스Aristoteles는 『시학Poietike』에서 비극은 "연민과 두려움을 재현함으로써 그러한 종류의 감정에 대한 카타르시스를 실현한다"고 주장했다. 아리스토텔레스에 의하면 관객에게 연민과 두려움을 일으킬 수 있는 주인공으로서 가장 이상적인 인물은, 행복에서 불행으로 떨어지는 의로운 사람, 불행에서 행복으로 옮겨 가는 악한 사람, 행복에서 불행으로 떨어지는 아주 악한 사람이 아니라, 오이디푸스처럼 "덕과 정의감이 특별히 뛰어나지는 않고, 덕과 악행이 아니라 어떤 과오 때문에 불행에 빠지는 사람이다."

그렇다면 오이디푸스의 비극적 과오는 과연 무엇일까? 그것은 바로 그의 오만(Hybris)한 성격이다. 오이디푸스가 우선 만약 삼거리에서 노인에게 먼저 길을 비켜 주는 배려와 친절을 베풀었다면 아버지를 죽이는 엄청난 죄를 저지르지는 않았을 것이다. 오이디푸스는 또한 테베의 시민들이 선왕 라이오스의 살인범을 잡아 역병을 물리쳐 달라고 하자 자신이 바로 누구도 풀지 못했던 수수께끼를 풀어 괴물 스핑크스를 죽인 사람이라며 극도의 자신감과 우월감을 드러냈다. 그는 아울러 그 범인을 알고도 밝히지 않는 테이레시아스를 조롱하며 이렇게 다그친다.

"자, 한번 말해 보시오. 대체 어디서 당신은 진정한 예언자임을 보여 주었소? 저 암울한 노래를 부르는 스핑크스가 테베에 나타났을 때, 왜 당신은 이 나라 백성들을 구하기 위해 아무 말도 하지 않았지요? 그 수수께끼는 아무나 풀 수 있는 게 아니었고, 그러기 위해서는 예언이 필요했소. 하지만 당신은 그런 예언을 새들이나 신들의 도움을 통해서 해주지 않았소. 바로 그때 내가 나타났소. 이 무식한 오이디푸스가 말이오. 그리고 새들의 도움이 아니라 바로 내 자신의 지혜로 그 수수께끼를 맞혀 그 괴물을 침묵시켰소. 그런 나를 당신은 지금 내쫓으려 하고 있소."

그래서 「오이디푸스 왕」은 인간의 오만에 대해 경종을 울리는 작품이기도 하다. 인간은 아무리 높은 지위에 있어도 언제든지 추락할 수 있으니 늘 오만을 삼가라는 충고의 책이기도 하다. 출생의 비밀이 낱낱이 밝혀진 뒤 오이디푸스가 토해 내는 한탄 뒤에 코로스장이 하는 말도 그것을 뒷받침해 주고 있다.

"아아, 인간 종족들이여, 너희들의 삶은 한낱 그림자에 지나지 않노라. 너희들 중 누가 아무리 행복하다고 해도, 잠시 보이다가 가뭇없이 사라져 버리는 행복의 그림자보다 더 많은 것을 누렸다고 말할 수 있겠는가?"

「오이디푸스 왕」의 마지막 대사도 이를 뒷받침한다.

"내 조국 테베 주민들이여, 자 저기를 보시오, 저분이 유명한 수수께끼

　　　　　6장 ○ 그리스 신화 3대 명문 가문

를 풀고 더없이 큰 권세를 누렸던 오이디푸스요. 어느 시민이 그의 행운을 부러움의 눈길로 바라보지 않았던가요! 그런데 보시오, 그런 그가 얼마나 끔찍한 운명의 폭풍에 휩쓸려 버렸는지 말이오! 그러니 항상 생의 마지막 날이 다가올 때까지 지켜보며 기다리되, 필멸의 인간은 누구도 행복하다고 자랑하지 마시오. 드디어 고통에서 해방되어 삶의 종말에 이르기 전에는 말이오."

다나오스 가문

Day 42

🔲🔲🔲🔲🔲 **(1)** 🔲🔲🔲🔲🔲

다나오스 가문의 시조 이오:
헤라의 질투 때문에 암소로 변신하다

이오Io는 아르고스의 초대 왕 이나코스Inachos와 강의 요정 멜리아Melia 의 딸이자 아르고스의 수호신 헤라 신전의 여사제였다. 이나코스는 또한 아르고스가 속해 있는 아르골리스 지방에 흐르는 이나코스강의 수호신 이기도 했다. 신들의 왕 제우스는 어느 날 헤라 신전에 들렀다가 여사제 이오의 미모에 반해 사랑에 빠진 뒤로 자주 그녀와 함께 지내곤 했다.

그러던 어느 날 헤라는 제우스가 이오와 함께 있다는 얘기를 듣고 질투 심에 사로잡혀 그 현장을 급습했다. 하지만 제우스는 헤라가 도착하기 전 에 얼른 이오를 암소로 변신시킨 다음 시치미를 뚝 떼고 있었다. 어떻게

Nicolaes Pietersz, 〈헤라와 이오〉, 1669년경

암소와 사랑을 할 수 있겠냐는 투였다. 헤라는 사태를 짐작하고 제우스에게 자신을 사랑한다면 그 암소를 선물로 달라고 했다. 심심할 때 놀이 친구로 삼겠다는 것이다.

　제우스는 헤라의 의심을 사지 않기 위해 암소를 넘겨주지 않을 수 없었다. 그러자 헤라는 암소를 끌고 가서 우연히 아르고스라는 지명과 이름이 같은 자신의 충복 아르고스Argos에게 감시하도록 했다. 아르고스는 머리에 눈이 100개나 달린 괴물이었다. 그중 하나는 절대로 감지 않아 감시병으로는 제격이었다. 제우스는 이오가 안타까워 빼내 올 궁리를 하다가 전령 헤르메스에게 그 임무를 맡겼다.

　헤르메스는 나그네로 변신한 채 아르고스에게 다가가 피곤을 풀어 주겠다며 피리를 불기 시작했다. 그런데 헤르메스의 절묘한 피리 소리를 듣고 있던 아르고스의 눈들이 그 선율에 마비되어 하나씩 감기기 시작했다. 이어 절대로 감기지 않는다던 마지막 눈마저도 마술에 걸린 듯 스르르 눈까풀이 감기고 말았다. 바로 그 순간 헤르메스는 숨겨놓은 칼을 뽑아 아르고스의 목을 치고 이오를 구출했다.

이오의 시련은 이것으로 끝난 게 아니었다. 헤라는 우선 죽은 아르고스를 애도하며 그의 머리에서 100개의 눈을 빼서 자신의 신조神鳥인 공작의 꼬리에 붙여 준 다음 쇠파리 떼를 보내 이오를 추격했다. 쇠파리 떼는 암소의 옆구리와 등에 붙어 피를 빨아댔다. 암소는 고통으로 몸부림치며 그리스를 가로질러 유럽과 아시아를 가르는 해협을 건넜다가 다시 소아시아 쪽으로 건너와 흑해 쪽으로 뛰어갔다.

그 해협은 그때부터 '암소로 변신한 이오가 건넜다'고 하여 '암소의 건널목'이라는 뜻을 지닌 '보스포로스Bosporos'라고 불렸다. 보스포로스는 영어로는 '보스포러스Bosporus'라고 하며 마르마라Marmara해와 흑해를 연결하는 해협으로 현재 그 입구에 튀르키예 최대의 도시 이스탄불Istanbul이 놓여 있다.

이오는 해협을 건너면서 가까스로 바닷물에 젖은 쇠파리 떼를 자신의 몸에서 떼어 낸 다음 계속해서 걸었다. 그렇게 걷던 중 카우카소스Kaukasos산까지 갔다가 그곳 절벽에 묶여 벌을 받고 있던 프로메테우스Prometheus를 만나 자신의 미래를 전해 듣는다. 앞으로 갖은 시련을 겪은 후에 이집트에 도착하면 원래의 모습으로 돌아갈 것이며 장차 헤라클레스 등 내로라하는 그리스 영웅들의 시조 할머니가 된다는 것이다.

그 후에도 이오는 소아시아 이곳저곳을 떠돌다가 이탈리아 남부와 그리스 서부 사이의 바다를 건너 이집트로 갔다. 그 바다는 그때부터 이오

6장 ○ 그리스 신화 3대 명문 가문

Claude Lorrain, 〈아르고스에게 이오의 감시를 맡기는 헤라〉, 1660

Abraham Bloemaert, 〈헤르메스, 아르고스, 이오〉, 1592
아르고스의 머리를 자세히 살펴보면 수많은 눈들이 보인다.

2. 다나오스 가문

가 건넜다고 해서 이오니아Ionia해로 불렸다. 이집트를 방랑하던 이오는 마침내 나일강변에 도착해서야 비로소 암소의 탈을 벗고 제우스와 사랑을 하여 에파포스Epaphos라는 아들을 낳았다.

'에파포스'는 '어루만짐'이라는 뜻이다. 그것은 제우스가 이오를 어루만져 수태시켰기 때문에 얻은 이름이다. 에파포스는 한때 헤라의 사주로 청동 종족인 쿠레테스Kuretes에 의해 납치당한 적이 있다. 그러자 이오는 어린 에파포스를 찾아 헤매다가 비블로스Byblos 왕궁에서 보호를 받고 있던 아들을 발견하여 이집트로 데려왔다.

에파포스는 그 후 제우스의 아들답게 헌헌장부로 자라나 이집트의 왕이 되었다. 이어 나일강의 신 네일로스Neilos의 딸 멤피스Memphis와 결혼하여 도시를 세운 다음 그녀의 이름을 따라 멤피스라고 칭했다. 에파포스는 멤피스와의 사이에 아들은 없었고 리비아Libya와 리시아나사Lysianassa라는 두 딸을 두었다.

그중 리비아는 바다의 신 포세이돈의 사랑을 받아 벨로스Belos와 아게노르Agenor를 낳았고, 리시아나사도 마찬가지로 포세이돈의 사랑을 받아 부시리스Busiris를 낳았다. 후에 부시리스는 이집트의 지하세계의 신 오시리스의 사제가 되고, 아게노르는 페니키아Phoinike의 티로스Tyros의 왕이 되며, 벨로스는 할아버지 에파포스의 뒤를 이어 이집트의 왕이 된다.

오시리스의 사제 부시리스는 언젠가 이집트까지 모험을 떠나온 헤라클레스를 사로잡아 자신이 모시는 오시리스에게 제물로 바치려 했다. 하지만 헤라클레스는 절체절명의 순간 자신의 몸을 감고 있던 사슬을 풀고 탈출하여 부시리스와 그의 아들 암피다마스Amphidamas를 늘 갖고 다니던 커다란 올리브 몽둥이로 때려죽였다.

학자들에 따르면 부시리스가 헤라클레스에게 죽임을 당하는 이야기는

6장 ○ 그리스 신화 3대 명문 가문

이집트 신화에서 오시리스가 그의 동생이자 사막과 파괴의 신 세트Seth에게 죽임을 당하는 이야기를 그리스 신화로 풀어낸 것이다. 어떤 학자들은 이오도 나중에 이집트 신화의 위대한 여신 이시스Isis가 된다고 주장한다. 물론 이오의 13대손인 헤라클레스가 어떻게 이오의 3대손에 불과한 부시리스와 이렇게 일찍 만날 수 있는지는 의문으로 남는다.

티로스의 왕 아게노르는 아내 텔레파사와의 사이에 3형제 카드모스, 포이닉스, 킬릭스와 외동딸 에우로페를 두었다. 주지하다시피 에우로페는 황소로 변신한 제우스에 의해 납치되며, 카드모스는 누이를 찾아 나섰다가 목적을 이루지 못하고 그 대신 테베를 건설한다.

에우로페는 나중에 제우스와의 사이에서 크레타의 전설적인 왕 미노스Minos를 비롯하여 그의 형제 라다만티스Radamanthys와 사르페돈Sarpedon 이렇게 3형제를 낳는다. 마지막으로 벨로스는 아내 아키로에Achiroe와의 사이에 쌍둥이 형제 아이깁토스Aigyptos와 다나오스Danaos를 두었다. 다나오스 가문의 진짜 이야기는 바로 이 쌍둥이 형제로부터 시작된다. 다나오스라는 가문 이름도 바로 쌍둥이 형제 중 하나의 이름에서 유래한 것이다.

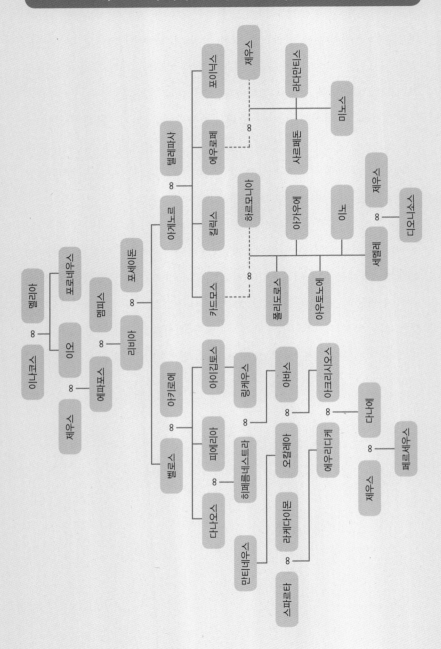

〔〕〔〕〔〕〔〕 **(2)** 〔〕〔〕〔〕〔〕

다나오스와 아이깁토스:
50명의 딸과 50명의 아들을 합동으로 결혼시키다

이오의 손자이자 이집트의 왕이었던 벨로스는 당시 지금의 이집트뿐 아니라 그 주변의 광활한 아프리카 땅을 다스리고 있었다. 벨로스는 살아생전 형제간의 갈등을 미연에 방지하기 위해 자신의 영토를 아라비아Arabia와 리비아로 나눈 다음 각각 쌍둥이 형제 다나오스와 아이깁토스에게 물려주었다. 그 후 벨로스가 죽자 다나오스와 아이깁토스는 아버지의 유지를 받들어 한동안은 서로 우애롭게 지냈다. 그들은 특히 자식 복이 아주 많았다. 다나오스는 서로 다른 아내에게서 총 50명의 딸을 두었으며, 아이깁토스도 마찬가지로 총 50명의 아들을 두었다. 다나오스의 딸들과 아이깁토스의 아들들은 각각 다나이데스Danaides와 아이깁티아데스Aigyptiades로 불렸다.

세월은 유수라고 했던가. 어느덧 아이깁토스와 다나오스의 자식들이 장성하여 결혼할 나이가 되었을 때였다. 아이깁토스가 어느 날 다나오스에게 아버지의 영토를 핏줄이 다른 사람에게 넘겨줄 수 없다는 구실로 자신의 50명의 아들과 다나오스의 50명의 딸을 혼인시키자고 제안했다. 다나오스가 딸들의 의사를 내세워 사랑이 없는 혼인은 무의미하다며 아무리 사양해도 아이깁토스는 물러서질 않았다. 다나오스가 계속해서 자신의 제안을 거절하자 아이깁토스는 마침내 본색을 드러내고 그를 살해할 음모를 꾸몄다. 그는 사실 다나오스의 영토에 욕심을 내고 있었던 것이다.

생명의 위협을 느낀 다나오스는 아테나의 도움으로 세계 최초로 50개 노를 쓰는 갤리선을 만든 다음 은밀하게 딸들과 함께 귀중품을 챙겨 에게해 남동쪽에 있는 로도스Rhodos섬으로 도망쳤다. 아이깁토스는 원한 대로 다나오스의 영토를 차지했지만 후환을 남겨 두고 싶지 않았다. 그는 아들들을 보내 다나오스의 행적을 수소문하며 그들을 추격하기 시작했다. 다나오스는 거친 파도를 헤치고 로도스에 무사히 도착하자 우선 아테나에게 감사하며 린도스Lindos에 '린도스의 아테나'라는 뜻의 '아테나 린디아 Athena Lindia'라는 신전을 세웠다. 그 후 조카들이 추격의 고삐를 바짝 죄어

다나오스가 세운 로도스섬 린도스의 아크로폴리스에 있는 아테나 신전

6장 ○ 그리스 신화 3대 명문 가문

오자 다시 펠로폰네소스Peloponessos반도의 레르나Lerna로 건너갔다. 레르나는 바로 헤라클레스가 머리가 9개 달린 왕뱀 히드라Hydra를 처치한 곳으로 유명한 곳이다.

하지만 다나오스는 레르나에도 정착하지 못할 운명이었다. 그는 얼마후 조카들이 그곳으로 온다는 첩보를 입수하자 당장 짐을 챙겨 야반도주한 끝에 마침내 시조 할머니인 이오의 고향 아르고스 해안에 도착했다. 그런데 바로 그 순간 그의 꽁무니를 쫓던 아이깁토스의 아들들도 어느새 아르고스 해안으로 시시각각으로 다가오고 있다는 급보가 들려왔다. 아이스킬로스의 비극 「탄원하는 여인들Hiketides」은 바로 이 대목에서 시작한다. 절체절명의 순간 다나오스는 딸들을 데리고 해안의 원시림 속에 마련되어 있는 신들의 제단 앞으로 뛰어가서 목숨을 구해 달라고 탄원했다.

당시 아르고스 왕 펠라스고스Pelasgos는 해안 보초병들로부터 어디선가 이방인들이 나타나 탄원한다는 보고를 받고 부리나케 그곳으로 달려왔다. 다나오스로부터 그간의 사정을 전해 들은 펠라스고스 왕은 직감적으로 자신이 진퇴양난에 빠졌음을 직감했다. 만약 다나오스 일행의 탄원을 들어주었다가는 아이깁토스의 아들들과 전쟁을 치러야 할 것이고, 만약 그들의 탄원을 들어주지 않으면 탄원자의 수호신인 신들의 왕 제우스의 뜻을 거스르는 것이어서 벌을 받을 게 뻔했기 때문이다. 다나오스의 딸들은 미적지근한 그의 태도를 보고 만약 자신들의 탄원을 들어주지 않으면 모두 허리띠로 목매 자살하겠다며 그를 압박했다.

펠라스고스 왕은 그들을 달래며 도시 전체를 위험에 빠뜨릴 수 있는 일은 자신 혼자가 아니라 전 시민들과 상의해서 결정해야 한다고 대답했다. 이어 다나오스에게 안내자를 하나 붙여 주며 아르고스에 산재해 있는 신들의 제단에 탄원의 나뭇가지를 바쳐 시민들 모두에게 그들의 위급함을

아르고스에 있는 헤라 신전의 유적

알리라고 당부한 다음, 민회를 개최하기 위해 급히 그곳을 떠났다. 그 후 얼마 되지 않아 아르고스 해안에 상륙한 아이깁토스의 아들들이 보낸 전령이 무장병들을 대동하고 나타났다.

전령은 다나오스의 딸들에게 반드시 데려가겠다며 협박했다. "누구든 자진해서 배가 있는 곳으로 가지 않으시면 고운 옷이 갈기갈기 찢겨 누더기가 될 것입니다." 다나오스의 딸들이 놀라 비명을 지르면서도 배 쪽으로 움직일 기미가 보이지 않자 전령은 협박을 계속했다. "이젠 어쩔 수 없이 공주님들의 머리끄덩이라도 잡아끌고 가야 할 것 같군요. 공주님들이 제 말을 전혀 귀담아듣지 않으시니까 말이에요." 바로 그 순간 아르고스의 펠라스고스 왕이 나타나 전령에게 자신의 신분을 밝히며 그를 제지했다. 아울러 민회에서 아르고스의 시민들이 다나오스의 딸들을 폭력적인

6장 ○ 그리스 신화 3대 명문 가문

사촌들에게 넘겨주지 않기로 의결했다는 사실을 전했다.

전령은 펠라스고스 왕의 말을 듣고 약간 기가 꺾이는 듯하면서도 이젠 전쟁은 피할 수 없게 되었다며 은근히 그를 협박했다. 분노한 왕은 그에게 천하무적의 아르고스 병사들에게 혼쭐이 나기 전에 당장 꺼지라고 명령했다. 전령이 마지못해 물러나자 펠라스고스 왕은 아직도 공포에 사로잡혀 있는 다나오스의 딸들을 위로했다. "당신들은 이제 든든한 성벽으로 둘러싸인 안전한 우리 도시에서 나와 시민들의 보호를 받으며 자유롭게 살 수 있소."

그사이 다나오스도 무장한 아르고스 병사들의 호위를 받으며 나타나 딸들에게 말했다. "얘들아, 아르고스 시민들을 위해 제물을 바치고 헌주를 하자꾸나. 그분들은 마치 올림포스의 신들을 대하듯 우리를 위험에서 구해 주었으니까 말이다. 그들은 내게서 자기 혈족인 너희가 당한 일들을 전해 듣고는 너희들 편을 들어 주며 사촌들에게 무척 분노했단다. 그리고 혹시 그들에게 해코지를 당하지 않을까 염려한 나머지 내게 이렇게 호위병들까지 붙여 주었단다."

다나오스와 아이깁토스의 싸움은 이것으로 일단락되는 것처럼 보였다. 하지만 아이깁토스는 집요했다. 얼마 후 아들들과 함께 병사들을 데리고 직접 아르고스로 쳐들어왔기 때문이다. 그는 이미 다나오스가 포기한 리비아와 자신의 영토였던 아라비아를 통합하여 아버지 벨로스가 다스리던 예전의 영토를 모두 손에 넣었다. 하지만 그는 그것으로는 안심할 수 없었다. 나중에 다나오스가 50명의 사위들과 함께 언제든지 군사들을 이끌고 쳐들어와 리비아의 소유권을 주장할 수 있기 때문이었다.

다나오스 가문

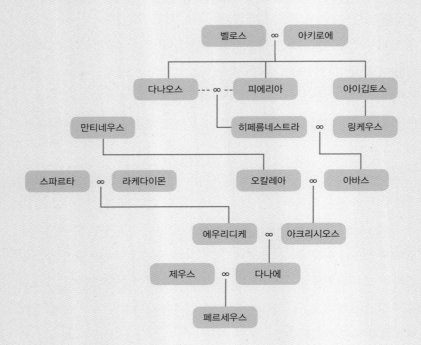

Day 44

〰〰〰〰〰 **(3)** 〰〰〰〰〰

49명의 다나이데스:
아버지의 사주로 첫날밤에 49명의 남편을 살해하다

다나오스는 아르고스의 시민이 된 후로 이오의 후손이라는 후광을 업고 힘을 키우기 시작하더니, 이윽고 아르고스의 왕 펠라스고스와 대등한 세력을 형성하자 그의 실정을 구실로 왕권을 넘기라고 요구했다. 말하자면 다나오스와 펠라스고스 사이에 권력투쟁이 벌어진 것이다. 이때 펠라스고스는 다나오스가 너무 가소로운 나머지 피식 웃었다고 한다. 그래서 펠라스고스는 '웃는 자'라는 뜻을 지닌 '글라노르Glanor'로 불리기도 한다.

아르고스 민회는 권력 승계 안건을 두고 오랫동안 격론을 벌였지만 쉽게 결론을 내지 못했다. 그러던 어느 날 어디선가 늑대 한 마리가 나타나 왕실 소유의 소 우리로 돌진해 들어갔다. 그러자 우두머리 황소가 녀석에게 용감하게 대적해 싸우다가 그만 급소를 물려 죽고 말았다. 아르고스 시민들은 그 사건을 신이 내린 신탁으로 여기고 다음 날 속개된 민회에서 전격적으로 다나오스를 자신들의 새로운 왕으로 선출했다.

아르고스 시민들은 우두머리 황소를 펠라스고스로, 외부에서 갑자기 나타난 늑대를 다나오스로 해석한 것이다. 다나오스는 왕위에 오르자 아폴론이 그 늑대를 보내 자신을 도와주었다고 믿고 아르고스에 '아폴론 리

2. 다나오스 가문

315

케이오스Apollon Lykeios'라는 신전을 세웠다. 아폴론 리케이오스는 '늑대의 아폴론'이라는 뜻이다. 다나오스는 특히 물이 부족한 아르고스에 고향 리비아에서 익힌 우물 파는 기술을 전파해 민심을 얻었다.

다나오스가 통치하던 시기에 언젠가 아르고스에 엄청난 가뭄이 들었다. 아르고스인들이 헤라를 수호신으로 정하자 선택받지 못한 포세이돈이 분노하여 물줄기를 모두 틀어막았기 때문이다. 다나오스는 딸들을 모두 전국 각지로 급파하면서 무슨 수를 써서라도 포세이돈을 찾아 토라진 마음을 돌려 보라고 명령했다. 그중 아미모네Amymone도 포세이돈을 찾아 헤매다가 괴물 사티로스의 습격을 받고 겁탈당할 위기에 처했다.

절체절명의 순간에 아미모네가 포세이돈의 이름을 부르며 도움을 요청했다. 그러자 포세이돈이 어디선가 나타나 삼지창을 들어 사티로스를 향해 던졌다. 창은 아슬아슬하게 목표물을 빗나가 근처 바위에 꽂혔고 운좋게 목숨을 건진 사티로스는 줄행랑을 쳤다. 그런데 포세이돈이 바위에서 삼지창을 뽑자 신기하게도 구멍에서 샘물이 솟아났다. 그 샘물은 아무리 가뭄이 들어도 절대 마르지 않았으며 아미모네 덕분에 생겼다고 해서 '아미모네의 샘물'이라 불렸다. 바로 이 샘물에서 나중에 머리가 9개 달린 괴물 뱀 히드라가 태어나 근처 레르나에 둥지를 틀고 살다가 영웅 헤라클레스에게 죽임을 당한다.

아미모네는 감사의 표시로 포세이돈의 사랑을 받아들여, 장성한 뒤 유능한 선원이 되었던 나우플리오스Nauplios라는 아들을 낳았다. 현대 그리스의 첫 번째 수도였던 지중해의 아름다운 항구도시 '나프플리오Nafplio'는 바로 아미모네의 아들 나우플리오스가 건설하여 그의 이름을 딴 것으로 '그리스의 나폴리'로 불린다. 현재 나프플리오에는 나우플리오스의 아들이자 트로이 전쟁에 참전한 영웅 팔라메데스Palamedes의 이름을 딴 '팔라미

6장 ○ 그리스 신화 3대 명문 가문

팔라미디 성채

디Palamidi 성채'도 있다. 베네치아 치하에 건설된 이 성채는 999개의 계단 으로 유명하다.

　다나오스가 아르고스에 불어닥친 가뭄을 해결하고 태평성대를 구가하 던 어느 날, 그의 형제 아이깁토스가 다시 전열을 정비하여 50명의 아들 과 함께 군사들을 이끌고 아르고스를 공격했다. 다나오스는 결사 항전했 지만 결국 그의 끈질긴 포위 공격을 막아내지 못하고 항복하고 말았다. 그런데 아이깁토스가 내민 강화조건이 바로 다나오스가 50명의 딸을 자 신의 50명의 아들과 결혼시켜야 한다는 것이었다.

　그렇다고 그대로 당하기만 할 다나오스가 절대 아니었다. 그는 합동 결혼식이 벌어지기 전날 저녁, 딸들에게 은밀하게 기다란 바늘을 하나씩 건네주며 첫날밤에 잠든 신랑의 머리를 찔러 모두 살해하라고 명령했다. 그러자 그들은 아버지의 명령에 따라 첫날밤을 치른 뒤 깊이 잠든 신랑들

Robinet Testard, 〈첫날밤에 남편들을 죽이는 다나이데스〉, 1496~1498
이 그림에서 다나오스의 딸들은 바늘이 아니라 칼을 사용해 남편들을 살해한다. 맨 왼쪽 여인은 칼을 들지 않고 침대 위에 올려 놓은 것으로 보아 큰딸 히페름네스트라가 분명하다.

을 아버지가 일러 준 방식대로 살해했다. 하지만 다나오스의 큰딸 히페름네스트라Hypermnestra만은 아이깁토스의 큰아들 링케우스Linkeus를 살려 주고 도망치게 했다. 링케우스가 자신의 정조를 지켜 주었기 때문이다. 아이깁토스도 간신히 목숨을 부지한 채 아라비아로 도망쳤다.

피비린내 나는 첫날밤이 지나고 아침이 되어서야 다나오스는 큰딸이 자신의 명령을 어긴 것을 알고 분노했다. 그는 당장 그녀를 체포하여 감옥에 가두고 재판에 회부했다. 하지만 히페름네스트라는 사랑의 신 아프로디테의 개입으로 무죄 방면되었다. 그 후 남편을 살해한 49명의 다나오스의 딸들에게는 구혼자가 선뜻 나서지 않았다. 그래서 다나오스는 자

John William Waterhouse, 〈다나이데스〉, 1903

주 아르고스 청년들을 모아 놓고 달리기 시합을 개최하여 매번 1, 2위에게 딸들을 나이순대로 하사하여 결국 모두 결혼시켰다.

　그렇다면 첫날밤에 유일하게 살아남은 아이깁토스의 아들 링케우스는 어떻게 되었을까? 그는 얼마 후 정예병들을 이끌고 아르고스에 잠입하여 장인 다나오스를 암살하고 49명의 처제들을 모두 죽여 형제들의 원수를 갚은 다음, 아내 히페름네스트라와 감격적인 재회를 했다. 다나오스의 딸들이 비명횡사하자 신들은 그들을 지하세계의 감옥 타르타로스^{Tartaros}에 가둔 채 밑 빠진 독에 물을 가득 채우라는 형벌을 가했다. 그들의 노역에서 '다나이데스의 물독'이라는 격언이 유래했다. 그것은 '아무리 해도 끝나지 않는 헛된 일'을 의미한다.

　다나오스의 뒤를 이어 아르고스의 왕이 된 링케우스는 아내와의 사이에 아들 아바스^{Abas}를 두었다. 바로 이 아바스에게서 소위 '아르고스 왕조'가 시작된다. 그리스 신화 속 영웅의 원조 페르세우스^{Perseus}와 불세출의 영웅 헤라클레스도 바로 이 아바스의 후손이다. 그리스 신화의 걸출한 두 영웅이 다나오스 가문 출신이어서 그랬을까? 호메로스는 『일리아스』와 『오디세이아』에서 전체 그리스인을 칭하는 말로 '다나오스인'과 '아르고스인'을 자주 사용한다.

탄탈로스 가문

Day 45

(1)

탄탈로스:
아들 펠롭스의 고기 요리로 신들을 시험하다

그리스 신화 속 탄탈로스Tantalos 가문의 이야기는 고대부터 수많은 작가의 단골 소재로 활용되면서 사람들의 주목을 받았다. 시조인 탄탈로스 때부터 몇 대에 걸쳐 가문에 내려진 저주로 인해 너무 끔찍한 범죄가 꼬리에 꼬리를 물고 일어나 사람들은 잠시도 긴장의 끈을 내려놓지 못했기 때문이다. 특히 탄탈로스 가문의 가족들이 펼치는 복수극은 피비린내가 진동한다.

탄탈로스는 소아시아 프리기아Phrygia의 부유한 왕이었다. 그는 제우스와 요정 플루토Pluto의 아들이었던 덕택으로 신들의 사랑을 한 몸에 받았

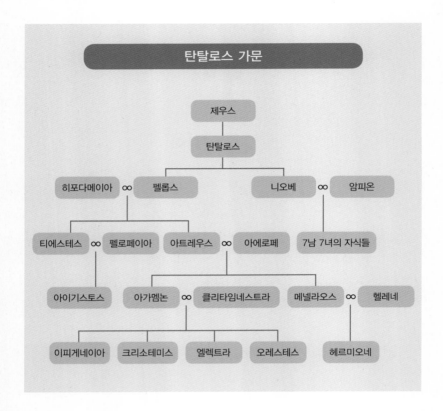

탄탈로스 가문

제우스
│
탄탈로스
│
├─────────────────────┬─────────────────────┤
히포다메이아 ∞ 펠롭스   니오베 ∞ 암피온
│   │
├──────────┬──────────┤   7남 7녀의 자식들
티에스테스 ∞ 펠로페이아   아트레우스 ∞ 아에로페
│   │
아이기스토스   아가멤논 ∞ 클리타임네스트라   메넬라오스 ∞ 헬레네
│   │
├──────────┬──────────┬──────────┤   헤르미오네
이피게네이아 크리소테미스 엘렉트라   오레스테스

다. 그래서 그는 자주 올림포스 궁전으로 초대를 받아 신들의 음료 넥타르Nektar나 신들의 음식 암브로시아Ambrosia를 맛보기도 했다. 탄탈로스는 그런 자신이 대견하고 자랑스러웠다. 그는 친구들에게 그 사실을 자랑하며 오만을 떨었다. 급기야 친구들이 그 사실을 믿지 않자 올림포스 궁전에서 넥타르와 암브로시아를 훔쳐다가 맛을 보여 주기도 했다. 신들이 그 사실을 모를 리 없었지만 그를 귀엽게 생각해 눈감아주었을 뿐이다.

어느 날 탄탈로스는 신들을 집으로 초대했다. 자신만 대접을 받는 것 같아 미안한 생각도 들었지만 사실은 세상 사람들에게 신들과의 친밀한 관계를 과시하고 싶어서였다. 그런데 예상하지 못한 사태가 벌어졌다. 음식이 충분히 준비했는데도 신들이 시장했던지 금방 동이 나 버린 것이다. 탄탈로스는 음식을 다시 장만하다가 불현듯 기상천외한 생각을 하게 되었다. 신들을 한번 시험하고 싶은 생각이 든 것이다. 자신이 넥타르와 암브로시아를 훔쳤는데도 아무 일 없는 것을 보면 신들의 능력이 의심스러웠기 때문이다.

그는 당장 몸부림치는 외아들 펠롭스Pelops의 입을 틀어막고 짐승처럼 잡아 토막을 내 불고기 요리를 해서 신들에게 내놓았다. 하지만 신들이 그 사실을 모를 리 없었다. 곡물의 여신 데메테르만 무심결에 펠롭스의 어깻죽지를 들고 물어뜯고서야 인육인 것을 알았다. 그녀는 마침 지하세

Hugues Taraval, 〈탄탈로스가 신들을 위해 개최한 만찬〉, 1767
탄탈로스는 헤르메스에 의해 체포되고, 그의 아들 펠롭스는 되살아난다. 어린 펠롭스를 안고 있는 신은 제우스, 그 아이를 받는 여신은 데메테르로 보인다.

계의 신 하데스에게 납치당한 딸 페르세포네 생각에 정신이 팔려 있었다. 그녀는 얼른 입 안에 있던 살점과 뼛조각을 뱉어 냈고 그것을 신호로 신들의 분노가 폭발했다.

신들은 탄탈로스를 불러 단박에 지하감옥 타르타로스에 가두고 끝없는 갈증과 허기에 시달리게 했다. 탄탈로스는 타르타로스에 있는 호숫가 한 자리에 우두커니 서 있어야 했다. 물은 가슴까지 차 있었고 호숫가에는 과일이 주렁주렁 열린 과일나무 들이 즐비했다. 하지만 그가 목이 말라 물을 마시러 고개를 숙이면 호수는 금세 바닥이 드러났고, 배가 고파 과일에 손을 뻗으면 가지가 멀리 달아났다. 그런 탄탈로스의 형벌에서 '감질나게 하다'라는 뜻의 영어 단어 '탠털라이즈^{tantalize}'가 유래했다. '탄탈

Giovanni Battista Langetti, 〈탄탈로스〉, 연도 미상

6장 ○ 그리스 신화 3대 명문 가문

로스의 형벌'이라는 격언도 그가 받은 형벌에서 유래했다. 그것은 주변에 아무리 좋은 것이 있어도 그것을 누릴 수 없는 사람들의 애타는 상황을 놓고 하는 말이다.

그렇다면 펠롭스는 어떻게 되었을까? 신들은 펠롭스가 너무 불쌍하다고 생각하여 다시 살려 주기로 했다. 사실 펠롭스는 아버지를 잘못 만난 죄밖에 없지 않은가. 펠롭스를 다시 살리는 일은 인간의 생명을 관장하는 운명의 여신 모이라이 세 자매 중 클로토가 떠맡았다. 그녀는 펠롭스의 시신 조각들을 커다란 솥에 넣고 끓여 그를 살려 냈다. 데메테르가 물어 뜯어 못 쓰게 된 어깨뼈는 상아로 재생했다. 그런데 피는 속일 수 없다고 했던가. 펠롭스도 장성하여 결혼할 때가 되자 끔찍한 범죄를 저질렀다.

펠롭스는 피사Pisa의 왕 오이노마오스Oinomaos의 딸 히포다메이아 Hippodameia에게 마음을 두고 있었다. 하지만 오이노마오스는 딸의 결혼을 승낙하지 않았다. 그는 딸의 구혼자에게 이루기 어려운 과업을 내어 주며 딸의 결혼을 방해했다. 모든 구혼자는 그와 마차 시합을 해서 이겨야 결혼을 할 수 있었다. 이기지 못하면 목숨을 내놓아야 했다. 그에게는 전쟁의 신 아레스가 선물한 말이 있어 그 누구도 그의 추격을 벗어날 수 없었다. 아무리 멀리 떨어져 있어도 아레스의 말은 상대를 따라잡았다. 오이노마오스는 구혼자들에게 먼저 출발하게 하는 여유를 보일 정도였다. 그는 집안 곳곳에 자신과 시합을 하다가 죽은 구혼자들의 해골을 걸어 놓았다.

펠롭스는 정식으로 시합을 해서는 오이노마오스를 이길 수 없다고 생각했다. 궁리 끝에 그는 오이노마오스의 마부 미르틸로스Myrtilos를 매수했다. 펠롭스는 히포다메이아와 첫날밤을 보낼 권리와 주인의 재산 절반을 주겠다며 그를 꼬드겼다. 귀가 솔깃해진 미르틸로스는 시합 전날 밤

주인의 마차 바퀴 하나에서 마차 축을 빼고 밀랍을 집어넣었다. 이윽고 다음 날 펠롭스가 먼저 출발하고 오이노마오스가 한참 후에 그 뒤를 추격했다. 하지만 오이노마오스의 마차는 출발하고 얼마 되지 않아 바퀴가 빠지는 바람에 산산조각이 났다. 그 충격으로 오이노마오스는 채찍에 묶인 채 마차에서 떨어져 끌려가다가 결국 길가 바위에 치여 죽고 말았다. 그는 죽기 바로 직전 혼신의 힘을 다해 자신을 배신한 마부 미르틸로스를 저주했다. 반드시 펠롭스의 손에 죽게 될 것이라고 말이다.

펠롭스는 히포다메이아와 무사히 결혼식을 치른 뒤 장인의 마부 미르틸로스를 약속대로 신혼여행을 시켜 준다며 아내와 함께 마차에 태우고 가다가 마차가 해안 절벽 길로 접어드는 순간 갑자기 발로 그를 밀어뜨렸다. 미르틸로스는 절벽에서 바다로 떨어지면서 펠롭스와 그의 가문에 저주를 퍼붓고 아버지 헤르메스에게 원수를 갚아 달라고 간청했다. 그의 저주와 기도가 통했던 것일까? 아니면 사필귀정이었을까? 탄탈로스 가문의 다음 세대는 가족 간에 벌어진 싸움과 복수극 때문에 피로 얼룩져 있다. 그들이 벌이는 골육상잔의 유혈극은 정말 떠올리고 싶지도 않을 정도로 잔인하다.

Day 46

〰〰〰〰〰〰 **(2)** 〰〰〰〰〰〰

아트레우스:
티에스테스에게 복수하기 위해 조카들을 요리해 먹이다

탄탈로스의 아들 펠롭스에게는 아트레우스Atreus와 티에스테스Tyestes라는 두 아들이 있었다. 형제는 태어날 때부터 원수처럼 지냈다. 하나가 잠이 들면 다른 하나는 깨어 있을 정도였다. 아버지의 권력을 이어받을 때가 되자 그 갈등의 골은 깊어만 갔다. 그들은 아버지의 권좌를 놓고 만날 옥신각신하다가 마침내 합의점에 도달했다. 왕이 될 자에게는 하늘이 무슨 상징을 내려 줄 테니 그것이 나타날 때까지 기다리자는 것이었다.

그러던 어느 날 형 아트레우스가 동생에게 상징물이 나타났다고 알렸다. 백성들과 신하들이 모이면 그들 앞에서 그 상징물을 공개하겠다고도 했다. 최근에 그는 자신에게 나타난 황금 양의 가죽을 벗겨 곳간 깊숙한 곳에 숨겨 놓았던 터였다. 동생도 회심의 미소를 지었다. 그도 믿는 구석이 있었다. 그 황금 양피가 이미 자신의 손아귀 안에 들어와 있었기 때문이다. 동생은 오래전부터 형수 아에로페Aerope와 정을 통하면서 형의 일거수일투족을 훤히 내다보고 있었던 것이다.

드디어 회담 날 아트레우스는 없어진 황금 양피가 동생의 손에 들려 있는 것을 보고 소스라치게 놀랐다. 아트레우스는 동생 티에스테스에게 꼼

3. 탄탈로스 가문

짝없이 왕위를 양보할 수밖에 없었다. 그 황금 양피가 원래 자기 것이었다고 해도 아무도 믿어 주지 않았다. 하지만 아트레우스는 결코 포기하지 않았다. 그는 제우스의 특별한 사랑을 받고 있었다. 그는 제우스에게 어처구니없이 동생에게 빼앗긴 왕위를 찾게 해 달라고 간절히 기도했다. 어느 날 제우스가 꿈속에 나타나 그 방법을 일러 주었다. 동생에게 당시 서쪽에서 떠서 동쪽으로 지던 해를 거꾸로 가게 하는 기적을 보일 테니 왕위를 달라고 제안하라는 것이었다.

그는 즉시 동생 티에스테스를 찾아가 제우스가 시킨 대로 제안했다. 동생 티에스테스는 형의 말을 듣고 실소를 금치 못했다. 그는 형이 실성했다고 생각했다. 어떻게 태양의 진로를 바꿀 수 있단 말인가. 그는 자신의 권력을 공고히 할 수 있는 기회로 생각했다. 눈엣가시인 형을 영원히 잠재울 수 있는 절호의 찬스였다. 그래서 형의 제안을 흔쾌히 받아들였다.

다음 날 다시 신하들과 백성들이 모인 자리에서 아트레우스가 제우스를 부르며 기도를 시작했다. 그런데 정말 기적이 일어났다. 동쪽으로 가던 태양이 갑자기 방향을 바꾸어 서쪽으로 다시 돌아가는 것이 아닌가. 신하들과 백성들은 환호성을 지르며 아트레우스를 연호했다. 티에스테스는 제우스의 후원을 받는 형에게 엄청난 두려움을 느꼈다. 그는 그길로 형에게 왕위를 양보한 뒤 가족들을 데리고 이웃 나라로 망명했다. 오늘날 태양이 서쪽으로 지게 된 데는 이런 사연이 숨어 있었던 것이다.

아트레우스는 동생이 떠나고 한참이 되어서야 왜 자신의 황금 양피가 동생의 손으로 넘어갔는지를 알게 되었다. 그는 아내와 간통한 동생에게 심한 모욕감을 느꼈다. 이 시점에서 탄탈로스 가문의 혈육 간에 벌어진 처절한 복수극이 시작된다. 아트레우스는 백방으로 동생의 행방을 추적

Václav Jinřdich Nosecký & Michael Václav Halbax, 〈티에스테스와 아트레우스의 만찬〉, 1700년경

한 끝에 마침내 그가 숨어 사는 곳을 알아냈다. 그는 동생에게 전령을 보내 이제 옛일은 잊고 화해하자며 그를 궁전으로 초대했다. 동생 티에스테스가 순진하게도 그 말을 믿고 두 아들과 함께 형을 찾아왔다. 사실 망명 생활은 힘이 들었다. 그는 이제 형을 의지하며 편하게 살고 싶었던 것이다. 아트레우스는 동생을 두 팔을 벌려 반갑게 맞이했다. 그는 다정하게 동생의 손을 잡고 조용히 단둘이 지난 얘기나 하자며 궁전 내실로 안내했다.

형제가 한참 이런저런 이야기를 나누고 있는데 불고기 요리가 들어왔다. 티에스테스는 먼 길을 달려온지라 몹시 시장기가 돌았다. 그는 불고기 요리를 허겁지겁 맛있게 먹은 다음 형에게 무슨 고기냐고 물었다. 형은 아무 말 없이 뚜껑이 있는 접시를 가리켰다. 티에스테스가 뚜껑을 열자 그 속에는 그의 두 아들의 머리와 팔다리가 올려져 있었다. 티에스테스는 사색이 되며 순간 구역질을 해 댔다. 그는 형수와 놀아나며 자신을 모욕한 대가라고 외치며 동생을 다시 추방했다. 그는 동생을 죽이는 것보다 그것이 더 처절하게 복수하는 길이라고 생각했다.

티에스테스는 형의 궁전을 나오면서 반드시 복수하리라 굳게 마음먹었다. 그는 그길로 델피의 아폴론 신전을 찾아 형에게 복수할 수 있는 길을 물었다. 그러자 아폴론은 여사제 피티아Pythia를 통해 티에스테스에게 딸과 관계해서 낳은 아들이 그의 복수를 해 줄 것이라는 신탁을 내렸다. 집에 도착한 티에스테스는 그날 밤 복면을 하고 딸 펠로페이아Pelopeia의 방에 들어가 그녀를 범했다. 이때 펠로페이아는 몹쓸 짓을 당하면서도 범인의 칼을 훔쳐 두었다.

얼마 후 펠로페이아는 우연히 아트레우스를 만나 그가 누군지도 모른 채 그와 결혼했다. 펠로페이아는 비록 부지불식간에 겪은 일이지만 아버지와 잠자리를 같이 하고, 큰아버지와도 결혼했으니 이중의 근친상간을 범한 셈이다. 몇 달 뒤 펠로페이아는 몹쓸 짓으로 임신된 아들이 태어나자 수치심에 아이를 산에 내다 버렸다. 아트레우스가 그 사실을 알고 수소문 끝에 아이를 목동들의 집에서 찾아냈다. 목동들은 산속에서 그 아이를 주워 염소의 젖으로 키우고 있었다. 그들은 아이 이름도 아이기스토스Aigisthos라고 지었다. 아이기스토스는 염소라는 뜻의 그리스어 '아이고스Aigos'에서 따온 것이다.

아트레우스는 아이기스토스를 데려다 살인 병기로 키웠다. 아이기스토스가 장성하자 아트레우스는 그에게 종적을 감춘 티에스테스를 찾아 죽이라는 명령을 내렸다. 마침내 아이기스토스가 티에스테스를 찾아내 칼로 내리치려는 순간 그가 자신의 칼을 알아보고 아이기스토스에게 그것이 누구의 칼인지를 물었다. 아이기스토스가 어머니가 주신 것이라고 대답하자 티에스테스는 그에게 출생의 비밀을 알려 주며 위기를 모면한 다음, 그에게 어머니 펠로페이아를 은밀하게 부르게 했다.

펠로페이아가 도착하자 티에스테스는 그녀에게 자신이 아이기스토스의 아버지이자 할아버지가 될 수밖에 없었던 내력을 밝혔다. 이 말을 듣고 절망한 펠로페이아는 그 검을 낚아채 가슴을 찔러 목숨을 끊었다. 분노한 아이기스토스는 어머니의 가슴에서 검을 빼서는 그길로 당장 아트레우스를 찾아가 그를 찔러 죽였다. 아트레우스는 동생 티에스테스가 죽은 줄 알고 해변에서 신들에게 감사의 제물을 바치고 있다가 졸지에 목숨을 잃었다.

🏛🏛🏛🏛🏛 **(3)** 🏛🏛🏛🏛🏛

오레스테스:
정부와 공모하여 아버지를 죽인 어머니를 살해하다

아이스킬로스의 비극 「아가멤논Agamemnon」은 아이기스토스의 복수극을 앞서 말한 것과는 사뭇 다르게 전해 준다. 여기서 아트레우스와 티에스테스는 이미 죽고 없다. 명시된 건 아니지만 등장하지 않는 것으로 보아 죽은 것으로 보인다. 아가멤논Agamemnon이 아버지 아트레우스의 뒤를 이어 미케네Mykene의 왕이 된 걸 보면 아이기스토스의 복수는 아직 이루어지지 않았고 진행 중이다. 그는 호시탐탐 기회를 노리고 있다. 그때 마침 클리타임네스트라Klytaimnestra의 남편 아가멤논이 그리스 총사령관이 되어 트로이로 떠난다.

아이기스토스는 아가멤논이 집을 비운 사이 그의 부인이자 자신의 형수뻘인 클리타임네스트라에게 의도적으로 접근한다. 하지만 아이기스토스는 뜻을 쉽게 이루지 못한다. 클리타임네스트라 곁에는 항상 음유시인 데모도코스Demodokos가 있어 감시의 눈초리를 게을리하지 않고 있었기 때문이다. 아가멤논은 데모도코스에게 자신이 없는 동안 아내를 감시하며 보살펴 달라고 부탁했던 것이다. 하지만 아이기스토스는 각고의 노력 끝에 데모도코스를 클리타임네스트라로부터 떼어 놓는 데 성공했다. 그러자 클리타임네스트라도 더 이상 그를 마다하지 않는다.

클리타임네스트라가 아이기스토스와 함께 산 지도 어언 몇 년이 흘렀다. 그녀는 트로이 전쟁이 끝났다는 소문을 듣고 항상 해변에 감시병을 두어 남편이 오는지를 살폈다. 마침내 그가 트로이의 공주 카산드라Kassandra를 전리품으로 데리고 귀향하자 클리타임네스트라는 남편을 목욕탕으로 안내한 뒤 잔인하게 도끼로 내리찍어 죽였다. 카산드라 공주도 그녀의 도끼를 맞고 아가멤논 곁에 쓰러졌다. 다른 설에 의하면 아가멤논이 돌아온 뒤 열린 연회에서 아이기스토스가 도끼로 그를 무참하게 살해했다. 하지만 탄탈로스 가문의 복수극은 이것으로 끝난 게 아니었다.

아가멤논과 클라타임네스트라에게는 첫째 딸 이피게네이아Iphigeneia, 둘째 딸 엘렉트라Elektra, 늦둥이 아들 오레스테스Orestes가 있었다. 그런데 아가멤논이 죽었을 때 집에는 엘렉트라와 오레스테스밖에 없었다. 첫째 딸 이피게네이아는 아가멤논이 트로이로 떠날 때 아울리스Aulis항에서 아르테미스의 분노를 진정시키느라 제물로 바쳐졌기 때문이다. 엘렉트라

John Collier, 〈클리타임네스트라〉, 1882

Pierre Narcisse Guérin, 〈잠자는 아가멤논을 죽이기 전 망설이는 클리타임네스트라〉, 1817
클리타임네스트라 뒤에서 아이기스토스가 그녀를 부추기고 있다. 원래 클리타임네스트라가 아가
멤논을 죽인 곳은 목욕탕이고 무기는 도끼였다. 그때 그녀는 전혀 주저하지 않았다.

는 아버지의 죽음을 목도하고 어린 동생 오레스테스를 고모부인 포키스
Phokis의 스트로피오스Strophios에게 빼돌렸다. 그는 어린 동생의 마음속에
아버지를 죽인 어머니에게 꼭 복수하러 와야 한다고 각인시켰다.

　세월이 흘러 아가멤논이 죽고 나서 7년의 세월이 흘렀다. 헌헌장부로
자라난 오레스테스는 고모부로부터 아버지의 죽음에 대한 진실을 전해
듣고 무척이나 괴로워했다. 더욱이 7년 전 자신을 고모부에게 맡기면서
아버지의 죽음을 잊지 말라던 누나의 말이 귓가를 떠나지 않아 가슴이 아
려 왔다. 도대체 어떻게 자신을 낳아 준 어머니를 죽인단 말인가. 오레스

테스는 마치 셰익스피어의 햄릿처럼 깊은 갈등에 빠졌다. 아이기스토스는 죽어 마땅해도 자식이 어떻게 어미를 죽일 수 있겠는가. 그는 결국 델피에 가서 아폴론의 뜻을 물었다. 그러자 아폴론은 진정한 혈육인 아버지를 죽였으므로 어머니를 응징하는 것은 정당하다는 신탁을 내렸다.

용기를 얻은 오레스테스는 사촌 필라데스Pylades를 대동하고 자신이 태어나 어린 시절을 보낸 미케네로 향했다. 그는 우선 아버지의 무덤을 찾아갔다가 뜻밖에 7년 전에 헤어진 누이 엘렉트라와 감격적인 해후를 했다. 이어 포키스의 전령으로 가장하고 엘렉트라의 안내로 미케네 궁전으로 들어가 클리타임네스트라를 만나기를 청했다. 용건은 포키스의 왕 스

Bernardino Mei, 〈아이기스토스와 클리타임네스트라를 살해하는 오레스테스〉, 1654

트로피오스의 전갈을 가지고 왔다는 것이다. 오레스테스는 자신을 전혀 알아보지 못하는 어머니에게 오레스테스의 죽음을 알리며 유골함을 전달했다. 그가 마차 경기에서 사고로 죽었다는 것이었다.

클리타임네스트라가 내심 기뻐하며 오레스테스를 아이기스토스에게 안내했다. 오레스테스는 무방비상태의 그를 만나자마자 먼저 급습하여 죽인 뒤, 놀라 도망치는 어머니 클리타임네스트라에게도 달려들어 칼을 겨누었다. 그 순간 클리타임네스트라가 갑자기 자신의 젖가슴을 꺼내 보이며 그가 어렸을 때 이 젖을 먹고 자라지 않았냐며 목숨을 구걸했다. 하지만 오레스테스는 잠깐 머뭇거렸을 뿐 칼로 어머니의 가슴을 찌르고 말았다.

천인공노할 모친 살해 사건이 벌어지자 복수의 여신 에리니에스 세 자매가 그를 추격하기 시작했다. 그리스 신화에는 복수의 여신이 두 부류가 있었다. 하나는 밤의 여신 닉스의 딸 네메시스였다. 그녀는 혼자였으며

William—Adolphe Bouguereau, 〈복수의 여신들의 추격을 받는 오레스테스〉, 1862 맨 왼쪽의 여신이 오른팔로 안고 있는 인물은 가슴에 오레스테스의 칼을 맞은 클리타임네스트라다.

혈육이 아닌 사람들 사이에서 벌어진 사건에서 약자를 대신하여 복수를 해 주었다. 다른 하나는 우라노스의 남근에서 떨어진 피가 대지에 스며들어 생긴 에리니에스 세 자매였다. 그들은 혈육 사이에서 벌어진 사건에서 약자를 대신하여 복수를 해 주었다.

복수의 여신이 불어넣은 광기에 빠져 도망치던 오레스테스는 힘에 부친 나머지 결국 델피의 아폴론 신전으로 몸을 피해 도움을 요청했다. 아폴론이 그에게 어머니를 죽여도 된다는 신탁을 내린 장본인이기 때문이다. 아폴론은 복수의 여신이 신전으로 들어오지 못하게 제지하며 재판을 주선했다. 재판소는 아테네의 아레이오스파고스Areiospagos 언덕, 검사는 복수의 여신 세 자매, 피고는 오레스테스, 재판장은 아테네의 수호신 아테나, 변호사는 아폴론, 배심원은 아테네 시민 11명이었다.

마침내 재판이 시작되자 검사 에리니에스와 변호사 아폴론 사이에 치열한 공방전이 벌어졌다. 아폴론은 배심원들을 향해 어머니는 자식의 양육자에 불과하고 진정한 혈족은 아버지라는 해괴한 이론을 펼쳤다. 따라서 오레스테스가 자신의 진정한 혈족을 죽인 어머니를 살해한 것은 정당하다며 현명한 판단을 내려 달라고 호소했다. 아폴론의 변호가 주효했던 것일까. 배심원들의 투표 결과는 유죄가 여섯, 무죄가 여섯이었다. 가부동수가 되면 자연히 판결은 재판장이 내렸다. 그런데 재판장 아테나는 누구였던가. 어머니 없이 아버지 제우스의 머리에서 태어나지 않았던가. 결국 오레스테스는 이 재판에서 무죄 판결을 받았다.

〰〰〰〰〰 **(4)** 〰〰〰〰〰

이피게네이아:
가문을 옭아맨 저주의 사슬을 끊어 내다

　모친 살해범 오레스테스는 무죄 판결을 받고도 여전히 광기에서 벗어나지 못했다. 아레이오스파고스 언덕의 재판 결과에 불만을 품은 복수의 여신들 중 일부가 다시 그에게 광기를 불어넣었기 때문이다. 오레스테스가 하는 수 없이 다시 델피의 아폴론 신전으로 가서 광기를 씻을 방도를 물었다. 그러자 여사제는 흑해 연안의 타우리케Taurike섬에 있는 아르테미스 여신상을 그리스로 가져오면 광기도 사라지고 탄탈로스 가문에 내린 저주도 풀릴 것이라는 신탁을 내렸다. 오레스테스는 그길로 절친이자 사촌인 필라데스와 함께 그 섬으로 향했다.

　그런데 절묘하게도 바로 이 타우리케섬에는 그동안 모두가 죽은 줄로만 알고 있던 오레스테스의 큰누나 이피게네이아가 살고 있었다. 우리는 이 대목에서 그녀가 그 섬에 가게 된 경위를 살펴봐야 한다. 트로이 전쟁이 발발하자 아가멤논은 그리스 전역의 왕후장상에게 파발마를 띄워 군사들을 이끌고 보이오티아Boiotia의 아울리스항으로 집결하라는 소집령을 내렸다. 그는 그곳에서 총 2년간의 준비 기간을 거쳐 트로이로 출병하려고 했지만 바람이 불지 않아 함선을 움직일 수가 없었다.

아가멤논이 예언가 칼카스Kalchas에게 그 이유를 물어보니 아르테미스 여신의 분노 때문이었다. 아가멤논이 예전에 항구 근처 산에서 무료함을 달래려 사냥을 하다가 사슴 한 마리를 잡은 적이 있는데 그게 바로 아르테미스 여신이 아끼는 사슴이었다는 것이다. 아가멤논은 칼카스로부터 여신의 분노를 풀 방도를 전해 듣고 어안이 벙벙해졌다. 자신의 큰딸 이피게네이아를 아르테미스 신전에서 제물로 바쳐야 했기 때문이다.

아가멤논은 잠시 갈등하다가 결국 딸을 아울리스항으로 부를 결심을 굳혔다. 하지만 무슨 구실로 딸을 아울리스항으로 데려올 것인가? 너를 아르테미스 여신의 제물로 바쳐야 하니 무조건 오라고 할 수는 없지 않은가? 사실대로 말한다면 아내 클리타임네스트라가 딸을 빼돌릴 수도 있었다. 고민하던 아가멤논에게 꾀돌이 오디세우스Odysseus가 묘안을 말해 주었다. 아내에게 딸을 그리스 최고의 장수 아킬레우스Achilleus와 결혼시킨다고 핑계를 대라는 것이다.

아가멤논의 아내 클리타임네스트라는 남편이 전령으로 보낸 오디세우스의 얘기를 듣고 기뻐 어쩔 줄을 몰랐다. 모든 그리스인의 선망의 대상이었던 영웅 아킬레우스를 사위를 얻는다니 생각만 해도 덩실덩실 어깨춤이 절로 추어졌다. 그녀는 어린 늦둥이 아들 오레스테스를 팔에 안은 채 손수 딸의 손을 잡고 남편을 찾아왔다.

클리타임네스트라는 아울리스항에 도착하자마자 곧 아가멤논의 속임수를 알아챘다. 그녀는 절규하며 남편에게 딸을 살려 달라고 애원했다. 이피게네이아도 엎드려 아버지의 무릎을 부여잡으며 죽고 싶지 않다고 몸부림쳤다. 하지만 아가멤논의 반응은 싸늘했다. 그는 매정하게 딸 이피게네이아의 손목을 잡고 아르테미스의 제단으로 끌고 갔다.

칼카스가 여신에게 기도를 드린 다음 그녀의 목에 칼을 대려는 순간 갑

Jean Tasse, 〈이피게네이아의 희생〉, 1650~1660

자기 주위에 짙은 안개가 깔렸다. 한 치 앞도 분간할 수 없었다. 사람들이 놀라 웅성거리는 사이 또 순식간에 안개가 걷혔다. 의아해하며 살펴보니 이피게네이아는 흔적도 없이 사라지고 그녀가 있던 자리에는 암사슴 한 마리가 놓여 있었다.

　칼카스를 비롯하여 신전에 모인 사람들은 아르테미스가 이피게네이아를 직접 제물로 데려갔다고 생각했다. 칼카스는 감쪽같이 사라진 그녀 대신 암사슴을 잡아 여신에게 제물로 바쳤다. 암사슴을 제물로 바치자 거짓말처럼 바람이 불어 그리스군은 트로이로 떠날 수 있었다. 사람들은 그 당시 이피게네이아가 제물로 바쳐진 만큼 결국 죽었을 것으로 생각했다. 하지만 아르테미스는 그녀를 안쓰럽게 여겨서 흑해 연안의 타우리케섬에 있는 자신의 신전으로 데려가 사제로 삼았다.

Anselm Feuerbach,
〈이피게네이아〉, 1862

　　그 당시 타우리케섬은 토아스Thoas 왕이 다스리고 있었다. 그런데 섬에
는 이방인이 잡히면 아르테미스 신전에 제물로 바치는 오랜 풍습이 있었
다. 그래서 오레스테스와 필라데스도 섬에 상륙한 뒤 초병들에게 잡혀 꼼
짝없이 죽을 운명에 처하게 되었다. 여사제 이피게네이아는 이들이 그리
스인이라는 말을 듣고 제물로 바치기 전 고향 소식을 알아보기 위해 이야
기를 나눴다.

　　누나와 동생이 만났건만 너무 오래전에 헤어진 터라 그들은 서로를 알
아보지 못했다. 하지만 이야기가 진행되면서 그들은 마침내 서로가 남매
라는 충격적인 사실을 알게 되었다. 이피게네이아는 동생에게서 자신이

없는 사이 가족에게 일어났던 끔찍한 사건을 듣고 슬픔에 빠졌다. 이어 아르테미스 여신상을 그리스로 가져가야만 가문에 내린 저주가 풀린다는 신탁을 듣고 그 방도를 놓고 고민했다.

동생 오레스테스가 토아스 왕을 급습하여 살해하고 여신상을 훔쳐 가자고 제안했지만 이피게네이아는 살인은 안 된다며 단호하게 거절했다. 어떻게 손님이 주인을 죽일 수 있냐는 것이다. 그녀는 궁리 끝에 드디어 기발한 아이디어를 하나 떠올렸다. 그녀는 토아스 왕을 찾아가 이방인을 제물로 바치기 전에 먼저 세 가지 일을 해야 된다고 선의의 거짓말을 했다. 첫째, 그리스인들이 혈육을 죽인 중죄인이라 제물로 바쳐지기 앞서 깨끗한 바닷물로 그 죄를 씻어야 하고, 둘째, 신전의 아르테미스 여신상도 그들이 만져 오염되었기 때문에 마찬가지로 바닷물로 정화해야 하며, 셋째, 이 장면은 아무도 보지 말아야 한다는 것이었다.

어떻게 보면 이피게네이아의 아이디어는 유치한 발상이다. 하지만 이런 어설픈 거짓말이 먹혀들 정도로 고대인들은 순수했는지 모른다. 혹은 이피게네이아가 그 정도로 토아스 왕의 신임을 쌓은 것은 아니었을까? 어쨌든 이피게네이아는 선의의 거짓말이라는 묘수로 타우리케섬에서 아르테미스 여신상을 배에 싣고 무사히 고향으로 떠나는 듯했다. 하지만 어떻게 알았는지 곧이어 토아스 왕이 쾌속선을 타고 그들을 추격했다. 그들의 행동을 수상히 여긴 토아스 왕의 부하들 중 몇이 숨어 지켜보다가 왕에게 보고했던 것이다.

절체절명의 순간에 이피게네이아는 하늘을 향해 아르테미스에게 도와달라고 기도했다. 그 순간 갑자기 하늘에서 아테나의 음성이 들려와 토아스 왕에게 추격을 멈추라고 명령했다. 그러자 토아스 왕이 놀라 추격을 멈추고, 오레스테스는 아르테미스 여신상을 갖고 무사히 그리스로 돌아왔다. 이어 오레스테스의 광기도 사라지고 탄탈로스 가문에 내린 끔찍한 저주도 그 막을 내렸다. 아르테미스에게 기도했는데 왜 아테나가 나타나 도와줬을까? 그것은 아마 아테나가 영웅들을 지켜 주는 전쟁의 여신이었 기 때문에 그렇지 않았을까?

᠁᠁᠁᠁᠁   (5)   ᠁᠁᠁᠁᠁

괴테의 이피게네이아:
고결한 인간성으로 가문을 구하다

괴테의 『타우리스의 이피게네이아*Iphigenie auf Tauris*』의 신화적 배경은 에우리피데스의 「타우리케의 이피게네이아*Iphigeneia en Taurois*」와 대동소이하다. 하지만 괴테의 작품은 이피게네이아가 아르테미스 신전의 사제로 머무는 섬이 타우리케에서 타우리스로 바뀐 것 말고도 여러 부분에서 에우리피데스의 작품과 사뭇 다르다.

우선 에우리피데스의 작품에서 토아스 왕은 난파당한 선원 등 외부에서 들어오는 이방인들을 모두 아르테미스 신전에 제물로 바친다. 이에 비해 괴테의 이피게네이아는 섬에 도착하자마자 토아스 왕을 설득해서 이런 잔인한 희생제를 중단시킨다. 더구나 이방인들은 그녀의 제안대로 고향으로 돌려 보내진다. 게다가 괴테의 작품에서 토아스 왕은 그런 이피게네이아의 고결한 마음씨에 매료되어 그녀에게 청혼한다. 하지만 이피게네이아가 청혼을 거절하자 희생제를 부활시켜 공교롭게도 해안에서 체포한 오레스테스와 필라데스를 그 첫 번째 제물로 삼는다.

두 작품이 다른 부분은 또 있다. 에우리피데스의 작품에서 토아스 왕은 처음부터 이피게네이아의 가문에 대해서 모두 알고 있다. 그러나 괴테

Angelika Kauffmann, 〈『타우리스의 이피게네이아』의 한 장면〉
그림 속 배우 중 가운데가 오레스테스 역을 맡은 괴테다.

의 작품에서 토아스 왕은 이피게네이아의 가문에 대해 전혀 들은 바가 없다. 따라서 그녀는 자꾸 결혼해 달라고 조르는 토아스 왕에게 자신의 가문이 어떤지 알면 곧바로 자신을 추방할 것이라며 자신은 몇 대에 걸쳐 범죄로 얼룩진 탄탈로스 가문 출신이라고 고백한다. 하지만 이피게네이아의 기대와는 달리 토아스 왕은 그녀가 대대로 신들의 저주가 내린 끔찍한 집안 출신이라는 사실을 알고도 전혀 이피게네이아를 포기하지 않는다.

괴테의 작품은 특히 마지막에 아르테미스 여신상을 훔치는 대목에서 에우리피데스의 작품과 전혀 다르다. 괴테의 이피게네이아는 동생 오레스테스와 그의 친구 필라데스와 공모해서 여신상을 그리스로 훔쳐 오지 않는다. 에우리피데스의 작품에서는 이피게네이아가 직접 그 거짓말을 고안해서 토아스 왕을 속이지만 괴테의 작품에서는 그녀가 아니라 필라데스가 그 거짓말을 고안해 그녀에게 일러 준다. 희생 제물 중 하나가 근친 살해의 죄를 짓고 있어서 그로 인해 오염된 여신상을 바닷물로 깨끗이 씻어야 하며, 그것을 아무도 보아서는 안 된다고 토아스 왕에게 거짓말을 하라는 것이다.

이피게네이아는 토아스 왕을 감쪽같이 속이고 아르테미스 여신상을 훔쳐서 몰래 달아나자는 필라데스의 말에 처음에는 순순히 따르는 것처럼 보인다. 그래서 우선 오레스테스를 필라데스와 함께 바닷가로 보내 도망칠 준비를 시켜 놓는다. 이어 부활시킨 희생제를 재촉하려고 자신을 찾아온 토아스 왕의 전령 아르카스^Arkas에게 "뜻하지 않은 장애"가 발생했다며 필라데스가 일러 준 거짓말을 그대로 전하기까지 한다.

하지만 이피게네이아는 이 전령을 만나기 전부터 이미 거짓말을 해야 한다는 사실에 많은 부담감을 느끼며 이렇게 중얼거리고 있었다.

"아! 거짓말을 해야 하다니! 거짓말은 다른 진실한 말처럼 마음을 자유롭게 하지 못하고 그것은 우리를 위로하지 못하며, 몰래 거짓말을 꾸며 내는 자를 불안하게 하고, 그 퉁겨 나간 화살은 신의 손으로 방향이 바뀌어 되돌아와서, 쏜 자의 가슴을 맞힌다."

이처럼 천성적으로 고결한 마음씨를 지닌 이피게네이아의 거짓말에 대한 부담감은 아르카스가 돌아간 뒤에 더욱더 깊어질 수밖에 없다. 그녀는 결국 그사이 출항 준비를 마치고 아르테미스 여신상을 가지러 온 필라데스에게 "두 번째 아버지였던 왕을 음험하게 속이고 우롱하는" 짓은 도

Wilhelm von Kaulbach, 《『타우리스의 이피게네이아』의 한 장면》
이 공연에서 괴테는 오레스테스 역을, 바이마르의 군주인 카를 아우구스트(K. August)는 필라데스 역을,
코로나 슈뢰터(C. Schröter)는 이피게네이아 역을 맡았다.

저히 못 하겠다고 말한다. 그러자 필라데스가 그녀의 행동은 신들도 용서하실 것이라며 "너무 엄격한 고집은 은근한 교만"이라고 꼬집는다. 이어 지금은 "동생과 당신 자신과 한 친구를 살리는 것이 유일한 길"이라며 그녀를 다그친다.

이피게네이아는 물론 자기 동생과 가문을 구하려면 필라데스가 세운 계획에 따라야 한다는 것을 잘 알고 있었다. 하지만 그녀에게 이런 방법은 전혀 꿈도 꾸어 보지 않은 것이었다. 그녀는 "언젠가 순결한 손과 마음으로 더럽혀진 집을 깨끗하게 하리라는 희망"을 항상 간직하며 살았기 때문이다. 이피게네이아는 결국 깊은 고민 끝에 자신을 찾아온 토아스 왕에게 필라데스가 거짓말을 고안해 낸 것과 제물로 바쳐야 할 이방인이 자기 동생이라는 것 등 모든 사실을 있는 그대로 정직하게 밝힌다. 토아스 왕은 이피게네이아의 고백을 듣고 그녀의 고결한 인간성에 감동해, 그들을 뒤쫓는 대신 아무 말 없이 고향으로 돌려보내 준다. 결국 이피게네이아의 고결한 인간성이 그녀의 가문을 구한 셈이다.

괴테는 실러F. Schiller와 함께 독일 고전주의를 완성한 작가이다. 고전주의는 감정의 표출을 중요시한 '질풍노도(Strum und Drang)'라는 사조에 반기를 들고 생겨난 것이기 때문에 우선 이성 중심이었다. 이성과 깊은 관계가 있는 균형, 절제, 조화도 자연스럽게 고전주의의 핵심 개념이다. 그래서 독일 고전주의는 그리스 문화에 깊은 관심을 갖고 그것을 작품의 소재로 삼았다. 고대 그리스 문화의 가장 중요한 특징 중 하나가 합리주의였기 때문이다. 사정이 이러하니 독일 고전주의의 표어는 바로 '고대 그리스로 돌아가자!'였다.

독일 고전주의의 또 다른 중요한 특징 중의 하나는 바로 휴머니즘 Humanismus이다. 휴머니즘은 말 그대로 인간 중심주의라는 뜻이다. 우리

민족의 시조 단군이 세운 고조선의 건국 이념도 홍익인간이라는 휴머니즘이다. 그런데 휴머니즘은 또한 고대 그리스 문화의 가장 중요한 특징 중 하나이기도 하다. 이를테면 그리스 신들이 그렇다. 그들은 영생불사하는 것만 빼면 인간들과 얼마나 똑같은가. 그들은 인간처럼 질투하고, 싸우고, 시기하고, 분노하고, 사랑하고, 심지어 삐치기도 한다. 독일 고전주의를 대표하는 괴테가 왜 그리스 신화를 자주 작품의 소재로 삼았는지 이해할 수 있는 대목이다.

어쨌든 괴테는 이피게네이아를 소재로 작품을 쓰면서 독일 고전주의의 표어인 순수한 인간성을 돋보이게 하기 위해서는 에우리피데스의 원작과는 달리 뭔가 극적인 장면이 필요하다고 생각했다. 그것이 바로 그가 에우리피데스의 이피게네이아가 토아스 왕에게 거짓말하는 대목을 대폭 수정한 이유다. 그래서 괴테의 이피게네이아는 에우리피데스의 이피게네이아와는 달리 선의의 거짓말조차 허락하지 않는 한층 더 고결한 인간성의 표상으로 그려진 것이다.

〽〽〽〽〽 **(6)** 〽〽〽〽〽

클리타임네스트라:
과연 그리스 신화 최고의 독부일까?

아가멤논의 아내 클리타임네스트라는 정부情夫 아이기스토스와 공모하여 잔인하게 남편을 살해했다는 점에서 그리스 신화 최고의 독부毒婦라고 비난받아 마땅하다. 하지만 클리타임네스트라에게는 남편을 살해할 만한 정당한 이유가 있었던 게 아닐까? 아이스킬로스의 비극 「아가멤논」에서 클리타임네스트라는 남편을 죽인 직후, 합창단인 코로스가 장차 시민들의 격렬한 저항이 일어나 그녀를 도시에서 추방할 것이라고 경고하자 피투성이가 된 채 널브러져 있는 아가멤논의 시신을 가리키며 말한다.

"당신들은 여기 이자가 트라케의 바람을 잠재우기 위해 내가 열 달 동안 배 아파 낳은 소중한 자식이자 이자의 딸이기도 한 이피게네이아를 제물로 바쳤을 때는 잠자코 있었소. 이자는 제 자식이 죽는 것을 마치 수많은 양 떼 중 한 마리가 죽는 것처럼 대수롭지 않게 여겼소. 그러니 부당한 짓을 한 벌로 이 나라에서 추방당해야 할 자는 바로 이자가 아니오? 그런데도 당신들은 나를 심판할 때는 엄한 잣대를 들이대는군요."

클리타임네스트라는 또한 코로스가 아가멤논의 시신을 바라보며 불쌍하다고 한탄하자 그걸 강하게 반박한다.

"나는 이자가 결코 불쌍하다고 생각하지 않소. 이자는 내가 이자에게 낳아 준 사랑스러운 이피게네이아를 남들이 보는 앞에서 공공연하게 죽였소. 그래서 이자는 자신이 저지른 범죄에 대해 마땅한 벌을 받은 것이오. 이자는 죗값을 치른 것이니 지하세계에 가서도 떳떳하지 못할 것이란 말이오."

코로스가 그래도 그녀에게 오만불손하다며 반드시 죗값을 치르게 될 것이라고 나무라자 클리타임네스트라는 남편의 시신을 자식의 원수를 갚아 준 정의의 여신 디케Dike와 복수의 여신 에리니에스에게 제물로 바친 것이라고 항변하며 자신의 살인을 정당화한다. 결국 클리타임네스트라가 남편을 살해한 것은 눈에 넣어도 아프지 않을 만큼 소중했던 큰딸 이피게네이아를 죽인 것에 대한 복수의 성격이 강하며 나름대로 정당성

〈카산드라를 죽이는 클리타임네스트라〉, 기원전 425~400년경 (그리스 도기 그림)

이 충분하다.

클리타임네스트라에 대한 우리의 동정은 아가멤논이 그녀에게 가한 폭력이 이게 처음이 아니라는 사실에서 더욱더 깊어진다. 아가멤논은 사실 그녀의 두 번째 남편으로, 이미 클리타임네스트라와 결혼하기 위해 그녀의 전남편과 어린 아들을 무참히 살해했기 때문이다. 에우리피데스의 비극 「아울리스의 이피게네이아Iphigeneia en Aulidi」에서 클리타임네스트라는 전쟁을 위해 큰딸 이피게네이아를 아르테미스에게 희생 제물로 바치려는 남편의 의도를 간파하고 그를 거세게 비난하면서 그 사건을 거론한다.

"내 말을 잘 들어 보세요. 나는 마치 수수께끼를 내듯 더 이상 핵심을 흐리지 않고 단도직입적으로 말하겠어요. 먼저 비난하고 싶은 것은, 당신이 내 전남편 탄탈로스를 죽인 뒤 내 의사를 무시하고 나와 결혼하여 억지로 나를 당신 집으로 데려간 사실이에요. 그때 당신은 내 어린 아들도 내 가슴팍에서 억지로 빼앗아 땅바닥에 내동댕이쳤어요. 그래서 제우스의 아드님이자 내 오라비들인 카스토르와 폴리데우케스가 백마를 타고 당신을 치러 왔으나, 당신이 애원하자 내 아버지 틴다레오스께서 당신을 구해 주셨고, 당신은 나를 정식으로 아내로 맞이하게 되었어요. 일단 우리 집안이 당신과 화해하자, 당신도 시인하겠지만, 나는 당신과 당신 집에 나무랄 데 없는 아내로 살았어요. 나는 행실이 바르고 당신의 가산을 늘릴 생각만 했으니, 당신은 집으로 들어설 때는 마음이 흐뭇했고, 집에서 나갈 때는 행복했지요. 남자에게 그런 아내를 얻는다는 것은 보기 드문 횡재였지요. 대개는 나쁜 아내를 얻게 되니까요. 나는 당신에게 세 딸에 이어 여기 이 아들을 낳아 주었는데, 당신은 그 가

6장 ○ 그리스 신화 3대 명문 가문

운데 딸 하나를 인정사정없이 빼앗으려 하고 있어요. 누군가 당신에게
왜 딸을 죽이려고 하는지 물으면, 당신은 뭐라고 대답할 것인지 한번
말해 보세요. 아니면 내가 대신 말해 줄까요? '메넬라오스에게 헬레네
를 찾아 주기 위해서입니다.' 제 자식의 목숨을 주고 행실이 좋지 않은
남의 아내를 구해 주다니, 이 얼마나 멋진 거래인가요! 우린 가장 소중
한 것을 주고 가장 가증스러운 것을 받는 거니까요."

아가멤논과 클리타임네스트라의 자식은 일반적으로 이피게네이아, 엘
렉트라, 오레스테스 이렇게 2녀 1남으로 알려져 있으나 가끔 여기서처럼
크리소테미스Chrysothemis라는 둘째 딸이 추가되기도 한다. 또한 클리타임
네스트라의 전남편이 아가멤논의 증조할아버지인 탄탈로스와 동명이인
것도 이채롭다. 어쨌든 여기서 클리타임네스트라가 아가멤논에게 하는
말을 들어 보면 그녀가 남편을 죽일 수밖에 없었던 심정이 충분히 이해되
고도 남는다.

그렇다고 살인을 정당화하는 것은 아니다. 다만 클리타임네스트라가
남편을 살해한 원인이 그녀의 불륜이 아닌 아가멤논의 폭력성에 있다는
것이다. 하지만 그리스 신화는 남편에 의해 자식을 두 번씩이나 잃었던
클리타임네스트라의 피눈물 나는 고통과 슬픔은 전혀 고려하지 않는다.
원인 제공자인 아가멤논의 잘못은 거론하지 않은 채 클리타임네스트라
만 외간 남자와 눈이 맞아 바람난 독부로 단정해 버린다.

그래서 후에 오레스테스가 집안의 기둥인 아버지를 죽였다는 명목으
로 어머니 클리타임네스트라를 살해한 뒤 복수의 여신들에게 쫓기자, 아
테나가 해괴한 재판을 주재하여 그를 무죄로 판결한 것은 결코 우연이 아
니다. 독일의 인류학자 바흐오펜J. J. Bachofen과 미국의 인류학자 모건L. H.

Van den Berghe, 〈오레스테스에게 살해당한 클리타임네스트라의 시신을 발견하는 아이기스토스〉, 1823

Morgan 그리고 엥겔스F. Engels 등은 이 판결을 인류 역사에 한 획을 긋는 사건으로 평가하고 있다.

특히 엥겔스는 『가족, 사유재산, 국가의 기원』에서 이 판결을 계기로 세계사에서 모계중심 사회가 종지부를 찍고 부계 사회가 확고하게 자리 잡게 되었다며, 이 판결을 "여성의 세계사적인 패배"라고 명명한다. 이 판결로 세계사에서 여성의 권리가 완전한 추락의 길로 접어들었다는 것이다. 하지만 이 판결은 또한 가부장제 사회가 가진 폭력의 심각성을 상징적으로 보여 주는 것이기도 하다.

아가멤논은 클리타임네스트라의 전남편과 자식을 죽이고, 또 그녀와 결혼하여 얻은 딸 이피게네이아마저도 죽음으로 내몬 살인자이다. 그의

6장 ○ 그리스 신화 3대 명문 가문

아들 오레스테스도 이유 여하를 막론하고 어머니를 죽인 패륜아이자 살인자다. 하지만 그리스 신화는 이들의 행위는 전혀 문제 삼지 않는다. 그저 클리타임네스트라만 '하늘 같은 남편을 죽였다'는 이유로 그 원인은 따져보지도 않은 채 그리스 신화 최고의 독부로 낙인찍을 뿐이다.

7장

인간의
탐욕과 오만

미다스 1:
황금손을 지닌 탐욕의 대명사

미다스Midas는 소아시아 프리기아Phrygia의 왕이었다. 그는 아주 계산적이고 빈틈없고, 용의주도했다. 타고난 성정이 탐욕스러웠다. 자신에게 조금이라도 이익이 되지 않는 일은 거들떠보지도 않았다. 어느 날 군사들이 국경 근처 산속에서 술에 취해 잠든 어떤 노인을 붙잡아 왔다. 출신이 미심쩍은 데다 횡설수설하는 게 아무래도 이웃 나라의 첩자 같다는 것이었다. 하지만 미다스는 단박에 그 노인이 포도주의 신 디오니소스의 스승 실레노스Silenos라는 사실을 알아챘다. 그래서 그는 그 노인을 극진하게 대접하고 선물까지 들려서 돌려보냈다.

얼마 후 디오니소스가 스승에게서 사정을 전해 듣고 미다스 왕을 불렀다. 미다스가 회심의 미소를 지으며 찾아가자 디오니소스는 스승을 잘 대접해 주어서 고맙다며 소원을 하나 들어주겠다고 말했다. 미다스는 기다렸다는 듯이 자신이 손으로 만지는 건 모두 황금이 되게 해 달라고 간청했다. 디오니소스는 약간 실망하는 표정을 지으며 왕에게 소원이 이루어

Arthur Rackham, 〈꽃과 그 속에 있는 벌레까지도 황금으로 만드는 미다스 왕〉, 1922
너새니얼 호손(N. Hawthorne)의 『원더북』 삽화.

졌으니 어서 가 보라고 퉁명스럽게 대답했다.

미다스 왕은 쾌재를 부르면서 자신의 궁전으로 향했다. 그는 자신의 행운을 한번 시험해 보고 싶어 손으로 길 위의 돌멩이를 집어 보았다. 그러자 돌멩이는 바로 황금 덩어리로 변했다. 이번에는 길가의 나뭇가지를 꺾어 보았다. 그러자 나뭇가지도 금세 황금 가지로 변했다. 그가 다시 들판의 보리 이삭을 만지자마자 이삭은 순식간에 황금 이삭으로 변했다. 들뜬 마음으로 궁전에 도착한 미다스는 그래도 미심쩍어 정원의 사과나무에서 사과 하나를 따 보았다. 그러자 눈 깜짝할 사이에 황금 사과로 변했다.

그제야 미다스는 자신의 엄청난 능력을 실감하고 신하들과 가족들에게 자랑하고 싶었다. 그는 그들 모두를 초대하여 화려한 잔치를 벌였다.

7장 ○ 인간의 탐욕과 오만

그는 우선 의기양양하게 궁전 기둥을 손으로 만져 황금 기둥으로 만드는 시범을 보였다. 그러자 그 자리에 모인 사람들이 모두 환호성을 지르며 경탄을 금치 못했다.

바로 그때 미다스에게 갑자기 시장기가 밀려왔다. 그때까지 기쁨에 겨워 먹는 것도 잊어버렸던 것이다. 그는 잔칫상에서 사슴의 넓적다리를 재빨리 들어 입에 덥석 물었다. 바로 그 순간 딱딱한 돌을 씹었을 때처럼 우두둑하며 이빨 몇 개가 부러졌다. 사슴의 넓적다리가 그의 손이 닿는 순간 황금으로 변해 버린 것이다. 당황한 그는 목이 타서 이번에는 잔에 포도주를 따랐다. 하지만 포도주는 미다스가 입에 대기도 전에 이미 황금으로 변해 버렸다.

미다스는 그제야 사태의 심각성을 깨달았다. 아무리 생각해도 이 불행

Arthur Rackham, 〈자신의 딸마저도
황금으로 만드는 미다스 왕〉, 1922
너새니얼 호손의 『원더북』 삽화.

에서 벗어날 뾰족한 수가 생각나지 않았다. 그는 결국 몸져누운 채 며칠을 끙끙 앓았다. 그 소식을 듣고 가장 사랑하는 외동딸인 공주가 문병을 왔다. 미다스는 매우 기쁜 나머지 자신의 처지를 잊은 채 그만 두 손으로 공주를 붙들고 가슴에 끌어안았다. 그러자 공주는 순식간에 황금으로 변해 버렸다.

미다스 왕은 이제 더 이상 자존심만을 내세우고 가만히 있을 수가 없

Bartolomeo
Manfredi,
〈팍톨로스강의
원류에서 몸을
씻는 미다스 왕〉,
1617~1619년경

7장 ○ 인간의 탐욕과 오만

었다. 그는 염치 불고하고 디오니소스를 다시 찾아가 용서를 빌며 자신의 손을 원래 상태로 돌려달라고 간청했다. 디오니소스는 진심으로 후회하는 미다스를 보고 측은한 마음이 들었다. 그래서 미다스 왕에게 근처 팍톨로스Paktolos강의 원류로 가서 몸과 마음을 씻으며 탐욕의 때를 깨끗이 털어 내라고 일러 주었다. 미다스 왕이 디오니소스가 시킨 대로 하자 그의 손은 원래 상태로 돌아왔다. 강에서 사금이 나오기 시작한 것은 바로 그때부터라고 한다.

미다스는 실재했던 왕이라고 하기도 하고 왕조의 이름이라고도 한다. 미다스가 다스렸던 프리기아는 그 지역에서 가장 부유했던 나라로 알려져 있다. 미다스의 황금손 일화가 나온 것은 바로 그 때문일 것이다. 미다스는 군이 손으로 황금을 만드는 재주가 없어도 엄청난 부의 소유자였을 것이다. 그런데도 그는 탐욕을 부리다가 결국 불행을 자초하고 말았다. 물론 그가 나중에라도 자신의 잘못을 깨달은 것은 다행이다.

도정일 교수는 『시장 전체주의와 문명의 야만』에서 "한국은 시장 논리를 유일 논리화하는 유례없는 시장 전체주의 사회"라고 규정을 내린 다음 "문화와 예술과 학문, 교육과 매체, 그리고 공공의 사회제도" 등 "사회 모든 영역을 시장체제에 전면 복속시키려는 것은 광기이며, 광기치고도 대단한 광기"라고 말한다. 미다스는 바로 시장 전체주의 사회가 요구하는 아주 이상적인 인간 유형이다. 지금 바로 이 순간에도 증권가나 은행가를 비롯하여 우리 사회 도처에서 자칭 '미다스의 손(마이더스의 손)'이라고 나서는 사람들이 얼마나 많은가? 하지만 알고 보면 미다스는 부의 상징이라기보다 탐욕의 상징이 아닐까? 우리의 롤모델이 아니라 오히려 경계의 대상이 되어야 하지 않을까?

신영복의 에세이 『처음처럼』(2007)에는 '미다스 왕의 손'이라는 제목의

글이 있다. 그는 미다스의 모습이 화려한 상품의 노예가 되어 버린 현재 우리의 모습과 다르지 않다며 이렇게 말한다.

"손에 닿는 것마다 황금이 되기를 소원했던 미다스 왕의 손은 결국 저주의 손으로 변해 버립니다. 옷도, 의자도, 빵도, 치즈도, 사랑하는 공주마저도 모두 황금으로 변해 버립니다. 상품으로 둘러싸인 세상은 마치 황금으로 둘러싸인 미다스 왕의 정원과 같습니다. 황금 정원에 서 있는 미다스 왕의 모습은 소외의 극치를 보여 줍니다."

7장 ○ 인간의 탐욕과 오만

미다스 2:
우리 임금님 귀는 당나귀 귀다!

우리나라 신라의 경문대왕은 즉위한 지 얼마 되지 않아 갑자기 귀가 당나귀 귀처럼 길어지자 그것을 복두幞頭 아래 감쪽같이 감추고 다녔다. 경문대왕은 너무 늘어져 보기 흉한 귀를 관리나 왕후를 비롯하여 나인들에게까지 비밀로 했으나 복두장幞頭匠에게만은 그럴 수 없었다. 복두장도 그 사실을 평생 남에게 발설하지 않고 있다가 죽음이 임박하자 도림사 대숲으로 들어가서 주변에 사람이 없는 것을 확인한 뒤 대숲을 향해 외쳤다. "우리 임금님 귀는 당나귀 귀다!" 그런데 그 후 바람이 불면 대숲에서 댓소리가 났다. "우리 임금님 귀는 당나귀 귀다!"

경문대왕은 이 소문을 듣고서 즉시 대나무를 베어 내고 산수유나무를 심게 했다. 그러자 바람이 불면 산수유나무 숲에서 댓소리가 났다. "우리 임금님 귀는 기다랗다!" 우리에게 '임금님 귀는 당나귀 귀'라는 동화나 혹은 '여이설화驢耳說話'로 잘 알려진 경문대왕 이야기는 신기하게도 그리스 신화의 미다스 왕 이야기를 빼닮았다. 원래 손으로 만지는 것은 모두 황

Andrea Vaccaro, 〈미다스 왕〉, 1670

금으로 만들 수 있었던 미다스 왕은 또한 당나귀 귀로도 유명하기 때문이다. 『삼국유사』에는 경문대왕의 귀가 길어진 이유가 밝혀져 있지 않다. 하지만 그리스 신화에는 미다스 왕의 귀가 길어진 사연에 대해 자세하게 나와 있다.

미다스 왕은 언젠가 음악의 신 아폴론과 팬파이프의 달인이었던 사티로스Satyros족 마르시아스Marsyas(혹은 목양신 판Pan)가 연주 시합을 할 때 심판관으로 초빙되었다. 사티로스족이란 상반신은 인간이고 하반신은 염소 모습을 한 괴물을 총칭한다. 머리에 두 개의 뿔도 나 있다. 또한 판은 원래 목동과 숲의 신이지만 아폴론과의 시합에서는 신이 아니라 사티로스족의 하나로 등장한다. 시합이 끝나자 다른 심판관들은 모두 아폴론의 손을 들어 주었지만, 미다스 왕 혼자 마르시아스의 승리를 선언했다. 분노한 아폴론은 "그따위 귀도 귀라고 달고 다니냐?"고 핀잔을 주며 양손으로 미다스 왕의 두 귀를 잡아당겨 당나귀 귀로 만들어 버렸다.

다른 설에 의하면 어느 날 숲속을 헤매던 미다스 왕이 트몰로스Tmolos 산까지 갔다. 마침 그곳에서는 마르시아스의 팬파이프와 아폴론의 리라 연주 시합이 벌어지고 있었다. 연주가 끝나자 예상대로 재판장이자 산과 같은 이름을 가진 트몰로스 왕이 아폴론의 승리를 선언했다. 그러자 누가 의견을 묻지도 않았는데 미다스 왕이 나서서 그의 판결에 이의를 제기했다. 아폴론보다 마르시아스의 연주가 더 훌륭했다고 말이다. 심기가 불편해진 아폴론은 미다스 왕에게 다가가 양손으로 두 귀를 잡아당겨 당나귀 귀처럼 기다랗게 만들어 버렸다.

미다스 왕은 왕관으로 부끄러운 귀를 늘 가리고 다녔지만, 이발사에게만은 비밀을 숨길 수 없었다. 그는 이발사에게 비밀을 발설하지 말라고 함구령을 내렸고, 어길 경우 엄히 다스리겠다는 협박까지 했다. 이발사는

Simon
Floquet,
〈아폴론과
미다스〉,
1634년경

한동안 입을 잘 막고 살았으나 시간이 갈수록 엄청난 비밀을 말하고 싶어 안달이 났다. 참다 못한 이발사는 어느 날 깊은 산속으로 들어가 구덩이를 파고 속에서 끓어오르는 말을 마음껏 내뱉은 뒤 흙으로 덮었다. 이어 계절이 바뀌자 이발사가 흙으로 덮은 곳에서 억새가 무성하게 자라났다. 그런데 바람이 불어 억새밭이 흔들릴 때마다 이발사가 뱉어 낸 말이 쏟아져 나왔다. "우리 미다스 왕의 귀는 당나귀 귀다!"

미다스의 귀가 길어진 사연은 아련한 초등학교 시절의 추억을 연상시키며 입가에 지긋이 미소를 짓게 만든다. 그 당시 담임선생님은 친구들과 노느라 깜박 잊고 숙제를 해 오지 않은 우리를 혼내면서 귀를 잡아당기시곤 했다. 그 바람에 벌겋게 축 늘어진 우리 귀는 정말 길어진 것처럼 보였다. 그때를 생각하면 아폴론이 귀를 잡아당겼을 때 미다스가 아프다고 엄살을 떨며 질러 댔을 비명소리가 또렷하게 귓가에 들리는 듯하다.

그렇다면 경문대왕의 귀가 길어진 이유도 추정해 볼 수 있지 않을까? 혹시 왕은 백성들의 말을 잘 듣지 않아 하늘의 벌을 받고 그렇게 귀가 길

Hendrik de Clerck, 〈아폴론과 판의 시합〉, 1620년경
아폴론이 리라가 아니라 바이올린을 연주하고 있는 것이 이채롭다. 아폴론 왼쪽에는 아테나가 있고 오른쪽에는 트몰로스 왕이 앉아 있다. 그 옆에 귀가 길어진 미다스 왕이 보인다.

어진 것은 아니었을까? 탐욕스러운데다가 신을 무시할 만큼 오만방자했던 미다스의 귀를 아폴론이 잡아 늘인 것처럼, 제발 좀 민심에 귀를 기울이라고 타박하며 하늘이 경문대왕의 귀를 잡아당겨 길게 늘어뜨린 것은 아니었을까?

미다스 왕의 이발사와 경문대왕의 복두장이 보인 행동은 우리에게 '세상에 비밀은 없다'는 격언의 진실을 새삼 일깨워 준다. 아울러 어린 시절 어디선가 주워들은 '비밀 아닌 비밀'을 친한 친구에게 귓속말로 전해 주면서 낄낄대며 우정을 확인하던 순진한 어린 시절을 떠올리게 한다. 그 당시 '나만 알고 있는 소중한' 비밀을 친구에게 털어놓기 전 꼭 이렇게 말했다. "너한테만 알려 주는 거니까, 다른 애들에게는 절대로 말하지 마 잉?"

어른이 된 지금은 그런 다짐이 부질없는 짓이라는 걸 알지만 그땐 정말 얼마나 진지하고 심각했던가?

미다스 왕과 경문대왕의 이야기에서 이발사와 복두장의 행적에 대한 언급은 없다. 왕과 임금의 비밀을 폭로한 뒤 두 사람의 운명은 과연 어떻게 되었을까? 물론 이발사는 미다스 왕으로부터 목숨을 담보로 비밀을 엄수하라는 명령받았기 때문에 체포되어 심문을 당한 뒤 결국 사형을 당했을 것이다. 이에 비해 복두장의 이후 행적은 가늠하기 쉽지 않다. 그는 경문대왕으로부터 위협을 당해서가 아니라 스스로 알아서 왕의 비밀을 함구한다. 또 왕은 부끄러운 자신의 비밀이 탄로 나자 복두장을 탓하지 않고 애꿎은 대나무만 베어 낸 뒤 그 자리에 산수유나무를 심는다.

역사학자 조범환은 『임금님 귀는 당나귀 귀?』라는 책에서 귀가 길어진 경문대왕의 이야기를 그 당시 시대 상황과 연결시켜 우리의 주목을 끈다. 그들은 경문대왕이 노쇠한 신라제국을 부흥시키려 부단히 애를 썼지만 실패한 '개혁 군주'였다고 주장한다. 이어 경문대왕의 귀가 길어지고 뱀과 함께 잠을 잤다는 일화가 후대에 그의 반대 세력이 대왕을 깎아내리기 위해 만들어 낸 설화라고 말한다.

즉 경문대왕의 '당나귀 귀'는 그의 개혁 정치를 비꼰 표현이고, 경문대왕이 늘 함께 잠자리를 같이했다는 뱀은 그가 정치개혁을 위해 심혈을 기울여 키웠던 화랑이나 육두품을 가리킨다는 것이다. 그렇다면 대나무를 베고 그 대신 심은 '산수유'는 무엇을 의미할까? 그들은 산수유가 두통, 두창 등의 여러 가지 질병을 치료하는 데 쓰이는 생약이라는 사실을 근거로, 산수유는 당시 창궐하던 질병에 맞서 경문대왕이 백성들을 위해 취한 시책들을 빗댄 것이라고 말한다.

7장 ○ 인간의 탐욕과 오만

Day 53

니오베, 아라크네, 마르시아스: 신에게 도전했다가 몰락한 자들

오만을 그리스어로 히브리스Hybris라고 한다. 동서양을 막론하고 고전이라면 모두 약속이라도 한 듯이 오만을 인간의 가장 큰 죄악 중 하나로 꼽곤 한다. 그리스 신화에도 오만을 부리다가 결국 비참한 최후를 맞이하는 인물들이 아주 많이 등장한다.

그중 니오베Niobe는 리디아Lydia의 왕 탄탈로스Tantalos의 딸이었다. 그녀는 테베Thebe의 왕 암피온Amphion의 아내로 7남 7녀를 낳았다. 그녀는 일국의 왕비로서 남부러울 게 없었는데 특히 자식들이 많다는 사실에 지나친 자부심을 품고 있었다. 그래서 틈만 나면 사람들에게 자신이 레토보다 더 많고 똑똑한 자식들을 두었다고 오만을 떨었다. 레토는 신들의 왕 제우스와의 사이에서 아르테미스와 아폴론 쌍둥이 남매밖에 낳지 않았기 때문이다.

그러던 어느 날 레토는 하늘에서 니오베가 자신을 모욕하는 말을 듣고 분노했다. 그녀는 당장 두 자식을 불러 자신이 니오베에게 당한 수모를

Pierre-Charles Jombert,
〈니오베의 자식들을 죽이는
아폴론과 아르테미스〉, 1772

당장 갚아 달라고 명령했다. 서슬퍼런 어머니의 명령이 떨어지자 아폴론
과 아르테미스는 재빨리 활과 화살을 들고 테베 왕궁이 보이는 하늘의 구
름 위에 앉았다. 이어 니오베의 자식들이 놀기 위해 모두 궁전 마당으로
나오자 화살을 날리기 시작했다. 아폴론의 화살은 아들들을 향했고, 아르
테미스의 화살은 딸들을 향했다.

아폴론과 아르테미스의 화살은 각각 궁술의 신과 사냥의 신답게 백발
백중 하나도 빗나가지 않았다. 니오베의 남편 암피온은 자식들이 태어
난 순서대로 하나씩 몰살당하는 광경을 보고 광분한 나머지 델피의 아폴
론 신전을 부수려다가 아폴론의 화살을 맞고 쓰러졌다. 니오베는 자식을

7장 ○ 인간의 탐욕과 오만

잃은 슬픔을 이기지 못하고 하염없이 울기만 했다. 결국 그녀는 고향 리디아로 돌아가 시필로스Sipylos산에서 하염없이 울다 지쳐 바위로 변했다. 바위에선 끊임없이 눈물이 흘러나왔다.

아라크네Arachne도 니오베와 같은 리디아 출신으로 이드몬Idmon의 딸이었다. 그녀는 리디아에서 베를 짜고 그 위에 수를 놓는 재주로 명성이 자자했다. 사람들에게서 수공예의 신인 아테나의 제자라는 평판을 얻을 정도였다. 하지만 아라크네는 그것으로 만족하지 않았다. 어느 날 그녀는 친구들이 자신의 수놓는 솜씨가 신기에 가깝다고 자꾸 치켜세우자 자신은 아테나 여신과 겨루어도 거뜬히 이길 수 있다고 오만을 떨었다.

이를 들은 아테나가 노파의 모습으로 하늘에서 내려와 그녀에게 겸손하라고 타이르며 신과는 감히 겨룰 생각을 해서는 안 된다고 경고했다. 하지만 아라크네는 노파의 말을 귓등으로 흘려듣고 오히려 더 우쭐댔다. 자신의 수공예 기술은 타고난 것이지 전혀 아테나 여신에게서 배운 게 아니라는 것이다. 그러자 분노한 아테나는 본래의 모습을 드러낸 뒤 도전을 받아들였고, 둘 사이에 경합이 시작되었다.

아테나는 자수판에 근엄한 올림포스의 12주신의 모습을 수놓았다. 이어 자수판 가장자리에는 아라크네에게 경각심을 불러일으키기 위해 신에게 도전했다가 비참한 최후를 맞이한 인간들의 이야기를 수놓았다. 이에 비해 아라크네는 자수판에 제우스가 에우로페Europe나 다나에Danae 등 여인들을 납치하거나 농락하는 장면을 수놓았다. 처음에 아테나는 절제의 화신답게 그것을 보며 치밀어 오르는 화를 애써 참았다. 하지만 아라크네의 수놓는 재주가 자신과 비교해서 전혀 손색이 없다는 것을 알고는 질투심이 폭발했다.

아테나는 갑자기 일어서더니 아라크네에게 다가가 그녀의 자수판을 찢어 버리고 풀어진 대나무 수틀로 그녀를 흠씬 패 주었다. 그러자 아라크네는 모욕을 참을 수 없어 목매 자살했다. 하지만 아테나는 아라크네의 죽음을 허락하지 않았다. 여신은 그녀의 시신을 거미로 변신시켜 영원히 베를 짜도록 했다. 거미가 자신의 집을 완벽하게 짓는 것은 녀석이 바로 아라크네의 후손이기 때문이다. 아라크네는 그리스어로 '거미'라는 뜻이기도 하다.

마르시아스는 앞서 미다스 왕 이야기에 등장했던 사티로스로, 팬파이프의 대가였다. 그 당시 설명한 것처럼 그리스 신화에서 사티로스는 하체는 염소이고 상체는 인간이며 머리에는 뿔이 달린 괴물을 총칭하는 이름으로 포도주의 신 디오니소스의 신도였다. 사티로스는 성적으로 아주 문란하여 술에 취해 디오니소스를 따라다니며 그의 열광적인 여신도들인

René-Antoine Houasse, 〈아테나와 아라크네〉, 1706

　　　　　　　　　　　　　　　　7장 ○ 인간의 탐욕과 오만

마이나데스Mainades를 희롱하는 괴물로 알려져 있다.

마르시아스는 숲속을 거닐다가 우연히 개울에서 몇 개의 관으로 만들어진 팬파이프를 발견하고 그것을 연주하는 것을 배워 달인의 경지에 이르렀다. 마르시아스가 발견한 팬파이프는 원래 아테나의 것이었다. 여신은 사슴의 뿔을 이용하여 이 팬파이프를 발명한 뒤 신들의 향연에서 한번 불어 보았다. 그러자 헤라와 아프로디테가 그녀를 보며 깔깔거리며 웃었다. 영문을 몰랐던 아테나는 개울물에 자신의 팬파이프를 부는 모습을 비춰 보고서야 두 여신의 웃음을 이해했다. 이마를 찡그리고 볼을 부풀리며 팬파이프를 부는 자신의 얼굴이 우스꽝스럽다 못해 흉측했던 것이다.

아테나는 팬파이프를 당장 개울에 버리면서 누구든지 그것을 갖게 되는 자는 무서운 형벌을 받게 되리라고 저주를 퍼부었다. 마르시아스는 어

Cornelis van Poelenburgh, 〈아폴론과 마르시아스의 시합〉, 1630

느 날 그런 사실도 모른 채 사람들에게 자신의 팬파이프가 이 세상에서 가장 아름다운 소리를 낸다고 오만을 떨었다. 음악의 신 아폴론도 리라를 가지고 그런 신비한 소리를 낼 수 없을 것이라고 허풍을 떨었다. 급기야 그는 하늘을 향해 아폴론에게 시합을 벌이자며 큰소리로 도전장을 내밀었다. 아폴론이 가소로운 표정을 지으며 그 도전을 받아들였다. 패자는 승자로부터 어떤 벌도 달게 받겠다는 조건이었다.

마침내 시합이 끝나고 심판관들이 무승부 판정을 내렸다. 자존심이 상한 아폴론이 갑자기 마르시아스에게 악기를 거꾸로 연주하자고 제안했다. 기세가 등등해진 마르시아스가 엉겁결에 그러자고 했다. 하지만 아뿔싸, 리라와는 달리 팬파이프는 거꾸로 연주할 수 없는 법. 먼저 연주를

José de Ribera, 〈마르시아스의 형벌〉, 1637

7장 ○ 인간의 탐욕과 오만

시작한 마르시아스는 팬파이프를 아무리 불어도 소리조차 낼 수가 없었다. 아폴론의 멋들어진 연주가 끝나자 마르시아스는 깨끗이 패배를 시인할 수밖에 없었다. 아폴론은 그에 대한 벌로 마치 고문 기술자처럼 마르시아스를 소나무에 거꾸로 매달아 살가죽을 벗겼다. 이때 흘린 마르시아스의 피가 모여서 마르시아스강이 되었다.

에리시크톤과 살모네우스:
신성 모독죄로 몰락한 자들

에리시크톤Erysichthon은 포세이돈의 아들 트리오파스Triopas의 아들로 테살리아Thessalia의 왕이었다. 그는 신들의 제단에 한 번도 제물을 바친 적이 없을 정도로 아주 불경하고 오만불손했다. 그런 사람이었기에 그는 어느 날 아무런 이유 없이 부하들에게 곡물의 여신 데메테르에게 바쳐진, 커다란 숲 한가운데에 있는 성스러운 참나무를 베어 내라고 명령했다. 부하들이 머뭇거리자 그는 손수 도끼를 들고 나무를 찍어 냈다. 그 참나무에 살고 있던 나무의 요정이 살려 달라고 아무리 간청해도 매정하게 뿌리치고 뿌리까지 파헤쳤다.

데메테르가 그걸 보고 가만히 있을 리 없었다. 그녀는 에리시크톤에게 기아의 여신 리모스Limos를 보내 그를 응징하기로 결심했다. 리모스는 라틴어로는 파메스Fames라고 하는데 곡식도 재배할 수 없고 나무도 자라지 않는 흑해 연안 스키티아Skythia의 황량한 불모지에서 한기와 오한과 함께 살았다. 리모스는 또한 데메테르의 충복이었어도 곡물과 수확의 여신 데메테르와는 상극인지라 직접 만날 수는 없었다. 그래서 데메테르는 그녀에게 자신의 시녀인 나무의 요정을 보내 사정을 설명하고 에리시크톤을 혼내 주라고 명령했다.

데메테르의 명령을 받자마자 리모스는 당장 에리시크톤을 찾아가 잠들어 있는 그의 입에 입김을 불어 넣어 혈관 등 그의 온몸 구석구석에 허기를 집어넣었다. 얼마 후 에리시크톤은 갑자기 이유를 알 수 없는 허기에 시달리다 잠에서 깼다. 그 후부터 그는 먹으면 먹을수록 더욱더 심한 허기를 느꼈다. 아무리 먹어도 성에 차지 않아 안절부절못했다. 오비디우스는 『변신 이야기』에서 이때 에리시크톤이 느낀 허기를, 날마다 대지의 모든 강물을 빨아들여도 절대로 성에 차지 않는 바다와 아무리 통나무를 불태워도 지칠 줄 모르고 맹렬하게 불타오르는 화로의 불길에 비유했다.

에리시크톤은 마치 그런 바다나 불길처럼 음식을 먹으면 먹을수록 더욱더 많이 먹으려고 했다. 그는 결국 먹을 음식을 사느라 갖고 있던 모든 재산을 탕진했다. 재산이 모두 떨어지자 심지어 외동딸 메스트라Mestra마저도 노예로 팔아 음식을 사 먹었다. 그런데 메스트라는 이미 바다의 신 포세이돈의 사랑을 받은 터라 노예로 팔릴 적마다 그로부터 선물 받은 변신술로 암말, 새, 암소, 사슴으로 변신하여 집으로 돌아왔고, 계속해서 아버지의 허기를 채워 주었다. 하지만 에리시크톤의 허기는 그것으로도 채워지지 않았다. 그는 결국 딸이 팔리고 없는 사이, 허기를 이기지 못하고 자신의 사지를 찢어 뜯어 먹기 시작하더니 얼마 후 자신의 몸을 전부 먹어 치우고 말았다.

살모네우스Salmoneus는 아이올로스Aiolos의 아들이다. 살모네우스의 아버지 아이올로스는 바람의 신 아이올로스Aiolos와는 동명이인으로, 그리

Jan Steen, 〈딸을
파는 에리시크톤〉,
1650~1660

스인의 조상으로 알려진 헬렌Hellen의 아들이자 아이올레이스Aioleis(영어로
는 아이올리아Aiolia)인의 시조이다. 그는 엘리스Elis의 알페이오스Alpheios강변
에 자신의 이름을 딴 살모니아Salmonia라는 도시를 세우고 알키디케Alkidike
와 결혼하여 딸 티로Tyro를 낳았다.

　살모네우스는 오만불손하고 불경하기 짝이 없었다. 그는 시민들에게
자신을 제우스라고 부르며 섬기고, 제우스 대신 자신에게 제물을 바치라
고 명령했다. 심지어 제우스의 천둥소리를 흉내 내기 위해 짐승 가죽으
로 싸맨 청동 솥을 사두마차 뒤에 매단 채 청동으로 만든 다리를 전속력
으로 통과했으며, 제우스의 번개를 흉내 내기 위해 부하들을 시켜 공중에
횃불들을 마구 쏘아 대도록 했다. 하늘에서 이 광경을 지켜보던 제우스는

〈살모네우스〉, 기원전 470~460년경
살모네우스가 오른손에 제우스의 번개 같은 것을 들고 있고 마치 차력사처럼 용을 쓰며 자신을 묶고 있는 쇠사슬을 끊고 있다(그리스 도기 그림 재현).

격노하여 진짜 천둥과 번개로 그를 처단한 뒤 그가 세운 도시 살모니아도 철저하게 파괴해 버렸다.

파에톤과 이카로스:
아무것도 지나치지 않게!

헬리오스의 아들 파에톤Phaeton과 다이달로스Daidalos의 아들 이카로스 Ikaros는 똑같은 운명을 갖고 태어났다. 둘 다 모두 하늘을 날다가 추락하여 비극적인 최후를 맞이했기 때문이다. 그들이 하늘을 날기 전 아버지에게서 듣는 충고의 말도 똑같았다. 두 아버지는 아들들에게 이렇게 당부했다. "너무 높게 날지도 말고, 너무 낮게 날지도 말아라!"

헬리오스와 다이달로스가 아들들에게 해 준 말은 우리나라 아버지들이 입대하는 아들들에게 해 주곤 하던 말을 생각나게 한다. "일등 하지도 말고, 꼴찌 하지도 말아라. 중간만 따라가라!" 그 말은 또한 고대 그리스의 7대 현인 중 하나였던 솔론Solon의 경구 '메덴 아간Meden Agan'을 떠올리게 한다. '메덴 아간'은 '아무것도 지나치지 않게'라는 뜻으로 동양으로 치면 '과유불급過猶不及'이나 '중용지도中庸之道'와 같은 의미다.

헬리오스는 올림포스 신족인 아폴론 이전에 태양을 관장했던 티탄 신족이다. 그는 어느 날 밤 쉬는 틈을 이용하여 지상으로 내려와 휴가를 즐기다가 강의 요정 클리메네Klymene를 만나 사랑에 빠져 하룻밤 풋사랑을 나눈 뒤 훌쩍 떠나 버렸다. 그 후 클리메네는 홀몸으로 아들을 낳아 '파에 톤'이라 이름 지었다.

파에톤은 어린 시절 어머니 슬하에서 자라면서 친구들에게서 아비 없 는 자식이라는 놀림을 자주 받자 어느 날 어머니를 졸라 자신의 출생의 비밀을 알아냈다. 이어 이성의 화신 태양신의 아들답게 침착하게 때를 기 다렸다가 성인이 되자 비로소 아버지 헬리오스를 찾아갔다. 아마 태초에 는 하늘과 지상을 이어 주는 사다리나 길이 있었던 모양이다.

헬리오스는 파에톤이 클리메네를 거명하며 자식이라고 주장하자 당연 히 그를 아들로 인정했다. 하지만 파에톤은 그것으로 만족하지 않았다. 그는 헬리오스에게 자신이 진짜 아들이라면 부탁을 하나 들어달라고 간 청했다. 그동안 돌보지 못해 양심의 가책을 느낀 아버지는 아들에게 인자 하게 미소 지으며 어떤 부탁이든 모두 들어주겠다고 약속했다. 그러자 파 에톤은 헬리오스에게 먼저 지하세계를 흐르는 스틱스Styx강에 대고 맹세 해 달라고 간청했다. 스틱스강에 대고 맹세하면 신이든 인간이든 반드시 그것을 이행해야만 했다.

헬리오스가 깊게 생각하지 않고 성급하게 스틱스강에 대고 맹세해 버 리자 그는 딱 하루만 아버지가 모는 태양 마차를 몰게 해 달라고 졸랐다. 그는 몹시 당황해 하며 태양 마차는 아무나 몰 수 없으니 제발 그것만은 안 된다고 아들을 달랬다. 하지만 아들은 막무가내였다. 어쩔 수 없이 설 득을 포기한 헬리오스는 아들에게 말 고삐를 넘겨주며 마지막으로 간절 히 당부했다.

"잘 들어라, 내 아들아! 제발 너무 높게 날지도 말고, 너무 낮게 날지도

Nicolas Bertin, 〈아폴론의 태양 마차에 올라탄 파에톤〉, 1720
화가들은 파에톤을 티탄 신족의 태양신 헬리오스의 아들이 아니라 올림포스 신족의 태양신 아폴론의 아들로 칭하기도 한다.

말아라! 너무 높게 날면 하늘 궁전을 태울지 모르고, 너무 낮게 날면 대지를 불태울지 모른다. 중간 길이 가장 안전하고 좋다. 내가 지나간 바퀴 자국만 따라가거라!"

파에톤은 아버지의 당부에 그저 건성으로 "예, 예"라고 대답했다. 그는 아버지가 하는 일이라면 자신도 뭐든 할 수 있다고 믿었다. 아니 더 잘할 수 있다고 자신만만했다. 하지만 그가 고삐를 쥐자마자 예민한 말들이 예전과 달라진 무게를 느끼고 순순히 달리다가 갑자기 몸부림을 쳤다. 전혀 예상치 못한 상황에 깜짝 놀란 파에톤은 그 순간 그만 고삐를 놓치고 말았다. 그러자 기다렸다는 듯이 태양 마차는 순식간에 높이 솟아올라 올림

7장 ○ 인간의 탐욕과 오만

포스의 하늘 궁전을 살짝 그을리더니 그대로 곤두박질쳐 바닷물을 펄펄 끓게 하고 대지를 시뻘겋게 불태웠다.

파에톤의 태양 마차는 그렇게 주로를 이탈한 채 계속해서 하늘과 대지 사이를 재빠르게 오가며 갈피를 잡지 못했다. 그대로 두었다간 특히 대지의 곡물이 남아나지 못할 판이었다. 참다못한 곡물의 여신 데메테르의 하소연에 결국 신들의 왕 제우스가 개입하여 재빨리 파에톤을 향해 번개를 날렸다. 그러자 파에톤은 머리털에 불이 붙은 채 거꾸로 땅바닥에 떨어져 죽고 말았다. 독일의 폭스바겐Volkswagen 자동차 중에 '파에톤'이라는 승용차가 있었다. 나는 가끔 시내에서 운전할 때 그 차와 마주치면 신화 속 파에톤이 생각 나 얼른 줄행랑을 치곤 했다. 이름 탓이었을까? 그 차는 현재 단종된 상태다.

아테네의 천재 건축가이자 조각가인 다이달로스는 누이의 아들 탈로스Talos를 제자로 받아들인 적이 있었다. 탈로스는 다이달로스를 능가하는 뛰어난 발명가의 자질을 갖고 태어났다. 어느 날 탈로스는 뱀의 턱뼈를 보고 영감을 받아 톱을 발명했다. 질투심에 눈이 먼 다이달로스는 아크로폴리스 언덕에서 조카를

Joseph Heintz the Elder, 〈파에톤의 추락〉, 1596

떨어뜨려 죽였다. 그는 곧 범죄가 발각되어 아들 이카로스와 함께 미노스 Minos 왕이 다스리던 크레타Kreta로 추방되었다.

다이달로스는 크레타섬에서 미노스의 숙원사업을 많이 해결해 주었다. 그는 특히 왕에게 한번 들어가면 절대 빠져나올 수 없는 라비린토스 Labyrinthos라는 미로 감옥을 만들어 주었다. 하지만 그는 미노스 왕의 공주 아리아드네Ariadne에게 그 감옥을 탈출할 수 있는 비책을 알려 주어 아테네의 왕자 테세우스Theseus와 함께 도망치게 만든 죄목으로 아들 이카로스와 함께 그 안에 갇히는 신세가 되었다.

다이달로스는 비록 자신이 감옥을 설계했어도 수중에 실꾸리가 없어 그곳을 탈출할 수 없었다. 며칠 동안 고민을 하며 탈출 방법을 모색하던 다이달로스는 감옥 위 하늘을 가로지르며 날아다니던 새들이 아래로 깃털을 떨어뜨리는 것을 보고 무릎을 쳤다. 그는 곧 깃털을 모아 밀랍으로 이어붙여 두 쌍의 날개를 만들기 시작했다. 마침내 날개가 모두 완성되자 다이달로스는 한 쌍을 이카로스의 어깻죽지에 묶어 주며 말했다.

"잘 들어라, 내 아들아! 너무 높게 날지도 말고, 너무 낮게 날지도 말아라! 너무 높게 날면 태양열에 밀랍이 녹을지 모르고, 너무 낮게 날면 바닷물에 깃털이 젖을지 모른다."

이어 다이달로스는 자신의 어깻죽지에도 날개를 묶은 다음 하늘을 향해 먼저 날갯짓하며 외쳤다. "아들아, 방향을 바꾸지 말고 내 뒤를 바싹 따라와라!" 그들은 그렇게 크레타섬에서 북동쪽으로 날개를 퍼덕이며 날아갔다.

그들이 왼편으로 에게해 키클라데스Kyklades군도의 낙소스Naxos, 델로

Jacob Peter Gowy,
〈이카로스의 추락〉,
1635~1637

스Delos, 파로스Paros섬을 지나, 오른편으로 레빈토스Lebinthos와 칼림노스 Kalymnos섬을 지나고 있을 때였다. 갑자기 이카로스가 아버지의 경고를 무시하고 기쁨에 겨워 태양 가까이 솟아올랐다. 다이달로스가 자신의 어깨 넘어 뒤를 돌아보았을 때는 이카로스는 벌써 사라진 후였다. 몇 개의 깃털만 아래 파도 위에서 출렁거릴 뿐이었다.

이카로스의 날개에서 깃털과 깃털을 서로 단단히 이어 주던 밀랍이 태양열에 녹아 버리는 바람에 이카로스는 눈 깜짝할 사이에 그만 바다로 추락해서 익사하고 말았던 것이다. 다이달로스는 오열하며 아들의 시신을 찾아내 근처 섬에 묻어 주었다. 그때부터 그 섬은 이카로스의 이름을 따라 이카리아Ikaria로 불리고 있다.

Day 56

벨레로폰:
영웅은 왜 추락하는가?

벨레로폰Bellerophon은 코린토스Korinthos의 왕 글라우코스Glaukos의 아들이었다. 그는 실수로 형제 벨레로스Belleros를 죽인 뒤 조국에서 추방당해 티린스Tiryns의 왕 프로이토스Proitos를 찾아가 몸을 의탁했다. 그의 별명 '벨레로폰테스Bellerophontes'는 바로 '벨레로스를 죽인 자'라는 뜻이다. 얼마 후 프로이토스의 아내 안테이아Anteia가 궁전에서 우연히 벨레로폰을 보고 첫눈에 반해 버렸다. 하지만 그녀는 벨레로폰에게 거절당하자 그에게 자신을 유혹하려 했다는 누명을 씌웠다.

프로이토스는 아내의 말만 믿고 복수심에 불타올랐다. 그래도 감히 손님을 죽여 복수의 여신의 분노를 사고 싶지 않았다. 궁리 끝에 그는 봉인한 편지와 함께 벨레로폰을 소아시아 리키아Lykia의 왕이자 장인이었던 이오바테스Iobates에게 보냈다. 편지에는 이렇게 쓰여 있었다. "이 편지를 가지고 가는 자를 없애 주십시오. 그자는 바로 저의 아내이자 장인어른의 딸인 안테이아를 겁탈하려고 한 자입니다."

7장 ○ 인간의 탐욕과 오만

〈키마이라 청동상〉,
기원전 400년경

    프로이토스가 벨레로폰의 손에 들려 장인 이오바테스에게 보낸 편지
에서 바로 '벨레로폰의 편지(Bellerophontos ta grammata)'라는 격언이 유래했
다. 그것은 자신도 모르게 자신에게 몹시 불리한 편지를 직접 갖고 가는
경우를 말한다. 셰익스피어의 『햄릿』에도 똑같은 모티프가 등장한다. 덴
마크의 왕 '클로어디스'는 조카 '햄릿'을 영국 왕에게 보내면서 그를 도착
하는 즉시 죽여 달라고 부탁하는 편지를 함께 보낸다. 물론 햄릿이 아니
라 그와 동행한 두 친구 '로젠크란츠'와 '길덴스턴'에게 들려 보낸다는 점
이 약간 다르다.

    프로이토스의 편지를 읽고 난 이오바테스도 손님을 죽였다는 비난을
받는 게 두려웠다. 그래서 벨레로폰에게 이웃 나라 카리아Karia의 골칫거
리 괴물 키마이라Chimaira를 죽여 달라고 부탁했다. 키마이라는 입에서 화
염을 뿜는 암컷 괴물로 머리는 사자, 몸통은 염소, 꼬리는 뱀의 모양을 하
고 있었다. 녀석은 그 당시 카리아뿐 아니라 리키아까지 휘젓고 다니며

사람, 짐승 할 것 없이 닥치는 대로 해치고 다녔다. 그동안 숱한 영웅들이 괴물 키마이라를 잡으러 갔다가 도리어 그에게 희생되었다. 이오바테스 왕은 벨레로폰도 키마이라를 죽이려다가 목숨을 잃을 것으로 생각했다.

벨레로폰은 과업에 착수하기 전 우선 예언가 폴리에이도스Polyeidos를 찾아가 조언을 구했다. 그러자 폴리에이도스는 그에게 키마이라를 처치하려면 날개 달린 천마 페가소스Pegasos가 꼭 필요하다고 충고했다. 페가소스는 영웅 페르세우스Perseus가 괴물 메두사Medusa의 머리를 자를 때 흘린 피가 스며든 땅에서 태어났다. 페가소스는 태어나자마자 예술가들이 자신들의 친구로 삼았다. 녀석의 날개와 예술가들에게 필요한 상상의 날개는 서로 통하는 게 있었기 때문이다. 그리스 신화에서 예술을 담당했던 신은 9명의 무사이다. 그래서 페가소스는 여신들의 총애를 받으며 주로

Alexander Ivanov, 〈키마이라를 처치하러 떠나는 벨레로폰〉, 1829 벨레로폰 뒤쪽으로 완전 무장을 한 아테나가 보인다.

7장 ○ 인간의 탐욕과 오만

그들의 거처인 헬리콘Helikon산에서 지냈다.

헬리콘산에 페가소스가 언젠가 땅을 박차고 하늘로 날아오르면서 뒷발로 파 놓은 히포크레네Hippokrene와 아가니페Aganippe라는 샘물이 있는 것은 바로 그 때문이다. 고대에 시인들이 그 샘물을 마시면 시상이 떠오르고 시를 짓고자 하는 마음이 샘솟았다고 한다. 하지만 그 당시 페가소스는 마침 헬리콘산을 떠나 마음 내키는 대로 세상을 떠돌아다니고 있었다. 벨레로폰은 녀석의 흔적을 추적한 끝에 드디어 코린토스의 페이레네Peirene 샘 근처에서 페가소스를 발견했다. 하지만 녀석을 제압할 방법을 몰라 근처 아테네 신전에 들어가 여신에게 간절히 도움을 청했다. 그러자 여신은 영웅의 수호신답게 그가 잠든 사이 하늘에서 내려와 황금 재갈과 채찍을 손에 쥐어 주며 사용 방법을 귀띔해 주었다.

벨레로폰이 아테나가 시킨 대로 잠든 페가소스 머리 위에 재갈을 살짝 던지자 그것이 저절로 녀석의 주둥이에 채워졌다. 벨레로폰은 마침내 페가소스를 타고 공중을 날아다니며 키마이라가 뿜어 대는 화염을 피할 수 있었다. 그러다가 적당한 기회를 노려 창끝에 납덩어리를 묶어 주둥이 안에 던져 넣었다. 이윽고 키마이라의 화염을 머금은 숨결이 납을 녹였고, 납은 목구멍을 타고 내려가 녀석의 내장을 태웠다.

이오바테스는 이런 대담한 과업을 완수한 벨레로폰에게 칭찬이나 상은 고사하고 곧바로 리키아의 숙적인 호전적인 솔리모이Solymoi족과 그 동맹자 아마존Amazon족을 정벌해 달라고 부탁했다. 벨레로폰은 아무 불평 없이 다시 페가소스를 타고 하늘을 날아다니며 화살 사정거리 밖에서 거대한 바위들을 아래로 던져 그들을 모두 제압했다. 그런데 벨레로폰의 모험은 그게 끝이 아니었다. 그는 숨도 쉴 틈도 없이 다시 이오바테스의 부탁을 받고 크산토스Xanthos 평원으로 달려가 카리아의 해적단을 몰아내야 했다.

이오바테스는 이번에도 벨레로폰에게 전혀 고마움을 표시하지 않았다. 오히려 왕궁수비대를 보내 귀환하는 그를 급습하여 암살하려 했다. 하지만 왕궁수비대도 벨레로폰의 적수가 되지 못했다. 벨레로폰은 습격을 받고도 지친 기색없이 오히려 그들을 하나도 남김없이 모두 처치해 버렸다. 이오바테스는 그제야 비로소 벨레로폰이 신들의 비호를 받고 있다는 사실을 깨닫고 그에게 사위 프로이토스의 편지를 보여 주며 용서를 구했다. 또 자신의 딸 필로노에Philonoe를 아내로 주고 그를 리키아 왕권의 후계자로 삼았다.

여기까지는 벨레로폰에게 아무런 문제가 없었다. 하지만 그는 행복의

작가 미상, 〈제우스와 벨레로폰〉, 연도 미상

　　　　　　　　　　　　　　　　7장 ○ 인간의 탐욕과 오만

정점에서 그만 오만에 빠지고 말았다. 그는 어느 날 사람들에게 마치 신이나 된 것처럼 으스대더니 신들의 왕 제우스와 식사하고 오겠다며 갑자기 페가소스를 타고 올림포스 궁전을 향해 날아갔다. 분노한 제우스가 그에게 커다란 쇠파리인 등에 한 마리를 날려 보냈다. 등에는 짐승의 등에 달라붙어 피를 빠는 곤충이다. 등에는 쏜살같이 날아가 페가소스의 꼬리 밑을 물었다.

놀란 페가소스가 갑자기 하늘로 치솟아 올랐다. 벨레로폰은 그 충격으로 땅바닥에 내동댕이쳐지는 바람에 가시덤불 속에 떨어져 눈이 멀고 한쪽 다리를 절게 되었다. 그는 죽음이 구원해 줄 때까지 사람들이 다니는 길을 피해 노숙자처럼 쓸쓸히 거리를 헤매고 다녔다. 영웅은 잘나갈 때 조심해야 한다. 신은 영웅이 최정상에 있을 때 그에게 오만이라는 깊은 함정을 파놓고 시험하기 때문이다. 거칠 것 없는 영웅에게 오만은 꿀처럼 달콤하다. 그래서 영웅은 아무 생각 없이 오만을 맛보다가 결국 추락하고 만다.

Day 57

크로이소스와 다레이오스:
이 세상에서 가장 행복한 사람은?

그리스 고전 중에 헤로도토스의 『역사』라는 책이 있다. 헤로도토스는 서문에서 페르시아 전쟁의 원인, 과정, 결과를 사람들에게 널리 알리기 위해서 이 책을 썼다고 밝힌다. 총 9권으로 이루어진 『역사』는 4권까지는 우선 페르시아가 메디아, 리디아, 이집트, 스키타이, 리비아, 트라키아, 마케도니아 등을 정복하면서 대제국이 되는 과정을 묘사한다. 페르시아 전쟁 이야기는 정작 5권에서야 비로소 시작한다.

『역사』는 페르시아가 이웃 나라들을 정복하는 과정에서 생겨난 역사적인 사실만을 서술 대상으로 삼지 않는다. 오히려 각국의 지리, 풍속, 관습, 전설, 동화, 신화 등에 더 많은 지면을 할애한다. 그래서 『역사』는 우리나라의 『삼국유사』처럼 설화적이며 신화적이라 흥미진진하다.

『역사』에 실려 있는 수많은 이야기 중에서 '이 세상에서 가장 행복한 사람에 관한 이야기'는 단연 우리의 눈길을 끈다. 이야기의 무대는 소아시아의 리디아 왕국이다. 언젠가 그리스의 철학자 솔론이 리디아의 왕 크로

7장 ○ 인간의 탐욕과 오만

Gaspar van den Hoecke, 〈솔론에게 금은보화를 보여주는 크로이소스〉, 1630년경

이소스Kroisos를 방문한 적이 있었다. 솔론은 그 당시 그리스 문화권에서
최고의 현인으로 널리 알려진 인물이었고, 리디아는 페르시아와 소아시
아의 패권을 놓고 다투던 강국이었다.

크로이소스는 그동안 주변 약소국들을 점령하면서 엄청난 부를 축적
했다. 그는 솔론이 찾아오자 우선 금은보화로 가득한 자신의 수많은 보물
창고를 보여 주었다. 그런 다음 잔치를 베풀면서 그에게 한 가지 질문을
던졌다. 세상을 주유하면서 수많은 사람을 보았을 터이니 이 세상에서 가
장 행복한 사람이 누구라고 생각하냐는 질문이었다.

크로이소스는 솔론이 당연히 엄청난 금은보화를 가진 자신을 지목할
것으로 생각했다. 하지만 깊은 생각에 잠겨 있던 솔론은 그의 예상과는

달리 아테네의 텔로스^{Tellos}가 이 세상에서 가장 행복한 사람이라고 대답했다. 크로이소스가 실망을 감추지 못하면서 그 이유를 묻자 솔론은 이렇게 말했다.

> "텔로스는 날로 번창하는 도시인 아테네에 살며 건강한 아들들을 두었는데, 그들 또한 텔로스의 건강한 손자들을 낳았습니다. 그는 무엇보다 훌륭한 죽음을 맞이했습니다. 그는 이웃 나라가 아테네를 침공하자 군사들을 이끌고 나가서 용감하게 맞서 싸우다가 장렬하게 전사했습니다. 그러자 아테네는 국장을 치러 그의 명예를 높여 주었습니다."

솔론의 이야기를 다 듣고 난 크로이소스는 자신이 적어도 이 세상에서 두 번째로 행복한 사람은 될 것이라고 지레짐작하고, 그렇다면 텔로스 다음으로 행복한 사람은 누구냐고 물었다. 솔론은 이번에도 한참을 생각하더니 아르고스에 위치한 헤라 신전의 여사제 키디페^{Cydippe}의 두 아들 클레오비스^{Kleobis}와 비톤^{Biton}이 이 세상에서 두 번째로 행복한 사람이라고 말하며 그 이유를 이렇게 말했다.

> "아르고스에서 헤라 여신의 축제가 개최되었을 때, 이들 형제의 어머니는 여느 때처럼 소달구지를 타고 신전으로 가야 했는데, 그날따라 들판에 나가 있던 소들이 제때에 돌아오지 못했습니다. 두 형제는 고심 끝에 몸소 멍에를 메고 어머니를 태운 채 달구지를 끌고 거의 45스타디온^{Stadion}(약 9km, 1스타디온은 약 192m)를 달려 신전에 도착했습니다. 아르고스인들은 모두 그 광경을 보고 형제의 효심과 그런 자식들을 둔 어머니를 칭찬했습니다.

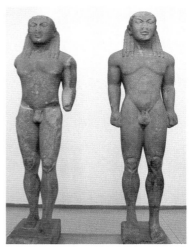

〈클레오비스와 비톤 형제 입상〉, 기원전 580년경
아르고스인들이 델피의 아폴론 신전에 바친 봉헌물이다
(그리스 델피 고고학 박물관).

어머니는 너무 기쁜 나머지 헤라 여신의 신상으로 다가가 두 형제에게 인간이 얻을 수 있는 최고의 행복을 베풀어 달라 기도했습니다. 그러자 정말 놀라운 일이 벌어졌습니다. 두 형제가 제사와 회식을 끝낸 뒤 신전에 잠시 누웠다가 다시는 일어나지 못했기 때문입니다. 그들은 그곳에서 죽음을 맞았던 것이지요. 그래서 아르고스인들은 그들이야말로 가장 훌륭한 청년들이라고 생각하고 그들의 입상을 제작해 델피에 봉헌했습니다."

크로이소스는 이번에도 자신이 이 세상에서 가장 행복한 사람의 축에 끼지 못하자, 버럭 화를 내며 자신의 행복이 그런 무명의 시민들보다도 못한 것이냐며 그 이유를 묻자 솔론은 이렇게 대답했다.

"왕께서는 엄청난 재물을 갖고 계시고 수많은 백성을 다스리고 계십니

〈화장단 위의 크로이소스〉,
기원전 500~450년경
(그리스 도기 그림)

다. 하지만 저는 왕께서 행복하게 생을 마무리했다는 사실을 알기 전까지는 왕께서 행복하시다고 말씀드릴 수 없습니다. 아무리 큰 부자라도 운이 좋아 생을 마감할 때까지 그 부를 즐기지 못한다면 하루하루 벌어 살아가는 사람보다 더 행복하다고 할 수 없기 때문입니다. 왕이시여! 무슨 일이든 그 결말이 어떤지 잘 지켜봐야 합니다. 신께서는 인간에게 행복의 그림자를 언뜻 보여 주시다가도 그를 금세 파멸의 구렁텅이에 빠뜨리시는 경우가 아주 흔하니까요."

크로이소스는 자신의 현재 가진 부귀영화를 보고도 결말을 보아야 행복한지 알 수 있다는 솔론을 어리석은 자라고 치부하고 냉담하게 돌려보냈다. 그런데 얼마 되지 않아 크로이소스는 페르시아의 왕이자 다레이오스Dareios의 아버지인 키로스Kyros와 벌인 전쟁에서 패한 뒤 화형당할 위기에 처했다. 화장단에 불이 타오르는 순간 크로이소스는 그제야 자신의 어리석음을 깨닫고 하늘을 우러러보며 솔론의 이름을 세 번 불렀다. 그것을

7장 ○ 인간의 탐욕과 오만

이상하게 여긴 키로스가 측근을 보내 그가 부른 사람이 어떤 사람인지를 묻자 크로이소스가 이렇게 대답했다. "천금을 주어도 만나서 이야기를 들어 보면 아깝지 않은 인물입니다."

영문을 알 수 없었던 키로스가 다급하게 그 이유를 묻자, 크로이소스는 예전에 솔론에게 들었던 이야기를 해 주었다. 키로스는 크로이소스의 말을 듣고 전광석화처럼 깨달은 바가 있어 부하들을 시켜 즉시 화장단의 불을 끄도록 지시했다. 하지만 부하들이 아무리 애를 써도 거세게 타오른 불길을 잡을 수 없었다.

그 광경을 보고 화장단 위에 있던 크로이소스가 하늘을 향해 눈물을 흘리면서 아폴론에게 예전에 바친 제물이 부족하지 않았다면 자신을 구해 달라고 기도했다. 바로 그 순간 바람 한 점 없던 맑은 하늘에서 삽시간에 먹구름이 나타나더니 거센 비가 쏟아져 크로이소스의 목숨을 구해 주었다. 이후 키로스와 크로이소스는 평생 다정한 친구로 지냈다. 헤로도토스는 이 이야기를 통해 현재의 행복에 젖어 자만하지 말고 항상 겸손하라고 충고한다. 크로이소스가 죽음의 순간에야 비로소 깨달은 것도 아마 그런 진실이었을 것이다.

시시포스:
신들을 속이고 죽음을 거부하다

시시포스Sisyphos는 테살리아Thessalia의 왕 아이올로스Aiolos의 아들로, 코린토스를 건설했다. 시시포스는 영어로는 '시지푸스Sisyphus', 프랑스어로는 '시지프Sisyphe'라고 하며 그리스 신화에서는 가장 교활하고 음흉한 인간으로 알려져 있다.

시시포스는 언젠가 델피의 아폴론 신전을 찾아가 불화 관계에 있던 자신의 형제 살모네우스를 제거할 방법을 물었다. 그러자 신탁은 그와 살모네우스의 딸 티로와의 사이에서 태어나는 아들들이 그 일을 해 줄 것이라고 대답했다. 시시포스는 그길로 곧장 도둑으로 변장한 채 조카인 티로의 침실에 잠입하여 그녀와 동침한 뒤 아들 둘을 얻었다. 하지만 그 신탁을 알게 된 티로가 일찌감치 어린 아들들을 죽여 시시포스의 계획은 수포로 돌아갔다.

시시포스는 당대에 그리스 신화 최고의 도둑 아우톨리코스Autolykos의 이웃집에 살고 있었다. 아우톨리코스는 도둑의 신 헤르메스의 아들답게 검은 것을 희게도 만들고, 흰 것을 검게도 만들었으며, 뿔 없는 동물을 뿔 달린 동물로도, 뿔 달린 동물을 뿔 없는 동물로도 만들 수 있었다. 그는 또한 어떤 상황에서도 마음먹은 것을 훔치지 못한 적이 한 번도 없었으며, 아무리 도둑질을 해도 전혀 발각당하지 않았고, 나중에 그가 범인이라는 사실이 밝혀져도 절대로 그 증거를 찾을 수 없었다.

아우톨리코스는 그래서 이웃한 시시포스의 소와 양과 염소를 감쪽같이 훔쳐 가곤 했다. 시시포스는 언젠가 자신의 가축들은 날마다 자꾸 줄어드는데 아우톨리코스의 가축들은 자꾸 불어나는 것을 알아차리고 자신의 가축들 발굽에 자신만 아는 표시를 해 두었다. 이어 며칠 후 과연 예상대로 자신의 가축들 중 일부가 아우톨리코스의 축사에 들어 있는 것을 확인했다. 분노한 시시포스는 해명을 요구하기 위해 그를 찾아갔다. 하지만 아우톨리코스가 그를 순순히 만나줄 리 만무했다.

매번 허탕만 치자 분노한 시시포스는 어느 날 애꿎은 아우톨리코스의 딸 안티클레이아Antikleia를 겁탈하고 돌아왔다. 그 후 그녀는 이타케Ithake 섬의 왕 라에르테스Laertes와 결혼하여 영웅 오디세우스Odysseus를 낳았다. 그래서 어떤 사람들은 오디세우스의 친아버지가 라에르테스가 아니라 시시포스라고 주장한다. 오디세우스가 목마 전술을 고안하여 트로이를 함락시킬 정도로 술책과 계책에 능했던 것은 교활한 시시포스의 피가 섞여 있기 때문이라는 것이다.

시시포스는 특히 죽음의 신 타나토스Thanatos와 지하세계의 왕 하데스를 속일 정도로 말솜씨가 아주 뛰어났다. 그는 언젠가 우연히 신들의 왕 제우스가 강의 신 아소포스Asopos의 딸 아이기나Aigina를 납치하는 것을 목격했다. 제우스는 시시포스에게 그 사실을 아무에게도 말하지 말라고 엄명을 내렸다. 하지만 극심한 가뭄으로 시달리던 시시포스는 귀한 샘물을 얻는 대가로 아소포스에게 그 사실을 귀띔해 주었다. 분노한 제우스는 죽음의 신 타나토스를 시켜 시시포스를 지하세계로 끌고 오게 했다.

하지만 시시포스는 끌려오는 도중에 기지를 발휘해서 타나토스를 술에 취하게 만든 다음 그를 쇠사슬로 단단히 묶어 버렸다. 죽음의 신이 손발이 꽁꽁 묶여 활동하지 못하자 지하세계의 질서가 흐트러졌다. 신입 혼령들이 들어오지 않아 지하세계가 그야말로 개점 휴업 상태가 되어 버린 것이다. 그러자 제우스는 이번에는 전쟁의 신 아레스를 시켜 시시포스를 잡아 오게 했다. 아레스도 마침 전쟁터에서 더 이상 전사자들이 생겨나지 않자 그야말로 무료해 죽을 지경이었다.

제우스의 명령이 떨어지자 아레스는 당장 지상으로 출발하여 몸이 쇠사슬로 꽁꽁 묶인 채 갇혀 있던 타나토스를 구출한 뒤 시시포스를 체포해서 지하세계로 끌고 왔다. 그런데 시시포스는 이번에도 지하세계로 잡혀가기 전 이미 아내인 메로페Merope에게 다시 살아올 방도가 있으니 자신이 죽거든 절대 장례를 치르지 말고 시신을 그냥 저잣거리에 버려두라고 단단히 일러두었다.

지하세계에 도착한 시시포스는 하데스에게 지상에서 아무렇게나 널브러져서 들짐승들의 먹이가 되고 있는 자신의 시신을 가리키며 며칠간의 말미를 주면 망자를 모독한 아내를 혼내 주고 예법에 맞게 장례를 치르게 한 다음 다시 돌아오겠다고 간청했다. 그러자 하데스는 시시포스의 현란한 말솜씨에 속아 그만 그의 부탁을 들어주고 말았다. 하지만 지상으로 귀환한 시시포스는 하데스를 조롱하며 지하세계로 돌아가지 않고 어디론가 꼭꼭 숨어 버렸다.

분노한 하데스는 다시 업무에 복귀한 타나토스를 보내 시시포스를 추적하여 체포해 오게 했다. 이어 그가 오만방자하게도 신들을 속이고 인간으로서 마땅히 받아들여야 할 죽음도 거부한 터라 뭇 인간들의 타산지석이 되도록 본때를 보이고 싶었다. 그래서 시시포스를 지하세계에서도 가장 깊은 곳인 타르타로스Tartaros로 데려가서는 아주 높은 산의 기슭에 놓여 있던 커다란 바윗덩어리를 가리키면서 그것을 산 정상에 올려놓으라는 형벌을 내렸다.

그런데 시시포스가 바윗덩어리를 어깨에 메고 낑낑대며 정상에 간신히 올려놓는 순간 그것은 용수철처럼 튀어 올라 다시 산기슭을 향해 굴러 떨어졌다. 그러면 시시포스는 다시 터벅터벅 산 밑으로 내려가서 바윗덩

Antonio Zanchi, 〈시시포스〉, 1660~1665

어리를 짊어지고 정상을 향해 산을 올라야 했다. 하지만 시시포스가 바윗덩어리를 다시 짊어지고 가까스로 정상에 올려놓으면 바위는 어김없이 다시 저절로 산 밑을 향해 굴러떨어지곤 했다. 그래서 시시포스는 바윗덩어리를 산 정상에 올려놓는 일을 영원히 계속해야 했다.

시시포스가 지하세계의 감옥 격인 타르타로스에서 받는 형벌에서 '시시포스의 과업' 혹은 '시시포스의 일'이라는 격언이 생겨났다. 그것은 바로 '아무런 소득이나 효과가 없이 끝없이 이어지는 일'을 의미한다. 그래서 시시포스의 형벌은 '인간의 조건(conditio humana)'을 말해 주는 알레고리Allegory로 해석되기도 한다. 시시포스의 형벌은 바로 다람쥐 쳇바퀴 돌듯 하루하루 살아가고 있는 우리 인간 삶의 축소판이라는 것이다.

카뮈A. Camus도 『시지프의 신화』에서 시시포스의 형벌을 '삶의 부조리'로 해석했다. 아울러 우리 인간은 마치 시시포스의 과업처럼 삶이 아무리 부조리할지라도 그것을 숙명으로 받아들이고 적극적으로 살아내야 한다고 주장했다. '부조리한 삶'은 종교나 형이상학이나 심지어 자살을 통해서도 초월하거나 회피하거나 해결할 수 없는 '인간의 실존'이기 때문이다. 그래서 『시지프의 신화』는 긍정적인 두 문장으로 끝을 맺는다.

"정상을 향한 [시시포스의] 투쟁은 인간의 마음을 충족시킬 수 있습니다. 우리는 시시포스를 행복한 사람으로 상상해야 합니다."

7장 ○ 인간의 탐욕과 오만

자그레우스:
인간이 선과 악의 양면적 존재인 이유

자그레우스Zagreus는 뱀으로 변신한 제우스가 데메테르의 외동딸 페르세포네와 관계하여 낳은 아들이다. 천재 음악가 오르페우스Orpheus를 신으로 모시는 오르페우스교 경전에 따르면 인간이 선과 악을 모두 가진 양면적 존재인 이유는 바로 이 자그레우스의 죽음과 깊은 관련이 있다. 자그레우스가 태어나자 제우스는 페르세포네를 너무 사랑한 나머지 그를 자신의 후계자로 삼으려 했다. 그래서 질투의 화신 헤라의 표적이 되지 않게 하려고 그를 자신만 아는 동굴에 숨겨 숲의 요정들에게 맡겨 키우도록 했다. 또한 그가 울면 청동족인 쿠레테스Kuretes족에게 악기를 연주하게 하여 그 소리가 밖으로 새어 나가지 못하도록 했다.

그래도 질투의 화신 헤라의 레이더망에 자그레우스가 걸리지 않을 리없었다. 헤라는 자그레우스의 은신처를 파악하자마자 티탄 신족들을 보내 그를 죽이려 했다. 하지만 자그레우스는 그들이 아무리 유혹해도 동굴밖으로 나오려 하지 않았다. 티탄 신족들은 동굴 입구에서 자그레우스에게 여러 가지 선물 공세를 펼치며 그의 환심을 사려 했다. 맨 먼저 그들은 여자로 변신할 수 있게 만드는 사과를 주겠다고 했으나 자그레우스는 전혀 반응을 보이지 않았다.

그다음에는 동물들의 말을 알아들을 수 있는 능력을 주겠다고 했으나 자그레우스는 이번에도 미동도 하지 않았다. 마지막으로 티탄 신족들이 그에게 얼굴을 볼 수 있는 거울을 주겠다고 하자, 자그레우스는 조심스럽게 동굴 밖으로 빼꼼히 몸을 내밀었다. 이어 티탄 신족들이 내민 거울을 못 이기는 척 받아 들더니 그 속에 비친 자신의 얼굴을 이리저리 살펴보느라 정신이 없었다. 이때를 놓치지 않고 티탄 신족들이 그에게 달려들었다.

자그레우스는 원래 아버지 제우스처럼 변신할 수 있는 능력이 있던 터라 여러 동물로 변신하며 티탄 신족들의 손아귀를 벗어나려 했지만 그들은 자그레우스가 황소로 변신했을 때 두 뿔을 잡고 그를 포박했다. 이어 그를 일곱 조각으로 토막 낸 다음 솥에 넣고 끓여 먹기도 하고, 불에 구워 먹기도 했다. 그들이 고기 잔치를 끝냈을 때 자그레우스의 시신 일부가 바닥 여기저기에 널브러져 있었고, 또 일부는 장작 위에서 시커멓게 타고 있었다.

뒤늦게 아들의 죽음을 확인한 제우스는 티탄 신족들을 번개로 쳐 잿더미로 만들어 버렸다. 비가 오자 이 잿더미와 자그레우스의 시신 조각들이 비에 젖은 흙과 뒤섞여 끈적끈적한 진흙이 되었다. 오르페우스교에 의하면 프로메테우스가 나중에 인간을 빚을 때 쓴 재료가 바로 이 진흙이다. 그래서 인간은 티탄의 사악한 면과 자그레우스의 선한 면을 모두 지니게 된 것이다. 아울러 인간의 악한 면은 오르페우스교도로 입문하는 과정이나 이후의 정화과정을 통해 없앨 수 있으며 악한 면이 모두 사라지면 불

7장 ○ 인간의 탐욕과 오만

Dosso Dossi, 〈제우스와 세멜레〉, 1520년경

9. 자그레우스: 인간이 선과 악의 양면적 존재인 이유

교의 부처처럼 새로운 디오니소스가 탄생한다.

　오르페우스교도들은 왜 이런 생각을 하게 되었을까? 그것은 그 후 살해당한 자그레우스의 심장에서 디오니소스가 태어나기 때문이다. 페르세포네는 아들 자그레우스의 남은 시신 조각을 모으다가 꺼진 장작 속에서 그의 심장을 발견했다. 자그레우스의 심장은 다행히 아직 죽지 않고 펄펄 살아 뛰고 있었다. 제우스는 페르세포네로부터 그 심장을 받아 평소 마음에 두었던 여인 세멜레Semele의 자궁에 이식하여 결국 디오니소스가 태어났다.

　다른 설에 의하면 제우스는 자그레우스의 심장을 갈아 세멜레에게 음료에 타 먹여 임신을 시켰다. 또 다른 설에 의하면 세멜레가 마셨던 것은 자그레우스의 남근을 간 가루였다. 보통 디오니소스는 헤라의 질투로 한 줌 잿더미가 된 세멜레의 몸을 거쳐 제우스의 허벅지에서 다시 태어난 것으로 알려져 있으나 오르페우스교는 그와는 아주 다른 이설을 펼친 셈이다.

7장 ○ 인간의 탐욕과 오만

인류의 영원한 테마,
사랑 이야기

Day 60

헤로와 레안드로스:
이루어질 수 없는 사랑 1

사랑은 인류가 가장 즐겨 이야기하는 주제다. 사람들은 틈만 나면 사랑 이야기를 한다. 어떤 사람은 '정신적인 사랑'인 '플라토닉 러브'를, 또 다른 사람은 기독교의 무조건적인 사랑인 '아가페'를 강조한다. 세간의 유행가도 '보이지 않는 사랑'뿐 아니라 '짝사랑'을 노래한다. 드라마, 영화, 소설 등도 제목에 굳이 사랑이라는 말이 들어가 있지 않아도 그 주제는 대부분 사랑이다.

그리스 신화도 온갖 사랑 이야기로 넘쳐난다. 그중 헤로Hero와 레안드로스Leandros의 러브 스토리의 무대는 지금은 다르다넬스Dardanelles라고 불리는 헬레스폰토스Hellespontos해협이다. 레안드로스는 해협 한쪽 해안가에 있었던 아비도스Abydos라는 마을의 청년이었고, 헤로는 그 맞은편 아시아 쪽 세스토스Sestos라는 마을에 있던 아프로디테 신전의 여사제였다.

그들은 우연히 아프로디테 신전에서 벌어진 축제에서 만나 사랑을 키웠지만 레안드로스의 부모가 그들의 만남을 반대했다. 아프로디테 신전

세스토스와 아비도스

의 여사제는 문란하다는 얘기를 들었기 때문이다. 그래서 헤로와 레안드로스는 대낮에 만날 수 없었다. 공인된 커플이라면 보고 싶을 때면 언제든지 해협을 건너가서 만나면 그만이었다. 하지만 그들은 그렇게 드러내놓고 만날 수 없었다. 그래서 고안해 낸 것이 바로 밤에 몰래 만나는 둘만의 비밀 데이트였다.

매일 밤 레안드로스는 물살도 빠르지 않고 좁은 곳을 골라 헤엄을 쳐서 헬레스폰토스해협을 건넜다. 그러면 해협 반대편 아프로디테 신전의 높은 탑 위에선 헤로가 등대처럼 횃불을 밝혀 레안드로스의 이정표가 되어 주었다. 독일 고전주의 작가로 괴테와 쌍벽을 이루었던 실러는 「헤로와 레안드로스」라는 시에서 두 사람의 애틋한 사랑을 이렇게 묘사했다.

8장 ○ 인류의 영원한 테마, 사랑 이야기

Pierre–Claude Delorme, 〈헤로와 레안드로스〉, 19세기

헤로와 레안드로스의 심장을
사랑의 신 에로스의 성스러운 힘이
고통의 화살로 쏘아 맞혀 뒤흔들었다.
헤로는 꽃다운 헤베처럼 아름다웠고
레안드로스는 민첩하게 산속을 누비며
사냥을 즐기는 활력이 넘치는 청년이었다.
하지만 적대적인 아버지들의 분노는
맺어진 쌍을 갈라놓았으니,

1. 헤로와 레안드로스: 이루어질 수 없는 사랑 1

달콤한 사랑의 열매가
백척간두에 서고 말았다.

저기 세스토스의 암벽 꼭대기에,
계속해서 너울이 일렁이는 암벽 꼭대기에
헬레스폰토스가 거품을 일으키며 부딪친다.
처녀는 그곳에 혼자 두려움에 떨며
자신이 열렬히 사랑하는 청년이 사는
아비도스 해안 쪽을 바라보며 앉았다.
아, 멀리 떨어진 해변과 이어 주는
조그만 다리 하나 보이지 않고
해변으로부터는 나룻배 하나 뜨지 않지만,
사랑은 마침내 해협을 건널 길을 찾았다.

사랑은 미로의 숲길에서도
안전한 끈으로 인도하고,
우둔한 자도 지혜롭게 만들고,
맹수들에게도 멍에를 쓰게 하고,
화염을 뿜는 황소에게도
다이아몬드 쟁기를 매게 하고,
아홉 갈래로 흐르는 스틱스강조차도
무모한 사랑을 막지 못하니,
사랑은 플루토[하데스]의 음침한 집에서
용감하게 사랑하는 사람을 구해 온다.

사랑은 또한 바다의 물결을 뚫고

불꽃 같은 그리움의 정열로

레안드로스의 용기를 북돋운다.

한낮의 밝은 빛이 희미해지면

용감한 수영선수는 헬레스폰토스의

어두운 물결 속으로 뛰어들어

강인한 팔로 너울을 가르고

소중한 반대편 해변을 향해 헤엄쳐 나아간다,

높은 테라스에서 밝은 횃불이 불꽃을

반짝이며 손짓하는 곳으로.

어느덧 시간은 덧없이 흘러 여름이 지나고 겨울 초입에 들어섰다. 그날도 레안드로스는 여느 날과 마찬가지로 해협에 몸을 던져 아비도스 해안을 출발했다. 처음에는 모든 것이 순조로운 듯 보였다. 바다도 잔잔하고 바람 한 점 불지 않았다. 그런데 그가 해협 중간쯤 다다랐을 때 갑자기 거센 바람이 일어났다. 겨울의 전령사 북풍이 기지개를 켜기 시작한 것이다.

헤로가 흔들리는 횃불로 비춰 보니 거친 파도가 연인 레안드로스를 금방이라도 집어삼킬 듯한 기세였다. 그는 몇 번이나 커다란 파도에 휩쓸려 바닷속으로 곤두박질쳐 사라졌다가 나타나곤 했다. 그사이 더욱 거세진 바람에 그녀가 들고 있던 횃불마저 꺼져 버렸다. 그녀는 그 자리에 우두커니 서서 바다를 응시한 채 밤새 오지 않는 레안드로스를 기다렸다. 실러는 이때의 헤로의 안타까운 심정을 이렇게 묘사했다.

Frederic Leighton, 〈헤로의 마지막 기다림〉,
1880

폭풍우의 광기는 더욱 거세진다.

바다는 높이 산더미처럼

부풀어 오르고, 파도는 절벽 밑에서

포말을 일으키며 부서진다.

참나무 용골로 된 배조차도

파도에 부딪히면 산산조각이 날 지경이다.

바람이 휘몰아치자

등대 역할을 하던 횃불이 꺼지고,

바다에는 공포가 드리우고,

상륙하기에도 겁이 난다.

그녀는 아프로디테에게 간청한다.

태풍에 명하여

파도의 분노를 가라앉혀 달라고.

그리고 세찬 바람들에 맹세한다,

풍성한 제물들을,

게다가 뿔을 황금으로 장식한 황소 한 마리도

태워 바치겠다고.

바다의 모든 여신들에게

하늘의 모든 신들에게,

그녀는 간청한다, 폭풍이 몰아치는 바다에

기름을 부어 진정시켜 달라고.

William Etty, 〈헤로와 레안드로스〉, 1829

드디어 아침이 되자 세스토스의 탑 바로 밑 해안으로 시신 한 구가 밀려왔다. 뜬 눈으로 날을 샌 헤로는 탑 위에서 그 시신을 내려다보고 그게 누구인지 금방 알아보았다. 헤로는 모든 것을 체념한 듯 신음소리 하나 내지 않았다. 눈물 한 방울 흘리지 않았다. 멍하니 시신만 쳐다볼 뿐이었다. 잠시 후 그녀는 조용히 옷자락을 나부끼며 탑 가장자리로 올라서더니 그대로 레안드로스의 시신을 향해 자신의 몸을 던졌다.

피라모스와 티스베:
이루어질 수 없는 사랑 2

바빌로니아Babylonia의 피라모스Pyramus와 티스베Thisbe는 어렸을 적부터 이웃한 터라 자연스럽게 서로 친하게 지내다가 어느 순간부터 깊이 사랑하는 사이로 발전했다. 심상치 않은 그들의 관계를 눈치채고 오랫동안 불화 관계에 있던 양가의 아버지가 그들에게 외출 금지령을 내린 뒤 서로 만나지 못하도록 철저히 감시했다. 그들이 이야기도 나누지 못하도록 담장도 높이 쌓아 올렸다.

하지만 피라모스와 티스베의 식을 줄 모르는 열정은 아버지들도 어쩔 수 없었다. 아버지들이 반대하면 할수록, 그리고 감시가 심하면 심할수록 사랑의 불길은 더 세차게 타올랐다. 각자 집안에 갇혀 서로를 생각하며 애태우던 그들은 마당을 서성이다가 우연히 담장에서 조그만 구멍을 하나 발견했다. 그들은 그때부터 그 구멍을 통해 사랑의 밀어를 나누기도 하고 따뜻한 숨결을 흘려보내기도 했다. 하지만 헤어질 때가 되면 언제나 아쉬움뿐이었다. 아무리 구멍에 대고 키스를 해도 담장을 넘을 수 없었기

John William Waterhouse, 〈티스베〉,
1909

때문이다.

　그러던 어느 날 그들이 여느 때처럼 담장 구멍 앞에서 그날 일어난 일들을 서로에게 미주알고주알 늘어놓는데 갑자기 그리움이 물밀 듯이 일어났다. 당장 보지 않고는 도저히 못 배길 것 같았다. 아니 이제 한시도 떨어져서는 도저히 살 수 없을 것 같았다. 그래서 그들은 마침내 고향을 떠나 자유롭게 살기로 마음을 먹었다. 그것도 당장 그날 밤 만나 고향을 떠나기로 말이다. 약속장소는 어렸을 때부터 놀이터였던 뒷산 아시리아Assyria 왕 니노스Ninos의 왕릉 근처에 있는 커다란 뽕나무 아래. 누구든 형

　　　　　　　　　　8장 ○ 인류의 영원한 테마, 사랑 이야기

편 되는 대로 먼저 와서 기다리기로 했다.

이윽고 밤이 되자 티스베가 먼저 감시가 소홀한 틈을 타 조용히 집을 빠져나왔다. 그녀는 혹시 사람들이 그를 알아볼까 봐 스카프로 얼굴을 가린 채 약속장소에 도착해서 뽕나무 아래 앉아 있었다. 바로 그때 멀리서 주둥이가 피로 범벅이 된 사자 한 마리가 어슬렁거리며 뽕나무 쪽으로 다가오고 있었다. 녀석은 조금 전 인근 목장에서 소를 사냥하여 배불리 먹고 목을 축이려고 왕릉 앞에 있던 조그만 연못으로 오는 중이었다.

티스베는 멀리서 사자를 보자마자 겁에 질려 재빨리 근처 동굴로 도망쳐 몸을 숨겼다. 그런데 너무 서두르는 바람에 그만 얼굴을 가렸던 스카프를 도중에 떨어뜨리고 말았다. 사자는 목을 축이고 가려다가 그 스카프를 발견하고는 사람 냄새가 나자 피투성이가 된 주둥이로 갈기갈기 찢었다. 그러더니 갑자기 이곳에 온 이유가 생각났는지 연못가로 가서 물을 실컷 마신 다음 어슬렁거리며 사라졌다.

한참 후에 피라모스가 약속 장소로 오다가 낯익은 티스베의 스카프를 발견하고 얼굴이 새파랗게 질려 버렸다. 스카프가 갈기갈기 찢긴 채 피가 잔뜩 묻어 있었기 때문이었다. 그는 티스베가 그 지역에 자주 출몰하는 사자의 먹이가 되었다고 지레짐작하고 자신의 불찰을 원망했다.

"티스베, 모든 것이 내 잘못이오. 이렇게 위험한 곳에 오라 해 놓고 먼저 와서 기다리지 않았으니 말이오."

피라모스는 이렇게 말하며 스카프를 들고 티스베와 만나기로 한 뽕나무 밑으로 갔다. 그는 마치 작별 인사라도 하듯이 눈물을 흘리며 스카프에 입을 맞추더니 갑자기 옆구리에 차고 있던 칼을 뽑아 자신의 가슴을 찔렀다. 그가 쓰러지면서 칼을 뽑자 갈라진 상처에서 피가 분수처럼 솟구쳐 올라 원래 하얗던 뽕나무 열매 오디를 자주색으로 물들였다.

한참 후에 티스베는 간신히 용기를 내어 숨어 있던 동굴에서 빠져나왔다. 떨리는 발걸음으로 겨우 뽕나무가 서 있는 곳으로 오긴 했지만, 이번에는 자주색으로 변한 오디 색깔이 한순간 그녀를 헷갈리게 만들었다. 그녀는 약속장소에 제대로 왔는지 자세히 살피려고 어둠 속을 두리번거리다가 마침내 바로 근처 땅바닥에 널브러져 있는 피라모스의 시신을 발견했다.

티스베는 피라모스의 손에 들려있는 피로 범벅이 된 스카프와 그의 옆에 떨어져 있는 칼을 보고 단번에 상황을 알아차렸다. 그녀는 오열하며 외쳤다.

"당신 스스로 찌르셨군요. 그것도 보잘것없는 저 때문에 말이에요. 저도 당신을 따라 죽겠어요. 저에게도 당신 못지않은 용감한 사랑이 있으니까요. 사람들은 죽음이 당신을 내게서 떼어 놓을 수 있다고 생각하겠지요. 하지만 죽음마저도 우릴 갈라놓지 못할 거예요."

티스베는 이렇게 말하며 땅에서 칼을 집어 자신의 가슴을 찌른 뒤 아직도 따뜻한 피로 범벅이 된 연인의 시신 위에 엎어졌다.

피라모스와 티스베의 러브 스토리는 헤로와 레안드로스의 이야기보다 더 비극적이어서 그런지 수많은 작가들의 심금을 울렸다. 특히 셰익스피어는 피라모스와 티스베의 사랑 이야기에서 영감을 받아 『로미오와 줄리엣』을 썼다. 게다가 『한여름 밤의 꿈』에도 그 이야기가 극중극劇中劇으로 공연되고 있는 것을 보면 셰익스피어가 얼마나 이 주제에 애정을 품고 있

8장 ○ 인류의 영원한 테마, 사랑 이야기

Pierre-Claude Gautherot, 〈피라모스와 티스베〉, 1799

었는지 짐작할 만하다.

심지어 『한여름 밤의 꿈』은 등장인물을 통해 그 주제를 직접 다루기까지 했다. 극 중에서 '허미아'와 '라이샌더'는 서로 사랑하지만 결혼할 수가 없었다. 허미아의 아버지 '이지우스'가 라이샌더를 경멸하고 딸이 '드미트리우스'와 맺어지기를 바랐기 때문이다. 다음은 『한여름 밤의 꿈』의 극중극에서 티스베와 피라모스가 담장 구멍을 통해 사랑의 밀어를 나누는 장면이다.

[티스베]
오 담장아, 너는 내 한숨 소리 자주 들었지.

네가 나를 사랑하는 피라모스와 갈라놓았으니까!

붉은 내 입술 네 돌에 키스하곤 했지.

찰흙과 털을 짓이겨 쌓아 올린 네 돌에 말이야.

[피라모스]

목소리가 보이는구나. 얼른 담장 구멍으로 가서

티스베의 얼굴을 들을 수 있는지 살펴봐야겠구나. 티스베?

[티스베]

당신은 나의 연인, 나의 소중한 사랑입니다.

[피라모스]

나는 당신 생각대로 당신의 사랑이오.

그것도 레안드로스처럼 늘 충실한 사랑이라오.

[티스베]

나는 헬레네처럼요. 운명이 나를 데려갈 때까지요.

[피라모스]

케팔로스와 프로크리스도 우리처럼 그렇게 충실하지 못했을 거요.

[티스베]

프로크리스가 케팔로스에게 그런 것처럼 나 또한 당신에게 그럴 거
예요.

[피라모스]

오, 이 못된 담장의 구멍에 키스해 주오.

[티스베]

당신 입술은 아니어도 거기에라도 키스해 드릴게요.

[피라모스]

우리 당장 니노스의 무덤에서 만날까요?

[티스베]

살아서든 죽어서든 곧바로 달려갈게요.

케팔로스와 프로크리스:
의부증과 의처증의 원조

케팔로스Kephalos는 전령신 헤르메스의 아들이자 천부적인 사냥꾼으로 아내는 아테네Athene의 시조 에레크테우스Erechtheus의 딸 프로크리스Prokris였다. 케팔로스와 프로크리스는 서로 깊이 신뢰하며 사랑했다. 그런데 어느 날 새벽의 여신 에오스가 사냥을 하던 케팔로스를 보고 사랑에 빠졌고 그를 납치하여 함께 살면서 파에톤Phaeton이라는 아들을 낳았다. 하지만 케팔로스는 여신에게 몸은 맡겼어도 마음속으로는 늘 아내만을 그리워했다.

케팔로스의 속내를 알게 되자 마음이 상한 에오스는 그를 아내에게 돌려보내면서 앞으로 그녀의 마음이 반드시 변할 것이라고 저주했다. 케팔로스는 꿈에 그리던 아내와 재회하여 행복한 나날을 보내다가 어느 날 불현듯 에오스의 저주가 생각나 아내의 정절을 시험하고 싶은 생각이 들었다. 그래서 에오스와 살면서 그녀로부터 선물 받은 변신술로 다른 사람으로 변신한 채 혼자 있는 그녀에게 접근하여 황금 관을 주면서 애인이 되

François Boucher,
〈에오스와 케팔로스〉, 1733

어 달라고 간청했다.

　프로크리스는 처음에는 완강하게 거절했지만 이방인이 끈덕지게 조르자 마침내 그의 청을 들어주었다. 몹시 실망한 케팔로스가 곧바로 자신의 정체를 드러내며 아내를 심하게 질책했다. 그러자 프로크리스는 수치심과 배반감에 치를 떨며 멀리 크레타Kreta섬으로 떠나 버렸다. 케팔로스가 즉시 후회하며 아내를 찾아가 용서를 구하자 그녀도 자신의 잘못을 인정하고 남편과 화해했다. 프로크리스는 화해의 선물로 남편에게 크레타의 왕 미노스Minos로부터 선물 받은 과녁을 절대 벗어나지 않는 창 라이랍스Lailaps와 사냥감을 절대 놓치지 않는 사냥개 한 마리를 주었다.

그 후 케팔로스와 프로크리스는 행복하게 사는 듯했다. 하지만 얼마간의 시간이 흐르자 이번에는 아내 프로크리스가 남편을 의심하기 시작했다. 그녀는 갑자기 남편이 너무 자주 사냥을 가는 것이 이상하다는 생각이 들었다. 그녀는 급기야 남편이 숲속의 요정과 사랑에 빠졌다고 생각했다. 그래서 남편의 하인을 매수하여 그의 일거수일투족을 감시하도록 했다. 그러던 어느 날 그 하인이 드디어 그녀에게 기다리던 소식을 가져왔다. 남편이 사냥을 마친 뒤 숲속 은밀한 장소로 혼자 들어가 '아우라Aura'라는 여인을 부른다는 것이다.

Peter Paul Rubens, 〈케팔로스와 프로크리스〉, 1636~1637

8장 ○ 인류의 영원한 테마, 사랑 이야기

질투심에 사로잡힌 프로크리스는 남편의 외도 현장을 급습할 생각으로 어느 날 남편 몰래 그의 뒤를 밟기 시작했다. 그러자 과연 한참 후에 사냥을 마친 남편이 휴식을 취하기 위해 숲속 한적한 풀밭을 찾아 들어가더니 땀을 식히며 외쳤다. "오, 시원한 산들바람의 여신 아우라여! 내 곁으로 와 내 이마의 땀을 식혀 주오!" 케팔로스는 말을 마치는 순간 자신의 등 뒤 수풀 속에서 바스락거리는 소리를 들었다.

곧바로 그 움직임을 감지한 케팔로스가 그곳에 사냥감이 숨어 있을 것으로 생각하고 그쪽을 향해 창을 날렸다. 하지만 백발백중의 창이 이번에 맞힌 것은 사냥감이 아니라 바로 자신의 아내 프로크리스였다. 프로크리스는 달려온 남편 품에 안겨 죽어 가면서야 비로소 그가 애인이 아니라 더위를 식히기 위해 단지 산들바람의 여신 '아우라'를 불렀을 뿐, 언제나 자신에게 충실했다는 사실을 깨달았다. 오비디우스는 『사랑의 기술*Ars*

Johann Michael Rottmayr,
〈케팔로스와 프로크리스〉, 1706
원래 케팔로스가 사용한 무기는 창이지만
활이라 여기고 그림을 그린 화가들도 있다.

Amatoria』에서 프로크리스가 남편의 뒤를 밟다가 그의 충심을 확인하고 평화롭게 죽는 장면을 아주 극적으로 재구성하고 있다.

"그러는 동안 태양이 아침과 저녁의 중간인 중천에 떠오르고 나무 그림자가 한껏 짧아졌다. 바로 그때 케팔로스가 여느 때처럼 숲을 헤치고 그 자리에 나타났다. 그는 우선 샘물가에 쪼그리고 앉아 두 손으로 샘물을 퍼서 햇빛에 달구어진 얼굴을 식혔다. 프로크리스는 숨어서 초조하게 남편의 행동을 엿보고 있었다. 이윽고 남편은 여느 때처럼 샘가 풀밭에 털썩 드러눕더니 혼잣말로 바람의 여신을 불러냈다. '오, 사랑스러운 제피로스와 아우라여, 여기 내 품으로 와서 내 열기를 식혀 주어라.'

케팔로스는 따른 때와는 달리 이번에는 미풍의 여신 아우라에 앞서 서풍의 신 제피로스도 함께 불렀다. 프로크리스는 서풍의 신 제피로스의 이름을 듣는 순간 그제야 아우라가 여자의 이름이 아니라 미풍의 여신의 이름이라는 것을 깨달았다. 단박에 사건의 내막을 알게 된 프로크리스는 기쁜 나머지 다시 제정신으로 돌아왔고 얼굴색도 제 색을 되찾았다. 그녀는 얼른 뛰어가 남편의 품에 안기고 싶어 은신처에서 벌떡 일어섰다. 그러자 몸을 숨겼던 나무줄기가 심하게 흔들렸다.

그 순간 풀밭에 누워 있던 남편은 그걸 사냥감이 움직이는 것이라고 착각했다. 그는 용수철처럼 잽싸게 뛰어 올라 오른편에 놓여 있던 창을 집어 들었다. 아, 불쌍한 케팔로스여, 그대는 무슨 짓을 하려고 하는가? 빨리 창을 치워라! 그건 사냥감이 아니라 그대 아내로다. 하지만 케팔로스의 창은 이미 아내의 심장을 꿰뚫고 말았다. 그녀는 고통으로 신음하며 비명소리를 듣고 달려온 남편에게 이렇게 외쳤다.

8장 ○ 인류의 영원한 테마, 사랑 이야기

'여보, 결국 당신이 내 심장에 창을 던졌군요. 당신이 항상 사랑의 상처를 안겨 주던 이 심장에 말이에요. 저는 너무 일찍 죽어 아쉽지만 고통스러운 의심에서 벗어나 후련해요. 무덤에 들어가면 더 편안해질 거예요. 여보, 내 정신이 점점 희미하게 사라져 가는군요. 내가 오해하고 질투했던 미풍의 여신 품속으로 말이에요. 여보, 이제 저는 가요. 마지막으로 사랑스러운 당신 손으로 제 눈을 감겨 주세요!'

케팔로스는 죽어가는 아내를 아린 가슴에 끌어안고 자신의 눈물로 그녀의 끔찍한 상처를 씻어 주었다. 아내는 희미하게 마지막 숨을 토해내고 있었다. 그녀의 숨결이 점점 약해지는 사이 불행한 남편은 그녀의 입술에 자신의 입술을 포개고 그 숨결을 온전히 받아 냈다."

에로스와 프시케 1:
보이지 않는 사랑

에로스Eros와 프시케Psyche의 러브 스토리는 원래 그리스 신화에 들어 있었던 것이 아니다. 이 이야기는 로마 시대의 작가 루키우스 아풀레이우스L. Apuleius의 책 『황금 당나귀Asinus Aureus/Metamorphoses』에 실려 있던 것인데 나중에 그리스 신화로 역수입된 것이다. 그래서 에로스도 원래 로마식으로 쿠피도Cupido라고 불렸다. 『황금 당나귀』 속 화자인 루키우스는 한때 마법에 심취하여 변신술을 연구하다가 당나귀로 변신했지만 다시 본모습으로 돌아오는 방법을 몰라 당나귀 모습을 한 채 수많은 모험을 했다.

루키우스는 언젠가 우연히 어떤 도둑들의 짐꾼 노릇을 하다가 결혼식 날 그들이 납치한 신부를 만났다. 도둑들의 소굴로 잡혀 온 신부는 너무 경악스럽고 황망한 나머지 어찌할 바를 몰라 불안에 떨었다. 그때 도둑들의 밥을 해 주던 노파 하나가 신부의 마음을 달래 주기 위해 그녀에게 재미난 이야기들을 해 주었다. 루키우스는 나중에 원래의 모습으로 돌아온 뒤 노파에게서 들은 이야기들을 모아 책으로 펴냈다. 그 책이 바로 『황금 당나귀』이며 에로스와 프시케의 러브 스토리는 그중 하나다.

『황금 당나귀』에 따르면 옛날 어느 왕국에 아름답기로 소문난 세 공주가 있었다. 그중에서도 막내딸 프시케의 아름다움은 특별했다. 그녀의 아름다움은 미의 여신 아프로디테와 비교될 정도였다. 어떤 사람들은 프시케를 사람의 몸을 입고 인간 세상에 내려온 아프로디테라고 말했다. 또 다른 사람들은 그녀가 젊고 순결했기 때문에 아프로디테보다 더 아름답다고 말하기도 했다. 사람들은 점차 여신에게 바치던 존경과 예배를 그녀에게로 돌렸다. 그러자 아프로디테 신전의 향불은 꺼지고 제단 위에는 먼지만 쌓여 갔다.

마침내 아프로디테의 분노가 폭발했다. 그녀는 즉시 날개 달린 개구쟁이 아들 에로스를 불러 명령했다. "사랑하는 아들아, 네가 나를 사랑한다면 네 화살을 무례한 저 계집애에게 사용해 다오! 그녀가 세상에서 가장 볼품없는 인간과 사랑에 빠지게 해 다오!" 에로스는 어머니의 명을 받자마자 즉시 프시케의 궁전으로 날아갔다. 에로스가 프시케의 방으로 들어섰을 때 그녀는 마침 곤히 잠들어 있었다. 그런데 에로스는 잠자는 그녀의 아름다운 모습을 보고 그만 단박에 사랑에 빠지고 말았다.

에로스가 다녀간 후로 사람들은 프시케의 미모를 여전히 칭송하기는 했어도 그 누구도 그녀에게 청혼하는 사람은 없었다. 그녀보다 미모가 훨씬 뒤떨어지는 두 언니는 일찍 좋은 짝을 만나 혼인을 했다. 하지만 프시케는 한 명의 구혼자도 없는 자신의 신세를 한탄할 수밖에 없었다. 딸의 불행을 염려한 왕이 델피의 아폴론 신탁을 물으니 다음과 같은 청천벽력 같은 답이 나왔다. "험준한 높은 산 위에서 독사 같고 맹수 같은 장난꾸러기를 신랑으로 맞이하리라!"

어처구니없는 신탁이었지만 프시케의 부모는 신의 명령인지라 따를

Luca Giordano, 〈사람들의 추앙을 받는 프시케〉, 1692~1702
그림 오른쪽 위 하늘의 구름 위에서 아프로디테가 에로스에게 프시케를 가리키며 뭔가를 지시하고 있다.

수밖에 없었다. 신탁이 정한 시간이 되자 화려한 신부로 치장한 프시케를 산 위로 떠나보내는 행렬이 출발했다. 그것은 혼례 행렬이라기보다 장례 행렬에 가까웠다. 프시케를 신탁이 정한 산속 암벽 위에 올려다 놓고 모두 돌아갔다. 쓸쓸하게 홀로 남은 그녀는 두려움과 슬픔에 젖어 하염없이 눈물만 흘리다 그만 깜박 잠이 들었다.

바로 그때 그녀가 잠들기만을 기다렸다는 듯 갑자기 서풍의 신 제피로스가 불어왔다. 감미로운 바람은 그녀를 감싸 눈 깜짝할 사이에 깊은 숲속 으리으리한 궁전으로 데려갔다. 이윽고 밤이 되자 신방으로 신랑이 찾아왔다. 하지만 프시케는 신랑의 숨결과 손길은 느낄 수 있어도 모습은

8장 ○ 인류의 영원한 테마, 사랑 이야기

볼 수 없었다. 호기심에 사로잡힌 프시케에게 보이지 않는 신랑은 감미로운 목소리로 속삭였다.

"프시케여, 나는 이른 밤에 찾아와 동이 틀 무렵에 돌아갈 것이오. 나를 굳이 눈으로 확인할 생각 말고 그냥 믿고 느끼시오. 명심하시오, 당신이 만약 내 얼굴을 한 번이라도 보는 날에는 다시는 나를 보지 못할 것이오!"

프시케는 그 후 꿈결 같은 나날을 보냈다. 하지만 혼자 있는 낮에는 점점 외롭고 쓸쓸해졌다. 게다가 그사이 아이를 가져 배가 불러오자 고향 소식이 더욱더 그리웠다. 그래서 프시케는 어느 날 신랑에게 언니들을 초대하게 해 달라고 간청했다. 몇 번 손사래를 치던 신랑은 마지못해 프시케의 부탁을 들어주면서 언니들을 조심하라고 경고했다. 기별을 받은 언니들은 약속 장소인 예전에 프시케를 내려놓았던 암벽으로 한달음에 달려왔다. 그러자 제피로스가 언니들을 프시케와 똑같은 방법으

Annie Swynnerton, 〈에로스와 프시케〉, 1891

로 궁전으로 데려왔다.

　프시케의 안내로 동생의 궁전을 구경한 두 언니는 질투심이 끓어올랐다. 프시케로부터 그간의 행복했던 결혼 생활을 전해 듣던 언니들은 동생의 '보이지 않는 신랑' 얘기에 귀가 솔깃해졌다. 그래서 프시케의 호기심을 부추기기 시작했다.

　"프시케야, 아폴론 신탁을 기억해 봐. 독사 같고 맹수 같은 신랑이라고 했던가? 최근에 이 근방 농부들이 강물 속에서 커다란 뱀을 보았다고 하더구나. 독을 침처럼 흘리는 큰 뱀 말이야. 혹시 네 신랑이 그 왕뱀일지 아니? 아마 녀석은 임신한 네 배가 한껏 부풀어 오르면 잡아먹으려고 기다리고 있는지도 몰라."

　이어 언니들은 프시케의 손에 등잔불과 날카로운 칼 한 자루를 주며 말했다.

　"이것을 잘 숨겨 두어라. 오늘 밤 네 남편이 깊은 잠에 빠지면 조용히 침실을 빠져나와 이것을 들고 남편의 얼굴을 한번 확인해 봐. 만약 뱀이 확실하면 이 칼로 잽싸게 목을 자르면 된다. 얼굴 한번 확인하는 데 무슨 큰일이 벌어지겠니?"

　언니들을 떠나보낸 프시케는 혼란에 빠졌다. 그녀의 마음속에서는 신랑에 대한 믿음과 의심이 앞을 다투었다.

　프시케는 결국 그날 밤 신랑이 잠든 사이 슬그머니 침실을 빠져나와 숨겨 두었던 칼과 등잔불을 가져와 남편의 얼굴을 비추어 보고는 소스라치

Giuseppe Maria Crespi, 〈에로스와 프시케〉, 1707~1709

게 놀랐다. 신랑은 왕뱀이 아니라 너무나도 잘생긴, 날개 달린 사랑의 신 에로스였기 때문이다. 바로 그 순간 흥분한 프시케의 등잔불이 흔들리면 서 뜨거운 기름 한 방울이 신랑의 어깨 위로 떨어졌다. 이어 깜짝 놀라 잠 에서 깬 에로스는 이렇게 말하며 매몰차게 프시케 곁을 떠났다.

"의심이 믿음을 눌러 버렸구나. 사랑이 어찌 의심과 함께 있을 수 있 을까?"

에로스와 프시케 2:
정신적 사랑의 승리

에로스가 성난 날갯짓을 하며 프시케 곁을 매몰차게 떠나 버리자 프시케는 바닥에 쓰러져 울부짖으며 멀어지는 에로스의 모습을 애처롭게 바라만 보았다. 한참 후에야 비로소 그녀는 정신을 차리고 속죄하는 마음으로 에로스를 찾아 이리저리 헤맸지만 아무 소용이 없었다. 그녀는 근처 신전으로 데메테르와 헤라를 찾아가 자신이 처한 형편을 아뢰고 도움을 요청했다.

하지만 여신들은 아프로디테와의 관계를 염려하여 냉정하게 그녀의 부탁을 거절했다. 프시케는 이제 정면 돌파밖에 없다고 생각했다. 그래서 근처 신전으로 시어머니인 아프로디테 여신을 찾아가 그간의 사정을 설명한 뒤 에로스를 만나게 해 달라고 간청했다. 그러자 아프로디테는 인간인 주제에 감히 신을 남편으로 맞이하려 한다면서 프시케를 호되게 꾸짖었다. 이어 에로스를 만나려면 우선 자신이 맡기는 과업을 완수해 보라고 명령했다.

첫 번째 과업은 신전 창고 안 밀, 보리, 수수, 콩 등 온갖 종류의 곡물들이 서로 섞여 산더미처럼 쌓여 있는 것을 해가 떨어지기 전까지 종류별로 분류하는 것이었다. 아프로디테의 과업을 받고 망연자실한 프시케 앞에 갑자기 엄청난 수의 개미 떼가 나타나 순식간에 곡물들을 깨끗하게 분류해 주었다. 하지만 저녁때 돌아온 아프로디테는 프시케가 그 일을 혼자 했을 리 없다고 트집을 잡으며 다시 다른 과업을 맡겼다.

두 번째 과업은 아프로디테 신전 앞을 흐르는 강 건너 숲의 성격이 포악한 양 떼의 황금 양털을 벗겨 오는 것이었다. 양 떼는 날카로운 이빨과 발톱으로 사람들을 공격하고 심하면 죽이기도 하는 무서운 녀석들이었다. 막 강을 건너려는 프시케에게 이번에는 강가의 갈대가 사람의 말을 하며 해법을 알려 주었다. 프시케는 갈대가 가르쳐 준 대로 해 질 무렵 양 떼들이 모두 잠자리로 돌아간 다음, 녀석들이 낮에 놀면서 가시덤불 사이에 스스로 벗어 놓은 황금 양털을 걷어 왔다. 하지만 아프로디테는 이번에도 프시케가 그 일을 혼자 했을 리 없다고 트집을 잡으며 다시 다른 과업을 맡겼다.

세 번째 과업은 아프로디테 신전 근처에 있는 험준한 산꼭대기에서 솟아나는 검은 샘물을 항아리에 담아 오는 것이었다. 그곳으로 가는 길은 매우 가파르고 미끄러웠다. 게다가 무시무시한 용들이 긴 꼬리를 좌우로 흔들며 샘물을 감시하고 있었다. 어찌할 바를 모르고 쩔쩔매는 프시케 앞에 이번에는 독수리 한 마리가 나타났다. 녀석은 그녀에게서 항아리를 넘겨받더니 순식간에 샘물을 가득 담아 가져왔다. 하지만 아프로디테는 이번에도 마찬가지로 프시케가 그 일을 혼자 했을 리 없다고 트집을 잡으며 다시 다른 과업을 맡겼다.

마지막 과업은 지하세계를 다녀오는 것이었다. 아프로디테는 프시케에게 하데스의 왕비 페르세포네에게 말해 두었으니 그녀를 찾아가서 화장품을 좀 받아 오라고 명령했다. 프시케는 절망했다. 그것은 죽으라는 것이나 마찬가지였기 때문이다. 그녀는 높은 탑 위로 올라갔다. 거기서 뛰어내려 죽어서라도 지하세계로 갈 생각이었다. 그녀가 막 탑에서 몸을 던지려는 순간 갑자기 탑이 인간의 말을 쏟아 내며 프시케에게 죽지 않고서 지하세계를 다녀올 수 있는 방법을 일러 주었다.

탑은 프시케에게 지하세계로 들어가는 동굴 입구, 죽은 영혼을 태워 스틱스Styx강을 건네주는 뱃사공 카론Charon을 상대하는 법, 지하 관문을 지키는 머리가 셋 달린 사나운 개 케르베로스Kerberos를 달래는 법 등을 소상히 설명해 주었다. 이어 걱정스러운 목소리로 마지막 충고도 곁들였다.

"너는 절대로 지하세계에서 화장품 상자를 갖고 오다가 열어 보지 말거라. 그 안에 무엇이 들어 있는지 알려고 하지 말라는 것이다. 인간은 신들의 물건에 손을 대서도 안 되고 신들의 일에 관여해서도 안 되는 법이다!"

프시케는 탑이 알려 준 대로 지하세계로 들어가서 페르세포네가 건네주는 상자를 받아들고 지상으로 무사히 돌아왔다. 하지만 상자를 들고 막 아프로디테 신전으로 들어가려는 순간 그녀의 마음속에서 강렬한 호기심이 솟구쳐 올랐다.

"나는 정말 바보야! 이 상자를 그대로 갖다주려고 하다니 말이야. 대체 여신들이 쓰는 화장품은 어떤 것일까? 내가 좀 쓴다고 무슨 일이 생기겠어? 내 사랑 에로스를 위해 화장을 한번 고쳐 봐야지!"

Michel Philibert Genod, 〈에로스와 프시케〉, 1827
에로스가 화살촉으로 잠든 프시케를 깨우고 있다.

이렇게 말하면서 프시케는 마침내 상자를 열었다. 하지만 그 속에 화장품은 코빼기도 보이지 않고 짙은 안개만 쏟아져 나왔다. 엉겁결에 그 안개를 들이마신 프시케는 죽음보다도 더 깊은 잠 속으로 빠져들었다. 그제야 몸과 마음을 추스른 에로스가 쓰러져 있는 프시케 곁으로 날아왔다. 이어 화살촉으로 그녀의 옆구리를 살짝 건드려 잠을 깨우며 이렇게 말했다.

"불쌍한 프시케, 네 호기심 때문에 이번에는 하마터면 목숨을 잃을 뻔

Georges Rouget, 〈아프로디테에게 프시케를 용서해 달라고 간청하는 에로스〉, 1827

Pompeo Batoni, 〈에로스와 프시케의 결혼〉, 1756

8장 ○ 인류의 영원한 테마, 사랑 이야기

했구나!" 에로스는 그길로 신들의 왕 제우스에게 날아가서 자신들을 도와 달라고 간청했다. 제우스가 설득하자 아프로디테는 못이기는 체하며 프시케에 대한 분노를 풀었다. 에로스와 프시케는 그제야 올림포스 궁전에서 신들의 축복을 받으며 제대로 결혼식을 올렸다. 얼마 후 둘 사이에서 쾌락의 여신 볼룹타스Voluptas가 태어났다.

'프시케'는 그리스어로 '영혼'이라는 뜻이다. 그래서 프시케의 사랑은 정신적 사랑을 상징한다. 이에 비해 아프로디테는 그런 프시케의 정신적 사랑을 방해하는 육체적 애욕을 상징한다. 에로스와 프시케의 사랑 이야기는 결국 정신적 사랑은 육체적 애욕을 극복할 때 가능하다는 메시지를 전달하고 있다. 『황금 당나귀』의 저자 아풀레이우스가 소위 '플라토닉 러브Platonic Love'라는 말의 기원이 된 플라톤 철학에 한때 심취했던 것은 결코 우연이 아니다.

'에로스와 프시케'를 풀어 쓰면 '사랑과 영혼'이다. 그래서 에로스와 프시케의 러브 스토리는, 우연이지만 한때 대중의 많은 사랑을 받았던 〈사랑과 영혼〉이라는 영화를 강하게 연상시킨다. 물론 이 영화의 원제는 〈고스트Ghost〉다. 이 영화도 주인공 '샘'이 갑작스러운 사고로 죽어서도 연인 '몰리'를 잊지 못하고 지근거리에서 지켜보며 애태우는 지고지순한 사랑에 관한 이야기다.

오르페우스와 에우리디케:
하데스의 심금을 울린 사랑

오르페우스Orpheus는 아폴론과 무사이 중 한 명인 칼리오페의 아들이다. 태양신 아폴론은 음악과 리라의 신이기도 했다. 무사이는 제우스와 기억의 여신 므네모시네Mnemosyne의 딸들로 예술을 담당했던 9명의 여신을 총칭하는 이름이다. 단수는 무사Mousa이며 영어로는 뮤즈Muse라고 한다. 칼리오페는 그들 중 최고의 여신으로 서사시를 담당했다.

예로부터 핏줄은 속일 수 없다고 했던가. 부모로부터 예술가 유전자를 이어받은 오르페우스는 노래와 리라의 달인이었다. 그가 리라를 켜며 노래를 부르면 들짐승, 날짐승, 길짐승뿐 아니라 산천초목이 화답했다. 사자와 호랑이는 포악한 성정을 눅였다. 나무도 선율에 맞추어 춤을 추듯 가지를 흔들었다. 생명이 없는 바위나 돌조차도 기뻐 들썩거릴 정도였다.

오르페우스가 숲의 요정 에우리디케Eurydike와 결혼하여 신혼의 단꿈에 젖어 있을 때였다. 에우리디케가 샘의 요정들인 친구들과 트라케Thrake의 풀밭에서 놀다가 우연히 꿀벌치기 아리스타이오스Aristaios와 마주쳤다. 아리스타이오스는 에우리디케를 보고 그 미모에 반해 그녀에게 수작을 걸었다. 그러자 에우리디케가 잔뜩 겁을 집어먹고 그를 피해 달아나다가 그만 풀섶에 숨어 있던 독사에 발이 물려 즉사하고 말았다.

Alexandre-Auguste Hirsch, 〈오르페우스에게 음악을 가르치는 칼리오페〉, 1865

졸지에 사랑하는 아내를 잃은 오르페우스는 절망했다. 식음을 전폐하고 서럽게 울기만 했다. 울면서도 그는 내내 아내를 다시 만날 수 있는 방도만을 생각했다. 며칠 뒤 마침내 오르페우스가 마음을 다잡고 일어섰다. 지하세계로 가서 아내를 찾아오기로 결심했기 때문이다. 오르페우스에게 다시 살아야 할 이유가 생긴 것이다. 그는 수소문한 끝에 지하세계로 들어가는 통로도 알아냈다. 그곳은 바로 펠로폰네소스Peloponnesos반도 끝자락에 있는 타이나론Tainaron곶의 동굴이었다.

Ary Scheffer, 〈에우리디케의 죽음을 애도하는 오르페우스〉, 1814

오르페우스가 마침내 스틱스강에 도착하자 뱃사공 카론이 그를 가로

막았다. 살아 있는 사람은 절대 지하세계에 들어갈 수 없다는 것이다. 그는 리라를 연주하고 노래를 부르며 사정을 했다. 그러자 카론은 마법에 걸린 듯 군말 없이 그를 강 저편으로 건네주었다. 이번에는 머리가 셋 달린 개 케르베로스가 나타났다. 오르페우스는 같은 방법으로 케르베로스를 감동시켜 허락을 얻어 냈다. 마침내 하데스와 페르세포네 앞에 서자 오르페우스는 자신이 지하세계에 온 사연을 다시 리라를 연주하며 구슬프게 노래했다.

오르페우스의 절묘한 연주와 노랫소리가 울려 퍼지자 언제나 얼음장처럼 차갑기만 했던 하데스의 마음이 일순간 녹아내렸다. 그는 지금까지 한 번도 이토록 마음속 깊은 곳까지 울리는 진한 감동을 느낀 적이 없었다. 그의 아내 페르세포네도 마찬가지였다. 그녀의 얼굴은 금세 눈물로 범벅이 되었다. 오르페우스의 연주와 노래가 끝나자 하데스는 그에게 당장 아내를 데려가도 좋다고 허락했다. 하지만 전제조건이 하나 있었다. 지하세계의 문턱을 통과할 때까지는 절대로 뒤를 돌아보아서는 안 된다는 것이었다.

마침내 오르페우스가 앞장서고 에우리디케가 그 뒤를 따라 지하세계 탈출이 시작되었다. 한참을 앞장서 가던 오르페우스는 갑자기 이상한 생각이 들었다. 아내의 발자국 소리가 하나도 들리지 않았기 때문이다. 에우리디케는 지하세계에 있는 동안은 아직 혼령이어서 중량감이 없었던 것이다. 그 이유를 알 턱이 없던 오르페우스는 점점 불안해졌다. 처음에는 큰 소리로 아내를 불러 자주 그 존재를 확인했지만 매번 그럴 수도 없는 노릇이었다. 그는 시간이 지날수록 아내와 자신 사이의 침묵을 견딜 수 없었다. 지하세계의 출구까지 왔을 때 그의 인내심은 바닥이 났다.

그래서 오르페우스는 막 출구의 문턱에 발을 딛자마자 조급한 마음에

Louis Jacquesson de la Chevreuse, 〈지하세계의 오르페우스〉, 1863

Jean-Baptiste-Camille Corot, 〈지하세계에서 에우리디케를 데려오는 오르페우스〉, 1861

6. 오르페우스와 에우리디케: 하데스의 심금을 울린 사랑

에우리디케가 아직 출구를 빠져나오지 않았다는 사실을 생각지 못하고 그만 뒤를 돌아보고 말았다. 그 순간 그의 뒤를 따라오던 아내 에우리디케는 비명을 지르며 엄청난 속도로 다시 지하세계로 빨려 들어갔다. 오르페우스는 다시 발걸음을 돌려 뱃사공 카론에게 사정해 보았지만 아무 소용이 없었다. 한번 속지 두 번 속겠냐는 투였다. 실의에 빠진 오르페우스는 고향 트라케로 돌아와 길거리를 떠돌며 술과 음악으로 세월을 보냈다. 수많은 트라케의 처녀들이 혼자가 된 그에게 구애했다. 하지만 그는 그들에게 눈길 한번 주지 않았다. 그의 마음속에는 오직 아내 에우리디케 한 사람뿐이었기 때문이다.

그해 트라케에서 디오니소스 축제가 벌어졌다. 트라케의 처녀들도 포도주에 취해 광란의 춤을 추다가 멀리서 리라를 연주하며 노래를 부르던 오르페우스를 발견했다. 그들은 평소 자신들의 구애를 매몰차게 뿌리친

Enrico Scuri, 〈지하세계로 다시 빨려 들어
가는 에우리디케〉, 연도 미상

8장 ○ 인류의 영원한 테마, 사랑 이야기

오르페우스에게 앙심을 품고 있었다. 그들은 오르페우스에게 가까이 달려가 작심하고 그의 머리를 향해 돌을 던졌다.

　여자들은 마치 사냥감을 발견하고 달려드는 사냥개 같았다. 하지만 힘차게 날아가던 돌은 오르페우스 주변에서 힘없이 뚝뚝 떨어졌다. 오르페우스의 노래와 리라 연주의 마력에 걸려 돌들이 앞으로 뻗어나가지 못했기 때문이다. 광분한 처녀들은 이번에는 한꺼번에 악다구니를 치면서 다시 돌을 던졌다. 그제야 오르페우스의 노래와 연주 소리는 처녀들의 악다구니 소리에 눌려 아무런 힘을 발휘하지 못했다.

　오르페우스가 돌 세례를 맞고 쓰러지자 광분한 트라케의 처녀들이 그에게 달려들더니 그의 몸을 갈기갈기 찢어 근처의 헤브로스Hebros강에 버렸다. 오르페우스의 이모인 무사이가 그의 조각난 시신을 찾아 모았다. 하지만 그의 머리와 리라는 행방을 알 수 없었다. 하는 수 없이 그들은 모

Gregorio Lazzarini, 〈오르페우스의 죽음〉, 1710년경

은 시신 조각들만 오르페우스의 고향 트라케에 매장해 주었다.

얼마 후 오르페우스의 머리는 리라에 박힌 채 강물을 따라 에게해로 흘러들어 레스보스Lesbos섬에 도착했다. 얼마 후 이를 발견한 레스보스섬 주민들이 오르페우스의 머리를 정성껏 매장해 주었다. 무사이는 그 소식을 듣고 조카 오르페우스를 기리기 위해 그의 리라를 주민들로부터 넘겨받아 하늘의 별자리로 만들어 주었다. 이렇게 탄생한 '리라자리'는 우리말로 '거문고자리'라고 부른다.

John William Waterhouse,
〈오르페우스의 머리를 발견하는 요정
들〉, 1900
원래 오르페우스의 머리를 발견하는 것
은 레스보스섬 주민들이다.

8장 ○ 인류의 영원한 테마, 사랑 이야기

필레몬과 바우키스:
노부부의 아름다운 사랑 이야기

필레몬Philemon과 바우키스Baucis는 프리기아Phrygia 출신의 경건하고 마음씨 착한 노부부였다. 그들은 천 가구나 되는 큰 마을에서 낡고 조그만 오두막에 살면서 살림이 찢어지게 가난했어도 전혀 원망하지 않고 서로 진심으로 사랑하며 행복하게 살았다. 특히 나그네가 문을 두드리면 다른 모든 집은 금세 빗장을 쳤어도 그들만은 언제나 나그네를 환대한 것으로 소문이 자자했다. 신들의 왕 제우스와 그의 전령 헤르메스가 몸소 확인해 볼 요량으로 나그네로 변신하고 그들의 집을 찾아갔다.

아니나 다를까, 그들은 두 신을 반갑게 맞이하며 그들을 대접하기 위해 없는 살림에도 집에 있는 모든 것을 아낌없이 내어놓았다. 두 신은 감동하여 마시던 포도주가 바닥이 나면 동이에서 저절로 솟아나게 해 주었다. 그걸 보고 신들이 자신들의 행동을 굽어보고 있다고 생각한 노부부는 하늘을 우러러 두 손을 모으고 손님들을 정성껏 대접하지 못했다며 용서를 빌었다. 이어 자신의 오두막을 지켜 주던 거위라도 잡아 부족한 정성을

Peter Paul Rubens,
〈필레몬과 바우키스의 집에
들른 제우스와 헤르메스〉,
1620~1625

벌충하겠다며 녀석을 잡으려고 뒤쫓았다. 하지만 나이가 들어 동작이 굼뜬 노부부는 요리조리 피하는 거위를 도저히 잡을 수 없었다.

그걸 보고 두 신은 신분을 밝히며 애먼 거위를 잡지 말라고 말렸다. 이어 조만간 불경한 이웃들은 모두 멸하고 그들만 살려 줄 터이니 그길로 자기들을 따라 오두막 앞에 우뚝 솟아 있는 높은 산에 오르라고 명령했다. 그들이 지팡이를 짚고 힘겹게 신들의 발자국을 따라 산 정상에 올라 아래를 내려다보니 어느새 자신들의 집만 빼고 나머지 모든 집들이 있던 곳은 움푹 파여 깊은 호숫물에 잠겨 있었다. 또한 노부부가 이웃들의 슬픈 운명을 생각하고 눈물을 훔치는 사이 노부부의 호숫가 오두막은 제우스의 황금 신전으로 변했다. 제우스는 응징을 마치자 노부부에게 물었다.

"의로운 남편 필레몬이여, 그리고 그와 천생연분인 아내 바우키스여, 너희들이 원하는 것이 무엇인지 편하게 말해 보아라. 내 무엇이든 다 들어주겠다."

　　　　　　　　　　　　8장 ○ 인류의 영원한 테마, 사랑 이야기

Janus Genelli,
〈필레몬과 바우키스
의 변신〉, 1801

그러자 남편 필레몬은 아내와 잠깐 상의하더니 이렇게 말했다.

> "제우스 신이시여, 청하건대 저희를 저 아래 당신의 황금 신전을 지키
> 는 사제로 삼아 주소서. 아울러 저희 두 늙은이가 그동안 행복하게 살
> 아온 만큼 한날한시에 죽어 제가 아내의 무덤을 보지 않게 해 주시고,
> 저도 아내의 손으로 땅에 묻히지 않게 해 주소서."

제우스는 그들의 소원을 가상히 여기고 곧바로 그들을 황금 사원의 사
제로 임명했다. 그 후 천수를 누리던 노부부는 어느 날 신전 문 앞에 선
채로 과거를 회상하며 이야기를 나누다가 갑자기 서로의 몸에서 나뭇잎
이 돋는 것을 보았다. 그 순간 그들은 죽을 때가 됐음을 직감하고 서로 다
정하게 작별 인사를 건넸다. "잘 가요, 여보, 당신이 있어 행복했소." 얼마
후 그렇게 남편은 참나무가 되고, 아내는 보리수나무가 되었다. 김광석의
노래 「어느 60대 노부부 이야기」를 생각나게 하는 참 애틋하고 아름다운

사랑 이야기가 아닐 수 없다.

바우키스와 필레몬의 이야기는 후세의 문학 작품에서 아주 많이 활용되었다. 특히 괴테는 『파우스트』 2부에서 파우스트가 공익을 위해 개발하려는 해안가 부지의 요지에 살면서 거금을 준다 해도 이주하지 않겠다고 끝까지 버티다가 악마 메피스토펠레스에 의해 죽임을 당하는 착한 노부부로 등장시킨다. 또한 브레히트B. Brecht는 이 노부부를 드라마 『사천의 선인』의 모델로 삼았고, 투홀스키K. Tucholsky는 「정거장」이라는 시에서 이 노부부를 노년의 가장 이상적인 모습으로 추켜세웠다. 마지막으로 『향수』의 작가 쥐스킨트P. Süskind는 「사랑과 죽음」이라는 에세이에서 17세의 나이 차이에도 변함없이 서로 깊이 사랑하는 어떤 노부부를 현대에 다시 살아난 바우키스와 필레몬이라 칭했다.

8장 ○ 인류의 영원한 테마, 사랑 이야기

알키오네와 케익스:
물총새가 된 부부 금실의 화신

아폴로도로스의 『원전으로 읽는 그리스 신화』에 따르면 알키오네Alkyone 혹은 할키오네Halkyone는 테살리아Thessalia의 왕 아이올로스Aiolos의 딸이었고, 샛별의 신 에오스포로스Eosphoros의 아들이자 트라키스Trachis의 왕이었던 케익스Keyx의 아내였다. 그들은 결혼생활에 너무 만족한 나머지 자주 자신들을 제우스와 헤라의 결혼생활과 비교했다.

왜 그들이 끊임없이 한눈을 파는 제우스 때문에 골머리를 앓았던 헤라의 결혼생활이 행복하다고 생각했는지 그 이유는 알 수 없다. 어쨌든 분노한 제우스는 어느 날 케익스가 바다를 항해하고 있을 때 번개를 쳐 그의 배를 침몰시켰다. 이에 잠의 신 모르페우스Morpheus가 케익스의 혼령으로 변신하여 알키오네의 꿈에 나타나 남편의 죽음을 알렸다. 그러자 슬픔에 잠긴 알키오네는 바다에 몸을 던졌고 그것을 안타깝게 여긴 신들은 그들을 물총새로 변신시켰다.

오비디우스의 『변신 이야기』에 따르면 알키오네는 테살리아의 왕이

Richard Wilson, 〈케익스와 알키오네〉, 1800년경

아닌 바람의 신 아이올로스의 딸이었고, 개밥바라기별의 신 헤스페로스 Hesperos의 아들이자 트라키스의 왕이었던 케익스와 결혼했다. 케익스는 또한 신성 모독죄를 저질러 제우스의 번개를 맞고 죽는 게 아니라 단순히 거센 폭풍우를 만나 목숨을 잃었다.

두 부부는 서로 진심으로 믿고 사랑하고 아꼈던 그야말로 부부 금실의 화신이었다. 그러던 어느 날 케익스가 에게해를 건너 소아시아 클라로스 Klaros의 아폴론 신탁소를 향해 길을 떠났다. 그는 사랑하는 형제 다이달리온Daidalion이 자살하는 등 가족에게 불행이 겹치자 그 이유를 묻고 싶었다. 마침 육지에 있는 델피의 아폴론 신탁소로 가는 길목은 플레기아스족의 포르바스가 이끄는 도적 떼에 의해 가로막혀 있었다.

알키오네는 바람의 신 아이올로스의 딸답게 갑자기 폭풍우가 일 것 같

8장 ○ 인류의 영원한 테마, 사랑 이야기

은 불길한 예감에 사로잡혀 남편에게 가지 말라고 애원했다. 하지만 케익스는 고집을 꺾지 않고 기어이 배를 타고 길을 떠났다. 그런데 출항한 지 얼마 되지 않아 아내 알키오네가 우려한 대로 엄청난 폭풍우를 만나 배가 난파당하는 바람에 그만 목숨을 잃고 말았다. 케익스는 죽어가면서도 아내가 안전하게 살아 있다는 것에 신들에게 감사할 정도로 아내를 끔찍하게 아꼈다.

알키오네는 남편이 죽은 줄도 모르고 결혼의 여신 헤라에게 무사 귀환을 빌며 기다렸다. 여신은 안타까운 마음에 자신의 전령인 무지개의 여신 이리스Iris를 불러 꿈의 신 모르페우스를 시켜 그녀에게 남편의 죽음을 알리라고 명령했다. 이리스로부터 헤라의 명령을 전달받은 모르페우스는 케익스의 모습으로 변신한 채 잠든 그녀의 꿈에 나타나 자신의 죽음을 알렸다. 깜짝 놀라 잠에서 깨어난 알키오네는 더 이상 살아야 할 희망을 잃었다.

알키오네는 죽은 남편을 따라갈 생각으로 그길로 당장 바닷가 절벽으로 올라가 몸을 던졌다. 그런데 그녀의 몸은 그대로 바다에 떨어지지 않고 새처럼 날아 그사이 파도에 떠밀려 해안에 도착한 남편 케익스의 시신 위로 떨어졌다. 이어 알키오네의 몸이 남편의 시신에 닿는 순간 그녀와 남편은 두 마리 새로 변신하여 하늘로 날아올랐다. 신들이 두 부부의 사랑에 감동하여 그들을 물총새로 변신시켜 준 것이다.

그 후 바람의 신 아이올로스는 딸이 변신한 물총새가 알을 품는 동지를 전후로 7일씩 총 14일 동안 바람을 잠재운다. 물총새는 이 기간에 둥지를 짓고 알을 낳아 새끼를 키운다. 아이올로스는 손자뻘인 물총새 새끼들이 모두 성장하여 이소한 뒤에야 비로소 다시 바람을 풀어놓는다. 알키오네와 케익스의 이야기에서 '물총새의 날들(Halcyon days)'이라는 격언이 생겨

Bernard Picart,
〈물총새로 변한 알키오
네와 케익스〉, 1733
그림 왼쪽 아래로 조그마
한 물총새로 변한 알키오
네와 케익스가 보인다. 그
림 한가운데 왕관을 쓴 인
물은 바람의 신 아이올로
스다. 그는 바람들을 동굴
에 가두고 왕홀을 휘두르
며 밖으로 나오지 못하도
록 으름장을 놓고 있다.

났다. 그것은 간난신고의 어려운 시기가 계속되는 사이에 반짝 누리는 행

복한 때를 뜻한다.

8장 ○ 인류의 영원한 테마, 사랑 이야기

알케스티스와 아드메토스:
플라톤이 꼽은 최고의 사랑

아드메토스Admetos는 테살리아에 있는 페라이Pherai의 왕이었다. 그의 아버지 페레스Phres는 아들이 아주 젊었을 때 왕위를 물려주고 현역에서 은퇴했다. 아드메토스 왕은 비록 나이는 어렸어도 매우 경건했기 때문에 신들의 은총을 한 몸에 받았다. 그는 특히 아폴론의 총애를 받았는데 그럴 만한 이유가 있었다.

아폴론에게는 아스클레피오스라는 아들이 하나 있었다. 아스클레피오스는 스승 케이론으로부터 의술을 배워 명의로 명성을 날렸다. 그의 신기한 의술 덕택으로 죽는 인간이 거의 없을 정도였다. 혼령들의 출입이 뜸해지자 지하세계는 황폐해졌다. 이에 하데스가 제우스에게 거세게 항의했다. 그러자 제우스는 분노한 하데스를 달래며 당장 번개를 날려 아스클레피오스를 죽이고 세상의 질서를 바로잡았다.

아폴론은 아들의 죽음을 전해 듣고 분노했다. 그렇다고 무서운 아버지 제우스에게 대들 수도 없었다. 그의 분노의 화살은 엉뚱하게도 번개를 만들어 제우스에게 공급해 주던 키클로페스 3형제에게로 향했다. 그는 분노를 참지 못하고 화살을 날려 그들을 모두 죽이고 말았다. 절대 마음의 평정을 잃지 않았던 이성의 신 아폴론이 자식 때문에 유일하게 무너지는 순간이었다.

제우스는 아폴론을 그냥 둘 수 없었다. 아폴론의 반항은 자신의 권위에 도전하는 일종의 역심이었기 때문에 단단히 본때를 보여 주어야 했다. 그는 우선 아폴론에게서 1년간 신의 지위를 박탈했다. 이어 그 기간에 인간의 신분으로 종노릇을 하라며 인간 세상으로 추방했다. 이때 아폴론이 주인으로 택한 인간이 바로 아드메토스 왕이었다.

Cornelis van Poelenburch,
〈아폴론과 아드메토스의 소 떼〉,
1620년경

8장 ○ 인류의 영원한 테마, 사랑 이야기

아드메토스 왕은 아폴론이 자신의 소 떼를 돌보겠다며 찾아오자 그를 후하게 대접했다. 그는 아폴론을 결코 한낱 인간으로 대접하지 않고 예전과 마찬가지로 신으로 경건하게 대했다. 아폴론은 그의 겸손한 태도에 감동하며 아드메토스의 암소들이 출산할 때마다 쌍둥이를 낳게 했다. 한 번은 아드메토스 왕이 이올코스Iolkos의 왕 펠리아스Pelias의 딸 알케스티스Alkestis에게 반한 적이 있었다.

알케스티스에게는 아드메토스를 비롯하여 구혼자들이 아주 많았다. 펠리아스의 딸들 중 가장 아름답고 경건하여 근방에 소문이 자자했기 때문이다. 펠리아스는 구혼자들 중 가장 용감한 사위를 고르기 위해 어려운 과업을 내걸었다. 사자와 멧돼지를 수레에 매어 끄는 사람에게 딸을 주겠다는 것이다. 이 구혼 테스트에서 아드메토스는 아폴론의 도움으로 쉽게 과업을 완수하고 알케스티스를 아내로 맞이했다.

그런데 결혼식 날 아드메토스 왕은 실수로 아르테미스에게 제사 지내는 것을 깜박 잊어버렸다. 이에 분노한 여신이 신방에 뱀들을 가득 풀어놓았다. 아드메토스는 뱀들을 모두 치우고 무사히 첫날밤은 치렀지만 언제 또다시 불상사가 일어날지 몰라 몹시 불안해했다. 이에 아폴론은 우선 걱정하는 아드메토스의 등을 토닥거리며 그를 안심시켰다. 이어 곧장 누이 아르테미스를 찾아가 그에 대한 분노를 풀겠다는 약속을 받아 냈다.

아폴론은 1년 동안의 형기를 마치고 올림포스 궁전으로 돌아가면서도 아드메토스에게 유한한 인간이 받을 수 있는 최고의 선물을 주었다. 인간의 수명을 관장하는 세 명의 여신 모이라이 세 자매에게 부탁하여 아드메토스 왕이 수명이 다하여 죽는 날, 만약 그를 대신하여 죽을 사람이 있으면 다시 살아나게 해주겠다고 약속했기 때문이다. 그런데 아드메토스가 막상 죽을 때가 되자 그를 대신해 죽겠다고 나서는 사람이 아무도 없었다.

　평소 전쟁터에 나가기 전 아드메토스 왕을 위해 죽을 각오가 되어 있다고 맹세했던 장수들도 그렇게는 죽고 싶지 않다며 거절했다. 그것은 명예로운 죽음이 아니라는 것이다. 부모들도 얼마 남지 않은 삶을 포기하고 싶지 않다며 아들을 외면했다. 그걸 보고 아내 알케스티스가 남편 대신 죽겠다고 분연히 일어섰다. 그러자 죽어가던 아드메토스는 기적처럼 살아나고 대신 알케스티스가 시름시름 앓더니 죽고 말았다.

Jean-François-Pierre Peyron, 〈죽어가는 알케스티스〉, 1785

　　　　　　　　　　8장 ○ 인류의 영원한 테마, 사랑 이야기

바로 이때 영웅 헤라클레스Herakles가 테살리아를 지나다가 아드메토스 왕의 궁전에 들렀다. 그는 에우리스테우스Eurysteus 왕의 명령으로 인육을 먹는 디오메데스Diomedes의 암말을 잡으러 트라케로 가던 중이었다. 예나 지금이나 손님은 야박하게 대하지 않는 게 세상인심이었던 모양이다. 아드메토스 왕은 상중임에도 불구하고 전혀 내색하지 않고 하인들을 시켜 헤라클레스를 별채로 모시게 하고 극진하게 대접하게 했다.

헤라클레스는 얼마 후 궁전의 공기가 왠지 침울한 것을 간파했다. 그는 자신의 시중을 들던 하인을 조용히 불러 그 이유를 물었다. 그간의 사정을 소상하게 전해 들은 헤라클레스는 알케스티스를 구하러 곧장 지하세계로 내려갔다. 하지만 죽음의 신 타나토스는 그에게 알케스티스를 거저 내주려고 하지 않았다. 결국 헤라클레스는 그와 씨름을 해서 이긴 다음 그녀를 지상으로 데려와 아드메토스 왕에게 돌려주었다.

시인과 예술가들은 일반적으로 죽은 아내를 데리러 지하세계에 다녀

Frederic Lord Leighton, 〈죽음의 신 타나토스와 씨름하는 헤라클레스〉, 1869~1871
이 그림에서 헤라클레스가 죽음의 신 타나토스와 씨름을 벌이는 곳은 지하세계가 아니라 알케스티스가 죽어 누워 있는 침상 옆이다.

온 오르페우스의 사랑을 진정한 사랑의 모범으로 찬양한다. 하지만 철학자 플라톤은 『향연*Symposion*』에서 오르페우스에 대한 긍정적인 평가에 이의를 제기한다. 그에 의하면 진정한 사랑은 죽음을 불사하는 사랑이다. 따라서 진정한 사랑을 실천한 사람은 오르페우스가 아니라 알케스티스였다. 신들이 결국 헤라클레스의 힘을 빌려 알케스티스의 목숨을 살려 준 것도 바로 그녀가 남편을 위해 기꺼이 자신을 희생하려고 했기 때문이다.

이에 비해 오르페우스는 진정한 사랑의 필수조건인 자기희생을 감행하지 않았다. 신들이 오르페우스에게 아내를 다시 지상으로 데려오지 못하도록 한 것은 바로 그 때문이다. 플라톤은 『향연』에서 파이드로스Paidros의 입을 빌려 친구들에게 그 이유를 이렇게 설명한다.

"그 이유는 신들이 리라 연주자인 그를 알케스티스처럼 사랑을 위해 목숨을 바치려 한 것이 아니라, 자신의 목숨은 보전한 채 단지 지하세계로 들어가기 위해 온갖 수단을 동원한 비겁한 자로 여겼기 때문이네! 바로 그런 이유로 신들은 그에게 벌을 내려 여인들에게 죽임을 당하도록 만들었던 것이네!"

8장 ○ 인류의 영원한 테마, 사랑 이야기

헥토르와 안드로마케:
레테의 연가

호메로스의 『일리아스』의 총 24권 중 제6권은 성 밖에서 그리스군과 싸우느라 여념이 없던 헥토르Hektor가 오랫만에 성안으로 들어가 아킬레우스Achilleus에게 죽임을 당하기 전 마지막으로 아내 안드로마케Andromache와 아들 아스티아낙스Astyanaxs를 만나 나눈 대화가 주된 내용이다. 그래서 제목도 '헥토르와 안드로마케의 만남'이다. 헥토르가 그런 기회를 얻게 된 것은 순전히 동생이자 예언가인 헬레노스Helenos 덕분이었다. 그는 헥토르와 함께 그리스군의 디오메데스와 맞서 싸우다가 형에게 큰소리로 아무래도 신의 도움이 필요한 것 같으니 이때 성안으로 잠깐 들어가 어머니 헤카베Hekabe를 만나 뵙고, 어머니께 전쟁의 여신 아테나 신전에 값비싼 제물과 함께 트로이군을 위한 기도를 부탁드리라고 외쳤다.

한참 후에 전투가 잠시 소강상태로 접어들자 헥토르는 성안으로 들어가 어머니를 만나 헬레노스가 시킨 대로 기도를 부탁드렸다. 그리고는 불현듯 싸움터에서 좀처럼 모습을 볼 수 없는 동생 파리스Paris가 생각나 그의 집으로 향했다. 파리스의 집으로 가 보니 그의 예상대로 파리스는 무구를 만지작거리며 헬레네Helene와 즐겁게 노닥거리고 있었다. 그 광경을 보고 분노가 치밀어오른 헥토르는 이렇게 꾸짖었다.

"넌 도대체 생각이 있는 녀석이냐? 모두가 너로 인해 일어난 전쟁에서 목숨을 걸고 싸우고 있는데 정작 당사자인 너는 이렇게 태평하게 아내와 수다나 떨고 있다니. 당장 전쟁터로 복귀하지 않으면 나는 앞으로 너를 동생으로 생각하지 않겠다."

파리스는 갑자기 형이 나타나 호되게 꾸짖자 당황하면서, 그렇지 않아도 헬레네가 채근하는 터라 막 싸움터로 복귀하려던 참이었다고 변명하며 무구를 걸치기 시작했다. 헥토르는 동생의 비겁한 태도가 무척 못마땅한지라 아무런 대꾸도 하지 않은 채 서서 그의 행동을 지켜보고 있었다. 그 광경을 보고 헬레네가 미안했던지 헥토르에게 모든 게 자기 탓이라고 하면서 잠시 앉으라고 청했다. 하지만 헥토르는 아내와 아들을 만나 본 뒤 얼른 전쟁터로 복귀해야 한다며 헬레네에게 파리스를 재촉해서 자신을 따라잡게 해 달라고 부탁하고는 동생의 집을 나섰다. 그는 오늘이 아니면 아내와 아들을 영영 보지 못할지 모른다는 예감이 들었다.

그가 바삐 발걸음을 재촉하여 집에 들렀지만 아내와 아들은 보이지 않았다. 안드로마케도 불길한 예감에 사로잡혀 남편을 먼발치에서라도 한 번이라도 더 보고 싶은 마음에 어린 아들 아스티아낙스를 유모 품에 안기고 이미 성루에 올라가 성 밖 전쟁터를 살피고 있었던 것이다. 그런 사실을 알 턱이 없는 헥토르는 허탈한 마음으로 스카이아이Skaiai 성문 쪽으로 가다가 마침 성루에서 내려오는 안드로마케와 극적으로 상봉했다. 이때

　　　　8장 ○ 인류의 영원한 테마, 사랑 이야기

Richard Cook, 〈파리스를 꾸짖는 헥토르〉, 1808

헥토르와 안드로마케가 나누는 마지막 대화는 『일리아스』의 명장면 중 하나다. 부부간의 절절하고 애틋한 사랑이 오롯이 담겨 있기 때문이다. 이때 안드로마케는 남편을 발견하고 득달같이 달려와 그의 손을 꼭 잡은 채 눈물을 글썽이며 말했다.

"여보, 제게는 이제 당신밖에 아무도 남아 있지 않아요. 아킬레우스가 트로이 성 근처 킬리키아Kilikia의 테베Thebe를 점령하고 아버지 에에티온Eetion과 어머니뿐 아니라 7명의 오라비도 모두 죽었으니까요. 그래서 당신은 저의 아버지이자 어머니이며 오라비이기도 해요. 그러니 제발 성 밖 전쟁터로 나가지 마시고 이곳 성안에 머물러 주세요. 제발 당신 자식을 고아로 만들지 마시고, 당신 아내를 과부로 만들지 마세요. 당신은 아들과 제가 불쌍하지도 않으신가요? 제발 성 밖으로 나갈 생각은 추호도 마시고 저기 무화과나무가 있는 곳에 우리 군사들이나 보강해 주세요. 그곳은 취약 지역이라 아가멤논과 메넬라오스 형제를 비롯한 그리스군의 유명한 장수들이 벌써 세 번이나 넘어오려다 실패했던 곳이에요."

이에 헥토르는 이렇게 대답했다.

"여보, 나라고 어찌 당신과 아들이 걱정되지 않겠소? 하지만 그렇다고 내가 어찌 겁쟁이처럼 싸움을 포기하고 성안에 머무를 수 있겠소? 그건 나의 명예뿐 아니라 우리 트로이 왕국의 명예에 먹칠하는 짓이오. 나는 물론 트로이가 몰락하게 되면 우리 트로이인이나 부모님이나 형제자매가 그리스군에게 당하게 될 수모를 모두 잘 알고 있소. 하지만

8장 ○ 인류의 영원한 테마, 사랑 이야기

나는 무엇보다도 당신이 당하게 될 수모만 생각한다면 가슴이 미어진다오. 그리스인들은 전리품으로 끌려가 그리스 어디선가에서 노예로 남의 시중을 들고 있는 당신을 가리키며 이렇게 수군대겠지요. '저게 바로 트로이 최고의 전사였던 헥토르의 아내다'라고 말이에요. 아, 그래서 나는 당신이 그리스군에 끌려가며 울부짖는 소리를 듣느니 차라리 적들과 싸우다 죽고 싶소!"

헥토르는 말을 마치자 유모가 안고 있는 어린 아들 아스티아낙스를 향해 두 손을 내밀었다. 하지만 아들은 흠칫 놀라며 유모의 품속으로 파고들었다. 그걸 보고 헥토르와 안드로마케는 동시에 서로를 쳐다보며 웃음보를 터뜨렸다. 어린 아들이 아버지의 투구에서 무시무시하게 흔들리는 말총 장식에 겁을 집어먹은 것을 알아차렸기 때문이다. 헥토르는 즉시 투구를 벗어 땅바닥에 내려놓은 다음 다시 한번 아들에게 두 손을 내밀어 그를 팔에 안고 어르며 볼에 가볍게 한 번 키스한 뒤 하늘의 신들을 향해 아들을 자신보다 훨씬 뛰어난 전사로 키워 장차 트로이를 지키게 해 달라고 간절히 기도했다. 기도를 마치자 헥토르는 아들을 아내의 팔에 안겨주었다. 그러자 안드로마케는 아이를 받아 안고서는 눈물을 글썽이며 쓴웃음을 지었다. 그 순간 헥토르는 아내가 가엾은 생각이 들어 손으로 그녀의 머리를 쓰다듬으며 말했다.

"여보, 제발 너무 슬퍼하지 마시오. 누구도 나를 함부로 지하세계의 하데스에게 보내지는 못할 것이오. 그렇다고 인간은 한번 태어난 이상 자신의 운명을 피할 수 없는 법이오." 이렇게 말하고 헥토르가 땅바닥에 있던 투구를 집어 들고 성문을 향하자 안드로마케도 마지못해 집을 향해 무거운 발걸음을 옮겼다. 하지만 안드로마케는 자꾸만 뒤를 돌아보며 눈물을 흘렸으며 집에 도착해서는 시녀들과 함께 대성통곡을 했다. 그녀는 남편이 다시는 집으로 돌아오지 못하리라는 것을 직감했기 때문이었다. 괴테와 함께 독일 고전주의를 완성한 실러는 바로 이 장면에 감동하여 1790년 「헥토르의 작별」이라는 시를 남겼다. 실러는 이 시를 자신의 시에서 "가장 아름다운 시 중 하나"라고 자평했다.

[안드로마케]
헥토르여, 저를 영원히 떠나려 하시나요?
아킬레우스가 그 누구도 당해 낼 수 없는 손으로 그대를
파트로클로스에게 끔찍하게 제물로 바치려는 곳으로?
누가 앞으로 그대의 어린 아들에게
창을 던지고 신을 섬기는 법을 가르칠까요?
무서운 오르쿠스가 그대를 집어삼킨다면 말이에요.

[헥토르]
사랑하는 아내여, 울음을 참으시오,
내 마음은 전쟁터를 향해 불타오르고 있소.
이 팔이 페르가모스를 지킬 것이오.
나는 신들의 성스러운 화로를 위해 싸우다가
쓰러질 것이오, 나는 조국의 수호자가 되어
스틱스강으로 내려갈 것이오.

[안드로마케]
저는 이제 더 이상 그대의 무기 부딪히는 소리 듣지 못하겠지요.

8장 ○ 인류의 영원한 테마, 사랑 이야기

Johann Heinrich Wilhelm
Tischbein,
〈안드로마케와 헥토르의 작별〉,
1812

그대의 철검鐵劍 하릴없이 홀에 방치돼 있겠지요.

프리아모스의 위대한 영웅의 가문은 이제 없어지겠지요.

그대가 더 이상 햇빛 비치지 않는 곳으로 내려가게 되면 말이에요.

코키토스강이 황야를 슬퍼 울며 흐르는 곳으로,

그대의 사랑도 레테강물 속에서 사라질 곳으로.

[헥토르]

나는 내 모든 열망을, 내 모든 상념을

고요한 레테강물에 가라앉힐 것이오.

그러나 내 사랑만은 아니오.

잘 들으시오! 그 난폭한 자가 벌써 성벽 밑에서 미쳐 날뛰고 있소.

내게 어서 검대劍帶를 채워 주고, 슬픔일랑 접어 두시오.

헥토르의 사랑만은 레테강물 속에서도 결코 사라지지 않을 것이오.

Day 69

아프로디테와 아레스:
그리스 신화 최고의 스캔들

대장장이의 신 헤파이스토스의 아내는 미의 여신이자 사랑의 여신 아프로디테였다. 헤파이스토스는 태어날 때부터 아주 못생긴 데다 한쪽 다리에 장애가 있었다. 그에 비해 아프로디테는 여신 중 가장 아름다웠다. 전혀 어울리지 않을 것 같은 두 신이 맺어진 데는 신들의 왕 제우스의 역할이 컸다. 제우스는 헤파이스토스로부터 엄청난 선물을 받고 이 결혼을 성사시켰다. 헤파이스토스는 명장답게 많은 명품 무기와 장신구들을 손수 만들어 자신의 대장간에 보관하고 있었다.

아프로디테와 헤파이스토스의 결합은 아름다운 사랑 이야기인 『미녀와 야수』의 원형이라고들 한다. 하지만 그 내용을 자세히 들여다보면 이런 표현은 전혀 맞지 않다. 이 결혼 생활은 결코 행복하지 않았다. 사랑은 돈으로 살 수 있는 것이 아니기 때문이다. 또한 사랑과 미의 신답게 아프로디테는 하루 종일 대장간에 틀어박혀 자신에게 신경도 쓰지 않는 남편이 성에 차지 않았다. 그래서 제우스 못지않게 한눈을 많이 팔기 시작

8장 ○ 인류의 영원한 테마, 사랑 이야기

했다. 그 내연 관계에 있는 상대 중 가장 친밀했던 상대가 바로 전쟁의 신 아레스였다.

아프로디테가 낳은 걱정의 신 데이모스Deimos, 공포의 신 포보스Phobos, 조화의 여신 하르모니아도 아레스의 자식이었다. 심지어 사랑의 신 에로스도 아레스의 자식이었다. 아프로디테는 틈만 나면 트라케의 아레스의 거처로 가서 사랑을 나누었다. 헤파이스토스는 오직 대장간에서 일만 하느라 아내 아프로디테가 한눈파는 것을 전혀 눈치채지 못했다. 헬리오스가 안타까운 마음에 그에게 아프로디테의 불륜을 귀띔해 주었다. 티탄 신족의 태양신 헬리오스는 높은 곳에서 보지 못하는 것이 없었다.

분노한 헤파이스토스는 그길로 올림포스 대장간에 며칠간 칩거하며, 거미줄처럼 미세해 눈에 보이지 않으면서도 찢어지지 않는 청동 그물을 만들어서 아프로디테 몰래 자신의 침대 주위에 촘촘하게 쳐 놓았다. 그는 어느 날 트라케의 아레스의 궁전에서 막 돌아와서는 코린토스Korinthos에서 아주 바쁜 일이 있었다고 둘러대는 아프로디테에게 이렇게 말했다. "여보, 오늘은 내가 좋아하는 렘노스Lemnos섬의 대장간에 좀 다녀오겠소." 아프로디테는 그가 시야에서 벗어나자 아레스에게 급히 전갈을 보냈다. 아레스는 부리나케 달려왔고 둘은 즐겁게 침대로 올라갔다.

하지만 기쁨은 잠시뿐. 그들이 침대에 올라 옷을 벗고 막 사랑을 불꽃을 태우려는 순간 헤파이스토스가 쳐 놓았던 그물이 그들을 덮쳤다. 그물은 그들이 빠져나오려고 하면 할수록 더욱더 그들을 조여 왔다. 바로 그때 헤파이스토스가 다시 궁전에 나타나 현장을 급습했다. 그는 렘노스섬에 도착하기 전 다시 헬리오스의 전갈을 받고 잽싸게 궁전으로 돌아온 것이다. 헤파이스토스는 아레스와 아프로디테를 욕보이기 위해 신들을 모두 불러 모았다. 이어 아버지 제우스가 중매 대가로 받은 선물을 자신에

Alexandre Charles
Guillemot, 〈아프로디테
와 아레스를 급습하는
헤파이스토스〉, 1827

게 돌려주지 않는다면 두 신을 절대 풀어 주지 않겠다고 외쳤다.

　신들이 아프로디테와 아레스의 우스꽝스러운 모습을 구경하기 위해 한달음에 달려왔다. 여신들은 한편으로는 아프로디테에 대한 동정심에서, 다른 한편으로는 그런 장면을 보기 민망해서 오지 않았다. 이때 아폴론이 헤르메스의 옆구리를 치며 물었다.

　"헤르메스, 당신은 아레스처럼 저렇게 사슬에 묶인 채 놀림을 당해도 아프로디테와 한번 사랑을 하고 싶겠소?"

그러자 헤르메스가 대답했다.

"세 배, 아니 그보다 더 많은 사슬이 나를 옭아매고, 또 여신들까지 와
서 구경해도 아프로디테와 한번 사랑을 할 수만 있다면 원이 없겠소!"

　두 신의 대화를 듣고 구경 온 신들이 모두 박장대소를 터트렸건만 제
우스는 아주 심사가 뒤틀렸다. 그는 중매 선물을 되돌려주고 싶지도 않
았고, 남의 부부의 비열한 치정싸움에 개입하고 싶지도 않았다. 제우스는
결국 헤파이스토스가 자신의 사적인 일을 폭로하다니 바보가 따로 없다
고 그를 비난하며 자리를 털고 일어났다. 이 일화가 『오디세이아』에 소개
되었다는 이유에서 '호메로스의 박장대소'라는 격언이 나왔다. 그것은 '끊
이지 않고 계속 터져 나오는 웃음'을 의미한다.
　이때 아프로디테의 벗은 몸을 보고 그녀에게 반한 포세이돈은 아레스
에 대한 질투심을 감추며 짐짓 헤파이스토스를 동정하는 체하며 좌중을
둘러보며 말했다. "제우스가 중매 대가로 받은 선물을 내놓는 것을 거절
하니, 나는 아레스가 그 선물에 상당하는 물건으로 헤파이스토스에게 위
자료를 내도록 제안합니다." "그거 아주 좋은 생각입니다." 헤파이스토스
가 우울한 목소리로 대답했다. "하지만 아레스가 위자료를 거절하면 당
신이 대신 그물에 갇혀 있어야 할 것입니다."
　"아프로디테와 함께요?" 아폴론이 빙그레 웃으면서 포세이돈의 대답
을 가로챘다. "저는 아레스가 위자료를 꼭 낼 것으로 생각합니다." 포세이
돈이 젠체하며 대꾸했다. "하지만 아레스가 약속을 지키지 않으면 제가
그 책임을 지고 대신 위자료를 내고 아프로디테와 결혼할 용의가 있습니
다." 결국 아레스는 그물에서 풀려나 트라케로 잽싸게 돌아갔다. 아프로

Johann Heiss, 〈아프로디테와 아레스를 급습하는 헤파이스토스〉, 1679

디테는 얼른 자신이 가장 애용하는 신전이 있는 키프로스Kypros의 파포스
Paphos로 돌아가서 바다에서 몸을 씻고 처녀성을 회복했다.

물론 그 후 아레스는 헤파이스토스에게 위자료를 내지 않았다. 그는
제우스가 먼저 중매 대가로 받은 선물을 헤파이스토스에게 토해 내지 않
는 한 자신도 위자료를 낼 이유가 하나도 없다고 억지를 부렸다. 보증을
섰던 포세이돈도 위자료를 내지 않았다. 그러자 헤파이스토스도 더 이상
위자료를 요구하지 않았다. 그는 사실 아프로디테에게 너무 빠져 있어 그
녀와 헤어질 마음이 전혀 없었기 때문이다.

오비디우스는 『사랑의 기술』에서 아레스와 아내 아프로디테의 연애 사
건을 만천하에 폭로한 헤파이스토스에게 이렇게 반문했다.

8장 ○ 인류의 영원한 테마, 사랑 이야기

"헤파이스토스 신이여, 당신이 이렇게 해서 얻은 게 무엇입니까? 그날 이후 당신 아내 아프로디테 여신과 아레스 신은 수치심을 깨끗이 버리고 지금까지 숨어서 했던 짓을 공공연하게 하지 않았습니까? 물론 그 후 당신은 그 당시 정말 바보같이 어리석은 짓을 저질렀다고 자주 고백했습니다. 보이지 않는 그물을 만든 당신의 기술을 원망했다는 얘기도 들려옵니다."

아리아드네와 테세우스:
적국의 왕자와의 사랑

우리나라 역사에서 낙랑공주는 적국 고구려 왕자 호동을 사랑하다가 비극적인 최후를 맞이한 것으로 유명하다. 그리스 신화에서 크레타의 공주 아리아드네Ariadne도 적국의 왕자를 사랑한 비운의 주인공이다. 그녀의 상대는 바로 아테네의 왕자 테세우스Theseus였다.

테세우스는 어머니 뱃속에 있을 때 아버지와 헤어져 트로이젠Troizen에서 홀어머니 아이트라Aitra 밑에서 장성한 후 아버지를 찾아 아테네로 길을 떠났다. 그는 길목마다 진을 치고 있던 악당들을 소탕하면서 마침내 아테네에 입성하여 아버지 아이게우스Aigeus 왕과 해후하여 후계자로 인정받았다. 그런데 바로 그즈음 아테네에는 슬픈 일이 벌어지고 있었다. 크레타에 인신 공양으로 바칠 처녀와 총각을 각각 7명씩 추첨으로 선발하고 있었기 때문이다.

그 당시 크레타의 왕은 미노스였다. 그는 제우스가 황소로 변신하여 소아시아의 공주 에우로페Europe를 크레타로 납치하여 낳은 세 아들 중 하나다. 그는 왕이 되기 전 다른 두 형제인 라다만티스Rhadamanthys 및 사르페돈Sarpedon과 크레타의 왕위를 놓고 경합을 벌인 적이 있었다. 그는 그때 형제들이 자신에게 권력을 양보할 기미를 보이지 않자 평소 자신을 총애하던 포세이돈에게 도움을 요청했다. 만약 형제들이 보는 앞에서 멋진 황소 한 마리만 보내 주면 그걸 이용하여 왕이 된 다음 다시 그 황소를 제물로 바치겠다는 것이었다.

얼마 후 미노스는 형제들과 왕위를 놓고 격론을 벌이던 중에 갑자기 '포세이돈 찬스'를 꺼내들었다. 자신은 바다의 신 포세이돈의 후원을 받고 있으니 섬나라 크레타의 왕권을 이어받을 적임자라는 것이다. 형제들이 멈칫하면서도 도저히 믿지 못하겠다는 표정을 짓자 미노스는 그들을 당장 바닷가로 데리고 가서 포세이돈을 부르며 황소 한 마리만 보내 달라고 기도했다. 그러자 놀랍게도 바다에서 엄청난 파도가 일더니 매끈한 황소 한 마리가 튀어나왔다. 형제들은 그 광경에 지레 겁을 집어먹고 왕위를 미노스에게 양보했다.

Gustave Moreau, 〈파시파에〉, 1880년경

하지만 미노스는 왕위에 오르자 마음이 달라졌다. 그는 탐스러운 포세이돈의 황소를 씨황소로 쓰기 위해 자신의 우리에 가두고 그 대신 다른 황소를 잡아 포세이돈에게 바쳤다. 포세이돈이 그 사실을 모를 리 없었다. 분노한 포세이돈은 미노스의 아내 파시파에Pasiphae가 그 황소와 사랑에 빠져 짝짓기를 하게 만들었다. 얼마 후 파시파에는 황소와의 사이에서 아들 미노타우로스Minotauros를 낳았다. 인간과 황소의 결합이었으니 아들은 정상일 리가 없었다. 그는 머리는 황소이고 나머지는 사람인 괴물이었다.

'미노타우로스'는 '미노스의 황소'라는 뜻이다. 미노스는 백성들이 그 괴물을 볼까 봐 전전긍긍했다. 백성들 모두 당연히 자신의 자식으로 알고 있으니 죽일 수도 없었다. 그는 마침 크레타에 망명객으로 와 있던 당대 최고의 건축가이자 조각가인 다이달로스Daidalos에게 한번 들어가면 절대로 나올 수 없는 미로 감옥인 라비린토스Labyrinthos를 만들게 하고 그 속에 녀석을 가두었다. 이어 녀석의 거친 성정을 달래기 위해 9년에 한 번씩 인육을 먹이로 주었다. 그는 당연히 그 인육을 자국 크레타가 아닌 크레타의 속국 아테네에서 조달했다.

그런데 테세우스가 아테네에 도착한 때가 바로 공교롭게도 크레타에 인신 공양으로 바칠 처녀와 총각을 뽑는 시기였던 것이다. 테세우스는 사정을 전해 듣고 바로 이 인질 중 하나로 자원했다. 아버지 아이게우스가 아무리 말려도 소용없었다. 테세우스 일행이 크레타에 도착하자 인질들을 위한 최후의 만찬이 벌어졌다. 며칠간 운동경기도 함께 벌어졌다. 바로 이 만찬과 경기에서 미노스의 딸 아리아드네는 준수하고 용감한 적국의 왕자 테세우스에게 첫눈에 마음을 홀랑 빼앗기고 말았다.

아리아드네는 테세우스가 미로 감옥에 들어가서 괴물을 죽일 수는 있

8장 ○ 인류의 영원한 테마, 사랑 이야기

George Frederic Watts, 〈미노타우로스〉, 1885

더라도 다시 나오지 못한다는 사실에 가슴이 아려 왔다. 고민하던 그녀는 마침내 테세우스를 찾아가 미로에서 빠져나올 방법을 알려 줄 테니 자신을 아테네로 데려가 아내로만 삼아 달라고 부탁했다. 테세우스가 동의하자 그녀는 그 미로 감옥을 설계한 다이달로스가 일러 준 대로 그에게 실타래를 내밀며 그 방법을 귀띔해 주었다. 미로 감옥을 들어갈 때 실을 문설주에 묶고 풀면서 들어갔다가 다시 실을 따라 빠져나오라는 것이다.

테세우스는 아리아드네의 도움으로 마침내 괴물을 죽이고 무사히 미로 감옥을 탈출했다. 그는 추격을 피하기 위해 크레타의 배들에 구멍을 뚫어 모두 침몰시키고 약속대로 아리아드네를 데리고 아테네로 가다가 잠시 낙소스Naxos섬에 정박했다. 식수와 식량을 조달하기 위해서였다. 한참을 쉬는데 아리아드네가 피곤했는지 깊이 잠들었다. 테세우스는 기다

Johann Heinrich Tischbein,
〈테세우스에게 실타래를 건네
주는 아리아드네〉, 1779

8장 ○ 인류의 영원한 테마, 사랑 이야기

렸다는 듯 부하들에게 급히 출항 준비를 서두르라고 지시한 후 해안에 잠들어 있는 아리아드네를 깨우지 않고 버려둔 채 재빨리 낙소스섬을 떠나 버렸다.

테세우스가 아리아드네를 버린 이유에 대해서는 세 가지 설이 있다. 하나는 테세우스는 아테네에 이미 아이글레Aigle라는 사랑하는 여자가 있었다는 설이다. 또 하나는 테세우스의 꿈에 낙소스섬의 수호신이자 술의 신 디오니소스가 나타나 아리아드네를 섬에 두고 가라고 명령했다는 설이며, 마지막으로 테세우스는 모든 것을 포기하고 오로지 자신에게만 올인하는 아리아드네가 싫었다는 설이다.

이 세 가지 설 중 첫 번째와 두 번째보다는 아무래도 세 번째 설이 더 설득력이 있어 보인다. 누구든 연애 상대가 단박에 쉽게 마음을 허락하는

Angelica Kauffmann, 〈테세우스에게 버림받은 아리아드네〉, 1774

Alessandro Turchi, 〈디오니소스와 아리아드네〉, 1630~1632

것보다는 밀고 당겨야 더욱더 마음이 끌리는 법이 아닐까? 로마의 신화 작가 오비디우스도 『사랑의 기술』에서 단번에 모든 것을 주는 사랑은 버림받기 십상이라고 조언한다. 상대의 마음을 얻으려면 한꺼번에 모두 주지 말고 찔끔찔끔 주라는 것이다.

하지만 그리스 신화는 두 번째 설에 더 무게를 실어 준다. 그에 따르면 한참 후 잠에서 깨어난 아리아드네는 테세우스를 찾아서 온 섬을 헤매고 다녔지만 어디서도 그를 찾을 수가 없었다. 그녀는 낙심한 채 해안에 넋을 잃고 앉아 있었다. 바로 그때 갑자기 디오니소스가 나타나 그녀를 위로하며 자신의 아내로 삼겠다고 말했다. 이어 거행된 결혼식에서 디오니소스는 그녀에게 아주 예쁜 금관을 선물했다. 결혼식 후에는 그 금관을 하늘에 던져 '북쪽 금관자리'라는 별자리로 만들어 주었다.

8장 ○ 인류의 영원한 테마, 사랑 이야기

아리아드네는 디오니소스와 결혼한 뒤에도 평생 테세우스를 잊지 못했다. 그래서 훗날 테세우스가 죽었다는 소식을 듣자 오랫동안 그를 애도하고 그리워하며 슬피 울었다고 한다. 하지만 디오니소스는 그런 것에 아랑곳하지 않고 아내가 죽자 내려가 그녀를 지하세계에서 올림포스로 데려와 신으로 만들어 주었다.

아리아드네의 사랑 이야기는 많은 음악가들의 주목을 받았다. 그중 하이든F. J. Haydn과 슈트라우스R. Strauss는 「낙소스섬의 아드아드네」라는 곡을, 헨델G. F. Händel은 「크레타의 아리아드네」라는 곡을 작곡했다. 아리아드네의 실타래에서 유래한 '아리아드네의 실'이라는 격언도 있다. 그것은 '어려운 문제를 푸는 실마리나 해결책'을 뜻한다. 참고로 '아리아드네와 테세우스' 그리고 바로 다음에 이어지는 '파이드라와 히폴리토스'의 사랑 이야기는 제2권의 '헤라클레스 키즈 테세우스의 모험'에서 테세우스의 여정을 따라가며 자연스레 다시 한번 자세하게 언급할 것이다.

스킬라와 코마이토:
적장을 사랑하여 아버지를 배신한 공주

크레타의 왕 미노스와 왕비 파시파에 사이에는 안드로게오스Androgeos
라는 아들이 있었다. 그는 아테네로 공부하러 온 유학생으로, 판아테나이
아Panathenaia 축제에서 개최된 한 경기에서 우승한 전력으로 시민들 사이
에서 인기가 대단했다. 게다가 그는 아테네의 왕 아이게우스의 동생 팔라
스Pallas의 50명의 아들과 아주 친했다. 그래서 아이게우스는 그가 장차 조
카들과 결탁하여 크레타의 군대를 끌고 와 자신을 권좌에서 밀어낼지 모
른다고 생각했다.

아이게우스는 그런 불상사를 미연에 방지하려면 자신의 손에 피를 묻
히지 않고 그를 감쪽같이 없애 버리는 수밖에 없다고 생각했다. 그 당시
아테네 근처 마라톤에는 미친 황소 한 마리가 나타나서 사람들을 괴롭히
고 있었다. 그 황소는 원래 미노스가 왕위에 오르기 전 바다의 신 포세이
돈에게서 선물로 받은 녀석으로, 헤라클레스가 에우리스테우스 왕의 명
령을 받고 크레타에서 잡아 와서 왕에게 바쳤었다. 이에 에우리스테우스

왕은 황소를 다시 헤라 여신에게 바쳤지만 여신은 녀석이 미운 오리 새끼 헤라클레스가 잡은 것임을 알고 다시 풀어 주었다.

황소는 미쳐 날뛰면서 마라톤 지방으로 가더니 그곳을 황폐하게 했다. 내로라하는 영웅들이 그 녀석을 잡아 보려 했지만 모두 실패하고 목숨을 잃고 말았다. 아이게우스는 안드로게오스에게 그 황소를 죽이라는 명령을 내렸다. 안드로게오스가 그 황소를 잡다가 죽기를 바랐던 것이다. 아니나 다를까 안드로게오스는 기꺼이 그 과업을 완수하러 가더니 황소와 싸우다가 그만 녀석의 뿔에 받혀 죽고 말았다.

미노스는 아들이 억울하게 죽었다는 소식을 듣고 분기탱천하여 함대를 모아 아테네를 응징하러 왔다. 그 당시 메가라Megara의 왕 니노스는 아테네의 왕 아이게우스와 형제 사이였다. 그래서 미노스는 우선 메가라를 공격했다. 하지만 미노스가 아무리 총공세를 펼쳐도 메가라는 끄떡도 하지 않았다. 그건 바로 니노스 왕이 지닌 황금 머리칼 한 가닥 덕분이었다. 그 황금 머리칼이 있는 한 니노스 왕과 메가라는 천하무적이었다.

바로 이때 니노스의 딸 스킬라Skylla가 성루에서 적장 미노스의 용감무쌍한 모습과 잘생긴 용모를 보고 그만 사랑에 빠지고 말았다. 잘못된 사랑에 빠졌다는 죄책감과 불타오르는 열정으로 번민하던 스킬라는 어느 날 마침내 미노스 왕을 찾아가 사랑을 고백하고, 아버지를 배신하면 아내로 삼겠다는 약속을 받아 낸 뒤 잠든 아버지의 머리에서 황금 머리칼을 베어 미노스에게 바쳤다. 하지만 미노스는 메가라를 차지하고 나자 아버지를 배신한 스킬라에게 갑자기 혐오감을 느껴서 그녀를 버리고 떠났다.

스킬라는 집요했다. 그녀는 바다에 몸을 던졌고, 헤엄을 쳐서 미노스의 배를 따라갔다. 스킬라가 거의 미노스의 배에 도달했을 때 전쟁에서 패배한 뒤 자살하여 흰꼬리수리로 변신한 그녀의 아버지가 공중에서 딸

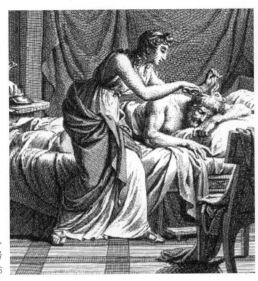

Nicolas–André Monsiau,
〈아버지 니소스의 황금 머리카락을
자르는 스킬라〉, 1806

의 머리를 두 발로 눌러 그녀를 익사시켰다. 그러자 신들이 스킬라를 불
쌍하게 생각하여 바닷새로 변신시켜 주자 흰꼬리수리가 그 뒤를 맹렬하
게 추격했다.

타포스Taphos섬의 왕 프테렐라오스Pterelaos의 딸 코마이토Komaitho 공주
의 운명도 스킬라를 빼닮았다. 언젠가 암피트리온Amphitryon이라는 테베
의 장수가 타포스인들을 치러 왔는데 아무리 해도 제압할 수 없었다. 프
테렐라오스의 머리에 군계일학처럼 나 있는 황금 머리칼 한 올이 그를 천
하무적으로 만들어 주었기 때문이다. 성루에서 우연히 암피트리온이 싸
우는 모습을 보고 첫눈에 사랑에 빠진 코마이토가 그것을 안타깝게 생각
하고 잠든 아버지의 머리에서 그 황금 머리칼을 뽑아 그가 전쟁에서 이길
수 있도록 했다. 하지만 코마이토는 암피트리온의 마음을 얻기는커녕 가
족을 배신한 혐오감을 느낀 그의 손에 죽임을 당했다.

8장 ○ 인류의 영원한 테마, 사랑 이야기

파이드라와 히폴리토스:
죽음을 부르는 파괴적 사랑

히폴리토스Hippolytos는 아테네의 왕 테세우스의 아들로, 어머니는 아마존Amazon족의 여왕 안티오페Antiope였다. 그리스 신화에 등장하는 아마존족은 남아메리카의 아마존강과는 전혀 관련이 없다. 그들은 튀르키에 북동부 지역인 흑해 남쪽 해안에 왕국을 세우고 살았던 여자들만으로 이루어진 종족을 칭한다. 아마존족이 종족을 유지하는 방법은 아주 특이했다. 그들은 틈이 나는 대로 전쟁터를 찾아다니며 용감한 전사들을 사로잡아 와 하룻밤을 보낸 뒤 풀어 주었다.

그 후 그들에게서 딸이 태어나면 공동으로 여전사로 키웠다. 하지만 아들이 태어나면 죽이거나 거세하여 노예로 삼았다. '아마존'이라는 말은 '가슴이 없는'이라는 뜻의 그리스어 '아마조스a-mazos'에서 유래했다. 아마존족은 딸이 어렸을 때 활쏘기에 거추장스러운 오른쪽 가슴은 불로 지져 없앴다고 한다. 하지만 아마존족을 소재로 한 고대 그리스 도기 그림이나 조각을 보면 두 가슴이 모두 온전하다. 그래서 아마존족이 한쪽 가슴이

Franz von Stuck,
〈말을 탄 아마존 전사〉, 1897

없다는 소문은 아마 그들의 용맹함 때문에 생긴 전설로 보인다.

테세우스는 언젠가 아마존족을 공격하여 수많은 여전사들을 죽이고 여왕 안티오페를 포로로 잡아갔다. 그러자 아마존족은 군사를 정비하여 아테네까지 테세우스를 추격해 왔다. 아마존족은 한때 아테네의 아크로폴리스를 점령하고 아테네군과 팽팽한 접전을 벌였지만 결국 패배하고 군사의 태반을 잃었다. 아마존족의 새 여왕이자 안티오페의 여동생이었던 멜라니페Melanippe는 간신히 포위망을 뚫고 탈출했다가 화병을 얻어 곧 죽고 말았다. 포로가 되어 잡혀온 그녀의 언니 안티오페도 얼마 살지 못했다. 얼마 후 테세우스에게 히폴리토스라는 아들을 하나 낳아 준 뒤 시름시름 앓다가 일찍 세상을 떠났기 때문이다.

그 후 테세우스는 아들이 장성해서야 비로소 파이드라Phaidra를 후처로 맞이했다. 파이드라는 크레타의 왕 미노스의 딸이자 아리아드네의 동생이었다. 테세우스는 젊은 시절 크레타의 괴물 미노타우로스를 죽이러 갔을 때 자신에게 첫눈에 반해 구애한 아리아드네를 낙소스섬에 버리고 떠난 적이 있었다. 그런 그가 이젠 그녀의 동생을 아내로 삼다니 사람 마음은 도대체 알 수가 없다.

분명한 사실은 아테네가 그때는 크레타의 속국이었지만 이제는 크레타 공주를 국왕의 후처로 데려올 만큼 테세우스 치하에서 국력이 엄청나게 커졌다는 사실이다. 그런데 파이드라는 결혼 첫날부터 남편 테세우스보다는 젊고 잘생긴 의붓아들 히폴리토스에게 그만 온통 마음을 빼앗기고 말았다. 그녀는 날마다 히폴리토스에 대한 사랑의 열병으로 애를 태웠다. 그러던 어느 날 파이드라는 남편이 며칠 집을 비운 사이 마침내 히폴리토스에게 사랑을 고백했다.

히폴리토스는 파이드라의 말을 듣자마자 소스라치게 놀라 얼굴색이 파랗게 변하며 말도 안 되는 소리라며 그녀의 구애를 일언지하에 거절했다. 그 후 파이드라는 방 안에만 틀어박혀 지냈다. 그녀는 자신의 처지를 생각하면 할수록 수치스럽고 처량했다. 그러다 어느 순간부터 점점 불안해지기 시작했다. 히폴리토스가 남편에게 모든 사실을 일러바칠지 몰랐기 때문이다. 그녀는 결국 히폴리토스보다 선수를 쳐야겠다고 생각했다. 그래서 어느 날 남편이 외출한 사이 미리 산발하고 옷을 갈기갈기 찢어두었다. 손톱으로 자신의 몸 여기저기에 생채기도 내 두었다.

이윽고 남편 테세우스가 돌아오자 파이드라는 그 앞에 엎드려 서럽게 울면서 히폴리토스가 자신이 혼자 있을 때 갑자기 방으로 쳐들어와 자신을 겁탈하려고 했다고 거짓말을 했다. 테세우스는 분기탱천했다. 아들은 평소 독신자의 수호신 아르테미스를 섬기며 독신을 고집하던 녀석이었다. 게다가 감히 어떻게 새어머니를 넘볼 수 있단 말인가. 테세우스는 당장 아들을 불러 심하게 꾸짖었다. 히폴리토스가 아무리 결백을 주장해도 믿지 않았다. 아들이 부인하면 할수록 그의 죄는 그만큼 명백해 보였다. 그는 결국 아들을 아테네에서 추방했다.

작가 미상, 〈파이드라, 테세우스, 히폴리토스〉, 18세기

테세우스는 그래도 분이 풀리지 않았다. 그는 아들 히폴리토스가 죽이고 싶도록 미웠다. 하지만 제 손으로 자식을 죽였다는 오명을 쓰고 싶지는 않았다. 아들을 처단할 방법을 궁리하던 테세우스의 머릿속에 예전에 꿈에 포세이돈이 나타나 자신에게 한 약속이 퍼뜩 스치고 지나갔다. 그때 포세이돈은 자신이 그의 실제 아버지임을 밝히며 아들을 찾은 기념으로 어떤 소원이든 세 개를 들어주겠다고 약속했기 때문이다. 분노로 치를 떨던 테세우스는 결국 포세이돈에게 제물을 바치며 첫 번째 소원으로 원수같은 자식을 죽여 달라고 간절히 기도했다.

바로 그 시각 히폴리토스는 마차를 타고 바닷가를 통해 아테네를 빠져나가고 있었다. 바다의 신 포세이돈은 바로 이 순간을 노리고 엄청난 너울을 일으켜 마차를 향해 흉측한 괴물을 한 마리 보냈다. 바다에서 갑자

8장 ○ 인류의 영원한 테마, 사랑 이야기

Joseph-Désiré Court, 〈히폴리토스의 죽음〉, 1825

기 튀어나온 괴물을 보고 말들이 깜짝 놀라 요동을 쳤다. 히폴리토스는 그 충격으로 마차에서 떨어져 말고삐에 발이 묶인 채 한참을 끌려가다가 길가 바위에 머리를 부딪혀 절명하고 말았다.

그리스의 3대 비극작가 중의 한 명인 에우리피데스의 비극 「히폴리토스」는 파이드라가 지닌 팜므 파탈femme fatale적 요소를 한층 부각시켰다. 잘못된 애욕의 포로가 된 파이드라는 혼자 깊은 고민에 빠졌다. 그녀는 자신이 세 갈래 갈림길에 서 있음을 깨달았다. 첫째는 자기의 마음을 누구에게도 얘기하지 않고 무덤까지 가져가는 것이고, 둘째는 끝까지 참고 견뎌서 이겨 내는 것이며, 셋째는 그래도 아프로디테의 뜻을 거스를 수 없다면 조용히 목숨을 끊는 것이었다.

갈피를 잡지 못하고 고민하던 그녀의 모습을 유모가 놓칠 리 없었다.

그녀는 집요하게 파고들어 마침내 전말을 알아내고 "사랑의 여신을 이길 자는 아무도 없다!"고 외치며 중매 역할을 자임했다. 하지만 히폴리토스의 반응은 우리가 예상할 수 있는 것처럼 서리가 내릴 정도로 차가웠다. 그는 계모의 사랑 고백을 전해 듣고 더럽혀진 귀를 씻어야겠다며 호통을 치고는 계모뿐 아니라 자신에게 그 말을 전해 준 유모도 모두 싸잡아서 마녀라며 저주했다.

유모로부터 히폴리토스의 냉담한 반응을 전해 들은 파이드라는 절망하면서도 치욕에 몸을 떨었다. 마침내 그녀는 자신의 순수한 사랑을 매정하게 뿌리친 히폴리토스에게 처절하게 복수하기로 결심했다. 그녀는 자신이 혼자 있을 때 히폴리토스가 방으로 들어와 겁탈했다는 거짓 유언장을 하나 남긴 채 목을 맸다. 결국 분노한 아버지에 의해 아테네에서 추방당한 히폴리토스는 포세이돈이 보낸 바다의 괴물로 인해 비극적인 최후를 맞았다.

라신의 『페드르』와 영화 〈페드라〉: 팜므 파탈의 원조 파이드라

에우리피데스의 비극 「히폴리토스」에서 파이드라가 의붓아들 히폴리토스를 보고 사랑에 빠진 것은 아프로디테의 개입 때문이다. 히폴리토스는 독신주의자로 남녀의 사랑을 경멸하고 부정했다. 그래서 사랑의 신 아프로디테에게는 제물을 바치지 않고 독신자의 수호신 아르테미스에게만 바쳤다. 주위의 경고에도 아랑곳하지 않았다. 마침내 분노한 아프로디테는 파이드라의 마음에 잘못된 애욕을 불어넣어 히폴리토스를 사랑하게 했다.

라신J.-B. Racine의 5막극 『페드르』도 에우리피데스의 비극과 똑같은 주제를 다루고 있다. 다만 그 초점이 히폴리토스가 아니라 파이드라에 맞추어져 있을 뿐이다. 라신은 히폴리토스의 불운한 운명이 아니라 잘못된 애욕에 사로잡혀 괴로워하다가 끝내는 파멸하는 파이드라의 심리를 심도 있게 추적했다. 그래서 파이드라에게 그런 애욕을 불러일으킨 것은 아프로디테의 분노가 아니라 그녀의 열정이다.

작가 미상, 〈페드르로 분장한
조세핀 뒤셰누아(J. Duchesnois)〉, 1802

라신의 '페드르'(파이드라)는 남편 '테제'(테세우스)의 전처가 낳은 아들에게 마음을 빼앗긴 후 남편에 대한 죄의식과 '이포리트'(히폴리토스)에 대한 애욕 사이에서 괴로워하다가 명예를 지키는 방법은 죽음밖에 없다고 생각했다. 바로 그 순간 전쟁터로 떠났던 남편 테제가 전사했다는 비보가 날아왔다. 페드르는 남편의 죽음에도 슬퍼할 겨를이 없었다. 사랑이 최우선이었기 때문이다.

그녀는 그길로 쾌재를 부르며 유모 '에논'의 힘을 빌리지 않고 직접 이포리트를 찾아갔다. 이어 그 옛날 그가 만약 일찍 태어나 미로 감옥에 갇혀 있는 괴물 미노타우로스를 죽이기 위해 크레타에 왔다면 바로 자신이 그에게 실타래를 건네주었을 것이라며 사랑을 고백했다.

8장 ○ 인류의 영원한 테마, 사랑 이야기

"나는 그때 당신이 겪지 않으면 안 될 위험을 함께 나누기 위해 앞장서서 당신을 미로 감옥으로 안내했을 거예요. 그래서 미로 감옥 밑바닥까지 내려가 그곳에서 살든 죽든 함께했을 거예요."

하지만 이포리트는 오만할 정도로 냉담했다. 그는 깜짝 놀라 귀가 의심스럽다며 자신이 테제 왕의 아들이라는 사실을 잊었냐고 물었다. 그러자 페드르는 갑자기 이포리트에게 잽싸게 다가가 허리춤에 차고 있던 단검을 빼 들고 자신의 사랑을 받아 주지 않으면 차라리 자신을 죽이라며 이포리트를 위협했다. 옥신각신하는 소리에 유모가 달려와 페드르를 만류했고, 페드르는 유모에게 밀려 엉겁결에 이포리트의 단검을 손에 든 채 자신의 방으로 돌아갔다.

실의에 빠진 페드르에게 엎친 데 덮친 격으로 청천벽력 같은 소식이 들려왔다. 죽은 줄 알았던 남편 테제가 살아 돌아오고 있다는 것이다. 페드르는 충격에 휩싸여 어찌할 바를 몰랐다. 바로 그때 유모가 구세주처럼 그에게 다가와 조언했다. 이포리트가 아버지 테제에게 모든 사실을 고하기 전에 선수를 치자는 것이다. 마침내 테제가 돌아오자 유모는 페드르의 묵인 아래 이포리트를 모함했다. 왕이 없는 사이 그가 감히 왕비를 범하려 했다는 것이다. 유모는 그 증거로 테제에게 이포리트의 단검을 제시했다.

격노한 테제는 아들 이포리트를 불러 칼을 들이대며 해명을 요구했다. 이포리트는 결백을 주장하면서도 새어머니 페드르가 자신을 찾아와 사랑을 고백했다는 얘기는 하지 않았다. 이성을 잃은 테제는 아들 이포리트에게 저주를 퍼부으며 그를 아테네에서 추방했다. 테제의 저주가 그 효력을 발했던 것일까? 이포리트는 마차를 타고 아테네를 떠나 미케네로 가던 중 갑자기 바다에서 튀어나온 괴물과 싸우다 목숨을 잃기 때문이다.

Alexandre Cabanel, 〈파이드라〉, 1880

그 후 죄책감에 시달리던 페드르도 독약을 마신 채 테제를 찾아와 모든 진실을 밝히고 피를 토하며 꼬꾸라졌다.

파이드라는 할리우드 영화의 소재가 되기도 했다. 1962년 앤서니 퍼킨스A. Perkins와 그리스 여배우 멜리나 메르쿠리M. Mercouri가 열연한 줄스 다신J. Dassin 감독의 영화 〈페드라〉가 바로 그것이다. 하지만 그 내용은 신화와는 사뭇 다르다. 의붓아들과 계모가 서로 사랑하는 것으로 설정되었기 때문이다. 영화의 무대도 고대가 아니라 현대 그리스로 바뀌었다.

그리스 해운업계의 거물 '타노스'(테세우스)는 영국인 전처와 이혼한 뒤 같은 업계의 또 다른 거물의 딸 '페드라'(파이드라)를 후처로 맞이했다. 그에게는 영국인 전처와의 사이에서 태어난 '알렉시스'(히폴리토스)라는 24살의 아들이 있었다. 알렉시스는 런던에 살면서 대학에 다니고 있는데 전공인 경제학 공부보다 그림 그리는 일에 더 열성적이었다.

8장 ○ 인류의 영원한 테마, 사랑 이야기

타노스는 알렉시스에게 후계자 수업을 시켜 장차 자신의 선박 왕국을 물려주려 했다. 어느 날 그는 아들이 그림 전시회를 열어 호평을 받았다는 소식을 전해 듣고, 그가 예술가로 자리 잡을까 봐 걱정스러운 마음에 그를 얼른 그리스로 데려오려 했다. 하지만 그는 너무 바빠 도저히 런던으로 날아갈 짬이 나지 않았다. 그래서 별로 내켜 하지 않는 페드라를 런던으로 대신 보내 아들을 설득하여 귀국시키도록 했다. 그런데 런던 대영박물관에서 처음 만난 두 사람은 첫눈에 그만 서로 사랑에 빠져 버리고 말았다.

두 사람은 마음껏 젊음의 불꽃을 태우다 그리스로 돌아왔다. 타노스는 아무것도 눈치채지 못한 채 아들에게 귀국 기념으로 멋진 고급 스포츠카를 사 주었다. 이들은 이후에도 몰래 금단의 사랑을 즐기지만 그들의 관계는 곧 들통이 났다. 타노스가 아들 알렉시스를 '엘시'라는 아가씨와 결혼을 시키려고 하자 페드라의 질투심이 폭발한 것이다. 페드라는 알렉시스에게 배신당했다는 생각에 복수심에 불타 남편에게 자신과 그와의 관계를 모두 털어놓았다.

분노한 타노스는 페드라를 아무 말 없이 그대로 보내 준 다음, 즉시 아들을 불러 무참하게 폭행한 뒤 집에서 내쫓았다. 얼굴이 피투성이가 된 채 아버지 사무실에서 뛰쳐 나온 알렉시스는 자신을 찾아온 페드라에게 죽었으면 좋겠다며 저주하고 아버지가 사 준 스포츠카에 올랐다. 이어 해안 절벽에 난 도로를 질주하다가 "페드라!"를 연호하며 난간을 뚫고 바다로 뛰어들었다. 그사이 페드라는 집에서 수면제를 과다 복용하여 스스로 목숨을 끊었다.

'팜므 파탈'은 '치명적인 여인'이라는 뜻이다. 만나는 남자들은 모두 나락으로 떨어뜨리는 여인을 일컫는 말이다. 그런 점에서 그리스 신화의 파이드라는 팜므 파탈의 원조라 해도 과언이 아니다.

아프로디테와 아도니스:
아네모네꽃으로 다시 피어나다

아폴로도로스의 『원전으로 읽는 그리스 신화』에 의하면 아시리아의 왕 테이아스Theias의 딸 미르라Myrrha는 아프로디테를 섬기고 싶어 하지 않았다. 분노한 여신은 그녀가 아버지와 사랑에 빠지게 하여 유모의 도움으로 그와 동침하도록 했다. 뒤늦게 이 사실을 알게 된 테이아스가 격분하여 미르라를 죽이려 하자 신들은 그녀를 몰약나무로 변신시켜 주었다. 열 달 후 그 나무가 갈라지며 아도니스Adonis가 태어나자 숲의 요정들이 그를 데려다 키웠다.

오비디우스의 『변신 이야기』에 의하면 미르라의 아버지는 키프로스의 왕 키니라스Kinyras였다. 미르라의 유모는 어느 날 목을 매려는 그녀를 발견했다. 그녀가 극단적인 행동을 하려 한 이유가, 품어서는 안 될 아버지를 향한 연정임을 알아내고 미르라를 구할 방법을 모색했다. 그때 마침 키프로스에서 남자들에게 아내와의 동침을 금했던 곡물의 여신 케레스의 축제가 벌어지고 있었다. 유모는 좋은 기회라고 생각하여 색에 굶주린 왕에게 적당한 때를 골라 은밀하게 좋은 아가씨가 있다고 귀띔했다. 왕이 그녀의 나이를 묻자 유모는 미르라 공주님과 같은 나이라고 둘러대고 결국 한밤중에 그녀를 아버지의 침실에 밀어 넣는 데 성공했다.

키니라스는 며칠 밤을 딸과 동침하다가 어느 날 밤 그녀가 잠든 사이 얼굴이 너무 궁금하여 등불을 켜는 바람에 모든 진실을 알게 되었다. 분기탱천한 왕은 벽에 걸려 있던 칼집에서 칼을 빼 딸을 치려 했지만 그녀는 어둠 덕분에 간신히 아버지의 칼날을 피할 수 있었다. 아버지의 추격을 피해 이리저리 헤

Marcantonio Franceschini, 〈아도니스의 탄생〉, 1692~1709

매느라 지칠 대로 지친 미르라는 결국 신들에게 하소연하여 몰약나무로 변신했다. 미르라가 잉태한 아이는 몰약나무 안에서 계속 자라더니 열 달 후 나무껍질을 뚫고 태어났다. 그 아이가 바로 에로스처럼 잘생기고 예뻤던 아도니스였다.

바로 그때 그 몰약나무 근처를 지나던 아프로디테가 갓 태어난 아도니스를 발견하고는 하데스의 왕비 페르세포네에게 키워 달라고 맡겼다. 시간이 흘러 아도니스가 아름답고 준수한 청년으로 성장하자 아프로디테

는 페르세포네를 찾아가 그를 돌려달라고 요구했다. 하지만 페르세포네가 거절하자 아프로디테는 제우스에게 중재를 부탁했다. 이에 제우스는 아도니스가 앞으로 1년의 3분의 1은 아프로디테와, 또 다른 3분의 1은 페르세포네와, 마지막 3분의 1은 자신이 원하는 여신과 살라고 명령했다.

그러자 아도니스는 자기가 마음대로 쓸 수 있는 1년의 3분의 1마저도 아프로디테와 함께 살겠다고 공표했다. 이때부터 아프로디테와 아도니스는 거의 한 몸처럼 붙어 다녔다. 아도니스는 사냥을 무척 좋아했는데 아프로디테는 그게 마음이 걸려 그에게 항상 큰 짐승을 조심하라고 일렀다. 그러던 어느 날 아도니스는 혼자 사냥을 나갔다가 아프로디테의 경고를 잊고 커다란 멧돼지를 쫓다가 그만 녀석의 엄니에 받혀 죽고 말았다.

슬픔에 잠긴 아프로디테는 피범벅이 된 아도니스의 시신에 신들의 음료 넥타르Nektar를 부었다. 그러자 아도니스의 시신이 순식간에 사라지더니 그 자리에서 아네모네꽃 한 송이가 피어났다. 다른 설에 의하면 아도니스를 엄니로 치어 죽인 멧돼지는 바로 전쟁의 신 아레스였다. 아레스가 아도니스에게 애인 아프로디테를 빼앗기자 질투심에 사로잡혀 멧돼지로 변신해 그를 응징했다는 것이다.

셰익스피어는 1593년에 펴낸 199연 총 1194행으로 이루어진 『비너스와 아도니스』라는 산문시집에서 신화 속 아도니스 이야기를 이와는 사뭇 다르게 풀어냈다. 셰익스피어의 작품 속 비너스는 어느 날 꽃미남 청년 아도니스를 보고 첫눈에 사랑에 빠졌다. 그녀는 말을 타고 막 사냥을 떠나려는 아도니스의 한쪽 팔을 붙들고 이제 사냥은 그만두고 자신과 육체적 애욕을 즐기자고 유혹했다. 하지만 아도니스는 비너스가 아무리 달콤한 말로 꼬드겨도 손사래를 치며 무조건 사냥을 가겠다고 고집을 피웠다. 그는 마치 독신주의자처럼 육체적 애욕에는 전혀 관심이 없었고 오직 사

John William Waterhouse, 〈죽은 아도니스를 깨워 보는 비너스〉, 1899

냥에만 빠져 살았던 것이다.

아도니스가 거절한다고 그냥 포기할 비너스가 아니었다. 그녀는 아도니스의 마음속에 사랑의 불씨를 지피기 위해 그에게 달려들어 강제로 키스를 퍼부으며 마치 판소리 『춘향전』의 「사랑가」를 연상시키는 온갖 선정적인 말들을 쏟아 냈다. "한창때 따지 않은 꽃들은 순식간에 시들어 사라지는 법이지요", "내게 한 번만 키스를 해 줘요. 내 그대에게 금방 갚아 드릴게요. 게다가 이자로 한 번 더 해 드릴게요." 그녀는 심지어 자신은 숲이 될 테니 아도니스는 사슴이 되어 그 안에서 맘껏 풀을 뜯어 먹으라고 속삭였다. "내 입술에서 풀을 뜯어 먹으세요. 그 언덕이 가물어지면 조금 아래로 내려오세요. 맛있는 샘물들이 있는 곳으로요."

하지만 아도니스의 반응은 여전히 찬 바람이 일 정도로 냉담하기만 했다. 결국 비너스는 최후의 수단으로 짐짓 실신한 것처럼 갑자기 땅바닥에 꼬꾸라졌다. 그러자 과연 아도니스는 당황해 하며 그녀를 소생시키려고 얼른 비너스에게 다가와 손발을 주무르다가 아무런 효과가 없자 급기야 그녀의 입술에 자신의 입술을 포개고 인공호흡을 하기 시작했다. 비너스는 바로 이 순간을 이용해 아도니스를 힘으로 제압하여 욕심을 채웠다. 이어 씁쓸한 표정으로 사냥을 떠나는 아도니스에게 내일 다시 만날 수 있는지 물었다. 이에 대해 아도니스는 친구들과의 멧돼지 사냥을 핑계로 단호하게 그럴 수 없다고 대답했다.

바로 그 순간 비너스는 멧돼지라는 말에 소스라치게 놀라며 아도니스에게 제발 내일 사냥은 가지 말라고 말렸다. 그래도 굳이 가겠다면 멧돼지 사냥은 피하고 차라리 토끼나 여우나 노루를 잡으라고 애원했다. 지

Marcantonio Franceschini, 〈죽은 아도니스의 변신〉, 연도 미상
아프로디테가 넥타르를 붓자 아도니스의 시신에서 아네모네꽃들이 솟아오른다.

　　　　　　　　　　8장 ○ 인류의 영원한 테마, 사랑 이야기

난밤 꿈속에서 그가 멧돼지 엄니에 받혀 죽는 것을 봤다는 것이다. 하지만 사냥 마니아였던 아도니스가 비너스의 말을 들을 리 없었다. 그는 끝내 다음 날 사냥을 하러 갔다가 정말 멧돼지에게 참변을 당했다. 비너스는 유혈이 낭자한 아도니스의 시신을 발견하고 분노한 나머지 사랑에 저주를 퍼부었다.

> "앞으로 사랑에는 슬픔이 뒤따르리라. 질투도 동반하리라. 사랑은 처음에는 달콤하나 나중에는 쓰디쓰리라. 변덕스럽고 거짓되고 속임수로 가득하리라. 안은 독이 깔려 있으나 겉은 달콤한 꿀로 발라져 있으리라. 사랑 탓에 아무리 건강한 몸이라도 금세 상하게 되리라. 현명한 사람도 바보가 되리라. 사랑은 가장 정직하게 보이면서도 사실 가장 위선적이요, 가장 순종적이면서도 사실 가장 고집불통이 되리라. 사랑은 전쟁과 끔찍한 사건들의 원인이 되리라."

그러는 사이 아도니스의 시신이 아침 안개처럼 사라지며 그의 핏속에서 바람꽃 아네모네 한 송이가 피어났다.

〈아네모네꽃〉

16. 아프로디테와 아도니스: 아네모네꽃으로 다시 피어나다

아폴론과 다프네:
월계관은 왜 승리와 명예의 상징이 되었을까?

태양의 신 아폴론이 어느 날 활과 전통을 메고 숲을 거닐다가 우연히 활과 화살을 갖고 놀던 사랑의 신 에로스를 만났다. 아폴론은 평소답지 않게 갑자기 장난기가 발동했다. 그래서 에로스에게 어린아이가 위험한 물건을 가지고 놀면 안 된다고 놀렸다. 자존심이 상한 에로스가 아폴론에게 앙심을 품고 있던 어느 날 드디어 복수할 기회가 에로스에게 찾아왔다. 숲속에서 우연히 아폴론이 자신의 연인이었던 요정 다프네Daphne와 함께 놀고 있는 장면을 목격한 것이다.

에로스는 숲에 몸을 숨긴 채로 재빨리 활을 꺼내 아폴론의 가슴에는 황금 화살을, 다프네의 가슴에는 납 화살을 날렸다. 끝이 뾰족한 황금 화살은 사랑의 열병에 빠지게 하고, 무딘 납 화살은 지독한 증오의 마음을 불러일으켰다. 그래서 서로 다른 화살을 맞은 아폴론과 다프네는 갑자기 쫓고 쫓기는 추격전을 벌이기 시작했다. 다프네에게 더욱 가까이 다가가고 싶었던 아폴론은 힘껏 뒤쫓았고, 아폴론에게 증오의 마음이 사무쳤던 다프네는 죽어라 달아났기 때문이다.

　고대 로마의 신화학자 오비디우스는 『변신 이야기』라는 책에서 자꾸만 달아나는 다프네를 뒤쫓아가는 아폴론의 안타까운 심정을 아주 실감 나게 묘사했다.

> "그녀는 가벼운 바람의 숨결보다 더 빨리 달아났고, 그가 아무리 불러도 멈추어 서질 않았다. '페네이오스의 딸이여, 요정이여, 제발 좀 멈추시오! 당신을 뒤쫓지만 나는 당신의 적이 아니오. 요정이여, 제발 좀 멈추시오! 양이 늑대 앞에서나, 사슴이 사자 앞에서나, 비둘기가 날개를 퍼덕이며 독수리 앞에서나, 온갖 생물들이 제 천적 앞에서나 그렇게 도망치는 법이오. 내가 당신을 뒤쫓는 것은 사랑 때문이라오.'"

Cornelis de Vos, 〈다프네를 뒤쫓는 아폴론〉, 1630

결국 긴 추격전 끝에 지칠 대로 지친 다프네가 아버지이자 강의 신인 페네이오스Peneios의 강물이 보이자 목청껏 구해 달라고 외쳤다. 그러자 외침이 채 끝나기도 전에 다프네는 사지에 마비 중세가 오는 것을 느꼈다. 이어 부드러운 피부는 나무껍질로, 머리카락은 나뭇잎으로, 두 팔은 가지로 변했다. 또 발은 뿌리가 되었고 얼굴은 우듬지가 되었다. 다프네가 월계수 나무로 변신한 것이다. 아폴론은 그래도 포기하지 않고 월계수에 키스한 다음 "내 너와 영원히 함께 하겠다!"고 다짐하며 가지들을 꺾어 월계관을 만들어 마치 자신의 트레이드마크처럼 머리에 늘 쓰고 다녔다. 고대 그리스어로 '다프네'는 '월계수'라는 뜻이다.

Gian Lorenzo Bernini,
〈아폴론과 다프네〉, 1622~1625

　　　　　　　　　8장 ○ 인류의 영원한 테마, 사랑 이야기

고대 그리스에는 네 개의 '범㳪헬레니즘 경기'가 있었다. 범헬레니즘 경기란 한 도시국가에 국한된 경기가 아니라 당시 헬레니즘 문화권, 즉 그리스 문화권 전체의 도시국가들이 모두 참가해서 축제처럼 벌이는 경기라는 뜻이다. 네 경기 모두 신들을 기념하기 위한 경기였고 연극이나 음악 공연 등 문화행사도 함께 열렸다. 범헬레니즘 경기는 '관㳪경기'라고 부르기도 했다. 각 경기의 우승자에게 부상으로 마치 현대의 메달이나 트로피처럼 나무나 식물의 가지로 만든 관을 수여했기 때문이다.

네 개의 범헬레니즘 경기 중 올림피아Olympia 경기는 펠로폰네소스Peloponnesos반도 엘리스Elis의 올림피아에서 제우스를 기념하기 위해 열렸고 우승자에게는 올리브관을 수여했다. 이스트미아Isthmia 경기는 2년마다 포세이돈을 기념해서 코린토스 근처의 이스트미아에서 열렸고 우승자에게는 소나무관을 수여했다. 네메아Nemea 경기는 2년마다 헤라클레스가 12가지 과업 중 하나로 사자를 잡은 곳으로 유명한 네메아에서 제우스를 기념해 열렸고 우승자에게는 샐러리관을 수여했다. 마지막으로 피티아Pythia 경기는 4년마다 아폴론을 기념하기 위해서 델피Delphi에서 열렸고 우승자에게는 월계관을 수여했다.

'피티아'는 아폴론이 세운 여사제의 이름이었으며 아폴론이 델피를 점령하기 위해 죽인 왕뱀 '피톤Python'이라는 이름에서 유래한 것이다. 어떤 처녀든 아폴론 신전의 여사제로 선택되면 자신의 이름을 버리고 피티아로 불렸다. 피티아 경기는 원래 8년마다 열리다가 나중에는 4년마다 개최되었다. 처음에는 키타라Kithara나 피리를 연주하면서 노래를 부르는 시합이나 연극과 춤 경연 등만 있었지만, 나중에 달리기, 마차 경기, 경마 등의 종목이 추가되었다.

올림피아 경기는 기원전 776년부터 기원후 393년까지 개최되었는데 그 기원에 대해서는 두 가지 설이 있다. 먼저 헤라클레스가 약속을 지키지 않은 아우게이아스Augeias 왕을 응징하고 엘리스를 빼앗은 다음 자신을 도와준 아버지 제우스를 기리기 위해 창설했다는 설이다. 다른 하나는 탄탈로스 가문의 펠롭스Pelops가 전차 경주에서 속임수를 써 예비 장인 오이노마오스Oinomaos 왕을 죽이고 아내 히포다메이아Hippodameia를 얻은 다음 그 죄를 씻으려고 창설하여 제우스에게 바쳤다는 설이다. 이것을 증명이라도 하듯 올림피아 제우스 신전의 합각머리 벽에는 펠롭스가 오이노마오스와 벌인 전차 경주를 묘사한 장면이 새겨 있다.

근대 올림픽은 4개의 범헬레니즘 경기 중에서 올림피아 경기의 전통을 이어받았다. 마땅히 우승자의 머리에 올리브관을 씌워 주어야 제격이다.

Sandro Botticelli, 〈월계관을 쓰고 있는 단테 알리기에리〉, 1495

Marie-Victoire Jaquotot, 〈황금으로 만든 월계관을 쓰고 있는 나폴레옹〉, 1812년경

8장 ○ 인류의 영원한 테마, 사랑 이야기

2004년 아테네 올림픽 때도 우승자에게는 모두 올리브관을 수여했다. 하지만 당시 국내 언론에서는 올리브관을 "올리브로 만든 월계관"이라고 했다. 아폴론의 트레이드 마크인 월계관이 이처럼 승리와 명예의 상징이 된 것은 고대 로마의 전통에서 유래한다. 고대 로마에서 맨 먼저 개선장 군들이 고대 그리스의 피티아 경기의 우승자가 받았던 월계관을 쓰고 행 진을 벌였다. 월계관은 그 후 로마 황제도 황금으로 만들어 왕관처럼 썼 으며 운동경기의 승자나 유명한 시인에게도 수여되기 시작했다.

그래서 아직도 누군가가 어떤 경기에서 우승하면 '월계관을 썼다'고 하 며, 불후의 명작을 남긴 시인도 '(월)계관시인'이라는 칭호를 받는 것이 다. 1936년 베를린 올림픽 때 마라톤에서 우승한 손기정 선수가 받은 것 도 명칭은 월계관이지만 월계수로 만든 게 아니라 '북미산 참나무로 만든 월계관'이었다. 손기정 선수가 부상으로 받아 시상식에서 가슴의 일장기 를 가린 화분도 북미산 참나무 묘목이었다. 이 묘목은 그동안 거목으로 자라 '월계관수月桂冠樹'라는 이름으로 현재 서울 만리동 손기정 기념공원 에서 우람한 자태를 뽐내고 있다.

아레투사와 시링크스:
스토커를 피해 달아나다 샘물과 갈대로 변신하다

아레투사Arethusa는 사냥을 즐기는 아름다운 물의 요정이었다. 어느 뜨거운 여름날 그녀는 사냥을 마치고 땀에 젖은 몸을 씻기 위해 알페이오스 Alpheios강물에 뛰어들었다. 그걸 보고 같은 이름의 강의 신 알페이오스가 그녀의 미모에 반해 갑자기 그녀에게 달려들었다. 깜짝 놀란 아레투사가 달아나자 알페이오스의 추격이 시작되었다. 온 힘을 다해 알페이오스를 피해 달아나던 아레투사는 막판에 힘에 부치자 자신이 평소 흠모하며 따라다니던 달과 사냥의 여신 아르테미스에게 큰소리로 도움을 청했다.

아르테미스는 얼른 그녀를 짙은 안개로 휘감았다. 하지만 안개는 이미 사랑의 열병에 걸린 알페이오스의 들불 같은 욕망을 막기에는 역부족이었다. 그래서 알페이오스가 막 두 팔로 아레투사를 안으려는 찰나 그녀를 샘물로 변신시켰다. 아르테미스는 알페이오스도 강물인지라 물줄기로 행여 그녀를 계속 추격할까 저어하여, 아레투사 샘물이 아주 깊숙이 지하세계를 흐르다가 펠로폰네소스반도를 지나 시칠리아Sikelia의 시라쿠사

Charles-Antoine Coypel, 〈아레투사를 추격하는 알페이오스〉, 17세기

18. 아레투사와 시링크스: 스토커를 피해 달아나다 샘물과 갈대로 변신하다

Syrakusa의 오르티기아Ortygia반도에서 다시 솟아나도록 했다.

기원후 2세기경의 그리스 여행가 파우사니아스Pausanias에 따르면 알페이오스는 강의 신이 아니라 천부적인 사냥꾼이었다. 그는 어느 날 사냥을 하다가 우연히 아레투사를 보고 첫눈에 반해 애타게 그녀의 뒤를 쫓아갔다. 하지만 그를 피해 도망치던 아레투사가 샘물로 변하자 서러움에 한없이 눈물만 짓다가 결국 조그만 강물로 변해 흘렀고, 마침내 지하에서 그리운 아레투사 샘물과 만나 시라쿠사에서 함께 솟아나 바다로 흘러들었다. 그래서 고대 그리스인들이 알페이오스강물에 도기를 던지면 시라쿠사의 아레투사 샘물에 떠올랐다고 한다.

나무의 요정 시링크스Syrinx도 아레투사와 똑같이 스토커의 추격을 피해 달아나다 불행을 당한다. 그녀 또한 아르테미스의 추종자인 것도 똑같다. 아르테미스를 따라다니는 요정들은 모두 독신주의자이다. 아레투사도 언급은 안 했지만 아마 독신주의자였을 것이다. 목양신 판Pan이 어느 날 시링크스를 보고 첫눈에 반해 구애하자 시링크스는 기겁하며 달아났다. 독신주의자로서는 충분히 이해가 가는 행동이다. 하지만 자존심이 상한 판이 그녀의 뒤를 쫓으면서 쫓고 쫓기는 긴박한 추격전이 시작되었다.

결국 막판에 기진맥진한 시링크스가 아르테미스에게 도와달라고 소리치자 시링크스의 몸이 갑자기 갈대로 변했다. 간발의 차이로 시링크스를 놓친 판이 갈대 사이로 실망에 찬 가쁜 숨결을 토해 내자 그것이 갈대를 스치며 아름다운 소리가 새어 나왔다. 판은 묘안이 떠올랐는지 얼른 갈대를 꺾어 다듬고 밀랍으로 서로 이어 팬파이프를 만들었다. 그런 다음 시링크스라고 명명하고 자신의 슬픈 마음을 노래했다. 갈대로 팬파이프를 만든 것은 시링크스가 비록 갈대로 변신했어도 영원히 함께하고픈 판의

Jan Brueghel the Younger & Peter Paul Rubens, 〈판과 시링크스〉, 17세기

열망에서였을 것이다.

목양신 판은 상반신은 인간, 하반신은 염소의 모습에다 머리에는 뿔이 돋아 있는 사티로스Satyros로, 로마 신화에서는 파우누스Faunus라고 했다. 그는 전령신 헤르메스와 드리오페Dryope 사이에서 태어났으며 숲과 자연의 신이기도 했다. 그래서 가장 좋아하는 곳도 숲이 울창하게 우거진 아르카디아Arkadia의 리카이온Lykaion산이었으며 신전도 그곳에 있었다. 그는 늘 자신이 발명한 팬파이프를 연주하며 춤을 추고 노는 걸 좋아했다. 특히 점심때는 휴식을 취하는 판에게 온전히 바쳐진 시간이라 만약 그때 방해를 받으면 그는 참지 못하고 평화롭게 풀을 뜯던 가축 떼를 갑자기 몰아붙여 공포로 몰아넣었다. 그래서 영어로 '공포'를 뜻하는 '패닉panic'이라는 단어가 바로 그의 이름에서 유래한 것이다.

아폴론과 시빌레, 에오스와 티토노스: 사랑하는 여인에게 장수를 선물한 신들

시빌레Sibylle는 델피의 아폴론 신전의 여사제 피티아 이전에 아폴론 신탁을 전했던 여사제로 주로 동굴에서 신탁을 전했다. 기원전 1세기경의 역사학자 바로M. T. Varro에 의하면 그 당시 전 세계에는 총 10명의 시빌레가 있었는데, ① 페르시아 시빌레, ② 리비아 시빌레, ③ 델피 시빌레, ④ 킴메리움 시빌레, ⑤ 에리트라이 시빌레, ⑥ 사모스섬 시빌레, ⑦ 쿠마이 시빌레, ⑧ 헬레스폰토스 시빌레, ⑨ 프리기아 시빌레, ⑩ 티부르 시빌레가 바로 그들이었다.

10명의 시빌레 중 쿠마이의 시빌레가 가장 영험했는데, 미켈란젤로 Michelangelo는 1511년 성 시스티나 성당 천장 벽화에 그중 페르시아, 리비아, 델피, 에리트라이, 쿠마이의 시빌레 등 총 5명을 그려 넣었다. 특히 쿠마이 시빌레와 태양신 아폴론과의 사랑 이야기는 잘 알려져 있다. 아폴론이 언젠가 시빌레에게 반해 그녀의 마음을 얻고자 무슨 소원이든지 들어주겠다고 했다. 그러자 그녀는 모래를 한 움큼 집어 그 모래알 수만큼 살

게 해 달라고 간청했다. 하지만 아폴론이 그녀의 청을 들어주겠다고 했
는데도 시빌레는 그에게 마음을 주지 않았다. 분노한 아폴론은 시빌레에
게 약속한 대로 그녀가 집은 모래 수만큼 1,000년을 살도록 했지만 청춘
은 허락하지 않았다. 결국 그녀는 해가 갈수록 몸이 쪼그라져서 수명이
300년 남았을 때 육체는 사위어 사라지고 목소리만 남게 되었다.

소위 '시빌레의 책들Sibylline Books'이라는 로마의 예언서에 얽힌 에피소
드의 주인공도 바로 쿠마이의 시빌레다. 시빌레가 로마의 타르퀴니우스
Tarquinius 왕을 찾아가 나라에 유익한 예언이 담겼다며 9권의 책을 가지고
와서 상당한 가격을 제시하며 사라고 권유했다. 하지만 왕은 책값이 너
무 비싸다는 생각이 들어 그녀의 제안을 거절했다. 그러자 시빌레는 그중
3권을 불태우고 6권을 같은 값으로 사라고 다시 권유했다. 왕이 또다시

거절하자 다시 3권을 불태우고 남은 3권을 같은 값으로 사라고 재차 권유했다. 그제야 왕은 남은 3권을 사서 카피톨리노 언덕에 있던 유피테르(제우스) 신전 지하에 보관하고 어려운 일이 생길 때마다 그 책들을 참고하여 이겨 냈다.

시빌레는 아폴론에게서 사랑을 대가로 장수를 선물받고도 약속을 지키지 않아 청춘을 빼앗겼으나, 새벽의 여신 에오스는 티토노스^{Tithonos}에게 장수를 선물했지만 실수로 그만 청춘을 빠뜨리고 말았다. 에오스는 로마에서는 아우로라^{Aurora}라고 했으며 영어로는 오로라^{Aurora}라고 한다. 그녀는 티탄 12신인 히페리온과 테이아^{Theia}의 딸이었으며 태양신 헬리오스, 달의 신 셀레네와 형제자매 사이로, 별명은 '일찍 일어나는 자'라는 뜻의 '에리게네이아^{Erigeneia}'이다. 호메로스는 그녀를 어깻죽지에 "새하얀 날개를 달고", "꽃들로 수놓은 사프란색 가운을 입고", "우아하며", "예쁜 고수머리에 장밋빛 손가락을 지닌" 여신으로 묘사했다.

그녀는 매일 새벽 대지를 감싸고 있는 대양강 오케아노스^{Okeanos}의 끝자락에 있는 궁전에서 두 마리 말이 끄는 마차를 타고 하늘로 솟아오른다. 그러면 그 뒤를 태양신이 사두마차를 타고 뒤따른다. 그녀의 마차를 끄는 두 마리 말의 이름은 파에톤^{Phaeton}과 람포스^{Lampos}인데 각각 '빛'과 '광채'라는 뜻이다. 티탄 신족이 권력을 잡았을 때는 오라비인 헬리오스가 그녀 뒤를 따랐지만, 올림포스 신족이 정권을 잡자 아폴론이 헬리오스의 역할을 넘겨받았다.

에오스는 저녁노을의 신 '아스트라이오스^{Astraios}'와의 사이에서 에오스포로스와 바람의 신 4형제를 낳았다. 에오스포로스는 새벽이 오기 직전에 뜨는 금성인 샛별의 신이며, 바람의 신 4형제는 동풍의 신 에우로스^{Euros}, 서풍의 신 제피로스, 남풍의 신 노토스^{Notos}, 북풍의 신 보레아스

Sebastiano Ricci, 〈에오스와 티토노스〉, 1705

19. 아폴론과 시빌레, 에오스와 티토노스: 사랑하는 여인에게 장수를 선물한 신들   519

Boreas를 말하는데, 모두를 총칭해서 '바람들'이라는 뜻의 '아네모이Anemoi' 라고 부른다.

에오스는 한때 전쟁의 신 아레스의 사랑을 받은 적이 있었다. 아레스의 연인이자 미와 사랑의 여신 아프로디테가 그 사실을 알고 분노하여 에오스에게 계속해서 미남 청년과 사랑에 빠져도 갈증이 채워지지 않도록 저주했다. 새벽하늘이 불그스레한 것은 그녀가 언제나 사랑의 열망으로 가득 차서 늘 얼굴이 붉게 달아오르기 때문이다. 그래서 에오스는 늘 사랑에 굶주려 새로운 연애 상대를 찾아다니다가 미남 청년을 만나면 금세 사랑에 빠져 그를 납치하곤 했다.

에오스는 우선 앞서 언급한 이미 결혼하여 금실이 좋았던 케팔로스도 미남이라는 이유로 납치했다가 그가 마음을 주지 않자 그에게 의처증을 심어 주고 아내 프로크리스에게 돌려보냈다. 예언가 멜람포스Melamphos의 손자인 미남 청년 클레이토스Kleitos도 그녀에게 납치되어 사랑을 받다가 영생을 부여받았다. 그녀는 특히 트로이의 미남 왕자 티토노스와 사랑에 빠져 그를 납치해 함께 살면서 두 아들 멤논Memnon과 에마티온Emathion을 낳았다.

그녀는 티토노스를 너무 사랑한 나머지 영원히 함께하고 싶었다. 그래서 신들의 왕 제우스에게 그가 영생을 누리게 해 달라고 간청해서 허락을 받아 냈다. 에오스는 그 후 한동안은 문제점을 인식하지 못했다. 하지만 세월이 흐를수록 티토노스는 점점 노쇠하기 시작했다. 에오스는 그제야 자신이 제우스에게 티토노스의 영생과 함께 영원한 젊음을 달라고 간청하지 않은 것을 깨닫고 어느 날부터는 악취까지 풍기는 그를 골방에 가두고 찾지도 않았다. 그러자 세월이 흐를수록 티토노스는 점점 조그맣게 쪼그라들어 미동도 없다가 결국 한 마리 매미로 변신했다.

Louis Jean Francois Lagrenée, 〈에오스의 작별〉, 18세기

　로마 시인 프로페르티우스Propertius에 따르면 에오스는 티토노스가 아무리 늙어 악취가 나고 쪼그라들어도 그를 버리지 않고 끝까지 품에 안고 다녔다. 그것은 에오스가 티토노스와의 사이에서 태어난 아들 멤논에게 보인 깊은 애정을 보면 충분히 추론할 수 있는 가정이다. 멤논은 장성하여 에티오피아Ethiopia의 왕이 된 후 트로이 전쟁이 발발하자 군사들을 이끌고 트로이를 돕기 위해 달려왔다. 그는 많은 전공을 올리지만 결국 아킬레우스와의 일대일 결투에서 목숨을 잃는다. 깊은 슬픔에 빠진 에오스는 당장 트로이 전쟁터로 날아가 그의 시신을 에티오피아로 옮겨 오열하며 장례를 치렀다. 아침 이슬은 바로 아들의 죽음으로 비탄에 잠겨 아직도 울고 있는 에오스의 눈물이라고 한다. 고대 그리스 도기 그림 중에 에오스가 아들 멤논을 안고 깊은 슬픔에 잠겨 있는 것이 있는데, 그것은 소위 '멤논 피에타'로 잘 알려져 있다.

제우스와 가니메데스, 아폴론과 히아킨토스: 소년에 대한 사랑 '파이데라스티아'

고대 그리스에서 '파이데라스티아paiderastia'로 불렸던 '소년에 대한 사랑'은 일종의 관습이었다. 전해 내려오는 도기 그림 등을 보면 물론 두 사람 사이에는 육체적인 접촉도 있었다. 그렇다고 현대적인 의미에서의 동성애는 아니었다. 명망 있는 학자가 장래가 촉망되는 어린 소년을 데려다가 학문을 가르친다는 의도가 강했다. 소년에 대한 사랑에는 몇 가지 꼭 지켜야 할 원칙이 있었다.

첫째, 소년을 사랑하는 사람은 반드시 결혼한 성인 남자여야 했다.
둘째, 소년은 육체적 접촉에서 적극성을 띠면 안 되었다.
셋째, 소년이 성인이 되면 집으로 돌려보내야 했다.

플라톤의 『향연』에도 고대 그리스에 소년에 대한 사랑이 얼마나 널리 퍼져 있었는지 짐작할 수 있는 장면이 등장한다. 이 작품은 소크라테스

Sokrates의 제자인 아가톤Agathon이 디오니소스 축제의 문학 경연대회에서 우승한 것을 기념해서 스승을 모시고 동학들과 그의 집에서 향연을 베풀면서 나눈 대화를 모은 책이다. 그런데 이 향연 막바지에 알키비아데스Alkibiades가 다른 향연에 참가했다가 술이 거나하게 취해 아가톤 일행에 합류한다. 그는 동문들에게 큰소리로 전에 소크라테스와 단둘이 있었을 때의 일화를 떠벌린다.

> "나는 이분과 단둘이만 있게 되었기 때문에, 이분이 마치 사랑하는 사람이 자신의 연인과 외딴곳에서 나눌 법한 대화를 나와 나눌 것이라고 기대하며 즐거워하고 있었다네. 그러나 기대했던 일은 일어나지 않았고, 오히려 보통 때와 마찬가지로 이분은 나와 대화를 나누고 하루를 함께 지낸 다음 집으로 되돌아가셨다네. 이러한 일이 있고 난 다음에 나는 이분을 레슬링 연습에 초대했는데, 이분이 초대에 응하자 나는 이번에야말로 어떤 성과를 얻을 것이라고 기대하면서 이분과 함께 연습했었다네."

고대 그리스의 레슬링은 알몸으로 하는 경기였다. 그는 소크라테스와 스킨십 이상을 원했던 것 같다. 그렇다고 어린 그가 적극성을 띨 수 없었다. 알키비아데스는 제자였기 때문에 당연히 소크라테스보다 나이가 훨씬 어렸다. 하지만 이번에도 "기대했던 일"이 일어나지 않자 알키비아데스는 더 노골적인 태도를 보인다. 그는 어느 날 소크라테스를 저녁 식사에 초대했다. 밤이 이슥하여 소크라테스가 가려고 하자 자고 가라며 그를 만류했다. 소크라테스는 그의 성화에 못 이겨 마침내 그날 밤 그와 함께 누웠다. 하지만 이번에도 알키비아데스가 "기대했던 일"이 일어나지 않

〈가니메데스를 납치하는 제우스〉, 기원전 480~479년경

았다. 알키비아데스는 동료들에게 이때의 일을 자세히 설명하며 육체적 유혹에 전혀 흔들리지 않는 소크라테스의 고매한 인품을 칭송했다.

그리스 신화에는 소년에 대한 사랑임을 짐작하게 해 주는 관계가 몇 등장한다. 그중 남신이 어린 소년과 나누었던 사랑 이야기 두 가지를 살펴보자. 첫 번째는 신들의 왕 제우스와 미소년 가니메데스Ganymedes의 이야기다. 제우스는 언젠가 트로이의 어린 왕자 가니메데스의 미모에 반해 그를 납치했다. 자신의 독수리를 보냈다고도 하며 스스로 독수리로 변신해 그를 데려왔다고도 한다.

제우스는 그 대가로 가니메데스의 아버지 트로스Tros 왕에게 헤르메스를 보내 신마神馬 암말 한 쌍을 주며 위로했다. 현재 그리스 올림피아 박물관에 전시된 〈가니메데스를 납치하는 제우스〉라는 조그마한 테라코타 조각상을 보면 제우스의 품에 안겨 납치되는 어린 가니메데스의 손에 닭 한 마리가 들려 있다. 그런데 닭은 바로 고대 그리스에서 성인들이 자신의 파트너인 소년에게 주었던 화대花代였다고 한다.

두 번째는 빼어난 외모를 지닌 스파르타의 왕 아미클라스Amyklas의 아들 히아킨토스Hyakinthos와 태양신 아폴론의 이야기다. 히아킨토스는 아주 잘생긴 덕분에 아폴론 신뿐 아니라 서풍의 신 제피로스, 북풍의 신 보레아스, 타미리스Thamyris라는 남자의 사랑을 동시에 받았다. 하지만 그는 심사숙고 끝에 그들 중 아폴론을 선택했다. 아폴론은 그 후 늘 히아킨토스를 대동하고 그리스 전역에 있는 자신의 신전을 유람하며 그에게 궁술, 리라, 음악, 예언, 운동 경기 등을 가르쳤다.

그러던 어느 날 아폴론은 히아킨토스와 심심풀이로 원반던지기 놀이를 하고 있었다. 그들은 적당하게 거리를 둔 채 서로에게 원반을 던져 주고받으며 놀고 있었다. 그런데 어느 순간 히아킨토스는 아폴론이 던진 원

Alexander
Alexandrowitsch
Kisseljow,
〈히아킨토스의
죽음〉, 연도 미상

반이 땅바닥에 떨어졌다가 튕기면서 정수리에 맞는 바람에 그만 치명상을 입고 말았다. 사색이 된 아폴론은 의식을 잃은 히아킨토스를 팔에 안은 채 의술의 신으로서 자신이 알고 있는 모든 처치를 다 했다.

그래도 히아킨토스의 의식이 돌아오지 않자 아폴론은 최후의 수단으로 그의 상처에 신들의 음식이자 인간들의 상처에는 특효약인 암브로시아Ambrosia도 발랐지만 아무런 소용이 없었다. 신의 의술로도 운명의 여신들이 정한 히아킨토스의 죽음을 막을 수는 없었던 것이다. 결국 히아킨토스가 숨을 거두자 아폴론은 자신을 책망하며 절규했다. 그는 할 수만 있다면 자신도 인간이 되어 히아킨토스를 따라 죽고 싶었다. 하지만 그럴 수는 없는 법.

아폴론은 오열하며 히아킨토스의 시신을 안고 절대로 그를 잊지 않겠다고 약속했다. 이어 그의 머리에서 흘러내린 피로 히아신스Hyacinth라는

8장 ○ 인류의 영원한 테마, 사랑 이야기

꽃을 만들어 냈다. 또한 그 꽃잎에 'AI, AI(아이, 아이)'라는 그를 애도하는 통곡 소리를 새겨 넣었다. 고대 그리스인들은 히아신스를 가장 아름다운 꽃으로 여겼다. 일설에 의하면 히아킨토스를 죽게 만든 것은 서풍의 신 제피로스였다. 그가 아폴론을 선택한 히아킨토스에게 분노한 나머지 강력한 바람을 몰고 와 원반을 튕기게 했다는 것이다.

이피스와 이안테:
사랑을 위해 성전환 수술을 받다

크레타의 파이스토스Phaistos에 살고 있던 릭두스Ligdus와 그의 아내 텔레투사Telethusa는 열심히 일하며 살았으나 살림 형편이 넉넉지 못했다. 그래서 릭두스는 아내가 임신했을 때 바란 것이라고는 단 두 가지밖에 없었다. 아내가 진통을 많이 하지 않고 해산하는 것과, 딸을 낳으면 나중에 결혼 지참금을 감당할 수 없기에 제발 아들을 낳는 것이었다. 그는 평소 아내에게 이런 말을 하며 만약 딸이 태어나면 죽일 수밖에 없다고 말하곤 했다. 그럴 때마다 아내는 제발 그러지 말라고 간청했지만 릭두스의 결심은 전혀 흔들리지 않았다.

이윽고 텔레투사가 해산할 때가 다가오자 어느 날 밤 꿈속에 이집트의 대지모신 이시스가 침묵의 신 하르포크라테스Harpocrates를 대동하고 나타나서는 자신이 도와줄 테니 딸이 태어나도 남편에게 아들이라고 둘러대고 아이를 계속 키우라고 명령했다. 그 후 텔레투사가 잠에서 깨자마자 진통이 시작되더니 순식간에 혼자 아이를 낳았는데 과연 딸이었다. 하지만 그녀는 이시스가 시킨 대로 남편에게는 아들이라고 속였다. 남편은 기뻐하며 아들에게 할아버지의 이름을 따라 이피스Iphis라는 이름을 지어 주었다.

그리하여 텔레투사는 이피스를 남자처럼 키웠고, 이피스는 비록 몸은 여자지만 성 정체성은 남자로 자랐다. 세월이 흘러 이피스가 결혼할 나이가 되자 릭두스는 아들을 텔레스테스Telestes의 딸 이안테Ianthe와 정혼을 시켰다. 이안테는 또래 소녀 중 가장 아름다웠다. 또한 이피스와 이안테는 같은 선생 밑에서 동문수학하면서 평소에 서로 호감을 느끼고 있었던 터라 배필로 정해지자 깊이 사랑하는 사이로 발전했다.

하지만 결혼식이 다가올수록 마냥 기쁜 이안테와는 달리 이피스는 성 정체성에 엄청난 혼란을 느끼며 괴로워했다. 이안테를 아내로 맞고 싶은데 나는 왜 여자의 몸인가? 신들은 왜 나를 몸도 마음도 다 남자로 태어나게 해 주시지 않았을까? 이피스의 어머니 텔레투사는 딸의 고민을 눈치채고 결혼식을 몇 번이나 연기시켰다. 이제 더 이상 결혼식을 연기할 명분이나 이유가 없자 그녀는 결혼식 전날 딸을 데리고 이시스 신전으로 가서 함께 여신에게 도와달라고 간절히 기도했다. 만약 소원을 들어주면 제물도 성대하게 바치겠다고 약속했다.

그러자 이시스가 두 사람의 기도를 들어주어 그 자리에서 당장 이피스의 몸을 남자로 만들어 주었다. 몸의 변화를 감지한 이피스는 뛸 듯이 기뻐하며 여신께 약속대로 제물도 성대하게 바쳤다. 제물에는 이런 감사의 쪽지가 붙어 있었다. "이 제물은 이피스가 소녀로 서약했으나 소년으로 바치나이다." 다음 날 마침내 이피스와 이안테는 결혼식을 올렸고, 이후 두 사람은 아주 행복하게 잘 살았다. 이 결혼식에는 사람들 눈에 보이지는 않았어도 가정과 결혼의 여신 헤라, 사랑의 여신 아프로디테, 결혼식의 신 히메나이오스Hymenaios가 참석해서 두 사람의 결혼을 축복했다.

그리스 신화에는 이피스말고도 사정은 달라도 여자에서 남자로 성전환 수술을 받은 인물이 또 하나 있다. 언젠가 바다의 신 포세이돈은 라피타이Laphitai족의 귀족 아트락스Atrax의 딸 카이니스Kainis를 보고 사랑에 빠져 강제로 욕망을 채운 뒤 미안한 마음에 그녀에게 소원이 있는지 물었다. 이에 대해 카이니스가 다시는 남자로부터 그런 험한 꼴을 당하지 않고 싶은 마음에 못생기고 힘센 남자로 살고 싶다고 하자, 포세이돈은 그녀를 카이네우스Kaineus라는 남자로 성전환시켜 주었을 뿐 아니라 어떤 무기에도 상처를 입지 않는 무적의 몸으로 만들어 주었다.

헬리오스와 클리티에:
태양신만 바라보다 해바라기로 변신하다

    헬리오스는 티탄 신족의 빛의 신 히페리온의 아들로 태양신이다. 그는 늘 네 마리 말이 끄는 태양 마차를 타고 하늘길을 달리며 지상을 굽어보고 있어서 지상에서 일어나는 모든 일을 소상하게 알고 있었다. 그래서 대장장이의 신 헤파이스토스에게 그의 아내 아프로디테가 전쟁의 신 아레스와 한눈을 팔고 있다는 사실을 알려 준 적이 있었다. 이 때문에 아프로디테는 헬리오스에게 깊은 원한을 품고 있다가 어느 날 그를 페르시아Persia 왕 오르카모스Orchamos의 딸 레우코토에Leukothoe와 사랑에 빠지게 했다.

    헬리오스는 그날 이후로 어떤 날은 레우코토에를 얼른 보고 싶은 마음에 급한 나머지 너무 일찍 동쪽 하늘에 나타나기도 했고, 어떤 날은 그녀를 훔쳐보느라 늑장을 부리다가 너무 늦게 서쪽 바다로 지기도 했으며, 낮 동안 그녀를 오래 보고 싶은 마음에 겨울을 늦추기도 했다. 또 어떤 날은 사랑의 열병에 걸려 아예 나타나지도 않았고, 어떤 날은 밤새 레우코

Antoine Boizot, 〈레우코토에를 안고 있는 아폴론〉, 1737 혹자는 레우코토에의 애인을 티탄 신족의 태양신 헬리오스가 아니라 올림포스 신족의 태양신 아폴론으로 오해하기도 한다.

토에를 그리워하며 애태우느라 월식이 아닌데도 얼굴까지 새카맣게 타서 나타나기도 했다. 차라리 한번 구애라도 해 보면 좋으련만 이성의 신이기도 했던 태양신답게 너무 이성적이기만 한 헬리오스는 아마 그녀에게 다가갈 숫기가 없었던 모양이다.

그렇게 아주 오랫동안 끙끙 앓기만 하던 헬리오스는 어느 날 타오르는 열정을 도저히 주체할 수 없는 지경까지 이르렀다. 그래서 그날 저녁 굳게 결심한 듯 태양 마차를 주차하자마자 레우코토에의 어머니 에우리노메Eurynome의 모습으로 변신하여 하녀들과 물레를 돌리며 실을 잣고 있는 레우코토에를 찾아갔다. 그는 진짜 어머니처럼 그녀의 뺨에 다정하게 키스를 한 다음 하녀들을 물리치고 단둘이 남게 되자 비로소 본래의 모습을 드러내며 사랑을 고백했다. 레우코토에는 갑작스럽게 당하는 일이라 무척 당황스럽고 무서웠지만 찬란하게 빛나는 모습에 압도된 나머지 헬리오스를 받아들일 수밖에 없었다.

그날 이후로 헬리오스는 레우코토에만 찾았다. 평소 가끔 만나던 클리메네Klymene도, 로도스Rhodos도, 페르세Perse도 만나지 않았다. 그런데 헬리오스의 애인 중에는 오케아노스의 딸이었던 클리티에Klytie도 있었다. 그녀는 헬리오스가 어느 날부터 갑자기 자신을 찾아오지 않자 영문을 몰라 괴로워하고 있다가 그에게 새 애인이 생겼다는 소문을 듣고 심한 질투심을 느꼈다. 그래서 헬리오스의 마음을 돌려 볼 생각으로 레우코토에의 아버지에게 딸이 은밀하게 태양신 헬리오스를 만나고 있다는 사실을 고자질했다.

분노한 오르카모스 왕은 딸을 산 채로 땅에 묻어 버렸다. 헬리오스가 그 사실을 알고 달려갔을 때는 이미 레우코토에는 죽은 후였다. 얼마 후 레우코토에가 죽게 된 원인을 알고 분노한 헬리오스는 클리티에를 저주하며 레우코토에가 죽은 후에 그나마 가끔 찾던 그녀의 집에 발길을 뚝 끊어 버렸다. 절망하던 클리티에는 어느 날 옷을 벗은 채로 땅바닥에 주

Charles de La
Fosse,
〈해바라기로 변신하는
클리티에〉, 1688

저앉아서 흐느끼며 하늘을 떠다니던 태양신 헬리오스만 바라보았다. 먹고 마시는 것도 잊어버리고 오로지 헬리오스만 바라보며 그가 다시 자신을 찾아오기만을 빌었다. 그렇게 9일이 지나자 신기하게도 클리티에는 온데간데없이 사라지고 그녀가 있던 자리에서 해바라기꽃이 피어났다.

불핀치를 비롯한 현대의 몇몇 신화작가들은 이 이야기에서 헬리오스를 아폴론으로 바꾸어 쓰고 있는데 아폴론도 올림포스 신족의 태양신인지라 이야기의 흐름에는 전혀 문제가 없다. 하지만 원래 이 이야기의 주인공은 티탄 신족의 태양신 헬리오스다. 또한 우리가 현재 '해바라기'로 알고 있는 꽃은 1530년에 미국에서 전 세계에 퍼진, 고대에는 없었던 종이라 오비디우스가 말한 해바라기는 그리스어로 헬리오트로피움 Heliotropium인 해꽃속屬일 가능성이 크다.

헤르메스와 아글라우로스:
질투심에 불타 검은 대리석으로 변신하다

언젠가 트라케의 왕 에우몰포스Eumolpos가 아티카Attika의 왕 에레크테우스를 치기 위해 수도 아테네로 쳐들어왔을 때 아테네인들은 왕족 중 누군가가 자발적으로 희생을 하면 전쟁에서 승리할 수 있다는 신탁을 받았다. 이 말을 듣고 에레크테우스의 큰아들 케크롭스Kekrops의 세 딸인 헤르세Herse, 판드로소스Pandrosos, 아글라우로스Aglauros 중에서 막내인 아글라우로스가 즉시 아테네의 아크로폴리스 언덕에서 용감하게 몸을 던져 자살했고 그 덕택으로 아티카는 전쟁에서 승리했다.

얼마 후 에레크테우스가 죽고 그 뒤를 이어 그의 아들 케크롭스가 아티카의 왕이 되자 아테네인들은 아글라우로스의 애국심을 기리기 위해 아크로폴리스에 소위 아글라우레이온Aglaureion이라는 그녀의 신전을 지었다. 하지만 그 신전은 아크로폴리스 언덕 위가 아닌 그녀가 떨어진 언덕 아래쪽에 있었다. 아글라우로스의 희생정신은 갸륵해도 당시 자살은 죄악으로 여겨졌기 때문이다. 그럼에도 불구하고 아테네 청년들은 성년이 되

Willem van Herp, 〈어린 에리크토니오스를 발견하는 케크롭스의 세 딸〉, 1650년경

　　　　　　　　　8장 ○ 인류의 영원한 테마, 사랑 이야기

거나 군대를 갈 때가 되면 아글라우로스의 신전을 찾아 그녀와 같은 희생정신으로 조국을 지키겠다고 맹세하곤 했다.

다른 설에 의하면 언젠가 아테나는 헤파이스토스에게 부탁할 일이 있어 올림포스 궁전에 있는 그의 대장간에 들렀다. 바로 그때 갑자기 사랑의 충동에 사로잡힌 헤파이스토스가 그녀를 덮쳤다. 뜻밖의 애정 공세에 아테나는 기겁하며 헤파이스토스를 뿌리치고 도망쳤다. 그런데 그사이 헤파이스토스의 정액이 그만 아테나의 허벅지에 떨어지고 말았다. 여신은 심한 불쾌감을 느끼며 그것을 천으로 닦아 땅에 버렸다. 그러자 얼마후 바로 그 정액이 떨어진 곳에서 에리크토니오스Erichthonios라는 아이가 태어났다. 아테나는 하는 수 없이 그 아이를 자신의 아들로 생각하고 몰래 키웠다.

그러던 어느 날 아테나가 아테네 아크로폴리스에 쓸 데가 있어 팔레네Pallene반도에서 석회석을 가져와야 할 일이 있었다. 그래서 그 아이를 바구니에 담아 케크롭스의 세 딸에게 절대로 열어 보지 말라는 신신당부를 하고 잠시 맡겼다. 하지만 세 자매 중 헤르세와 아글라우로스는 호기심을 이기지 못하고 바구니를 열고 그 안에 뱀 한 마리가 어린 에리크토니오스를 감싸고 있는 것을 보고 깜짝 놀라 얼른 뚜껑을 닫았다. 그런데 당시 아테나의 신조神鳥였던 까마귀가 하늘을 날다가 우연히 그 광경을 보고 부리나케 여신에게 날아가서 사실대로 보고했다. 그러자 두 손에 커다란 석회석 덩어리를 들고 날아오던 여신은 깊은 충격을 받고 그것을 떨어뜨리고 말았다.

그때 땅에 떨어진 석회석 덩어리가 바로 현재 아테네 아크로폴리스에서 멀지 않은 곳에 솟아 있는 해발 277m의 리카베토스Lykabettos산이다. 바구니를 열어 본 두 자매도 무사하지 못했다. 그들은 아테나의 저주를 받

리카베토스산, 1862

아 실성하여 아크로폴리스 언덕에서 몸을 던져 자살했다. '땅에서 태어난 자'라는 뜻의 에리크토니오스는 나중에 장성하여 암픽티온Amphiktyon이라는 부정한 왕을 몰아내고 아테네의 왕이 되었다. 그는 아테네 시민들을 위해 선정을 펼친 것으로 유명하며 그들의 조상으로 알려져 있다. 또한 자신의 어머니와 다름없는 아테나를 기리기 위해 판아테나이아 제전을 만들었고, 네 마리의 마차가 끄는 마차를 발명했으며, 죽어서는 아크로폴리스에 묻혔다. 그가 잠들어 있는 곳은 에레크테이온Erechteion이라는 곳인데 그것은 '에리크토니오스의 신전'이라는 뜻이다.

오비디우스는 『변신 이야기』에서 이와는 완전히 다른 이야기를 전한다. 아테나는 대지의 여신 가이아로부터 헤파이스토스의 정액이 떨어진 곳에서 태어난 에리크토니오스를 건네받아 키우다가 어느 날 바쁜 일이 있어 그 아이를 바구니에 넣어 케크롭스의 세 딸에게 절대로 열어 보지 말라고 신신당부하며 잠시 맡겼다. 하지만 아테나가 떠나자마자 세 자매 중 막내 아글라우로스가 언니들을 겁쟁이라고 비웃으며 바구니를 열었다.

　세 자매는 바구니 안에 갓난아이와 함께 뱀 한 마리가 들어 있는 것을 보고 깜짝 놀라 얼른 뚜껑을 닫았다. 그런데 당시 아테나의 신조였던 까마귀가 하늘을 날다가 우연히 그 광경을 보고 여신에게 사실대로 보고했다. 그러자 여신은 그때부터 기분 나쁜 소식을 가져온 까마귀를 내친 뒤 부엉이를 자신의 신조로 삼았고 자신의 말을 무시한 아글라우로스에게는 깊은 분노를 품게 되었다.

　그 후 아테네에서 아테나를 기리는 판아테나이아 축제가 벌어졌다. 전 아테네인들이 참석하는 축제인 만큼 케크롭스의 세 딸도 참석했다. 그런데 전령신 헤르메스도 이 축제에 잠시 들렀다가 우연히 세 자매 중 헤르세를 보고 그만 첫눈에 반하고 말았다. 그 후 사랑의 열병에 걸린 헤르메스는 축제 내내 올림포스 궁전으로 돌아가지도 못하고 공중에서 세 자매 위를 맴돌며 헤르세만 바라보았다. 마침내 축제가 끝나고 그들이 집으로 돌아가자 헤르메스도 공중에서 그들을 따라갔다. 세 자매가 저녁 식사 후에 각자의 방으로 들어가서 쉬고 있을 무렵 헤르메스가 드디어 행동에 나섰다.

　하필 세 자매의 방이 나란히 있던 터라 헤르메스가 헤르세의 방을 찾느라 잠시 주춤하는 사이, 우연히 방 밖으로 나오던 아글라우로스가 그를 발견했다. 헤르메스는 깜짝 놀라는 그녀에게 자신의 신분을 밝힌 다음, 사정을 이야기하고 자신과 언니 헤르세를 맺어 달라고 부탁했다. 그러자 질투심에 사로잡힌 아글라우로스는 황금만 많이 주면 그렇게 하겠으니 다음에 황금을 갖고 다시 찾아오라고 대답했다. 그런데 이 장면을 본 아테나는 이전에 그녀가 자신의 말을 무시한 것이 떠올라 이번에는 그냥 넘

Nicolaes Moeyaert, 〈헤르메스와 헤르세〉, 1624

어가지 않았다. 여신은 그길로 질투의 여신 인비디아Invidia를 찾아가 그녀의 마음속에 치명적인 질투의 독액을 넣어 달라고 부탁했다.

그러자 질투의 여신은 당장 아글라우로스를 찾아가 그녀의 핏속에 질투의 독액을 집어넣었다. 그날부터 그녀는 헤르세 언니가 헤르메스와 행복하게 지낼 모습을 상상하며 밤이고 낮이고 고통스러워했다. 그런 모습이 보기 싫어 죽으려고 한 적도 있으며, 그것이 마치 범죄나 되는 것처럼 아버지에게 고자질할 생각도 해 봤다. 그녀는 급기야 어느 날 헤르메스가 헤르세를 찾아오자 언니의 방문 앞을 가로막으며 들어가지 못하도록 결사적으로 막았다. 아무리 달래도 막무가내였다. 황금을 가져왔는지는 묻지도 않았다. 참다못한 헤르메스가 케리케이온 지팡이로 아글라우로스를 툭 치자 그녀는 칠흑같이 검은 대리석으로 변했다.

폴리데우케스와 카스토르:
형제애의 표상이 된 쌍둥이 형제

신들의 왕 제우스는 마음에 드는 여인이 생기면 그녀가 좋아하는 온 갖 동물로 변신하여 사랑을 나눈 것으로 유명하다. 그는 언젠가 스파르타 Sparta의 왕 틴다레오스Tyndareos의 아내 레다Leda의 미모에 반해 그녀가 좋아하는 백조로 변신하여 사랑을 나누었다. 열 달 후 레다는 백조의 알 두 개를 낳았고 얼마 후 부화하여 알 하나에서 각각 1남 1녀씩 총 네 명의 쌍둥이가 태어났다. 그들의 어머니는 물론 레다였어도 아버지는 둘이었다.

한 알에서 태어난 폴리데우케스Polydeukes와 헬레네의 친부는 제우스고, 다른 알에서 태어난 카스토르Kastor와 클리타임네스트라Klytaimnestra의 친부는 틴다레오스였다. 그래도 두 아들은 모두 '제우스의 아들들'이라는 뜻의 '디오스쿠로이Dioskuroi'로 불렸다. 그런데 쌍둥이 유전자가 있는 것일까? 틴다레오스의 형제이자 메세니아Messenia의 왕이었던 아파레우스 Aphareus에게도 아내 아레네Arene와의 사이에 링케우스Linkeus와 이다스Idas 라는 쌍둥이 아들이 있었다.

사촌지간인 두 쌍의 쌍둥이 형제는 서로 경쟁의식이 강했다. 디오스쿠로이가 사촌들의 약혼자였던 레우키포스Leukippos의 두 딸 포이베Phoibe와 힐라에이라Hilaeira를 스파르타로 납치해 아내로 삼을 정도였다. 워낙 졸지에 당한 일이라 링케우스와 이다스는 손을 쓸 틈도 없이 분을 삭일 수밖에 없었다. 이러구러 세월이 흘러 쌍둥이 사촌들은 과거의 안 좋았던 기억을 씻어 버리고 함께 힘을 합해 아르카디아 지방의 가축을 훔친 다음 그것을 배분하는 방법을 놓고 고민하고 있었다.

이때 이다스가 묘안이 떠올랐다며 말 한 마리를 잡아 균등하게 네 부분으로 나눈 뒤 가장 먼저 먹는 사람이 가축의 반을 가져가고, 두 번째로 빨

Peter Paul
Rubens,
〈레우키포스
딸들의 납치〉,
1617

8장 ○ 인류의 영원한 테마, 사랑 이야기

리 먹는 사람이 나머지 반을 가져가는 걸로 하자고 제안했다. 말하자면 가축을 네 사람 중 두 사람에게 몰아주자는 것이다. 이윽고 말고기가 구워지고 쌍둥이 사촌들 사이에 먹기 시합이 벌어졌는데 무슨 술수를 부렸는지 링케우스와 이다스가 각각 1등과 2등을 차지하여 가축을 모두 가져갔다.

디오스쿠로이는 집으로 돌아와서야 자기들이 사촌들에게 철저히 농락당했다고 생각했다. 그래서 얼마 후 치밀한 계획을 세운 다음 메세니아로 잠입해서 사촌들의 가축을 훔쳤다. 뒤늦게 가축이 없어진 것을 안 이다스와 링케우스가 추적에 나섰다. 링케우스는 엄청난 투시력을 타고났다. 마치 현대의 엑스레이처럼 벽과 나무 속이나 동물의 피부를 꿰뚫어 볼 수 있었다. 심지어 어둠 속이나 땅 밑에 무엇이 있는지도 볼 수 있었다. 괴테도 링케우스의 투시력을 높이 사 『파우스트』에서 그를 망루지기로 활용

Giovanni
Battista
Cipriani,
〈카스토르와
폴리데우케스〉,
1783

할 정도다.

어쨌든 그의 투시력 덕분에 결국 디오스쿠로이의 은신처가 밝혀지고 쌍둥이 사촌들 사이에 격렬한 싸움이 벌어졌다. 이 싸움에서 카스토르가 링케우스에게 죽임을 당하자 분노한 폴리데우케스가 링케우스에게 덤벼들어 그를 해치웠다. 이어 이다스가 폴리데우케스에게 달려들어 목숨을 앗아 가려는 순간 그의 친부인 제우스가 번개를 쳐 이다스를 죽인 다음 부상당한 폴리데우케스를 올림포스 궁전으로 데려갔다.

이때부터 올림포스 궁전에서 신들과 함께 살게 된 폴리데우케스는 늘 죽은 카스토르를 그리며 슬퍼했다. 급기야 어느 날 제우스에게 차라리 카스토르가 있는 지하세계로 보내 달라고 간청했다. 그야말로 형제애의 표상이 아닐 수 없다. 이에 감동한 제우스는 폴리데우케스에게 카스토르와 함께 하루씩 번갈아 가며 하늘과 지하세계를 오가며 살도록 했다. 그 후 폴리데우케스가 남은 수명을 다하자 제우스는 형제를 밤하늘에 '쌍둥이자리(Gemini)'라는 별자리로 박아 선원들의 수호신으로 삼았다.

필로멜라와 프로크네:
자매의 복수를 위해 아들을 제물로 삼다

테베의 왕 랍다코스Labdakos가 언젠가 대군을 이끌고 아테네의 왕 판디온Pandion을 공격한 적이 있었다. 판디온은 절체절명의 위기 순간에 전쟁의 신 아레스의 아들이자 트라케의 왕이었던 테레우스Tereus에게 도움을 청했다. 그러자 그는 즉시 군사들을 이끌고 달려와 판디온을 도와주었다. 그 덕택으로 판디온은 테베군을 물리치고 평화를 되찾자 감사의 표시로 테레우스에게 큰딸 프로크네Prokne를 아내로 주었다. 얼마 뒤 그들 사이에서 아들 이티스Ithys가 태어났다.

결혼하고 5년이 지난 뒤, 자매애가 남달랐던 프로크네는 동생 필로멜라Philomela가 너무 보고 싶어 남편에게 아테네로 가서 동생을 좀 트라케로 데려와 달라고 여러 번 간청한 끝에 마침내 승낙을 받아 냈다. 테레우스가 얼마 후 아테네에 도착하여 장인에게 딸의 안부를 전하며 이야기를 나누는데 필로멜라가 마침 궁전 내실에서 형부를 보러 나왔다. 5년 만에 다시 만난 필로멜라는 그동안 절세미인으로 성숙해 있었다. 처제를 보는 순간 테레우스는 잘못된 욕정으로 눈이 뒤집혔다. 하지만 장인은 불길한 예감에 사로잡혀 필로멜라를 언니에게 보내려 하지 않았다. 테레우스는 장인을 끈질기게 설득한 끝에 처제를 아버지처럼 잘 보호해서 데리고 갔다가 안전하게 돌려보내겠다고 맹세한 뒤에야 비로소 처제를 배에 태울 수 있었다.

하지만 테레우스는 트라케에 도착하자마자 야욕을 드러내 곧바로 궁전으로 가지 않고 필로멜라를 한적한 숲속 버려진 외양간에 데려가 마음껏 욕망을 채웠다. 그것도 모자라 후환을 없애기 위해 그녀의 혀까지 뽑아 버리고 그곳에 방치한 채 궁전으로 돌아갔다. 그러고는 아내에게 눈물을 글썽이며 귀로에 해적선을 만나 싸우다가 그만 처제를 잃고 말았다고 둘러댔다. 하지만 고난은 사람을 매우 강하고 지혜롭게 만드는 법. 필로멜라는 그런 모진 상황에서도 끈질기게 살아남아 고향에서 가져온 흰 수틀에 자주색 글씨로 수를 놓아 자신이 당한 일을 상세하게 기록해 두었다. 이어 그것을 밀봉해서 고이 간직하고 있다가 우연히 외양간 근처에 온 약초를 캐던 여인에게 땅바닥에 손으로 글씨를 써서 왕비님께 전해 드리면 후사할 것이라며 건넸다.

얼마 후 그것을 전해 받은 프로크네는 극도의 분노로 얼굴이 일그러졌다. 이때 프로크네의 심정을 오비디우스는 『변신 이야기』에서 이렇게 묘사했다.

"고통이 그녀의 말문을 닫았고, 혀는 분한 마음을 제대로 표현할 말을 찾을 수 없었으며, 눈물을 흘릴 겨를도 없었고, 그녀의 마음은 오직 복수할 생각뿐이었다."

William Adolphe Bouguereau, 〈필로멜라와 프로크네〉, 1861

25. 필로멜라와 프로크네: 자매의 복수를 위해 아들을 제물로 삼다

Peter Paul Rubens, 〈테레우스의 만찬〉, 1836~1838

한참 후에 마음을 다잡은 프로크네는 아무에게도 알리지 않은 채 믿을 만한 시녀들을 몇 명 데리고 숲속 외양간으로 가서 동생을 은밀하게 데려왔다. 이어 남편에게 가장 처절하게 복수할 방법을 찾다가 동생 필로멜라와 함께 어느 날 남편이 가장 아끼는 어린 아들 이티스를 죽여 토막을 낸 다음 요리해서 저녁 식사로 내놓았다.

이윽고 맛있게 식사를 마친 남편이 아들이 안 보인다며 찾자 프로크네는 기다렸다는 듯이 그에게 항아리에 든 아들의 사지와 머리를 건네주며 조금 전에 먹은 게 바로 아들의 고기라고 알려 주었다. 그 순간 테레우스는 구역질을 하며 먹은 것을 다 토해 낸 뒤 칼을 들고 자매를 추격하기 시작했다. 두 자매는 테레우스에게 쫓겨 도망치다가 지쳐서 결국 신들에게 도와달라고 간절히 기도했다. 그러자 두 자매를 불쌍하게 여긴 신들이 프

　　　　　　　　8장 ○ 인류의 영원한 테마, 사랑 이야기

로크네는 밤꾀꼬리로, 필로멜라는 제비로, 테레우스는 오디새로 변신시켰다. 오디새의 긴 부리는 바로 테레우스가 들고 있던 칼이 변신한 것이다. 앞서 소개한 쌍둥이 폴리데우케스와 카스토르가 형제애의 화신이라면 필로멜라와 프로크네는 그야말로 자매애의 화신이라 할 만하다. 하지만 필로멜라의 경우처럼 자매애가 모성애를 능가하는 것인지는 의문으로 남는다.

하르모디오스와 아리스토게이톤:
참주제를 무너뜨린 두 친구의 사랑

고대 아테네에는 참주제라는 게 있었다. 참주제는 왕정과 과두제에 이어 생겨났다. 집정관 솔론의 개혁에 불만을 품고 페이시스트라토스Peisistratos가 만들었으며 단일 독재 정치를 말한다. 참주제는 아주 단명했다. 페이시스트라토스와 그의 두 아들 히파르코스Hipparchos와 히피아스Hippias에서 끝났기 때문이다.

참주제를 무너뜨린 것은 물론 스파르타의 지원을 얻은 아테네의 개혁 귀족 세력이다. 하지만 그 계기가 된 것은 그 당시 절친한 두 친구인 하르모디오스Harmodios와 아리스토게이톤Aristogeiton의 사랑이었다. 그들의 이야기는 이제 역사적 사실을 넘어 신화가 되었다.

기원전 514년 판아테나이아 축제가 한창일 때였다. 두 친구는 비수를 품고 있다가 축제에 참석한 2대 참주 히파르코스와 그의 형제 히피아스를 급습했다. 이때 히파르코스는 가슴에 칼을 맞고 피를 쏟으며 쓰러졌고 히피아스는 경호원의 도움으로 간신히 목숨을 건졌다. 두 친구 중 하르모디오스는 그 자리에서 체포되어 처형되고 아리스토게이톤은 다행히 탈출에 성공했다.

히파르코스에 이어 3대 참주에 오른 히피아스가 나중에 아리스토게이톤을 체포하여 참주를 암살한 이유를 묻자 그는 이렇게 대답했다. "참주가 내 친구이자 애인인 하르모디오스를 탐냈기 때문이다! 난 죽음이 두렵지 않다. 친구 뒤를 따라갈 수 있어 영광이다." 두 친구가 형장의 이슬로 사라진 뒤 참주제는 점점 힘을 잃어 갔다. 3대 참주 히피아스는 얼마 후 급기야 아테네에서 추방됐다.

그 후 클레이스테네스Kleisthenes의 개혁으로 민주주의의 기초가 다져지자 아테네 시민들은 이 두 친구를 기억해 냈다. 당시 관습상 그들이 동성애를 했다는 사실은 전혀 흠결이 되지 않았다. 아테네 시민들은 그들을 참주제 붕괴의 일등 공신으로 간주했다. 아고라에 그들의 동상까지 세워 공적을 기리고 그들을 우정의 표상으로 삼아 신격화했다. 투키디데스Thukydides는 『펠로폰네소스 전쟁사Ho Polemos Ton Peloponnesion Kai Athenaion』에서 하르모디오스와 아리스토게이톤이 참주를 살해하게 된 동기를 자세하게 설명하고 있다.

그에 따르면 히파르코스는 하르모디오스에게 사랑을 고백했다가 두 번이나 거절당했다. 이것에 앙심을 품은 히파르코스는 하르모디오스의 여동생을 판아테나이아 축제에서 카네포로스Kanephoros라는 사제로 선발했다가 공개적으로 그 직을 박탈했다. 아테나에게 바칠 제물을 바구니에 담아서 옮기는 카네포로스는 처녀만 수행할 수 있는 사제직이었다. 히파르코스는 하르모디오스의 여동생이 알고 보니 처녀가 아니라는 이유로 임무 수행 중에 사람들이 보는 앞에서 공개적으로 그 직을 박탈한 것이다. 그러자 하르모디오스는 이것을 가족에 대한 모욕으로 생각하고 애인

〈하르모디오스와 아리스토게이
톤 상〉, 기원전 477~476년경
(그리스 청동 제품의 로마 시대 복
제품)

아이스토게이톤과 함께 두 형제를 살해하여 참주제를 무너뜨리기로 결
심했다.

소위 '참주 살해자'로 알려진 하르모디오스와 아리스토게이톤의 동상
은 2개 있었다. 첫 번째 동상은 아테네의 조각가 안테노르Antenor가 만들
었는데, 페르시아 전쟁 때 페르시아군에 의해 약탈당해 수사Susa로 옮겨
졌다가 한참 후에 알렉산드로스 대왕에 의해 다시 아테네로 돌아온 후에
소실되었다. 특히 이 동상은 복제 전문 조각가들의 관심을 끌지 못해 현
재 복제품이 남아 있지 않아 원형의 형태를 알 수 없다.

8장 ○ 인류의 영원한 테마, 사랑 이야기

두 번째 동상은 첫 번째 동상이 페르시아에 있는 동안 기원전 477~476 년경에 아테네의 조각가 크리티오스^{Kritios}와 네시오테스^{Nesiotes}가 만들었는데 현재 소실되었다. 하지만 이 동상은 안테노르의 작품과는 달리 로마 시대에 많이 복제되었는데 현재 나폴리 고고학 박물관에 전시된 것이 보존상태가 가장 좋다. 특히 이 작품은 그리스 미술사에서 고귀한 정신을 담아낸 소위 '엄격양식(Severe style)'의 대표작으로 알려져 있다.

다몬과 피티아스:
친구를 위해 죽음도 불사하는 우정의 화신

고대 그리스의 철학자 아리스토크세노스Aristoxenos에 따르면 시칠리아의 시라쿠사에서 참주 디오니소스Dionysos 2세가 통치하던 시절 궁정 파티에서 그의 신하들이 피타고라스 학파였던 다몬Damon과 피티아스Phytias의 돈독한 우정에 관한 여러 일화를 언급하며 모두 황당한 이야기로 치부했다. 참주 디오니소스는 두 친구의 우정을 한번 시험해 보고 싶어 그들을 궁전으로 부른 다음 피티아스에게 역모죄를 뒤집어씌워 사형을 선고했다.

그러자 피티아스는 그 판결을 담담하게 받아들이고는 참주 디오니소스에게 사형당하기 전 미루어 둔 개인적인 일들을 마무리하도록 해 달라고 간청했다. 참주는 그의 친구 다몬이 인질이 되고 그가 일몰 전에 돌아오지 않으면 대신 그를 사형시키는 조건으로 피티아스를 풀어 줬다. 다몬은 그 말을 듣고 즉시 기꺼이 인질이 되겠다고 나서고 피티아스가 떠나자 신하들은 그가 절대 돌아오지 않을 것이니 이제 다몬은 죽은 목숨이라며

8장 ○ 인류의 영원한 테마, 사랑 이야기

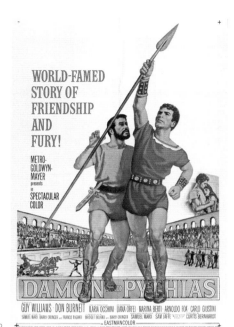

영화 〈다몬과 피티아스〉 포스터, 1962

그의 경솔한 행동을 비웃었다.

하지만 그들의 예상과는 달리 피티아스가 일몰 전에 돌아오자 감동한 참주 디오니소스는 자신도 친구로 삼아 달라고 부탁했다가 단박에 거절당했다. 독일 작가 실러도 「인질」이란 시에서 아리스토크세노스의 이야기를 약간 바꾸었다. 인질로 남는 친구는 다몬이 아니라 피티아스로 바뀌고, 죽기 전에 해야 할 개인적인 일도 구체적으로 언급되며, 참주 디오니소스에게 간청하는 시간도 하루가 아니라 사흘로, 참주에 대한 암살 시도도 모함이 아니라 진짜 있었던 일로 바뀐다.

그래서 실러의 시에서 다몬은 참주 디오니소스를 암살하려다 실패하고 현장에서 체포되었다. 그는 사형선고를 받고 감옥에 갇혀 있다가 죽기 전에 사랑하는 누이의 결혼식에 꼭 참석하고 싶어 참주에게 마지막으로 사흘간의 말미만 달라고 간청했다. 그러자 참주는 뭘 믿고 시간을 주겠냐며 비아냥거렸다. 다몬이 친구 피티아스의 목숨을 맡기고 다녀오겠다고 말하자 폭군은 그 말을 기다렸다는 듯 외출을 허락했다.

그제야 다몬은 친구를 불러 사정을 설명했다. 과연 피티아스는 두말없이 다몬을 다정하게 껴안으며 기꺼이 왕의 인질이 되겠다고 나섰다. 마침내 다몬은 누이의 결혼식에 참석한 뒤 약속대로 사흘 만에 돌아왔다. 폭군은 두 친구의 우정에 감동하여 자신도 친구로 삼아 달라고 애원했다. 실러의 시에서는 두 친구의 대답도 언급하지 않고 독자들의 판단에 맡겼다. 다음은 실러의 시 마지막 세 연이다.

마침내 태양이 뉘엿뉘엿 넘어갈 때, 그는 가까스로
성문에 도착하여, 십자가가 이미 높이 서 있는 것을 본다.
십자가 주위에는 수많은 군중이 망연히 빙 둘러 서 있고
친구는 벌써 밧줄에 묶인 채 높이 매달려 있다.
바로 그 순간 그는 있는 힘을 다해 밀집한 군중을 가르고
달려가며 외친다. "형리여, 내 목을 매다시오! 그 친구가
목숨을 걸고 인질이 되어 준 내가 왔소!"

주위의 군중은 놀라움을 금치 못하고
두 친구는 두 팔로 서로를 얼싸안은 채
고통과 기쁨에 겨운 나머지 목 놓아 슬피 운다.
그것을 보고 눈물을 흘리지 않은 자 아무도 없다.
그 기적적인 이야기는 참주에게 즉시 보고된다.

그러자 참주는 인간적으로 깊은 감동을 느끼고

두 사람을 왕좌 앞으로 데려오게 한다.

그는 경탄스러운 듯 두 친구를 한참 동안 쳐다본다.

이어 하고 싶은 말을 꺼낸다. "너희들은 마침내 해냈구나.

너희들은 내 마음을 깊이 감동시켰다.

신의信義라는 것이 정말 헛된 망상이 아니었구나.

그러니 나도 너희 동무로 받아들여 달라.

내 부탁이 받아들여진다면 나는

너희 동아리의 세 번째 친구가 되고 싶다."

오비디우스의 『사랑의 기술』: 2천 년을 이어 온 작업의 정석

오비디우스의 『사랑의 기술』은 기원후 2년경에 출간되자마자 세간의 폭발적인 관심을 끌기 시작하여 지금은 전 세계에서 가장 인기 있는 고전 중 하나가 되었다. 중세에 벌써 유럽의 거의 모든 나라에서 이 작품을 직접 모방한 책들이 나왔을 뿐 아니라, 다양한 장르에서 활발하게 활용했고, 근대에 이르러 이미 거의 모든 언어로 번역될 정도였으니, 그 인기를 짐작할 만하다. 특히 오비디우스는 자신이 주장하는 사랑의 기술을, 아니 작업의 정석을 그리스 신화의 사랑 이야기를 예로 들어 펼치기 때문에 무척 재미있다.

『사랑의 기술』은 총 세 권으로 이루어져 있다. 처음 두 권은 남자들에게 여자들의 마음을 사로잡는 기술을, 마지막 권은 여자들에게 남자들의 마음을 사로잡는 기술을 가르친다. 오비디우스는 『사랑의 기술』 서두에서 1권과 2권의 내용을 이렇게 요약한다.

"햇병아리 신병으로 에로스의 군대에 갓 입대한 사람이라면, 우선 사랑의 대상을 물색해야 한다. 다음 임무는 선택한 여자의 마음을 사는 것이다. 마지막 세 번째 임무는 얻은 사랑이 영원히 지속되도록 노력하는 것이다."

『사랑의 기술』 1권에서 오비디우스는 우선 남자들에게 사랑의 대상을 가장 잘 만날 수 있는 곳을 추천하는데, 그곳은 바로 로마 시내의 유명한 회랑, 극장, 경마장, 검투장, 국가 행사, 개선 행렬, 파티 등 사람들이 많이 모이는 곳이다. 이어 그는 염두에 둔 여자의 마음을 사로잡으려면 우선 '열 번 찍어 안 넘어가는 여자가 없다'는 자신감을 갖는 게 가장 중요하다며 그 방법들을 이렇게 자세하게 설명한다.

"여자의 최측근을 활용하라. 선물과 편지를 자주 보내라. 작업 걸 시점을 잘 선택하라. 술자리를 이용하라. 아낌없이 칭찬하라. 무조건 약속하라. 때로는 거짓말도 필요하다. 거짓 눈물을 흘려라. 작전상 후퇴도 필요하다. 최대한 불쌍하게 보여라. 변신의 귀재가 돼라."

『사랑의 기술』 2권에서 오비디우스는 이제 남자들에게 어렵게 얻은 사랑을 지킬 수 있는 방법을 가르친다. 그는 얻은 사랑을 잃지 않고 지키려면 외모에 신경 쓰기보다는 교양을 쌓아야 하고, 부드럽게 대하고, 노예처럼 굴고, 아낌없이 선물하고, 시를 지어 보내고, 인정하고, 칭찬하고, 아플 때를 활용하고, 속도 조절을 하고, 여자와 있었던 일은 떠벌리고 다니지 말고, 여자의 질투심을 유도하고, 신체의 단점을 들추지 말라고 충고한다.

『사랑의 기술』 3권에서는 충고 대상이 남자에서 여자로 바뀌면서 오비디우스는 여자들에게 남자들의 마음을 얻을 수 있는 방법을 가르친다. 그에 따르면 여자들의 몸은 가꾸어야 아름다워지는 법이지만, 화장은 혼자서 은밀히 하고, 신체의 단점은 감추어야 한다. 아울러 노래와 시와 춤을 겸비하고, 남자들의 애를 태우고, 절대 화를 내지 말고, 거만하지 말고, 명랑해야 하고, 나이에 따라 다르게 대처하고, 쉽게 마음을 허락하지 말고, 남자의 라이벌을 활용하고, 자신의 친구들을 조심하며, 쉽게 믿지 말아야 한다.

『사랑의 기술』 독일어판 표지, 1644

8장 ○ 인류의 영원한 테마, 사랑 이야기

『사랑의 치유Remidia Amoris』에서 오비디우스는 소위 사랑을 이유로 목숨을 끊는 사람들을 구하기 위해 사랑의 열병에서 벗어나는 방법을 가르친다. 그는 그리스 로마 신화에서 디도Dido와 메데이아Medeia 등 사랑 때문에 자살하거나 끔찍한 범죄를 일으킨 수많은 사람들이 만약 자신의 제자였더라면 그러지 않았을 것이라고 강조한다. 그는 비록 자신의 어투가 남자들에게 충고하는 형식을 취하고 있지만, 그것은 남녀 모두에게 적용되는 말이니, 남녀 모두 자신의 말을 잘 활용하기 바란다는 당부도 잊지 않는다. 오비디우스가 『사랑의 치유』에서 남녀 모두를 대상으로 제시하는 사랑의 열병을 치료하는 방법들은 다음과 같다.

> "사랑의 열병은 초기에 잡아라. 한가로움을 피해 바쁜 일을 찾아라. 옛 애인에게 당한 일들을 상기하라. 옛 애인의 신체적 단점을 찾아내라. 다른 여자를 만나 사랑의 열병을 식혀라. 현재 가장 큰 고민을 생각하라. 고독을 피하고 사람들과 어울려라. 사랑에 빠진 사람들을 멀리하라. 옛 애인과 같이 다니던 장소에 가지 마라. 옛 애인과 관련 있는 사람들과 만나지 마라. 편지로 해명하거나 변명하지 말고 침묵하라. 우연히 옛 애인을 만나도 무관심하게 대하고, 그녀에게 잘못을 비난하거나 열거하지 마라. 옛 애인을 더 예쁜 여자와 비교하라. 옛 애인이 보냈던 묵은 편지를 꺼내 읽지 마라. 옛 애인과의 추억이 깃든 곳은 무조건 피하라. 사랑을 노래한 시인의 작품을 탐독하지 마라. 옛 애인의 집 근처에 얼씬도 하지 마라."

오비디우스의 『사랑의 기술』은 비가悲歌, Elegy에 속한다. 로마 시대의 전통적 비가에서 남자는 사랑하는 여자가 마음을 받아 주지 않아도 그 고통을 묵묵히 참아 낸다. 또 남자가 계속해서 구애해도 그의 노력이 성공할 가능성은 전혀 없다. 남자는 여자를 원망하지 않고 모든 것을 숙명으로 생각하고 사랑의 고통을 즐길 뿐이다. 사랑은 고통스러우면 고통스러울수록, 다시 말해 비극적이면 비극적일수록 더욱더 진정한 사랑이라는 식이다.

오비디우스도 전통적 비가 작가들처럼 비극적인 사랑을 전제한다. 하지만 전통적 비가 작가들이 비극적 사랑을 그냥 체념하고 받아들인다면, 오비디우스는 『사랑의 기술』을 통해 그 비극적 사랑을 성공적인 사랑으로 바꾸어 놓을 수 있는 방법을 가르친다. 게다가 『사랑의 치유』는 그보다 한술 더 떠서 남녀 모두에게 치명적 독약이 될 수 있는 사랑의 늪에서 빠져나올 수 있는 방법을 설파한다. 오비디우스는 전통적 비가를 지양하여 전혀 다른 새로운 대안적 비가를 제시하고 있는 셈이다.

오비디우스의 『사랑의 기술』은 출간되었을 당시에는 학계로부터 추잡하고 외설스러운 주제를 담고 있다며 호된 질타를 받다가 결국 금서로 지정되기도 한다. 심지어 오비디우스는 그 책 때문에 당시 오지인 흑해로 추방되어 다시는 로마에 돌아오지 못하고 그곳에서 생을 마감한다. 하지만 현재 오비디우스의 『사랑의 기술』은 연애 지침서의 효시이자 2,000년을 이어 온 작업의 정석으로 높이 평가받고 있다.

9장

신화와
인간 심리

에코와 나르키소스:
나르시시즘 어원과 유래

헤라는 어느 날 남편 제우스가 숲에서 요정들과 놀고 있다는 정보를 입수했다. 헤라가 조심스럽게 그곳으로 다가갔지만, 마지막 순간 제우스가 눈치를 챘다. 다급해진 제우스는 시간을 벌기 위해 헤라가 오는 길목에 요정 에코Echo를 보냈다. 에코는 천하의 수다쟁이였다. 말을 한번 시작했다 하면 상대방의 혼을 빼놓을 정도였다. 에코의 수다를 정신없이 듣고 있던 헤라는 자신이 왜 그곳에 왔는지 그만 잊어버리고 말았다.

헤라가 한참 만에 정신을 차렸지만 때는 이미 늦었다. 그사이 제우스가 모든 흔적을 없애고 사라졌던 것이다. 화가 난 헤라는 에코에게 저주를 퍼부었다.

"너는 앞으로 남이 말을 하기 전에는 절대로 혀를 놀릴 수 없고, 남이 하는 마지막 말만 따라 할 수 있을 것이다."

그러던 어느 날 에코는 숲으로 사냥 나온 미남 청년 나르키소스Narkissos
를 보고 첫눈에 사랑에 빠졌다. 나르키소스는 정말 눈이 부시게 아름다운
청년이었다. 그녀는 나르키소스에게 사랑을 고백하려 했지만, 헤라의 저
주 때문에 도무지 말이 나오지 않았다. 에코는 마음을 졸이며 몰래 나르
키소스의 뒤만 졸졸 따라다녔다.

  언젠가 친구들과 함께 사슴을 쫓던 나르키소스가 자꾸만 깊은 숲속으
로 들어가다가 그만 혼자 남게 되었다. 불안해진 그는 친구들을 불렀다.
"야, 너희들 어디 있니?" 에코가 이 기회를 놓칠 리 없었다. 그녀는 "사랑
해요!"라고 말하고 싶었다. 하지만 입에서 튀어나온 말은 나르키소스가
한 마지막 말 "있니?"였다. 친구들의 대답으로 알아들은 나르키소스가 다
시 소리쳤다. "야, 너희들, 이 근처에 있니?" 그러자 에코가 또 따라 했다.
"있니?" 짜증이 난 나르키소스가 다시 외쳤다. "장난 그만하고 빨리 나와
함께 가자!"

  바로 그 순간 숲에 숨어 있던 에코가 "가자!"를 외치며 튀어나와 나르키
소스의 목을 감싸 안았다. 나르키소스가 자신의 마음을 받아 주고 숲에
서 나오라는 말로 오해했던 것이다. 깜짝 놀란 나르키소스는 에코를 매몰
차게 뿌리치며 도망쳤다. 에코는 그날 이후 동굴이나 계곡에 몸을 숨기고
살았다. 부끄럽고 자존심이 상했기 때문이다. 실연의 아픔으로 날로 여
위어 가던 에코는 마침내 몸은 사라지고 목소리만 남아 메아리가 되었다.
'에코'는 그리스어로 '메아리'라는 뜻이다.

  에코를 불행에 빠뜨린 나르키소스는 어렸을 적부터 여자처럼 빼어난
미모를 자랑했다. 그러나 그가 태어난 지 얼마 되지 않아 우연히 그의 집
앞을 지나가던 예언가 테이레시아스Teiresias는 아이의 부모에게 불길한 예
언을 했다. 아들이 앞으로 자신의 얼굴을 보지 않아야 오래 산다는 것이

9장 ○ 신화와 인간 심리

다. 그래서 그의 부모는 나르키소스가 어렸을 적부터 거울이나 유리 근처에 얼씬 못하게 했다. 유모나 하인들에게도 아들을 물가에 데려가지 않도록 단단히 일러두었다.

나르키소스는 부모 덕택으로 건강하고 멋진 청년으로 자랐지만, 어찌된 일인지 사랑을 몰랐다. 그의 관심은 오직 사냥뿐이었다. 에코 이외에도 그전에 수많은 요정들이 그에게 사랑을 고백했다가 번번이 퇴짜를 맞았다. 그에게 거부당한 요정들이 에코의 불행한 소식을 듣고 합동으로 신들에게 복수를 간청하자, 복수의 여신 네메시스가 그들의 청을 들어주었다. 주지하다시피 네메시스는 에리니에스와는 달리 혈육 아닌 인간들 사이의 복수를 담당했다.

어느 날 여느 때와 마찬가지로 숲속에서 사냥하던 나르키소스는 갑자기 심한 갈증을 느꼈다. 그는 숲속을 한참 헤매다가 마침내 아담한 샘물을 하나 발견했다. 그는 부리나케 몸을 엎드려 수면에 입을 대고 목을 축이려다 그만 깜짝 놀라고 말았다. 수면에서 아리따운 샘물의 요정 하나가

Nicolas Bernard Lépicié, 〈나르키소스〉, 1771

자신을 뚫어지게 바라보고 있었기 때문이다. 그는 첫눈에 그녀와 사랑에 빠지고 말았다. 지금까지 자신의 얼굴을 한 번도 보지 못한 나르키소스가 수면에 비친 자신의 얼굴을 알아볼 턱이 없었던 것이다.

그는 요정의 얼굴에 손을 대 보았다. 하지만 수면에 물결이 일자 요정은 감쪽같이 사라졌다. 나르키소스는 수면에 몇 번이나 손을 뻗어 보았지만 그리움만 더할 뿐이었다. 그날 이후 나르키소스는 집에 돌아가는 것도, 먹는 것도, 심지어 자는 것도 잊었다. 그는 샘가에 앉아 수면에 비친 자신의 얼굴만 하염없이 쳐다볼 뿐이었다. 결국 그는 자신을 짝사랑하다가 상사병으로 죽은 에코처럼 점점 사위어 가다가 죽어 흔적도 없이 사라졌다. 한참 후에 그가 죽은 자리에서 한 송이 수선화 '나르키서스narcissus' 가 피어났다. 나르키서스는 나르키소스의 영어식 이름이다.

나르키소스를 처음으로 심리학과 연관시킨 사람은 1752년 『나르키서스: 혹은 자기 예찬자』라는 희극을 펴낸 프랑스의 장 자크 루소J.-J. Rousseau였다. 그 후 영국의 심리학자 헤브록 앨리스H. Ellis는 과도한 마스터베이션에 빠진 사람을 "나르키서스 같다(Narcissus-like)"고 했다. 특히 오스트리아의 심리학자 파울 네케P. Näcke는 성도착증을 연구하면서 나르시시즘narcissism이라는 용어를 최초로 사용했다. 하지만 그 용어를 체계적으로 정립한 사람은 오스트리아의 심리학자 지크문트 프로이트S. Freud다.

프로이트에 따르면 인간의 성적 에너지인 리비도libido는 유아기에는 당연히 자기 자신에게로만 향한다. 이것이 바로 1차적 나르시시즘이다. 그런데 그 리비도는 성인이 되면 자연스럽게 자신과 타인을 자유롭게 오간다. 이처럼 리비도가 소위 '자아 리비도(ego-libido)'와 '대상 리비도(objekt-libido)'로 섞바뀌는 것은 지극히 정상적인 현상이다. 그런데 실연 등 어떤 충격적인 사건으로 인해 그 리비도가 타인을 완전히 떠나 오로지

John William Waterhouse, 〈에코와 나르키소스〉, 1903

자신에게로만 향할 수 있다. 이것이 바로 2차적 나르시시즘으로, 병적인 현상이다.

'나르시시즘'은 정신분석학에서 '자기를 사랑하고 아낀다'는 뜻의 '자기애自己愛'로 번역되어 사용된다. 적당한 자기애는 우리에게 자신감과 자부심을 불러일으킨다. 문제는 그 자기애가 프로이트의 2차적 나르시시즘처럼 절제되지 않았을 때 일어난다. 우리 주변에서 흔히 들을 수 있는 '왕자병'이나 '공주병'이라는 말도 일종의 2차적 나르시시즘이다. 2차적 나르시시즘은 개인뿐 아니라 집단에서도 생겨난다. 독일 민족이 최고라며 유대인 학살을 일삼던 히틀러A. Hitler가 바로 그 경우이다. 그에 비해 월드컵 때마다 "대~한민국!"을 외치는 우리의 모습은 얼마나 긍정적인 에너지로 작용하고 있는가?

피그말리온 효과:
칭찬은 고래도 춤추게 한다

키프로스Kypros의 천재 조각가 피그말리온Pygmalion은 평생 독신으로 살기로 결심을 했다. 여자에게는 결점이 너무 많다고 생각했기 때문이다. 그는 그 대신 상아로 아름다운 여인상을 조각했다. 작품은 완벽했다. 살아 있는 인간으로 착각을 일으킬 정도로 정교하고 생동감이 넘쳐흘렀다. 피그말리온은 날마다 아름다운 조각상을 보며 감탄하다가 그만 그녀와 사랑에 빠지고 말았다.

그는 조각상을 연인으로 생각하여 날마다 틈만 나면 어루만지며 사랑의 감정을 키워 갔다. 때로는 바닷가에서 조개껍데기를 주워 선물했고, 예쁜 꽃을 한 아름 안겨 주기도 했다. 그런가 하면 멋진 옷을 입혀 주고, 손가락에 금반지를 끼워 주고, 목에 금목걸이를 걸어 주기도 했다. 밤이 되면 피그말리온은 그녀에게 팔베개를 해 주며 정답게 말을 건네기도 했다. 하지만 금방이라도 열릴 것만 같은 그녀의 입술은 여전히 굳게 닫혀 있었고, 살결은 차디찬 상아에 불과했다. 그래서 그의 마음은 언제나 허

Edward Burne-Jones, 〈피그말리온이 조각상을 완성하다〉, 1878

2. 피그말리온 효과: 칭찬은 고래도 춤추게 한다

전하고 쓸쓸했다.

그러던 어느 날 키프로스에서 사랑의 여신 아프로디테를 기념하는 축제가 벌어졌다. 축제 막바지에 사람들은 여신의 신상 앞에 온갖 제물을 바치며 아프로디테의 속성에 걸맞게 사랑에 관련된 소원을 빌었다. 피그말리온도 정성으로 마련한 제물을 드리고 여신에게 이렇게 간절하게 기도했다. "여신이여, 바라건대 저의 집에 있는 저 상아 여인을 제 아내가 되게 하소서."

집으로 돌아온 피그말리온은 여느 때처럼 조각상에 다가가 볼에 키스

Jean-Léon Gérôme,
〈피그말리온과 갈라테이아〉, 1890

9장 ○ 신화와 인간 심리

를 했다. 그런데 차가웠던 살결에서 갑자기 따뜻한 온기가 느껴졌다. 깜짝 놀라 눈을 들어 얼굴을 바라보니 여인의 양 볼이 수줍은 듯 빨갛게 물들어 있었다. 급기야 여인은 대좌臺座에서 작업실 바닥으로 걸어 나왔다. 피그말리온의 간절한 기도가 아프로디테의 마음을 움직인 것이다. 피그말리온은 여신의 축복 속에 인간이 된 상아 여인을 갈라테이아Galateia로 이름 짓고 아내로 삼았다.

피그말리온 이야기는 영국 작가 버나드 쇼B. Shaw의 5막극 『피그말리온』의 모티프가 되기도 했다. 버나드 쇼의 작품은 신화와 모티프만 같을 뿐 주인공 이름, 무대, 서사는 다르다. 그래서 피그말리온과 갈라테이아 역은 각각 '헨리 히긴스'와 '일라이자 둘리틀'이라는 인물이 맡는다. 이 작품의 무대도 고대의 키프로스에서 현대의 영국 런던으로 옮겨진다.

히긴스는 사람의 말투만으로 출신지를 정확하게 알아낼 수 있는 천재 음성학 교수다. 그는 어느 날 런던 시내를 산책하다 우연히 꽃 파는 빈민가 처녀 일라이자를 만난다. 그런데 그녀는 입을 열기만 하면 늘 사투리와 상스러운 말만 쏟아 낸다. 히긴스 교수는 그런 일라이자에게 흥미를 느끼고 친구 '피커링 대령'에게 그녀를 6개월 안에 고급 영어를 구사하는 요조숙녀로 키우겠다고 장담하며 집으로 데려와 교육을 시작한다.

히긴스 교수의 자신감과는 달리 피커링 대령은 친구의 프로젝트에 대해 아주 회의적이다. 하지만 일라이자는 히긴스 교수의 열정 어린 지도로 언어 습관을 고치고 마침내 화려하게 런던 사교계의 꽃으로 부상한다. 그러던 어느 날 일라이자는 우연히 히긴스 교수와 피커링의 대화를 엿듣다가 자신이 사랑의 대상이 아니라 내기를 위한 수단에 불과했다는 사실을 알고 집을 뛰쳐나가 끝내 돌아오지 않는다. 일라이자는 "그동안의 훈련과정이 지옥과 같았으며 다시는 이런 짓을 되풀이하지 않겠다!"는 히긴스 교수의 말에 절망한 것이다.

조지 큐커G. Cukor가 감독을 맡고 오드리 헵번A. Hepburn이 주연한 뮤지컬 영화 〈마이 페어 레이디〉는 버나드 쇼의 『피그말리온』을 영화로 만든 것이다. 그런데 이 영화는 할리우드 영화답게 버나드 쇼의 작품과는 달리 결말을 해피 엔딩으로 처리한다. 영화에서 히긴스 교수는 일라이자가 떠난 뒤 얼마 지나지 않아 그리운 마음을 달래기 위해 연구실로 가서 일라이자의 목소리를 녹음해 둔 테이프를 틀어 놓고 듣고 있다. 바로 그 순간 집을 나갔던 일라이자도 히긴스 교수를 잊지 못해 연구실로 돌아왔다가 그와 감격적인 해후를 한다.

심리학 용어 중 '피그말리온 효과(Pygmalion-effect)'라는 게 있다. 조각가 피그말리온의 경우처럼 간절한 기대를 가지고 피나게 노력하면 반드시 현실로 이루어진다는 뜻이다. 사람의 마음은 기적을 이룰 수 있는 엄청난 에너지를 갖고 있다는 것이다. 그래서 '피그말리온 효과'는 '자기 충족 예언(self-fulfillment prophecy)'이라고도 하는데, 마음의 힘, 정신의 힘을 강조하는 개념이다. 사람의 열정은 돌덩이에 생명을 불어넣을 수도 있고, 빈민가 처녀를 요조숙녀로 만들 수도 있다는 것이다.

2016년 브라질 리우 올림픽 펜싱 경기장에서 있었던 일이다. 당시 결승전에 진출한 우리나라의 박상영 선수는 마지막 회전을 앞두고 큰 점수 차이로 밀리고 있었다. 누가 봐도 도저히 따라잡을 수 없을 것만 같았다. 하지만 그는 결코 포기하지 않았다. 그는 땀에 흠뻑 젖은 채 의자에 앉아 잠시 쉬면서도 계속해서 '나는 할 수 있다!'는 말을 되뇌었다. 그러자 정말 기적 같은 일이 일어났다. 마지막 회전을 알리는 버저가 울리고 용감하게 뛰어나간 박상영 선수가 상대방을 일방적으로 몰아붙인 끝에 금메달을 따냈기 때문이다.

피그말리온의 이야기는 또한 정민 교수의 책『미쳐야 미친다』에 나오는 구절을 생각나게 한다.

"불광불급不狂不及이라고 했다. 미치지 않으면 미치지 못한다는 말이다. 남이 미치지 못할 경지에 도달하려면 미치지 않고는 안 된다. 미쳐야 미친다. 미치려면(及) 미쳐라(狂). 지켜보는 이에게 광기狂氣로 비칠만큼 정신의 뼈대를 하얗게 세우고, 미친 듯이 몰두하지 않고는 결코 남들보다 우뚝한 보람을 나타낼 수 없다."

미국의 심리학자 로젠탈R. Rosenthal과 교육학자 제이콥슨L. Jacobson은 이 이론을 학교 교실에 적용했다. 그들이『피그말리온 효과』라는 책에서 자세하게 설명하고 있는 실험에 의하면 교사의 간절한 기대와 믿음은 학생의 자신감과 성적 향상에 큰 영향을 준다. 그들은 결국 '교사는 교실 안의 피그말리온'이라는 결론을 내린다. '칭찬은 고래도 춤추게 만든다'는 말처럼 교사의 기대와 믿음은 학생에게 힘과 용기를 주어 놀라운 결과를 초래한다는 것이다. 그래서 교육적인 측면에서의 '피그말리온 효과'는 '로젠탈 효과'라고도 부른다.

오이디푸스 콤플렉스:
비극 「오이디푸스 왕」과 영화 〈그을린 사랑〉

프로이트는 소포클레스의 「오이디푸스 왕」의 주인공 오이디푸스Oidipous 의 비극적인 이야기를 토대로 '오이디푸스 콤플렉스'라는 심리학 용어를 만들어 냈다. 프로이트에 의하면 3살에서 6살 사이 남근기男根期의 사내아 이는 부모에 대해 상반된 욕망을 갖는다. 즉 동성同姓인 아버지에 대해서 는 타나토스적인 살의를 느끼고, 이성異性인 어머니에 대해서는 에로스적 인 사랑을 느낀다. 이게 바로 '오이디푸스 콤플렉스'이다. '타나토스'는 그 리스 신화의 '죽음의 신'이다.

하지만 사내아이는 자신이 품고 있는 검은 욕망이 아버지에게 발각되 어 거세당할지 모른다는 공포심에서 그것과는 전혀 다르게 행동한다. 즉 어머니와는 거리를 두고 아버지를 닮으려고 하면서(동일화, Identification) 그 욕망을 억누른다. 즉 아버지와 같은 편이라는 것을 보여 주기 위해 짐짓 그의 행동을 따라 하는 것이다. 그 후 사내아이는 유치원과 초등학교에 들어가 교육을 받으면서 도덕과 윤리 등 초자아(superego)가 발달하면서 점

「오이디푸스 왕」 공연 포스터, 1968
남오세티야 츠힌발리 헤라구로보 극장(Tskhimuali
Khetagurovo)

점 그 욕망을 스스로 통제할 수 있는
능력을 키운다.

프롬E. Fromm의 오이디푸스 해석
은 프로이트와는 사뭇 다르다. 그에
따르면 오이디푸스가 아버지에 대해
품고 있는 적개심은 어머니에 대한
성적인 애착이 아니라 가부장 사회
에서의 아버지의 권위에 대한 반항심에서 나온 것이다. 라캉J. Lacan은 이
보다 한발 더 나아가서 오이디푸스가 살해하는 아버지를 "상징적인 것"

으로 해석한다. 그에 의하면 그리스 신화 속 오이디푸스의 아버지는 진짜 아버지라기보다는 우리의 삶을 규정하며 억압하는 권위적인 인물들이나 규범, 종교, 제도 등을 대변한 것이다.

2010년 개봉한 드니 빌뇌브D. Villeneuve 감독의 영화 〈그을린 사랑〉은 우리에게 소포클레스의 「오이디푸스 왕」을 떠올리게 한다. 첫째, 그 소재가 모자母子간의 근친상간이다. 둘째, 근친상간의 원인이 고대의 비극적 운명과 비견될 수 있는 현대의 끔찍한 종교전쟁이다. 셋째, 근친상간으로 태어난 쌍둥이 남매가 죽은 어머니의 행적을 추적하여 아버지이자 동시에 형제인 핏줄을 찾아낸다. 오이디푸스가 수사를 통해 자신의 출생의 비밀을 밝히는 것과 아주 흡사하다.

영화가 시작되면 '잔느'와 '시몽'이라는 쌍둥이 남매가 등장한다. 그들은 어머니 '나왈'이 죽은 후에 '장 르벨'이라는 프랑스계 캐나다인 공증인을 만난다. 그는 나왈이 생전에 다녔던 회사의 사장이자 가족의 오랜 친구로서 그녀의 유언장 집행인이다. 르벨은 나왈의 유언장을 개봉하여 남매에게 재산을 배분하고 그곳에 함께 들어 있던 편지 두 통도 건넨다. 하나는 죽은 어머니가 딸에게 아버지를 찾아 전달하라는 것이었고, 다른 하나는 아들에게 형을 찾아 전달하라는 것이었다.

나왈은 또한 유언장에서 남매에게 그 임무를 완수하기 전에는 자기 무덤에 묘비를 세우지도 말고, 관을 쓰지도 말며, 자신이 세상을 등지도록 시신을 엎어 묻어 달라고 부탁한다. 남매는 어렸을 적부터 아버지는 일찍 돌아가신 줄로만 알고 있던 데다, 갑작스럽게 존재도 몰랐던 형제를 찾으라고 하니 혼란에 빠진다. 평소 어머니와 관계가 좋지 않았던 시몽은 그녀의 시신을 관습대로 매장하려 한다. 하지만 전도유망한 수학도였던 잔느는 지도교수의 도움으로 이 난제를 풀기로 결심한다. 그녀는 어머니의

9장 ○ 신화와 인간 심리

유품에서 단서가 될 만한 사진 등을 챙겨 어머니의 고향으로 떠난다.

이때부터 〈그을린 사랑〉의 시점은 자주 현재와 과거(플래시백)를 오간다. 현재의 무대는 캐나다, 과거의 무대는 중동의 내전 지역인 것은 분명하지만 정확하게 어디인지는 특정할 수 없다. 현재의 주인공은 잔느이고, 과거의 주인공은 어머니 나왈이다. 나중에 잔느의 애원으로 시몽도 그녀와 합류한다. 남매의 끈질긴 추적을 통해 밝혀지는 어머니 나왈의 과거와 그들의 출생의 비밀은 가히 충격적이다.

나왈은 기독교도이다. 그런데 전쟁통에 그녀의 고향 근처로 피난 온 회교도 청년 '와합'과 사랑에 빠진다. 이 사실을 알게 된 나왈의 두 오빠가 와합을 살해한다. 나왈도 그 자리에서 오빠들에 의해 소위 '명예살인名譽殺人'을 당하려는 순간 외할머니의 개입으로 극적으로 목숨을 건진다. 그후 외할머니 집에 기거하던 나왈은 아들을 낳는다. 할머니는 갓 태어난 손주를 곧장 고아원으로 보낸 다음 나왈도 동생이 있는 다레쉬로 보내 대학에 다니도록 한다. 할머니는 손주를 보낼 때 나왈이 나중에라도 알아볼 수 있도록 그의 오른쪽 발뒤꿈치에 바늘로 세 점 문신을 새겨 넣는다. 오이디푸스의 부은 발을 연상시키는 대목이다.

얼마 지나지 않아 다레쉬에도 종교전쟁의 광풍이 불어닥친다. 평화주의자 나왈은 기독교도이면서도 기독교 민병대의 잔혹함에 치를 떤다. 그녀는 결국 무슬림 지도자 '샴세딘'의 휘하에 들어가 기독교 민병대 지도자를 암살한다. 현장에서 사로잡힌 나왈은 크파르 리얏 감옥에 갇혀 온갖 고초를 당한다. 그녀는 배후를 캐려는 기독교 민병대의 고문에 시달리다 급기야 고문 기술자 '아부 타레크'로부터 성고문을 당해 감옥에서 쌍둥이 남매를 낳는다.

얼마 후 샴세딘의 도움으로 감옥에서 출소한 나왈은 젖먹이 쌍둥이 남매와 함께 캐나다로 이주해 살면서도 과거의 고문 트라우마로 늘 정신적 고통에 시달린다. 그러던 어느 날 그녀는 딸과 함께 간 수영장에서 우연히 오른쪽 발뒤꿈치에 세 점 문신을 한 남자를 발견하는데, 그가 바로 고문 기술자 아부 타레크였음을 확인한 뒤 엄청난 충격에 빠져 실신한다. 그 후유증 때문이었을까? 그 후 얼마 되지 않아 나왈은 경미한 교통사고로 병원에 입원했다가 끝내 기력을 회복하지 못하고 세상을 떠난다.

어머니 나왈의 과거 행적을 추적하면서 이런 사실을 알게 된 남매는 어떻게 1+1이 2가 아니라 1이 될 수 있냐며 깊은 충격에 휩싸인다. 하지만 남매는 끝까지 아부 타레크의 소재지를 추적하여 마침내 그를 만나 담담하게 어머니의 편지를 건넨다. '하르마니'로 이름을 바꾼 채 버스회사의 청소원으로 일하고 있던 아부 타레크는 엉겁결에 편지를 받아들고 집으로 돌아와 황급히 편지를 읽는다. 두 통의 편지 중 '아이들 아버지에게 보내는 편지'는 적의에 차 있다. 이에 비해 '아들에게 보내는 편지'는 사랑으로 가득 차 모든 것을 용서하는 내용이다. 영화는 아부 타레크가 나왈의 묘소를 참배하는 장면으로 끝을 맺는다.

그렇다면 드니 빌뇌브 감독은 소포클레스의 「오이디푸스 왕」의 모든 모티프를 고스란히 녹여 낸 〈그을린 사랑〉을 통해 우리에게 어떤 메시지를 전하고 싶었던 것일까? 단순히 오이디푸스의 비극이 현대에도 일어날 수 있다는 것을 경고하고 싶었던 것일까? 프로이트가 만들어 낸 오이디푸스 콤플렉스의 정당성을 강조하고 싶었던 것일까? 프롬이나 라캉이 말한 오이디푸스의 아버지로 대변되는 가부장제나 제도의 폭력을 비판하고 싶었던 것일까? 그는 혹시 바로 이 순간에도 전 세계 각처에서 종교의 이름으로 벌어지고 있는 전쟁이 나왈의 경우처럼 얼마나 끔찍한 비극을 초래할 수 있는지를 경고하고 싶었던 것은 아닐까?

9장 ○ 신화와 인간 심리

찾아보기